證券投資
技術分析

（第四版）

吳曉東 ◎ 編著

第四版前言

投資是一個不斷學習的過程，不僅要從自己的投資經歷中不斷總結、成長，更應善於從別人的投資經歷中吸取經驗和教訓。呈現在讀者面前的這本《證券投資技術分析》是筆者在大學所開課程———「證券投資技術與分析」一課的教授內容，也是筆者多年從事證券投資的心得。

在今天的經濟生活中，有一個名詞越來越富有吸引力，它就是「證券投資」。的確，在現代經濟生活中，證券投資的影響越來越大。面對證券公司富麗堂皇的高樓大廈，透過浮躁喧鬧的證券交易和變幻莫測的價格指數，人們強烈地感到，證券投資正在以其神奇的魔力，左右著我們的經濟，影響著我們的生活。證券投資業已如血液一樣流淌在整個社會經濟的肌體中，連接著國民經濟的各個部門，影響著經濟生活中的許多機構和個人。對一般的投資者來說，證券公司是證券投資的主要場所，這裡每天吞吐著數以千億元計的資金，匯集著來自四面八方的信息，引導著資金的分配與流動，推動著經濟的發展與巨變。

證券投資以其紛繁複雜的交易工具和漲落無常的價格為自己罩上了一層神祕的面紗。手段高超的投資詐欺曾多少次讓世界各國的管理當局寢食難安，橫行無阻的投資風潮曾摧垮過多少企業王國，變幻莫測的證券價格又多少次改變了證券交易者的命運……這裡既是天堂也是地獄，既是樂園也是苦海。美國1929年的股市大崩潰雖已過去了多年，但其中的一幕幕慘烈場面至今還令人心驚膽戰：在這次股市崩潰中，美國投資者在兩個月間就損失了300億美元的財富，而這還僅僅是災難的開始——股市崩潰最終引起了整個美國經濟和社會的危機……所有這些都使人們增強了瞭解證券投資的願望。

進入20世紀90年代以後，隨著中國經濟金融體制的改革和對外開放，作為市場經濟體系重要組成部分的證券市場也相繼建立和發展起來。證券市場的發展，無論是對傳統的金融制度還是對原有的金融觀念來說，都是一場革命。證券市場的運行與操作具有較強的技術性，需要人們掌握其規律，用科學的方法去運作它。但

是，證券市場在中國畢竟還是一種僅出現了20幾年的新生事物，我們在這方面還需要不斷地累積、學習。從國家宏觀經濟來看，證券市場的管理體制、管理方法、管理手段以及市場運行的法律基礎都在不斷健全與完善；從市場參與者來看，市場交易的主體地位、市場服務體系、投資者的投資理念、市場競爭機制等也在不斷開發與培育。因此，人們迫切需要對證券投資的理論與業務進行系統的學習和瞭解，為積極能動地進行證券投資打下堅實的基礎。

中國金融業的發展歷史決定了中國過去長期以來以間接融資為主要的融資方式，而直接融資的比例失衡，不僅給銀行造成了沉重的負擔，同時也令實體經濟難以得到應有的支持。證監會指出，在2012年年底，中國直接融資占比為42.3%，不僅低於美國（87.2%）、日本（74.4%）、德國（69.2%）等發達國家，也低於印度（66.7%）、印度尼西亞（66.3%）等發展中國家，與中國經濟社會發展實際需要不相匹配。直接融資和間接融資比例失衡，使中國金融風險高度集中於銀行體系，客觀上也加重了實體經濟融資難和融資貴、居民投資渠道有限等問題。更重要的是，這種失衡還有不斷加重的趨勢。2007—2012年，銀行資產占金融總資產的比重由53%上升至76%。因此，促進直接融資與間接融資協調發展、提高直接融資比重具有全局性意義。資本市場是直接融資的高效平臺。2014年新國九條提出，要發展多層次股票市場，規範發展債券市場，培育私募市場，提高證券期貨服務業競爭力等政策措施，一個重要考慮就是順應當前中國居民多元化投資和企業多樣化融資的大趨勢，健全多層次證券市場體系。可以說，證券市場正在逐漸影響中國更多的企業、機構（包括基金）和個人。對企業來說，在不斷加劇的市場競爭中，它們需要尋求資金的支持，而證券市場正是企業資金供應的重要渠道。因此，如何從證券市場獲得長期和短期資金，怎樣融資才能使成本降至最低，如何協調證券市場中各個當事人的關係，給投資者以合理的回報等，都已經成為企業決策的主要內容；對機構（包括基金）而言，機構與機構、基金與基金、機構與基金之間的博弈與過去中國證券市場上魚肉個人投資者的過程肯定不會一樣；對個人而言，隨著經濟的發展和個人收入水平的提高，個人的消費節餘不斷增加，傳統的銀行儲蓄方式已不能滿足人們多樣化的投資需求，因而人們正在逐漸轉向證券市場，尋找既能投資獲益又可安全保值的投資方式，個人如何更好地介入證券市場成了大家日益關注的問題。

正如要開車的人至少得有個駕駛證，要參與證券市場，也得懂證券投資技術分析。正是基於這樣的考慮，我在佔有大量最新資料和總結多年教學與實際投資心得

的基礎上寫作了這本書。具體來說，本書力求達到以下目的：對於關心證券投資技術問題的讀者，特別是對於對證券市場懷有神祕感的人們來說，我想提供一個打開證券市場和證券交易之門的技術分析鑰匙，使他們在較短的時間內，較快地瞭解證券投資技術與分析的基本知識；對於積極參與證券投資活動的企業、機構和廣大個人投資者來說，本書可作為其從事證券投資活動的技術分析指南，具體指導他們在證券市場中迴避投資風險；當然我還希望通過我的努力為金融和其他財經專業的師生們提供一本具有較高水準的教科書。

在學習《證券投資技術分析》時一定要注意，證券投資者在實際證券投資中，並不需要使用深奧難懂的技術分析工具和方法，常用的技術分析工具和方法在一般的交易軟件中都有。在技術分析上，往往越簡單、越純樸的東西越直接、越接近真理。「在此，我要指出的是，數學與普通投資者態度的關係上存在著一個特殊的悖論：通常，人們認為數學能帶來精確和可靠的結果；但是，在股市上，越是使用複雜和深奧的數學模型，所得出的結論就越不確定，越是具有投機性。在華爾街44年的從業經歷和研究中，除了一些簡單的算術和基本的代數之外，我還從未看到過能夠可靠地計算出普通股的價值或相關投資策略的方法。每當有人用到微積分或高等代數時，你就應該保持警覺：計算者正在試圖以理論代替經驗，而且，通常也是在投資的偽裝下從事投機。」① 盤面分析、K線分析（形態）、技術分析理論（道氏理論）、波浪理論、技術指標和均線系統分析等，都是簡單而有效的技術分析工具和方法。記住：在證券投資中，使用的分析工具往往越簡單越好，關鍵是保持客觀、理性的頭腦。

最後需要說明的是，本書是我在繁忙的教學和科研工作之餘完成的，疏漏之處在所難免，懇請讀者批評指正，謝謝！

吳曉東

---

① 本杰明·格雷厄姆. 聰明的投資者 [M]. 4版. 王中華，黃一義，譯. 北京：人民郵電出版社，2010：443.

目　　錄

第一章　導論……………………………………………………（1）
　第一節　證券的一般界定……………………………………（1）
　第二節　股票投資基礎………………………………………（5）
　第三節　股票指數期貨投資基礎……………………………（30）
　第四節　基金投資基礎………………………………………（41）
　第五節　權證投資基礎………………………………………（54）
　第六節　個股期權……………………………………………（65）
　第七節　證券交易軟件常用名詞……………………………（71）

第二章　技術分析和技術分析要素……………………………（81）
　第一節　技術分析概論………………………………………（81）
　第二節　技術分析的要素：價、量、時、空………………（88）

第三章　K線分析法……………………………………………（95）
　第一節　K線的意義和功能…………………………………（95）
　第二節　K線形態解說………………………………………（98）
　第三節　星的基本形態………………………………………（107）
　第四節　證券市場中常見的典型K線形態…………………（112）
　第五節　應用K線組合應注意的問題………………………（118）

第四章　證券投資技術分析理論………………………………（121）
　第一節　道氏理論與切線分析………………………………（121）
　第二節　其他主要技術分析理論簡介………………………（151）

第五章　技術形態分析 ………………………………………… (162)
第一節　證券價格變動原因和兩種形態類型 ……………… (162)
第二節　反轉突破形態 ……………………………………… (165)
第三節　三角形和矩形 ……………………………………… (189)
第四節　喇叭形、菱形、旗形和楔形等 …………………… (201)
第五節　缺口分析 …………………………………………… (214)
第六節　進行形態分析時應注意的問題 …………………… (224)

第六章　波浪理論 ……………………………………………… (232)
第一節　波浪理論的形成及其基本思想 …………………… (232)
第二節　波浪理論的主要原理 ……………………………… (234)
第三節　波浪理論中的比率、時間週期分析和規則 ……… (248)
第四節　波浪理論的應用及其不足 ………………………… (253)

第七章　主要技術指標 ………………………………………… (260)
第一節　技術指標概述 ……………………………………… (260)
第二節　移動平均線（MA）和平滑異同移動平均線（MACD） …… (264)
第三節　威廉指標和 KDJ 指標 ……………………………… (271)
第四節　相對強弱指標（RSI） ……………………………… (277)
第五節　乖離率（BIAS）和心理線（PSY） ……………… (279)
第六節　人氣指標（AR）、買賣意願指標（BR）和中間意願指標（CR）
　　　　　………………………………………………………… (283)
第七節　OBV 和 TAPI ……………………………………… (293)
第八節　ADL、ADR 和 OBOS …………………………… (297)

附錄：常用技術指標說明 ……………………………………… (312)

參考文獻 ………………………………………………………… (333)

第一章　導論

本章將從證券的一般界定開始，先後介紹股票投資基礎、股票指數期貨投資基礎、基金投資基礎、權證投資基礎，最後介紹錢龍軟件的常用名詞，這些都是每個證券投資者進入證券投資市場之前必須首先知道的基礎知識。

第一節　證券的一般界定

「證券」一詞在日常生活中已被廣泛使用，但其內涵常常被人誤解。比如，人們往往把證券等同於有價證券，把證券等同於股票、債券。事實上，證券的範圍很廣，有價證券只是其中一部分。相應的，即使是股票、債券，也並不構成有價證券的全部。認股權證、期貨合同、期權、基金券等也構成現代證券投資的重要工具。有鑒於此，我們有必要首先從性質、職能、特性等角度對證券做出一般界定。

一、證券的構成

證券在一般意義上是指用以證明持有者有權按其所載取得相應收益的各類權益憑證。其構成有三大類：證據證券、所有權證券和有價證券。證據證券只是單純證明某種事實的憑證，諸如借據、收據等。所有權證券是認定持有人是某種財產所有權的合法享有者，證明持有人所履行的權利與義務有效的文件，諸如房產所有權證書、土地所有權證書等。有價證券則是證明某項財產權利的憑證，諸如支票、匯票、債券、股票等。日本學者津村英文認為：「有價證券是某種權利的化身，其持有人有權取得一定的收入。要行使該項權利，就必須保有該項證券。要轉移該項權利，也必須轉移該項證券。」[①] 有價證券是某種權利的化身，有了有價證券，持有人即可根據證券所表明的內容，實現其財產權利；而對有價證券負有義務的人，則應履行證券所要求的義務。有價證券具有權利與證券緊密相連、不可分離這一基本特點。

---

① 津村英文．證券市場學 [M]．張友棟，白若愚，譯．北京：中國經濟出版社，1988：13.

有價證券按其所表明的財產權利的不同性質，又可分為三類：商品證券、貨幣證券及資本證券。商品證券是證明某種商品所有權的憑證，是一種物權。這裡的物權是佔有一定空間，有一定使用價值和交換價值，並可由民事主體支配，以滿足人們生產或生活需要的一切客觀存在的物質資料。商品證券作為某種商品物權的憑證，其擁有者對該證券上所載明的商品享有合法權利。提貨單、棧單、運貨單等就屬於商品證券。貨幣證券是證明某種商品的所有權轉化為對貨幣的索取權的憑證。這種證券因商品交易而產生，代表著索取與某種商品價值相符的貨幣的權利。如期票、匯票、支票等。資本證券是證明投資這一事實以及投資者擁有相應權利的憑證，如股票、債券等。

在法律上，有時將貨幣證券稱為有價證券，但在證券投資中所指的有價證券或簡稱證券，多指資本證券。在證券市場上交易的證券基本上就是資本證券，如股票、債券等。但隨著證券制度本身的創新，其交易工具又有所擴展。比如像優先認股權證，它本身並不反應投資的事實，從而不具備資本證券的條件，但是因為它是預定要轉化為股票的證券，而且在證券市場上交易，因而也包含在有價證券中。也有人稱之為「相關證券」或「派生證券」。派生證券除優先認股權證外，還有基金券。股票、債券、認股權證、基金券等資本證券和派生證券構成證券投資的主要工具，而從最新發展來看，證券投資工具還包括期貨與期權。

二、證券的特性

從證券投資的角度來看，證券具有以下特性：

1. 期限性

證券有不同的期限，作為有價證券，其期限一般比較長。由於股票不能退股，相應也就沒有到期日，可以說是無限期的。證券的期限性對證券投資雙方有著不同的含義。對購買者而言，期限性主要指購買證券到歸還本金的時間；對發行者而言，則指發行證券到支付本金之間的時間。這種差別決定了期限可以分為絕對期限與相對期限，從證券發行日開始計算的期限為絕對期限，從發行後某個時點開始計算的期限為相對期限。對證券發行者來說，最關心的是絕對期限，因為它反應了所籌集的資金可以使用的時間的長短。而對於證券的購買者而言，最關心卻是相對期限，因為它反應了購買證券後還需多長時間才能得到償還。

2. 收益性

證券以一定的收益為條件，這是證券投資的目的，也是證券發行的前提。比如

債券，是以按照一定的利率支付和約期還本為條件的。證券的收益，包括經常收入和資本收益兩部分。經常收入即投資人在證券到期或被贖回之前的整個時間內按期以利息形式獲得的收益；資本收益則是證券實際價格高於或低於面值所產生的增值或損益。

股票一般是沒有所謂到期日的，所以普通股票買進後如不賣出，它的收益就只有經常收入，即每年的股息收益。但是買進普通股票後永遠不出售的投資者是極少的，大都要出售。一旦賣出，在買賣價格上就會有差別，這就產生股票持有期間的資本增益或資本損失。所以，普通股票的收益，與其他證券一樣，也包括股利收益（經常收入）和資本收益兩部分。

3. 流動性

這是指一種資產轉換為貨幣的能力。某種資產一旦需要可隨即轉換為貨幣，交易費用很低，且不承擔本金的損失，該資產就具有較高的流動性；反之，資產的流動性就較低。證券作為一種資產，具有一定的流動性，證券持有人遇到經濟不景氣、行情大起大落，或者收益率看跌時，為了轉移風險，或者為了自己資金週轉上的需要，可靈活地轉讓證券換取相應的貨幣。不同的證券有著不同的流動性。證券流動性的高低受制於信用級別、證券期限、證券市場的發達程度。

4. 風險性

證券的內在風險有來自經濟的，有來自政治的，也有來自道德、法律等方面的，其中以經營風險和市場風險為主。市場風險來自證券價格的波動。對通貨膨脹的預期、企業盈利的預測，以及其他因素的變化都會引起證券價格的波動。在這種情況下，就存在著損失證券本金的可能性，這就是所謂的市場風險。經營風險則是由於發行人破產，或發行人經營管理人員所作經營決策的好壞而產生盈利能力的變化，造成投資者的收入或本金減少或損失的可能性。證券的風險與證券的收益有著直接的聯繫，風險越大，收益率往往越高。

5. 權利性

證券作為一種財產權利憑證，可以賦予證券購買人（持有人）與證券類別相對應的權利。比如債券持有人作為債權人，擁有到期時獲取本金和利息的權利以及公司破產時剩餘財產的優先索償權，有的還有權參與一定的公司決策，分享部分公司的剩餘盈利。股票持有人作為公司的股東，有權參加股東大會、有權選舉公司董事以及有權參與公司重大事項的決策等。

三、證券的功能

　　1. 籌資功能

　　證券的首要功能就是為籌資人提供籌資的功能。現代經濟的信用性決定了籌資人對外源資金有著很大的依賴性。而籌資人外源資金的來源主要有兩個：一是向債權人借款；二是通過證券市場用發行證券的方式籌資。用第一種方法籌集資金，除了資金使用期限較短外，往往還要受債權人的限制比如貸款會受到銀行種種條件的限制。在證券市場上，籌資人創造證券並將其出售給投資人，後者通過購買前者的證券將暫時剩餘的資金轉移給前者。用這種方法籌集資金，除了較主動外，更具穩定性與長期性。如股票一般規定不退股，債券的期限也可定得較長。國家和地方政府也可以通過發行證券籌集資金以解決公共開支擴大、財政赤字所引起的資金不足等問題。

　　2. 分散功能

　　證券的分散功能一方面表現為分散籌資人的風險，另一方面表現為分散投資人的風險。在證券投資中，證券購買人在分享籌資人投資獲得的一部分收益的同時，也有條件地承擔了一部分籌資人所面臨的投資風險；這樣，證券購買人本身也變成了風險投資人，使經濟活動中風險承擔者的數量大大增加，從而減少了每個籌資人所承擔的風險量。證券這一職能的發揮，使籌資人承擔的風險大量減少，承擔風險的能力相應增強。這意味著整個經濟的抗風險能力增強。與此同時，由於證券購買人分擔投資風險是有條件的，因此，一方面，他們盡力選擇收益高而風險小的證券，將資金投入那些經濟效益好的公司或項目上，從而保證資金流向的合理化，促進全社會經濟效益的提高；另一方面，有些為了取得巨大的可能收益而甘願冒大風險的人，也通過購買風險大而潛在收益高的證券，把資金投入那些代表技術發展趨勢的新項目，從而保證了技術發展對資金的需求，使經濟獲得不斷進步的動力。

　　對證券投資者而言，一旦預期企業前景不很理想，可以及時售出證券，換取貨幣，以避免或減少損失，使風險分散給多個人承受。不僅如此，由於各種證券有不同風險，如果在購買證券時能預先注意持有證券的分散化，那麼，就可以通過有效的證券組合分散投資風險。

　　3. 告示功能

　　證券數量、證券價格均和國民經濟運行的狀況密切相關，對經濟動向有十分靈敏的反應。證券價格的變化往往是經濟週期變動的先期指標。這是因為證券交易中

必須對經濟活動有預見能力。一種證券價格上升，在很大程度上反應了該企業經濟發展前景看好；而一種證券價格下降，則反應該企業經濟發展前景較差。總體證券價格下降則反應了整個國民經濟發展前景較差；總體價格上升則反應了整個國民經濟發展前景看好。證券有著極強的告示功能，當然這是以證券市場有效為前提的。在非有效的證券市場上，證券價格往往不能顯示出準確的經濟信息。

第二節　股票投資基礎

在中國，股票投資是最為廣泛的一種投資方式，擁有相當龐大的股民群體。根據中國證券登記結算有限責任公司提供的數據，截至2016年4月15日，中國證券登記結算有限公司登記的期末投資者數量為10,464.95萬人。國家統計局2015年2月27日發布的數據顯示，2014年年末，中國大陸人口為136,782萬人。以此為基準來計算，中國A股的股民數量占到人口總數的7.65%左右。但是，比起美國人投資股票的比例來說，這個數字要小得多。根據統計數據，2011年有54%的美國人在股票市場投資，這是自1999年以來美國人投資股票市場人數比例最低的一年。2002年美國人投資股票市場的人數比例曾高達67%，在2007年也曾有65%的美國人投資股票市場。但金融風暴發生以後，美國人對股票市場失去信心，投資股票市場的人數比例一路下滑，2008年為62%，2009年為57%，2010年為56%。股票投資是最受老百姓歡迎的投資品種，因此瞭解股票投資就顯得非常必要。2012年年底，中國直接融資占比為42.3%，不僅低於美國（87.2%）、日本（74.4%）、德國（69.2%）等發達國家，也低於印度（66.7%）、印度尼西亞（66.3%）等發展中國家，與中國經濟社會發展實際需要不相匹配。直接融資和間接融資比例失衡，使中國金融風險高度集中於銀行體系，客觀上也加重了實體經濟融資難和融資貴、居民投資渠道有限等問題。更重要的是，這種失衡還有不斷加重的趨勢。2007—2012年，銀行資產占金融總資產的比重由53%上升至76%。因此，促進直接融資與間接融資協調發展、提高直接融資比重具有全局性意義，發展股票市場尤其是發展多層次股票市場尤為必要。

1. 股份制

通俗講股份制就是企業的一種財產組織形式，是一種約定的制度。它就是把企業的資金劃分成若干相等的單位，分成一股一股的、一份一份的，所以叫股份。這個股份必須相等，比如，每一股份是1元，必須都是1元。不能有的股份是1元，

有的是2元。在中國證券市場的早期，市場中主要是1元面值的股票。隨著證券市場的發展，股份公司公開發行和在交易所掛牌交易的股票出現了非1元面值的股票，股票發行面值將不再統一為1元。根據相關規定，非1元面值股票的過戶費收取，仍按發行面值的1‰收取，起點1元。

2. 股份有限公司的類型

《中華人民共和國公司法》（以下簡稱《公司法》）規定，按設立方式不同，股份有限公司可分為兩種類型，即發起設立的股份有限公司和募集設立的股份有限公司。發起設立，是指由發起人認購公司應發行的全部股份而設立的公司；募集設立，是指由發起人認購公司應發行股份的一部分，其餘股份向社會公開募集或者向特定對象募集而設立的公司。股份有限公司已在境內或境外上市的，稱為上市公司，否則稱為非上市公司。

3. 《公司法》規定的股東有限責任

股東有限責任是指股東以投資為限對公司承擔責任，公司以其全部財產對公司債務承擔責任，具體到有限責任公司和股份有限公司，則指股東以認繳的出資額或認購的股份為限承擔責任。股東承擔有限責任是公司制的最顯著特徵，同時也是公司法人制度的兩大基石之一。股東承擔有限責任在公司與股東之間豎起了一道屏障，使股東責任與公司責任分離，從側面反應了公司的獨立人格，同時也是公司與其他非法人企業的根本區別之一。

股東承擔有限責任的規定，對於公司制度的發展具有重大的意義。首先，有限責任制度是股東獲取投資利益，限制投資風險的有效形式；其次，有限責任制度是募集社會資金、興辦大型企業的有效手段；另外，有限責任制度適應了所有權與經營權分離的生產方式的要求，使那些擁有資金但又無暇或不擅長經營管理的人能通過股份有限公司的投資而使自己的資金進入經營流轉，一方面避免了社會資本在所有者手中的停留和浪費，另一方面增加了資本所有者的經濟利益。正如美國哥倫比亞大學校長巴特爾先生所言，有限責任形態的公司是現在最偉大的發明，其產生的意義甚至超過了蒸汽機的發明及電的發現。

但是，股東有限責任並不是絕對的，也存在例外情形。在公司具體運作過程中，出現了公司資本顯著不足、利用公司迴避義務、公司法人人格化等濫用股東有限責任和公司獨立人格制度的現象，於是美國率先創設「揭開公司面紗」（又稱公司法人人格否認），以期對濫用行為進行規制。

4. 股票

股票是股份公司為籌集資金而發給股東以作為其投資入股的證書和索取股息的憑證，其實質是公司的產權證明書。股票持有者就是公司的股東，享有盈利分配權、出席股東代表大會權、資產分配權等權利。股票分為優先股和普通股。優先股享有按固定利率的股息和比普通股優先分配的權利。普通股則按業績在優先股之後分配利潤。

馬克思曾經講過股票是「所有權的憑證」。國務院 1993 年 4 月 22 日發布的《股票發行與交易管理暫行條例》這樣定義：「股票指股份有限公司發行的表示其股東按其持有的股份享有權益和承擔義務的可轉讓的書面憑證。」1993 年 12 月第八屆全國人民代表大會常務委員會第五次會議通過的《中華人民共和國公司法》的定義是這樣的：股票「是公司簽發的證明股東所持股份的憑證」。

在中國的證券市場上曾經存在國家股、法人股、自然人股。何謂國家股、法人股、自然人股？「國家股」、「法人股」、「自然人股」的稱謂是中國股權分置背景下的產物。按照中國證券登記結算有限責任公司頒發的《證券登記規則》，相關稱謂已變更為「國家持股」、「法人持股」和「自然人持股」。國家持股，是指有權代表國家投資的部門或機構以國有資產向公司投資形成的股份，包括以公司現有國有資產折算成的股份。法人持股，是指企業法人或具有法人資格的事業單位和社會團體以其合法擁有的資產向公司投資所形成的股份。自然人持股，是指自然人以其合法擁有的財產向公司投資所形成的股份。

5. 新股發行制

20 餘年來，中國證券市場透迤前行，新股發行制度多次變化。略去修修補補，可將這一制度變遷大致劃分為三個階段：第一階段為 1990 年證券市場初創至 1999 年，其特徵為股票發行實行嚴格的政府主導，甚至由省區或部委行政分配上市名額；第二階段為 2000—2009 年，這個階段的早期曾掀起短暫的市場化改革熱潮，惜乎未能深入，僅引入若干市場化的技術手段，如配售環節引入專業機構投資者、定價環節引入詢價機制等。第三個階段為 2010 年至今，伴隨著多層次資本市場的建立，新股發行制度首先在三板上採取了市場化道路，但對主板、中小板、創業板的發行制度，仍在審核制的道路上繼續技術改良，多停留在對一些表面問題如「三高」（高估值、高定價、高募集額）的治理，效果並不理想。強調市場化導向，強調公開透明，首次提出「取消發審行不行」的「郭樹清新政」曾激起市場強烈預期，但郭氏不久轉任山東省省長；2013 年 11 月 30 日，《中國證監會關於進一步推

進新股發行體制改革的意見》出抬，宣告資本市場的改革之路乃大勢所趨，不會因人事變動而有所動搖。

2013年實行新股發行註冊制是市場夙願，然而，對於新股發行到底審不審、審什麼、如何審，證監會長期未有實質性突破。長期以來，證監會堅持實質性審核，背負著對上市公司未來盈利能力、募集資金投向等問題的判斷責任，一旦有上市公司業績變臉，股指下跌，責難理所當然地落在證監會身上，而證監會只能以調整新股發行節奏、干預發行價格甚至暫停IPO等越位行動被動應對。時至今日，只有20多年歷史的中國證券市場暫停IPO已達八次之多，實為世界資本市場史上之怪現象。

2013年註冊制改革要旨在於「還權於市場、還權於投資者」，嘗試貫徹有關注冊制的理念，包括審核理念、融資方式、發行節奏、發行價格、發行方式以及管控方式，更強調市場化精神。

由市場起決定性作用，核心是由市場主體自主決定市場價格，自主享受收益並承擔風險。按照2013年11月30日發布的《中國證監會關於進一步推進新股發行體制改革的意見》，新股發行應當以發行人信息披露為中心，仲介機構對發行人信息披露的真實性、準確性、完整性把關，監管部門和發審委只對發行申請文件和信息披露內容的合法合規性進行審核，不判斷發行人的持續盈利能力和投資價值，在充分信息披露的基礎上，改由投資者和市場自主判斷企業價值和風險，自主做出投資決策；發行人可以選擇普通股、優先股、公司債或者股債結合等多種融資方式，融資手段將更加豐富；新股發行的多少、快慢將更大程度上由市場自主決定。監管當局不再管理詢價、定價、配售的具體過程，由發行人與主承銷商自主確定發行時機和發行方案，並根據詢價情況自主協商確定新股發行價格。只有這些舉措能不折不扣地實現，中國股市才可能洗脫「政策市」的惡名。

6. 股票價值

股票價值可以分為：

（1）票面價值，就是印在股票票面上的那個價格。如中國大多數股票面值都是1元。發行不一定按照「面值」，通常可採用溢價（即高於票面價值）發行，這樣，票面價值也就失去了它原來的意義。票面價值一般沒有重大的實際意義。

（2）帳面價值，就是股票所含的實際資產額。帳面價值＝（公司資產－負債）/股票總股數。例如某公司有2億元總資產，其中8,000萬元系借入資金即負債，真正屬於股東的淨資產為12,000萬元，該公司共發行350萬股普通股票，其

帳面價值：12,000/350＝34.29（元）。由於帳面價值代表每股股票所擁有的實際資產，因此，一般被視作上市股票的最低價格。如上例即該公司破產，還掉所有債務，清算時每股還有34.29元淨值可以分給股東。若股價跌破34.29元，則意味著公司具有一定的投資價值，因此，股票的「帳面價值」曾被視為普通股的最後保障，投資者對其極為重視。當然，帳面價值只是估計股票實際價值的一個依據，它和股票實際價格往往不一致。

（3）內在價值，是分析了上市公司的財務狀況、盈利前景以及其他影響公司成長的因素以後，認為股票實際代表的價值。它是一種理論價值。

（4）市場價值，又稱市場價格，可以有兩種理解，一種理解是上市公司（股份有限公司）每一股股票的市場價值；另一種理解是上市公司（股份有限公司）的市場價值。人們通常所說的市場價值是指股票在股票市場上實際買賣的價格。影響股票價格的因素很多，有宏觀的如經濟週期、利率等，有中觀的如行業產業狀況，也有微觀的如上市公司本身的情況。

7. 累積投票制

累積投票是與直接投票相對應的概念。在直接投票制度下，每一股東擁有與所持股份數額相同的表決權數。因此，只要持有公司50%以上的股份，即完全有能力操縱公司，大小股東的權利完全失衡，此時，出現弱肉強食的情況也就不足為奇了。在累積投票制下，股東擁有的表決權數等於其股份數乘以待選董事人數，股東可以將其票數投給一個候選人也可投給多個候選人。

累積投票制在一定程度上為中小股東的代言人進入董（監）事會提供了保障。例如，某公司大股東持股60%，二股東持股20%，三股東持股8%，四股東持股7%，其餘股東合計持股5%。由於大股東持股超過50%，在直接投票制的簡單多數決定原則下，他一人即可完全決定董（監）事會的所有人選。但在累積投票制下，情形將有所不同：假定該公司董事會由5名董事組成，大股東持有的6,000萬股享有30,000萬票表決權，二股東有10,000萬票表決權，三股東有4,000萬票表決權，四股東有3,500萬票表決權，其餘股東有2,500萬票表決權。大股東可將其表決權分散投於其中意的候選人，A獲10,001萬票，B獲10,001萬票，C獲4,002萬票，D獲4,001萬票，E獲1,995萬票；二股東可將其表決權集中投於其中意的候選人如F獲10,000萬票；三股東可將其表決權集中投於候選人G獲4,000萬票；四股東可將其表決權集中投於候選人H獲3,500萬票；其餘股東可將其表決權集中投於候選人I獲2,500萬票。根據得票多少的順序，候選人A、B、F、C、D當選

為董事，而大股東中意的候選人 E 將無法進入董事會。在該案例中，如果三股東和四股東聯合起來，均將其表決權共計 7,500 萬票集中投於候選人 G，則候選人 A、B、F、G、C 當選為董事，而大股東中意的候選人 D 和 E 都將無法進入董事會。

累積投票制的立法模式有兩種：①強制主義。早期的累積投票立法均採用此模式，其多是在中小股東保護機制極不健全時期的產物。②許可主義。許可主義之下又有兩種模式：其一，選入式許可主義即除非公司章程規定了累積投票制度，否則不實行之。其二，選出式許可主義即除非公司章程明確排除累積投票制，均得適用之。

中國新《公司法》第一百零六條明確規定：股東大會選舉董事、監事，可以依照公司章程的規定或者股東大會的決議，實行累積投票制。顯然中國的公司法選用了選入式許可主義模式。

2002 年初頒布實施的《上市公司治理準則》首次在中國引入了董事選舉的累積投票制，但由於一直沒有出抬關於該制度的實施細則或者操作指引，上市公司對其含義理解各異，誤解和曲解亦非鮮見，以至於在實踐中產生了不少問題。一是關於等額選舉現象。累積投票制的實際操作一般是將眾多董（監）事候選人按照其得票的多少依次排序，從前往後根據擬選出的董（監）事人數決定有關候選人是否當選，而不計較其具體的得票數量。極端情況下，僅得一票的候選人也可能當選。因此，通常情況下，累積投票制只有在差額選舉時才有實際意義，除非公司章程對最低當選票數有相應要求。然而，中國上市公司在採用累積投票制選舉董事時實行的往往是等額選舉。由於擬選出的董事人數與提交股東大會審議的候選人人數相同，使累積投票制按照候選人得票多少的順序而非具體得票數量來決定是否當選的設計失去了意義。這也是當前實踐中最突出、最普遍的一個問題。二是關於是否可將董事和監事一併選舉的問題。如前所述，在累積投票制下，選出一名董（監）事所需最低票數是與擬選出的董（監）事人數成反比的。換句話說，擬選出的人數越多，小股東的意志越有可能得到反應。這就引出是否可將董事和監事一併選舉以擴大選舉範圍的問題。從證券公司治理相關規定可以看出，採用累積投票制選舉監事，在中國至少不是一個從未涉足的領域。為盡可能體現引入累積投票制的宗旨，可以嘗試將董事和監事一併選舉。

8. 電腦撮合交易

中國上海、深圳兩個市場均採用這種先進的方式。在電腦撮合交易方式下，交易所電腦主機與證券商的電腦聯網，證券商本部及其分支營業機構通過終端機將買賣指示輸入電腦。證券商經紀人在集中市場交易席的終端上接到其營業處傳來的買賣申報後，須經確認無誤，再輸入交易所的電腦主機。買賣申報經交易所電腦主機

接受後，按證券價格、時間排列，自開市開始時起按「二優先」原則撮合成交[①]。買賣成交後，交易所的電腦打印機自動打印成交單，買賣雙方經紀人在場內成交單上簽字並取回回執聯，通知其營業處所轉告客戶。

例如，有一種股票，A方要以5元買進，B方要以9元買進。C方要以9元賣出，D方要以5元賣出，交易量均為100股。那麼按價格優先，B、D雙方首先成交，因為他們成交價格適宜，A、C交易落空。如果都以9元同樣價格掛單買賣，那就要看誰先買或誰先賣了，這就是時間優先。如果A比B還要先於買進，那麼A、C雙方成交。

9. 競價

在高度組織化的證券交易所內，會員經紀商代表眾多的買方和賣方按照一定的規則和程序公開競價。

（1）競價原則

證券交易所的證券交易按照「價格優先、時間優先」的原則進行競價交易。成交時價格優先的原則為：較高價格買入申報優先於較低價格買入申報，較低價格賣出申報優先於較高價格賣出申報。

成交時，時間優先的執行原則為：先後順序按照交易主機接受申報的時間確定。例如，A、B、C、D投資者四人，均申報賣出某只股票，申報價格和申報時間分別為：A的賣出價格為10.60元，時間13：35；B的賣出價格為10.30元，時間13：40；C的賣出價格為10.65元，時間13：25；D的賣出價格為10.30元，時間13：38。那麼這四個投資者交易的優先順序為：D、B、A、C。

（2）競價方式

目前，中國證券交易所採用兩種競價方式：集合競價方式和連續競價方式。

上海證券交易所規定，採用競價交易方式的，每個交易日的9：15～9：25為開盤集合競價時間，9：30～11：30、13：00～15：00為連續競價時間。深圳證券

[①] 2006年7月1日起正式實施新交易規則，將集合競價調整為開放型集合競價，競價時間為9：15～9：25，即時行情內容包括證券代碼、證券簡稱、前收盤價格、虛擬開盤參考價格、虛擬匹配量和虛擬未匹配量。9：15～9：20可以接受申報，也可以撤銷申報，但9：20～9：25只接受申報，不接受撤銷申報。新交易規則新增了市價申報制度，對申報價格控制和交易公開信息等業務也做出了調整。為保證會員單位及其營業部櫃面系統變更的順利實施，以上業務調整，上海證券交易所自2006年8月7日起開始實施，深圳證券交易所接受市價申報的時間另行通知。2016年5月9日起，9：15～9：20可以掛單也可以撤單，9：10～9：25只能掛單，不能撤單，9：25～9：30不能掛單也不能撤單。9：25～9：30的掛單與撤單都暫存券商系統，9：30再統一提交到交易所。

交易所規定，採用競價交易方式的，每個交易日的 9：15～9：25 為開盤集合競價時間，9：30～11：30、13：00～14：57 為連續競價時間，14：57～15：00 為收盤集合競價時間。

①集合競價。所謂集合競價，是指對在規定的一段時間內接受的買賣申報一次性集中撮合的競價方式。根據中國證券交易所的相關規定，集合競價確定成交價的原則為：a. 可實現最大成交量的價格；b. 高於該價格的買入申報與低於該價格的賣出申報全部成交的價格；c. 與該價格相同的買方或賣方至少有一方全部成交的價格。

如有兩個以上申報價格符合上述條件的，深圳證券交易所取距前收盤最近的價格為成交價；上海證券交易所則規定使未成交量最小的申報價格為成交價格，若仍有兩個以上使未成交量最小的申報價格符合上述條件的，其中間價格為成交價格。

集合競價的所有交易以同一價格成交。

然後，進行集中撮合處理。所有買方有效委託限價按由高到低的順序排列，限價相同者按照進入交易系統電腦主機的時間先後排列。所有賣方有效委託按照委託限價按由低到高的順序排列，限價相同者也按照進入交易系統電腦主機的時間先後排列。依序逐筆將排在前面的買方委託與賣方委託配對成交。也就是說，按照價格優先、同等價格下時間優先的成交順序依次成交，直至成交條件不滿足為止，即所有買入委託的限價均低於賣出委託的限價，所有成交都以同一成交價成交。集合競價中未能成交的委託，自動進入連續競價。

例：如表 1.1 所示，某股票當日在集合競價時買賣價格和數量情況如下，該股票上日收盤價為 10.13 元。該股票在上海證券交易所當日開盤價及成交量分別是多少？

表 1.1　　　某股票某日在集合競價時買賣申報價格和數量

買入數量（手）	價格（元）	賣出數量（手）
—	10.50	100
—	10.40	200
150	10.30	300
150	10.20	500
200	10.10	200
300	10.00	100
500	9.90	—

(續表1.1)

買入數量（手）	價格（元）	賣出數量（手）
600	9.80	—
300	9.70	—

根據上表1.1分析各價位的累計買賣數量及最大可成交量可見下表1.2。

表1.2　　　　　　　　各價位累計買賣數量及最大可成交量

累計買入數量（手）	價格（元）	累計賣出數量（手）	最大可成交量（手）
0	10.50	1,400	0
0	10.40	1,300	0
150	10.30	1,100	150
300	10.20	800	300
500	10.10	300	300
800	10.00	100	100
1,300	9.90	0	0
1,900	9.80	0	0
2,200	9.70	0	0

由兩表可見，符合上述集合競價確定成交原則的價格有兩個：10.20元和10.10元。上海證券交易所的開盤價為這兩個價格的中間價10.15元，深圳證券交易所的開盤價為離上日收市價（10.13元）最近的價格10.10元。成交量均為300手。

②連續競價。集合競價主要解決開盤前的買進、賣出委託，產生開盤價。而後還會有許多買賣信息輸入，這時就轉入連續競價階段。它的原理是這樣的：確認連續競價中每一盤的有效委託。首先根據一定時間間隔或一定委託數量二者優先成立的原則選取已報入系統的一盤買賣委託，其中對於一定的時間間隔和一定委託數量的參數設定由交易所視市場狀況而定。比如以每20筆單子為一盤，如果不足20筆時以15秒為一盤。以昨日收市價的一定範圍（比如10%）為有效範圍。其限價在有效範圍內的合法委託，稱為該盤的有效委託。系統只對有效委託進行競價處理。

連續競價是指對買賣申報逐筆連續撮合的競價方式。連續競價階段的特點是：每一筆買賣委託輸入電腦自動撮合系統後，當即判斷並進行不同的處理：能成交者

予以成交，不能成交者等待機會成交，部分成交者則讓剩餘部分繼續等待。

按照中國證券交易所的有關規定，在無撤單的情況下，委託當日交易時間內有效。另外，開盤集合競價期間未成交的買賣申報，自動進入連續競價。深圳證券交易所還規定，連續競價期間未成交的買賣申報，自動進入收盤集合競價。

——成交價格確定原則。連續競價時，成交價格的確定原則為：a. 最高買入申報與最低賣出申報價位相同，以該價格為成交價；b. 買入申報價格高於即時揭示的最低賣出申報價格時，以即時揭示的最低賣出申報價格為成交價；c. 賣出申報價格低於即時揭示的最高買入申報價格時，以即時揭示的最高買入申報價格為成交價。

例如，某股票即時揭示的賣出申報價格和數量分別為15.60元和1,000股、15.56元和800股、15.36元和100股，即時揭示的買入申報價格和數量分別為15.25元和500股、15.20元和1,000股、15.15元和800股。若此時該股票有一筆買入申報進入交易系統，價格為15.56元，數量為600股，則應以15.36元成交100股、15.56元成交500股。

——實行漲跌幅限制的證券的有效申報價格範圍。競價申報時還涉及證券價格的有效申報範圍。根據現行制度規定，無論買入或賣出，股票（含A、B股）、基金類證券在1個交易日內的交易價格相對上一交易日收市價格的漲跌幅度不得超過10%，其中ST股票和*ST股票價格漲跌幅度不得超過5%。漲跌幅價格的計算公式為（計算結果四捨五入至價格最小變動單位）：

漲跌幅價格 = 前收盤價 × （1 ± 漲跌幅比例）

例如，某A股票的收盤價為18元，某B股票的交易特別處理，屬於ST股票，收盤價為6.8元。則一個交易日內，A股票交易的價格上限為19.8元 [=18×（1＋10%）]，價格下限為16.2元 [=18×（1－10%）]；B股票交易的價格上限為7.14元 [=6.8×（1＋5%）]，價格下限為6.46元 [=6.8×（1－5%）]。

買賣有價格漲跌幅限制的證券，在價格漲跌幅限制內的申報為有效申報，超過漲跌幅限制的申報為無效申報。

在深圳證券交易所，買賣有價格漲跌幅限制的中小企業板股票，連續競價期間超過有效競價範圍的有效申報不能參加競價，暫存於交易主機；當成交價格波動使其進入有效競價範圍時，交易主機自動取出申報，參加競價。中小企業板股票連續競價期間有效範圍為最近成交價的上下3%。開盤集合競價期間沒有產生成交的，連續競價開始時有效競價範圍調整為前收盤價的上下3%。

——不實行漲跌幅限制的證券有效申報價格範圍。對於無價格漲跌幅限制的證

券，中國上海證券交易所和深圳證券交易所都規定了其發生的情形和有效申報價格範圍。

中國證券交易所規定，屬於下列情形之一的，首個交易日不實行價格漲跌幅限制：

（1）首次公開發行上市的股票（上海證券交易所還包括封閉型基金）；

（2）增發上市的股票；

（3）暫停上市後恢復上市的股票；

（4）證券交易所或中國證監會認定的其他情形。

根據上海證券交易所的規定，買賣無價格漲跌幅限制的證券，集合競價階段的有效申報價格應符合下列規定：

（1）股票交易申報價格不高於前收盤價格的900%，並且不低於前收盤價格的50%；

（2）基金、債券交易申報價格最高不高於前收盤價格的150%，並且不低於前收盤價格的70%。

集合競價階段的債券回購交易①申報無價格限制。

在上海證券交易所買賣無價格漲跌幅限制的證券，連續競價階段的有效申報價格應符合下列規定：

（1）申報價格不高於即時揭示的最低賣出價格的110%且不低於即時揭示的最高買入價格的90%；同時不高於上述最高申報價與最低申報價平均數的130%且不低於該平均數的70%。

（2）即時揭示中無買入申報價格的，即時揭示的最低賣出價格、最新成交價格中較低者視為前項最高買入價格。

（3）即時揭示中無賣出申報價格的，即時揭示的最高買入價格、最新成交價格中較高者視為前項最低賣出價格。

當日無交易的，前收盤價格為最新成交價格。

深圳證券交易所無漲跌幅限制證券的交易按下列方法確定有效競價範圍：

（1）股票上市首日開盤集合競價的有效競價範圍為發行價的900%以內，連續競價、收盤集合競價的有效競價範圍為最近成交價的上下10%。

---

① 債券回購交易就是指債券買賣的雙方在成交的同時，約定於未來某一時間以某一價格雙方再進行反向交易的行為。

（2）債券上市首日開盤集合競價的有效競價範圍為發行價的上下30%，連續競價、收盤集合競價的有效競價範圍為最近成交價的上下10%；非上市首日開盤集合競價的有效競價範圍為前收盤價的上下10%，連續競價、收盤集合競價的有效範圍為最近成交價的上下10%。

（3）債券質押式回購非上市首日開盤集合競價的有效競價範圍為前收盤價的上下100%，連續競價、收盤集合競價的有效競價範圍為最近成交價的上下100%。

無價格漲跌幅限制的證券在開盤集合競價期間沒有產生成交的，連續競價開始時，按下列方式調整有效競價範圍：

（1）有效競價範圍內的最高買入申報價高於發行價或前收盤價的，以最高買入申報價為基準調整有效競價範圍；

（2）有效競價範圍內的最低賣出申報價低於發行價或前收盤價的，以最低賣出申報價為基準調整有效競價範圍。

另外，買賣深圳證券交易所無價格漲跌幅限制的證券，超過有效證券範圍的申報不能即時參加競價，可暫存於交易主機；當成交價格波動使其進入有效競價範圍時，交易主機自動取出申報，參加競價。

開盤集合競價小知識[①]

2006年7月1日，深滬證券交易所實施開放式集合競價，即在集合競價期間，即時行情即時揭示集合競價參考價格，開放式集合競價時間為9點15分至9點25分，以及深市14點57分至15點00分。開盤集合競價對於當天股價走勢的技術研判具有非常重要的指導意義，所以投資者有必要瞭解一些開盤集合競價的小知識。

（1）9：15－9：20這五分鐘開放式集合競價可以輸委託買入和賣出的單子，你看到的匹配成交量可能是虛假的，因為這5分鐘可以撤單，所以有些主力在9：15－9：20期間掛大單買入，引誘散戶，並掐點在9：20之前瞬間撤單。當你買進時，你不能撤單，他可以撤單，然後他再照價賣給你。

（2）9：20－9：25這五分鐘開放式集合競價可以輸委託買入和賣出的單子，但不能撤單。有的投資者認為他在此階段撤單就完事了，事實上這五分鐘撤單是無效的，這五分鐘你看到的委託買入和賣出都是真實的。

---

① http://www.csrc.gov.cn/pub/newsite/

（3）9：25-9：30 這五分鐘不叫集合競價時間。這五分鐘裡券商可接受買入和賣出委託，也可接受撤單，不過這五分鐘電腦不處理，即不會送交交易所。如果你委託買入或賣出的價格估計能成交，即使你立馬反悔去撤單，也是排在後面的來不及生效的委託。

（4）9點25分才是集合競價期間唯一一次真正的成交，所以會顯示成交筆數。9點25分成交的那個價格，也就是開盤價，所有委託的成交價格都是同一個價格。這個價格是根據最大成交量撮合出來的。

（5）集合競價最好的填單時間是越接近9點25分越好。集合競價先是價格優先，然後才是時間優先，所以你只要在9點25分之前一瞬間，報比當時價格低的價格賣出或報比當時價格高的價格買入，則肯定會成交。最終的成交價按照開盤價確定，而不是你的委託價格。

（6）券商營業部正式向交易所發送委託數據的時間是9點05分。一般來說，營業部在每個交易日的9點05分左右會將營業部的轉換系統打開，這一系統負責將證券營業部客戶的委託指令轉換成DBF庫數據發送至交易所，9點15分準時進入交易所電腦主機執行。所以，那些追逐連續漲停股票的投資者，需要盡早委託，等到集合競價開始後再下單，則委託單基本就要排到隊列最後了。

10. 分紅派息、分紅派息的方式、股權登記日

分紅派息，是指公司以當年稅後利潤，在彌補以前年度虧損、提取法定公積金及任意公積金後，將剩餘利潤以現金或股票的方式，按股東持股比例或按公司章程規定的辦法進行分配的行為。

一般來說，公司可以三種形式實施分紅派息：①派發現金；②派發新股（包括無償送紅股和有償配股）；③以公司盈餘公積金轉增股本。公司分紅派息由董事會提出分配預案，並按法定程序召開股東大會進行審議和表決。個人股東享有的紅利，必須按國家有關規定納稅。一般情況下，該項所得稅由公司代扣代繳。

公司在實施分紅派息或送配股的時候，需要定出某一天，界定哪些股東可以享有此次分紅派息或參與此次送配股，定出的這一天就是股權登記日。也就是說，在股權登記日這一天收市時，持有該公司股權的股東，可以享有此次分紅派息或參與此次送配股。

11. 除息、除權計算（XR、DR、XD）

除權簡稱DR，除息簡稱XR，除權除息統稱為XD。它要對前收盤價進行修正。

股東回報有公司發給的現金或股票，分別叫現金股利、股票股利。對這種無形中增加的股票價值要除淨權息。

股票除息的處理過程是，當一家股票上市公司宣布上年度股利分派為現金股利時，則在發放股息前，該種股票應稱為含息股票。要辦理除息手續的發行公司先公布除息日期，讓投資者有充分的時間辦理過戶手續。凡在過戶截止日期前辦好過戶手續的，就作為該公司的股東，享有領取股息的權利。除息日當天又叫除息基準日，在基準日以後的一段時間（比如7天）內股票要停止過戶，使該公司有時間整理股東名單，編製股東名冊，以便發出通知召開股東大會。除息基準日確定後，除息日當天會出現除息報價，即基準日前一天的市場收盤價減去該公司應發放的現金股利，它是除息日當天開盤價的參考價。如某公司派發現金1元，除息基準日前該股票收盤價是5元，則除息報價是5－1＝4（元）。除息後，若股票價格上升到4.5元，叫漲息；如到5元或超過5元，會將除息後的價值缺口填滿或超出，這就成了填息。

股票除權的處理過程是，當一家股票上市公司宣布上年度股利分配為股票股利時，在股票股利尚未分派之前，該種股票應稱為含權股票。要辦理除權手續的發行公司先要報主管機關核定，在得到准許後，發行公司就公布除權日期，讓投資者有充分的時間辦理過戶手續。凡在過戶截止日前辦好過戶手續的，就享有領取或認購股權的權利（即可領取派發的股票或獲得認購股票的權利）。除權日當天叫除權基準日。除權基準日確定後，除權當天會出現除權報價 除權價格的計算，分三種情況：①送股時：除權價格＝除權日前一天收盤價/（1＋送股率）。②有償配股時：除權價格＝（除權日前一天收盤價＋配股價×配股率）/（1＋配股率）。③送股與有償配股相結合時：除權價＝（除權日前一天收盤價＋配股價×配股率）/（1＋送股率＋配股率）。

如果是除息和除權同時進行，計算公式是：當日除息除權報價＝（前一日收盤價－股息金額＋配股價×配股率）/（1＋配股率＋送股率）。例如某公司，除權除息前交易日的收盤價是11元。公司派息方案是：10股送2股配8股，每10股送1.50元股息，配股價4元。所以，用除息除權公式計算，注意，因有股息1.50元，所以要減去股息。將數字代入公式：（11－0.15＋0.8×4）/（1＋0.2＋0.8）＝7.02（元）。

公司通過除息除權後，股票的除息除權的參考價是7.02元，比原來收盤價11元低了。注意：7.02元是參考價，不是開盤價。待股市開盤後，價位會有變動。這只是提供一個參考值。

中國有關制度規定，證券發行人認為有必要調整上述計算公式的，可以向證券交易所提出申請並說明理由。證券交易所認為必要時，可調整除權（息）價的計算公式。

除權（息）日證券的買賣，除了證券交易所另有規定外，以除權（息）價作為計算漲跌幅度的依據。

在權證業務中，標的證券除權、除息對權證行權價格會有影響，因此，需要調整。根據有關規定，標的證券除權、除息的，權證的發行人或保薦人應對權證的行權價格、行權比例作相應調整並及時提交證券交易所。

標的證券除權的，權證的行權價格、行權比例分別按下列公式進行調整：

新行權價格＝原行權價格×（標的證券除權日參考價÷除權日前一日標的證券收盤價）

新行權比例＝原行權比例×（除權日前一日標的證券收盤價÷標的證券除權日參考價）

標的證券除息的，行權比例不變，行權價格按下列公式進行調整：

新行權價格＝原行權價格×（標的證券除息日參考價÷除息日前一日標的證券收盤價）

12. 開（收）盤價、最高（低）價

股票開盤價格（簡稱開盤價，亦稱開市價）指每天股票市場一開始營業，某股票買賣最初始的成交價格。股票收盤價格（簡稱收盤價或收市價）指每天股票市場營業結束時，某股票最後成交的價格。收盤價格是反應股市動向的重要參數。

在證券市場上，開盤價和收盤價往往要通過制度加以規範。

在開盤價方面，有用開始最大成交量為開市價格的；在上海、深圳市場上，（集合競價）不考慮10%漲跌的話，開市價產生的原理就是我們所講的電腦撮合交易而成。粗略講就是交易所每天開業前的一段時間裡，如上交所、深交所定在上午9點15分到9點25分，大量買或賣某種股票的信息都輸入了電腦，但此時電腦只接受信息，不撮合信息。在正式開市前的一瞬間（9點25分）電腦開始工作，十幾秒後，電腦撮合定價，按一定規則（如前面介紹的方法或其他規定的方法如成交量最大的首先確定價格）確定的價格產生了這種股票當日的開市價，並及時反應到屏幕上，這也稱集合競價。根據中國現行的交易制度，證券的開盤價通過集合競價方式產生。不能產生開盤價的，以連續競價方式產生。按集合競價產生開盤價後，未成交的買賣申報仍然有效，並按申報順序自動進入連續競價。

在收盤價的確定方面，上海證券交易所和深圳證券交易所有所不同。

上海證券交易所證券交易的收盤價為當日該證券最後一筆交易前 1 分鐘所有交易的成交量加權平均價（含最後一筆交易），即：最後一分鐘每筆成交價格×成交

數量/最後一分鐘的總成交量＝收盤價。當日無成交的，以前收盤價為當日收盤價。2016年5月9日起，上海證券交易所以每日最後一筆價格為收盤價。

深圳證券交易所證券交易的收盤價通過集合競價的方式產生。收盤集合競價不能產生收盤價的，以當日該證券最後一筆交易前1分鐘所有交易的成交量加權平均價（含最後一筆交易）為收盤價。當日無成交的，以前收盤價為當日收盤價。

股票最高價格（簡稱最高價）指某股票當天曾達到的最高價格。

股票最低價格（簡稱最低價）指某股票當天曾達到的最低價格。

13. 什麼是T＋0、T＋1？

T是英文Trade的第一個字母，是「交易」的意思，T＋0交易是深交所（上交所也曾採用此法）1993年底推出的一種新的回轉交易辦法。它指在不改變現行清算交收期的前提下，投資者在交易日當天得到成交確認後進行的反向交易，即買進（賣出）委託成交確認後，清算交割前可再委託賣出（買進）。這個意思是：你買（賣）股票當天確認成交後，可以馬上再賣（買）出，即當天又買又賣。那麼T＋1、T＋2等就是只能在第2天、第3天才可進行反向交易。注意，從1995年1月1日起，T＋0改為T＋1了，那麼當天不能做反向交易，只有第2天才可進行。

14. 漲跌停板

從1996年12月16日起，上交所、深交所對上市的股票、基金的交易實行漲跌停板限制，漲跌限制在10%以內[①]。要瞭解10%的漲跌幅度，須先知道股票的「開盤價」與

[①] 根據《關於完善中小企業板首次公開發行股票上市首日交易監控和風險控制的通知》的有關規定，深交所將對上述股票上市首日交易實施以下措施：

第一，當股票盤中成交價格較開盤價首次上漲或下跌達到或超過20%時，深交所可對其實施臨時停牌30分鐘；首次上漲或下跌達到或超過50%時，深交所可對其實施臨時停牌30分鐘。

臨時停牌期間，投資者可以繼續申報，也可以撤銷申報。

股票臨時停牌時間跨越14：57的，深交所於14：57將其復牌並對停牌期間已接受的申報進行復牌集合競價，然後進行收盤集合競價。

第二，深交所可視上述股票盤中交易情況採取進一步的風險控制措施。

第三，深交所將嚴密監控上述股票上市首日的交易，對通過大筆集中申報、連續申報、高價申報或頻繁撤銷申報等方式影響證券交易價格或證券交易量的帳戶，將依據有關規定採取限制交易、上報中國證監會查處等措施。

2012年3月8日，為適應《證券發行與承銷管理辦法》修訂所帶來的變化，深交所發布《關於進一步完善首次公開發行股票上市首日臨時停牌制度的通知》，新增漲跌幅20%檔位臨時停牌指標，實施10%、20%兩檔漲跌幅停牌機制；調整換手率達50%的臨時停牌時間。根據該通知，新股盤中成交價較開盤價首次上漲或下跌達到或超過10%，臨時停牌1小時；盤中成交價較開盤價首次上漲或下跌達到或超過20%，臨時停牌至14：57分；盤中換手率達到或超過50%，臨時停牌1個小時，之後繼續交易。為有效抑制新股炒作，實現新股發行體制改革目標，深交所在2012年3月8日推出新股上市首日臨時停牌機制。3月8日以後，深交所上市45只新股，上市首日平均漲幅為21.82%，漲幅明顯下降，上市首日以後的走勢總體平穩。同時，部分新股上市首日交易時間較短等現象引起了廣泛關注。

「收盤價」。各個股票當天漲跌幅度的限制，就是以前一天收盤價的10%為限的。

根據規定，超過漲跌停板限制的委託為無效委託，當日不能成交。

上市首日交易的創業板證券，當上市首日盤中成交價格較當日開盤價首次上漲或下跌達到或超過20%時，對其實施臨時停牌30分鐘；首次上漲或下跌達到或超過50%時，對其實施臨時停牌30分鐘；首次上漲或下跌達到或超過80%時，對其實施臨時停牌至集中競價收市前3分鐘（14時57分），之後再進行復牌並對停牌期間已接受的申報進行復牌集合競價，然後進行收盤集合競價。

15. 中小板報單不能偏離3%

深圳證券交易所規定中小板的價格每次變動不能超過3%。舉個例子，某股票前收盤10元，目前股價10.5元，漲跌停板分別為11元和9元，此時有效申報價格為10.19元至10.82元。如果某投資者掛單11元買入該股票，其結果將是不合格申報。但是其報單將會保存在交易所電腦中，當所申報價格滿足當時價格上下3%的時候，再自動進入交易隊列，還繼續前面的交易。當該股票價格繼續上漲，股價達到10.68元時，此時11元距10.68元的差距已經小於3%，報單已經變為合格報單，此時投資者買入該股的成交價也就是10.68元，比該投資者想買入時的價格高出了0.18元。因此，在買入或賣出中小板股票時，不要過分高掛買入或壓低賣出，以免出現不合格報單的問題。如果急於成交，讓利2%~3%一般就足夠了。如果仍不放心，可以採用市價報單。滬深股市主板及中小板集合競價時沒有3%的限制。

其實，對於3%這個限制，如果應用得好的話，完全可以成為投資者一種新的報單方式。還以前面提到的股價為例，當該股票漲到10.50元時，如果投資者希望在股價漲過10.60元時追漲買入，否則不買，那麼投資者可以申報10.92元買入股票，這樣只要出現了10.61元的報價，也就是說多方吃光了10.60元的拋盤，就自動追漲買入股票，否則就不予買入。這一報單方式可以給上班族投資者提供一種很便捷的操作方式。

16. 換手率

某股票成交的股數與其上市流通的總股數之比即是換手率。它反應了該股票流通的程度。如果換手率是10%，說明股票成交的不多，如果達到90%，說明股票交易活躍，買賣頻繁。一般股票當日上市時，應多注意這個指標。有些人用換手率指標來衡量股市流動性，實際上這是片面的，因為流動性的核心含義應該是以合理價格迅速成交的能力，包括兩個方面：交易價格合理和成交即時性。換手率指標之所以不能用來衡量股市流動性，是因為換手率只考慮了即時性，而沒有考慮合理價

格要素。即便市場交易非常活躍，即時性很容易得到滿足，但價格衝擊成本非常高，同樣不能認為該市場是一個高流動性的市場。國際上通常用價格衝擊成本來衡量股市的流動性。價格衝擊成本也可稱為流動性成本，是指一定數量的委託（訂單）迅速成交時對價格的影響，因此是一個包含即時性和合理價格兩方面要素的指標。從流動性成本看，儘管近十年來中國股票市場的流動性有了很大的改善，但與國際市場相比，仍存在非常大的差距。

通過換手率分析多空博弈的走向[1]

換手率是判斷和衡量多空雙方分歧大小的一個重要參考指標。低換手率表明多空雙方的意見基本一致，股價一般會由於成交低迷而出現小幅下跌或步入橫盤整理；高換手率則表明多空雙方的分歧較大，但只要成交活躍的狀況能夠維持，一般股價都會呈現出小幅上揚的走勢。對於換手率的判斷，投資者最應該重視的是換手率過高和過低時的情況。在多數情況下，過高和過低的換手率都可能是股價變盤的先行指標。下面，我們分別描述一下換手率高低所對應的不同盤面特徵。

一、低位低換手率

一般而言，在股價出現長時間調整後，如果出現連續一週多的時間內換手率都保持在極低的水平，如一週累計換手率小於1%（除大盤權重股外），則往往預示著多空雙方都處於觀望之中，由於空方力量已經釋放完畢，此時股價基本已進入了底部區域，此後即使是一般的利好刺激，都可能引發反彈。如圖1.1所示。

二、高位高換手率

如果個股是在相關高位突然出現高換手率的情況，一般而言成為下跌前兆的可能性較大。歷史數據顯示，當個股單日換手率超過20%時，尤其是連續數個交易日換手率都在10%以上時，個股進入調整階段的概率較大。個股利好出抬時也會突然出現高換手率，表明獲利盤在借機出逃，「利好出盡是利空」的情況就是在這種情形下出現的。對於這種高換手率，投資者同樣需要警惕。

---

[1] http://www.360doc.com/content/14/0714/14/14448374_394330515.shtml.

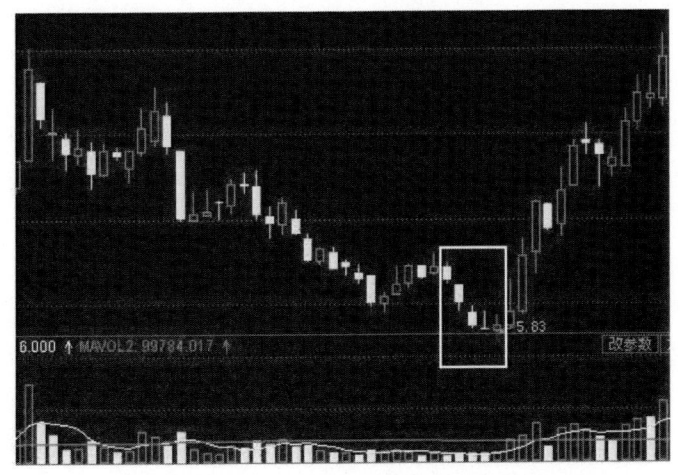

圖 1.1 2012 年 11 月，一汽轎車 (000800)，股價長期下跌後，再度殺跌時成交量並未放大，一週換手率僅 1% 左右，此後股價節節上漲

17. 什麼是「一手」？不足「一手」怎麼處理？

上海、深圳兩個證券交易所規定，「一手」為 100 股。買賣股票要以「一手」為單位。不能買 105 股等這樣不足「一手」的股票。但在配股中往往有配零股現象出現，如 10 股配 3 股，那麼 100 股變為 130 股，這時賣 130 股也可以成交。現在三板市場採用的是「3 萬股為一手、每次交易最低一手」，也就是說，如果 1 只股票價格為 1 元/股，則投資者買一手就需 3 萬元。

18. 多頭、空頭

多頭是指投資者看好證券市場，預計市場價格將會上漲，於是趁低價時買進證券，待價格上漲至某一價位時再賣出，以獲取差價收益。一般來說，人們通常把價格長期保持上漲勢頭的證券市場稱為多頭市場。多頭市場上證券價格變化的主要特徵是一連串的大漲小跌。簡單來說，多頭就是那些相信價格將上漲而買進某種證券，期待漲價後再高價賣出的市場人士。

與多頭相反，空頭是指投資者看壞證券市場，預計市場價格將會下跌，於是趁高價時賣出證券，待價格下跌至某一價位時再買進，以獲取差價收益。一般來說，人們通常把價格長期保持下跌勢頭的證券市場稱為空頭市場。空頭市場上證券價格變化的主要特徵是一連串的大跌小漲。簡單來說，空頭就是那些相信價格將下跌而賣出某種證券，期待下跌後再低價買進的市場人士。

19. 買空、賣空

傳統交易中有買空和賣空的交易行為。買空就是看好某種證券的上漲趨勢，借錢投資，盈利還錢。賣空就是借入自己不看好的股票、債券、外匯等，拋出獲得現金，等這些股票、債券、外匯的價格如預期那樣下跌到某個水平後，再用現金購入等量的股票、債券、外匯歸還出借人。如果借入的證券果真大幅下跌，還券後剩下的現金就是自己的利潤。

20. 牛市和熊市的由來

「牛市」和「熊市」這兩個股市術語出現於19世紀早期的美國股市。首先出現的是「熊」，在1709年就有所記載，最早指因為預計股價會跌就賣掉將來才發行而現在還沒到手的股票，這樣就使得投機商可以以較低的價格購入股票。這樣的投機商就被稱為「熊皮批發商」，源自詞組 sell the bear's skin before one has caught the bear。慢慢地，這個詞組就表示「對於股價越來越不樂觀」了。

為了區分市場的升跌，後來投資者把健步向前的牛作為漲升的象徵，寓意向上的趨勢不可阻擋；而把倔強好糾纏的熊作為下降的象徵，表示下跌的結束遙遙無期。「牛市」的用法出現於1714年，也是受到了「熊市」的影響而產生的。

而在西方古代文明中，牛代表著力量、財富和希望，而熊代表著抑制狂熱、消化自身、待機重生。

同時也有另一種說法：牛在頂人的時候都是低頭向上用力，熊在打人的時候則是站起來向下發力。這個則顯得稍微形象些。

21. 股票價格指數

股票價格指數是反應某股票的價格在不同時期變動的相對數。股票價格指數通常用來描述股價波動的狀況及趨勢，能較正確地反應經濟水平的變化，是股票市場上的一項重要指標。

股票價格指數的技術計算程序一般是：以某一日期為基期，採用某種方法，選用特定的股票為對象計算出平均價格。若計算某日股票價格指數，則用該日的股票價格平均數與基期的股票價格平均數相比，並以百分數表示，即為該日的股票價格指數。其公式如下：

某日股票價格指數＝（某日股票價格平均數÷基期股票價格平均數）×100%

目前，上海常用的有綜合指數、30指數。深圳常用的有成分指數、綜合指數。

上海證券交易所綜合指數（上證指數）的計算公式為：

指數＝（報告期的市價總值／基期的市價總值）×100

其中，市價總值 = Σ（市價 × 發行股數），基期日採樣股的市價總值稱為除數。上海綜指基期定在 1990 年 12 月 19 日，30 指數基期定在 1996 年 7 月 1 日。深圳綜指基期定在 1991 年 4 月 3 日，深成指基期定在 1994 年 7 月 20 日。

22. 股票價格指數「點」

我們常常聽到這樣的說法：某種股票價格上升或下降了多少「點」。對「點」的解釋，通常有兩種說法：①「點」是百分點的簡稱；②「點」是股票價格指數的單位。

這兩種解釋都是不妥的。百分點是百分數相減的稱呼。如去年價格指數是 150%，今年價格指數是 130%，則今年價格指數比去年下降了 20 個百分點（130% － 150%）。如果點是百分點的簡稱，為什麼沒聽過物價指數或工業產值等指數用點的簡稱呢？另外，股票價格指數實際從廣義理解就是相對數或百分數，專業術語是指數。我前面已解釋了。既然是相對數，怎麼能有單位呢？所以，點不是股價指數的單位。

那麼點究竟是什麼呢？從交易所經紀人報價看，說「股價上升了 58.23%」，顯得冗長，因此，為快捷表達，國外經紀人口頭報價時僅說「上升 58 點」（點的英文是 Point）。由於從英文硬譯，於是中國也引入了「點」的說法。比如股價今天比昨天上升了 20%（這是準確說法）則說成上升 20 點。久而久之，約定成俗，大家都這麼說，也不會發生理解錯誤，因此「點」的叫法被投資者承認了。這沒關係，只要存在的就是合理的。但我們應該清楚，從本質上講點不是百分點，也不是單位，只是一個通俗、簡練的叫法。

23. 熔斷機制和指數熔斷機制

熔斷機制是一種市場保護機制，即在證券交易過程中，當價格波動幅度達到某一限定目標時，交易將暫停一段時間，類似於電力設備中的保險絲熔斷，因此被稱為熔斷機制。以美國標準普爾 500 指數為例，當指數跌幅達到 7% 時，交易暫停 15 分鐘；指數跌幅達到 13% 時，交易再次暫停 15 分鐘；當指數跌幅達到 20% 時，紐約證券交易所將關閉當天交易。

中國的指數熔斷機制是在借鑑國際先進經驗基礎上的創新機制。作為「建設市場」的重要措施之一，其推出將有利於抑制股指出現非理性暴漲暴跌，防止市場整體出現大幅波動，從而有利於穩定 A 股市場。當滬深 300 指數日內漲跌幅達到一定閾值時，滬深交易所上市的全部股票、可轉債、可分離債、股票期權等股票相關品種暫停交易，中金所的所有股指期貨合約暫停交易，暫停交易時間結束後，視情況

恢復交易或直接收盤。具體細則為：當滬深 300 指數漲跌幅達到 5% 時，暫停交易15 分鐘；14：45 及之後觸發 5% 熔斷閾值，以及全天任何時段觸發 7% 熔斷閾值，將暫停交易至收盤。漲跌都熔斷，且日內各檔熔斷最多僅觸發一次。熔斷至 15：00 收市未能恢復交易的，相關證券的收盤價為當日該證券最後一筆交易前一分鐘內所有交易的成交量加權平均價（含最後一筆交易）。

特殊時段的安排：一是集合競價階段不熔斷；如果集合競價期間指數觸發 5% 的閾值，將於 9：30 開始熔斷，熔斷時長 15 分鐘；觸發 7% 的閾值，將於 9：30 開始熔斷，暫停交易至收市。二是上午熔斷時長不足的，下午繼續熔斷。三是股指期貨交割日（每個月的第三個周五）僅在上午實施熔斷，無論是觸及 5% 還是 7% 引發的暫停交易，下午均恢復交易。

24. 市盈率

市盈率是指某股票收市價與年度每股稅後利潤之比。如果某公司普通股收市價為 20 元，其年度每股稅後利潤為 0.5 元，則其市盈率為 40。因為市盈率是股價與每股收益的比率，所以它的倒數就是投資回報率。一只股票，如果市盈率是 20 倍，那麼它的投資回報率就是 5%；如果是 25 倍，回報率就是 4%，這就有可能跑不贏通貨膨脹。如果市盈率是 40 倍或者 50 倍，則投資回報率可能就只有 2.5% 或者 2%，也就是說，按照靜態收益計算，需要 40 年或者 50 年才能回收投資，除非你認定它是真正的高成長的公司。

25. 市淨率

因創立「資產組合選擇」理論而獲得 1990 年諾貝爾經濟學獎的美國著名財務金融學家哈里·馬科維茨教授，在其「資產組合選擇」理論中認為：「股票淨值是股市投資最可靠的指標，投資者更應注意股價與每股淨值的關係（市淨率 PNR = 股價/每股淨值），而不是人們通常所說的股價與每股稅後利潤的關係（市盈率 PER = 股價/每股稅後利潤）。」股票淨值即資本公積金、資本公益金、法定公積金、任意公積金、未分配盈餘等項目的合計，它代表全體股東共同享有的利益，也稱為淨資產。淨資產 = 總資產 - 總負債。

26. 投資和投資報酬率

從最一般的角度來說，投資是指經濟主體（國家、企業、個人）以獲得未來貨幣增值或收益為目的，預先墊付一定量的貨幣與實物，經營某項事業的經濟行為。簡單地說，投資是指為了獲得可能的不確定的未來增值而做出的確定的現值的犧牲。

投資報酬率反應投資者從投資中所得的報酬。其計算公式如下：

股票投資報酬率＝[（股票現值－股票原值＋股息、紅利收入）÷股票原值]×100%

如某股東原購買股票為1,000元，現值升為1,500元，股息（或紅利）收入200元，該股東的投資報酬率為：

股票投資報酬率＝[（1,500－1,000＋200）÷1,000]×100%＝0.7×100%＝70%

瘋狂的股市[①]
——人類歷史上首次全民炒股 整個英國為之瘋狂

這是人類歷史上第一次「全民炒股」，英國的王室、貴族、學者、平民都加入了狂歡，就連牛頓都沒有例外。然而，泡沫破滅後，整個英國被籠罩在陰霾中整整一個世紀。

1701年，西班牙哈布斯堡王室絕嗣，法國的波旁王室與奧地利的哈布斯堡王室為爭奪西班牙王位，引發了一場歐洲大部分國家參與的大戰。

戰爭進行了13年，最終以英國勝利告終。這就是歐洲歷史上著名的西班牙王位繼承戰。

獲勝的英國在這場戰爭中奪取了大量法國的海外殖民地，成功地鞏固了海上優勢，從而走上海上殖民帝國之路。但是，龐大的戰爭支出也令其背負了巨額國債。新國王喬治一世向議會遊說償清國債的好處，貴族們最終達成一致，要找到「解脫」的好辦法。

1711年成立的南海股份有限公司（以下簡稱南海公司）此時站了出來。

為了顯示雄厚的經濟實力，南海公司不惜以巨資認購了政府1,000萬英鎊的債券，從而獲得了政府和社會公眾的信賴。英國政府把它作為發行巨額債券的渠道，並以保證對已轉換債券支付6%的利息及免徵間接稅作為對南海公司的回報。此外，南海公司還獲得了英國與美洲大陸東海岸之間的貿易特權，以及英國與美洲大陸西海岸的所有貿易權。

一、「泡泡」被吹起來了

南海公司成立之初就有個眾所周知的企圖：攫取蘊藏在南美洲海岸的巨大財富。當時，人人都知道秘魯和墨西哥的地下埋藏著巨大的金銀礦藏，只要能把英格

[①] http://money.hexun.com/2009-05-14/117672703.html.

蘭的加工商送上海岸，不可計數的「金磚銀石」就會被源源不斷地運回英國。加上有政府支持，社會公眾對南海公司的前景充滿信心。

彼時英國經濟興盛，人們的資金閒置，儲蓄膨脹，而發行量極少的股票是特權的絕對象徵。南海公司的股票理所當然地被投資者看好。

然而，南海公司的董事毫無商品貿易和經營管理方面的經驗，業績極不理想。在其成立的最初8年間，除了每年向南美洲運送一船黑奴外，公司幾乎沒干過幾件能夠盈利的事情。其唯一的流動資金來源，還是創業之初接手國債所得的每年6%的利息收入。公司就這樣不死不活地撐著，股票也沒多大起伏。為了改變這種狀況，南海公司向政府官員大量行賄，以加速「官商化」進程，英國公眾和投機商也希望南海公司成為「阻止大批資金流入法國密西西比公司並與之抗衡」的公司。

1720年，南海公司決定對高達3,100萬英鎊的全部國債提供資金，以提高其聲譽。此舉不僅深受英國政府歡迎，也迎合了眾多投機者的需要。1720年1月1日，南海股票指數為128點，一天之內，翻了3倍，並從此以驚人的速度上漲。

嘗到甜頭的南海公司開始持續採取詐欺手段製造虛假的繁榮。1720年4月12日，南海公司以每股300英鎊的價格發行新股；5月，公司又發行了每股400英鎊的新股；6月15日，他們更以現付10%的方式再次發行新股，此時的股價已升至800英鎊；7月1日，南海股票指數飆升至950點，並一度摸高1,050點，較首次發行價130英鎊上漲了7.08倍！

南海公司股票暴漲產生了巨大的示範效應，部分投機者開始跟風創辦公司，並公開發行股票，以實現「圈錢」的企圖。這些新公司像吹氣泡一樣迅速出現，滿足了市場的投資渴望。

二、不列顛陷入瘋狂

在政府的默許下，一個又一個美妙的故事開始在坊間流傳：

在墨西哥和秘魯發現了巨大的金銀礦藏，數不盡的金銀就要被源源不斷地運回英國！

西班牙馬上就要放棄智利、秘魯沿海的4個港口，英國很快就可以利用這些港口進行貿易，南海公司包租的船只可以不受數量限制！

……

伴隨著這些誘人的「預期」和政府官員的捧場，外加購買南海公司的股票還有分期付款等優惠，英國上下一片歡騰，厄雷交易街陷入了極度亢奮的狀態。投資者認為，他們苦等多年的機會終於從天而降，只要南海公司的股價大漲，自己就會發

大財。大量渴望高額利潤的資金蜂擁而至，其來源包括國王、貴族、官員甚至科學天才牛頓！

牛頓將他的天才也用於「追漲殺跌」，他買入7,000英鎊股票，據說第一筆交易就大賺。

投資者爭相搶購，股價成倍數暴漲。短短5個月的時間，南海公司股票就增值近8倍。高額利潤預期誘惑了大量老百姓，人們幾乎是見股票就買。不列顛的投資者就這樣被南海公司的股票緊緊控制著。此時，人們關心的只是能否買得到股票，以及手中這些不知來歷的股票明天又會漲多少。股票背後的真相已經全無意義，人類歷史上第一次「全民炒股」出現了。

經濟學家們也喪失了理智，火上澆油般站出來證明擴充貨幣供給具有超級槓桿作用，它有可能創造新的工作機會，在提高社會需求的同時提高社會生產能力，從而把國民經濟帶到一個更高的均衡點。可是，他們的論述都沒有清楚地指出這個新的均衡點究竟在哪裡，以及達到這個均衡點的基本機制是什麼。

三、「泡泡」被吹爆了

舉國瘋狂的時候，只有輝格黨政客羅伯特・沃爾波爾還保持著理智，他警告人們當心股票投機的風險，但是沒人聽得進去。英國人準備把自己的房屋、生計全部押到這場對虛幻財富的徒勞追求上。甚至下院中那些向來專心聽沃爾波爾講話的議員們，一旦知道他將就南海公司問題發表意見，也都溜出了議院大廳。

最終，利潤預期的「泡泡」巨大到令人驚恐的程度，股票從100多英鎊快速漲到了近1,000英鎊，股市崩盤已不可避免。議會見勢不妙，趕緊出抬了嚴格管制股市的《泡沫法》(Bubble Act of June 11, 1720) 以推卸責任。1720年8月，南海公司一些董事和高級職員意識到公司股價暴漲和毫無起色的經營業績完全脫鉤，開始大量拋售手中的股票。投資者也終於識破南海公司的真相，更加瘋狂地拋出所持股票。

「泡泡」破滅，股價暴跌，怎麼漲上去的，就怎麼跌下來，前後過程大約10個月。整個英國股市此時完全崩潰，為數眾多的銀行倒閉，公司破產；無數家庭傾家蕩產，許多人傾盡所有卻血本無歸；社會問題加劇，政府信用破產，政治危機一觸即發。

剛剛興起的股份公司在英國被視為金融詐欺團體，進而被宣布為非法。「南海泡泡」陰影籠罩英國股市近百年，人們聞股色變，老實了許久。股票在英國市場上幾乎銷聲匿跡。

輝格黨政治家羅伯特・沃爾波爾成為這場鬧劇最大的獲益者。他野心勃勃，借著收拾危局籠絡人心，取得政權，確立了內閣首相制，成為英國的首任首相，執政達20年之久。

第三節　股票指數期貨投資基礎

　　股票指數期貨是期貨的一種。期貨是指由期貨交易所統一制定的、規定在將來某一特定的時間和地點交割一定數量標的物的標準化合約。這個標的物，又叫基礎資產，是期貨合約所對應的現貨。它可以是某種商品，如銅或原油，也可以是某個金融工具，如外匯、債券，還可以是某個金融指標，如三個月同業拆借利率或股票指數。期貨可以大致分為兩大類，即商品期貨與金融期貨。金融期貨主要品種可以分為外匯期貨、利率期貨和股指期貨、國債期貨。Share Price Index Futures，英文簡稱SPIF，全稱是「股票價格指數期貨」，也可稱為「股價指數期貨」，簡稱「股指期貨」。股指期貨，是指以股價指數為標的物的標準化期貨合約，雙方約定在未來的某個特定日期，按照事先確定的股價指數的大小，進行標的指數的買賣。雙方交易的是一定期限後的股票指數價格水平，通過現金結算差價來進行交割。

　　1982年2月24日，美國堪薩斯城市交易所推出第一份股票指數期貨合約——價值線綜合指數期貨合約。1988—1990年是股票指數期貨交易的停滯期。1987年10月19日，美國華爾街股市一天內暴跌近25%，從而引發全球股市重挫的金融風暴，即著名的「黑色星期五」。2006年9月8日，中國金融期貨交易所股份有限公司正式在上海期貨大廈內掛牌。這是中國內地成立的第4家期貨交易所，也是中國內地成立的首家金融衍生品交易所。從此，國人越來越關注股票期貨①和股票指數期貨。

一、股票指數期貨的產生

　　隨著證券市場規模的不斷擴大和機構投資者的成長，市場對規避股市單邊巨幅漲跌風險的要求日益迫切，無論是投資者還是理論工作者，對推出股指期貨以規避股市系統性風險的呼聲都越來越高，決策層也對這一問題極為關注。同其他期貨交易品種一樣，股指期貨也是適應市場規避價格風險的需求而產生的。

---

　　① 股票期貨合約是以單只股票為標的的期貨合約。根據香港聯合交易所的解釋，股票期貨合約是一個買賣協定，註明於將來既定日期以既定價格買入或者賣出相等於某一既定股票數量的金融合約。

第二次世界大戰結束以後，以美國為代表的發達市場經濟國家的股票市場取得了飛速發展，上市股票數量不斷增加，股票市值迅速膨脹。以紐約股票交易所為例：1980年其股票交易量達到3,749億美元，是1970年的3.93倍；日均成交4,490萬股，是1960年的19.96倍；上市股票337億股，市值12,430億美元，分別是1960年的5.19倍和4.05倍。股票市場迅速膨脹的過程，同時也是股票市場的結構不斷發生變化的過程：第二次世界大戰結束以後，以信託投資基金、養老基金、共同基金為代表的機構投資者取得了快速發展，它們在股票市場中佔有越來越大的比例，並逐步居於主導地位。機構投資者力圖通過分散的投資組合降低風險，然而進行組合投資的風險管理只能降低和消除股票價格的非系統性風險，而不能消除系統性風險。隨著機構投資者持有股票的不斷增多，其規避系統性價格風險的要求也越來越強烈。

　　股票交易方式也在不斷地發展。以美國為例，最初的股票交易是以單種股票為對象的。1976年，為了方便散戶的交易，紐約股票交易所推出了指定交易循環系統（簡稱DOT），該系統直接把交易所會員單位的下單房同交易池聯繫了起來。此後該系統又發展為超級指定交易循環系統（簡稱SDOT）系統，對於低於2,099股的小額交易指令，該系統保證在三分鐘之內成交並把結果反饋給客戶；對於大額交易指令，該系統雖然沒有保證在三分鐘內完成交易，但毫無疑問，其在交易上是享有一定的優惠和優勢的。與指定交易循環系統幾乎同時出現的是：股票交易也不再是只能對單個股票進行交易，而是可以對多種股票進行「打包」，用一個交易指令同時進行多種股票的買賣即進行程序交易（Program Trading，亦常被譯為「程式交易」）。對於程序交易的概念，歷來有不同的說法。紐約股票交易所從實際操作的角度出發，認為超過15種股票的交易指令就可稱為程序交易；而一般公認的說法則是，作為一種交易技巧，程序交易是高度分散化的一籃子股票的買賣，其買賣信號的產生、買賣數量的決定以及交易的完成都是在計算機技術的支撐下完成的，它常與衍生品市場上的套利交易活動、組合投資保險以及改變投資組合中股票投資的比例等相聯繫。伴隨著程序交易的發展，股票管理者很快就開始了「指數化投資組合」交易和管理的嘗試，「指數化投資組合」的特點就是股票的組成與比例都與股票指數完全相同，因而其價格的變化與股票指數的變化完全一致，所以其價格風險就是純粹的系統性風險。在「指數化投資組合」交易的實踐基礎上，為適應規避股票價格系統性風險的需要而開發股票指數期貨合約，就成為一件順理成章的事情了。

　　看到了市場的需求，堪薩斯城市交易所在經過深入的研究、分析之後，在1977

年10月向美國商品期貨交易委員會提交了開展股票指數期貨交易的報告。但由於商品期貨交易委員會與證券交易委員會關於股票指數期貨交易管轄權存在爭執，另外交易所也未能就使用道·瓊斯股票指數達成協議，該報告遲遲未獲通過。直到1981年，新任商品期貨交易委員會主席菲利浦·M. 約翰遜和新任證券交易委員會主席約翰·夏德達成協議，明確規定股指期貨合約的管轄權屬於商品期貨交易委員會，才為股指期貨的上市掃清了障礙。

到1982年2月16日，堪薩斯城市交易所開展股指期貨交易的報告終於獲準通過，24日，該交易所推出了道·瓊斯綜合指數期貨合約的交易。交易一開市就很活躍，當天成交近1,800張合約。此后，在4月21日，芝加哥商業交易所推出了S&P 500股指期貨交易，當天交易量就達到3,963張。東京、香港、倫敦、新加坡等地也先後開始了股票指數的期貨交易，股指期貨交易從此走上了蓬勃發展的道路。目前，股指期貨已發展成為最活躍的期貨品種之一，股指期貨交易也被譽為20世紀80年代「最激動人心的金融創新」。如表1.3所示。

表1.3　　　全球主要股指期貨合約面值（截至2006年9月18日）

指數名稱	指數	交易所	合約乘數	按人民幣計價的合約面值（元）
DAX 指數	5,916.33	歐洲期貨交易所	25 歐元/點	1,494,568
日經225 指數	15,866.93	大阪證券交易所	1,000 日元/點	1,067,915
恒生指數	17,387.21	（中國）香港聯合交易所	50 港元/點	887,008
《金融時報》100 指數	5,890.2	倫敦國際金融期貨期權交易所	10 英鎊/點	880,414
SFE 標準普爾 200 指數	5,072.8	悉尼期貨交易所	25 澳元/點	761,029
KOSPI200 指數	178.28	韓國交易所	500,000 韓元/點	743,826
標準普爾 500 指數	1,321.18	芝加哥商業期貨交易所	50 美元/點	524,713.20
CAC40 指數	5,146.96	倫敦國際金融期貨期權交易所	10 歐元/點	519,981.90
道·瓊斯工業平均指數	11,555	芝加哥期貨交易所	5 美元/點	458,912.60
新華富時 A50 指數	5,394.65	新加坡交易所	10 美元/點	428,502.40

指數名稱	指數	交易所	合約乘數	按人民幣計價的合約面值（元）
Bovespa 指數	36,482.8	巴西期貨交易所	3 雷亞爾/點	405,958.30
道·瓊斯 EUROS-TOXX50 指數	3,504.2	歐洲期貨交易所	10 歐元/點	354,018.80
臺證加權指數	6,882.48	（中國）臺灣期貨交易所	200 新臺幣/點	332,107.20
標準普爾 CNXNifty	3,492.75	印度國家證券交易所	100 盧比/點	60,132.23

註：合約面值按 2006 年 9 月 18 日匯率折算成人民幣。

二、股票指數期貨的優勢

與進行股指期貨所包括的股票的交易相比，股票指數期貨還有重要的優勢，主要表現在如下幾個方面：

1. 提供較方便的賣空交易

賣空交易的一個先決條件是必須首先從他人手中借到一定數量的股票。國外對於賣空交易的進行設有較嚴格的條件，這就使得在金融市場上並非所有的投資者都能很方便地完成賣空交易。例如，在英國只有證券做市商才能借到英國股票；而美國證券交易委員會規則 10A–1 規定，投資者借股票必須通過證券經紀人來進行，還得繳納一定數量的相關費用。因此，賣空交易也並非人人可做。而進行指數期貨交易則不然。實際上有半數以上的指數期貨交易中都包括擁有賣空的交易頭寸。

2. 交易成本較低

相對於現貨交易，指數期貨交易的成本是相當低的。指數期貨交易的成本包括交易佣金、買賣價差、用於支付保證金的機會成本和可能的稅項。如在英國，期貨合約是不用支付印花稅的，並且購買指數期貨只進行一筆交易，而想購買多種（如100 種或者 500 種）股票則需要進行多筆、大量的交易，交易成本很高。而美國一筆期貨交易（包括建倉並平倉的完整交易）收取的費用只有 30 美元左右。有人認為指數期貨交易成本僅為股票交易成本的 1/10。

3. 較高的槓桿比率

在英國，對於一個初始保證金只有 2,500 英鎊的期貨交易帳戶來說，它可以進行的《金融時報》100 種指數期貨的交易量可達 70,000 英鎊，槓桿比率為 28:1。由於保證金繳納的數量是根據所交易的指數期貨的市場價值來確定的，交易所會根

據市場的價格變化情況，決定是否追加保證金或是否可以提取超額部分。

4. 市場的流動性較高

有研究表明，指數期貨市場的流動性明顯高於現貨股票市場。如在 1991 年，FTSE – 100 指數期貨交易量就已達 850 億英鎊。

從國外股指期貨市場發展的情況來看，使用指數期貨最多的投資人當屬各類基金（如各類共同基金、養老基金、保險基金）的投資經理。其他市場參與者主要有承銷商、做市商、股票發行公司等。

三、股指期貨的交易規則

以股票指數為基礎交易物的期貨合同稱為股票指數期貨。由於它的標的物的獨特性質，決定了其獨特的交易規則：

1. 交易單位

在股指期貨交易中，合約的交易單位是以一定的貨幣金額與標的指數的乘積來表示的，一定的貨幣金額由合約所固定，因此，期貨市場只以各該合約的標的指數的點數來報出它的價格。例如，在 CBOT 上市的主要市場指數期貨合約規定，交易單位為 250 美元與主要市場指數的乘積。因而若期貨市場報出主要市場指數為 410 點，則表示一張合約的價值為 102,500 美元。而若主要市場指數上漲了 20 點，則表示一張合約的價值增加了 5,000 美元。

2. 最小變動價位

股票指數期貨的最小變動價位（即一個刻度）通常也以一定的指數點來表示。如 S&P 500 指數期貨的最小變動價位是 0.05 個指數點。由於每個指數點的價值為 500 美元，因此，就每個合約而言，其最小變動價位是 25 美元，它表示交易中價格每變動一次的最低金額為每合約 25 美元。

3. 每日價格波動限制

自 1987 年 10 月股災以後，絕大多數交易所均對其上市的股票指數期貨合約規定了每日價格波動限制，但各交易所的規定有所不同。這種不同既表現在限制的幅度上，也表現在限制的方式上。同時，各交易所還經常根據具體情況對每日價格波動進行限制。

4. 結算方式

以現金結算是股票指數期貨交易不同於其他期貨交易的一個重大特色。在現金結算方式下，每一個未平倉合約將於到期日得到自動的衝銷。也就是說，交易者比

較成交及結算時合約價值的大小來計算盈虧，進行現金交收。

四、股指期貨的合約規格

股指期貨合約是按照一定的規格進行交易的，不同市場的交易規格不同。以下我們介紹一下 CBOT 主要市場指數期貨合約規格和中國的滬深 300 股票指數期貨合約規格。

1. CBOT[①] 主要市場指數期貨合約規格

CBOT（Chicago Board of Trade，CBOT）主要市場指數期貨合約規格包括的內容很多，它們是：

交易單位	250 美元 × 主要市場指數點
最小變動價位	0.05 個指數點（每張合約 12.50 美元）
每日價格波動限制	不高於前一交易日結算價格 80 個指數點，不低於前一交易日結算價格 50 個指數點
合約月份	最初三個連續月份及緊接著的三個以 3 月、6 月、9 月、12 月循環的月份
交易時間	上午 8：15 至下午 3：15（芝加哥時間）
最後交易日	交割月份的第三個星期五
交割方式	根據主要市場指數期貨收盤價實行逐日結算，並於最後交易日根據主要市場指數的收盤價實現現金結算

2. 滬深 300 股票指數期貨合約規格

中國金融期貨交易所自 2010 年 2 月 22 日 9 時起，正式接受投資者開戶申請，滬深 300 股指期貨合約自 2010 年 4 月 16 日起正式上市交易。合約見表 1.4。

表 1.4　　　　　　　　　　滬深 300 股指期貨合約

合約標的	滬深 300 股票指數
合約乘數	每點 300 元
報價單位	指數點
最小變動價位	0.2 點
合約月份	當月、下月及隨後兩個季月

---

① CBOT 即成立於 1848 年的芝加哥商品交易所。

表 1.4（續）

交易時間	上午：9：15－11：30，下午：13：00－15：15
最後交易日交易時間	上午：9：15－11：30，下午：13：00－15：00
每日價格最大波動限制	上一個交易日結算價的 ±10%
最低交易保證金	合約價值的 12%
最後交易日	合約到期月份的第三個周五，遇國家法定假日順延
交割日期	同最後交易日
交割方式	現金交割
交易代碼	IF
上市交易所	中國金融期貨交易所

從公布的規則以及合約內容分析，有十大要點值得關注：①交易時間較股市開盤早 15 分鐘，收盤晚 15 分鐘，投資者可利用期指管理風險。②漲跌停板幅度為 10%，取消熔斷，與股票市場保持一致。③最低交易保證金的收取標準為 12%。④交割日定在每月第三個周五，可規避股市月末波動。⑤遇漲跌停板，按「平倉優先、時間優先」原則進行撮合成交。⑥每日交易結束後，將披露活躍合約前 20 名結算會員的成交量和持倉量。⑦單個非套保交易帳戶的持倉限額為 100 手，當前點位帳戶限倉金額在 1,500 萬元左右。⑧出現極端行情時，中金所可謹慎使用強制減倉制度控制風險。⑨自然人也可以參與套期保值。⑩規則為期權等其他創新品種預留了空間。

五、股指期貨交易的主要功能

一般來說，期貨交易的功能有兩個：一是價格發現功能，二是套期保值功能。作為金融期貨的一種，指數期貨也具有這兩個功能。

所謂價格發現功能，是指利用期貨市場公開競價交易等交易制度，形成一個反應市場供求關係的市場價格。具體來說就是，指數期貨市場的價格能夠對股票市場未來走勢做出預期反應，同現貨市場上的股票指數一起，共同對國家的宏觀經濟和具體上市公司的經營狀況做出預期。從這個意義上講，股指期貨對資源的配置和流向發揮著信號燈的作用，可以提高資源的配置效率。

套期保值功能是指投資者買進或賣出與現貨數量相等、交易方向相反的期貨合約，以期在未來某一時間通過賣出或買進期貨合約來消除現貨市場價格變動的不確

定性。股指期貨的這種套期保值功能，會豐富股票市場參與者的投資工具，帶動或促進股票現貨市場交易的活躍，並減輕集中性拋售對股票市場造成的恐慌性影響，對平均股價水平的劇烈波動起到緩衝作用。

目前，股指期貨的功能（作用）及其對市場的影響已初見端倪：

一是股指期貨有助於完善市場結構，改變市場單邊運行機制，促進市場合理估值和內在穩定。股指期貨市場以期貨交易的方式複製了現貨交易，建構了服務和服從於股票市場的影子市場，使股市風險變得可表徵、可分割、可轉移和可管理，有助於股市更加健康、穩定、持續地發展。

二是股指期貨提供避險保值工具，培育市場避險文化。股指期貨開闢了管理股市風險的第二戰場，有助於剝離股市風險，將風險從股票市場轉移到期貨市場。股指期貨也提供交易風險的渠道，有助於分散股市風險，實現股市風險從避險者向投機者、從厭惡者向偏好者的轉移。

三是股指期貨促進了產品創新，有助於改善股市生態。當前，中國金融市場仍然面臨產品結構單一、品種匱乏、投資策略趨同等問題，尚不能滿足廣大居民日益增長的財產性收入增長需求。隨著股指期貨的推出，金融機構將根據客戶的風險承受能力，為證券市場的投資者提供完整的個性化金融服務。

六、股指期貨與 ETF 的區別

雖然股指期貨與 ETF（交易型開放型指數基金）都是基於指數的工具性產品，但二者之間有很大的不同。綜合而言，主要體現在以下幾個方面：

第一，股指期貨交易的是指數未來的價值，以保證金形式交易，具有重要的槓桿效應。按現在設計的規則，滬深 300 股票指數期貨的槓桿率是 8.3 倍（因為最低交易保證金的收取標準是 12%），資金利用效率較高，而 ETF 目前是以全額現金交易的指數現貨，無槓桿效應。

第二，最低交易金額不同。每張股指期貨合約最低保證金至少在萬元以上，ETF 的最小交易單位一手，對應的最低金額是 100 元或者 10 元。

第三，買賣股指期貨沒有包含指數成分股的紅利，而持有 ETF 期間，標的指數成分股的紅利歸投資者所有。

第四，股指期貨通常有確定的存續期，到期日還需跟蹤指數，需要重新買入新股指期貨合約，而 ETF 產品無存續期。

第五，隨著投資者對大盤的預期不同，股指期貨走勢不一定和指數完全一致，

可能有一定範圍的折價和溢價，折溢價程度取決於套利的資金量和套利的效率，而全被動跟蹤指數的 ETF 淨值走勢和指數通常保持較高的一致性。

通過以上比較，可以看出，雖然同為基於指數的金融工具，股指期貨與 ETF 不同的產品特性，適合不同類型的投資者的需求。同時，從國外成熟資本市場的發展經驗來看，由於風險管理的需要，指數的現貨產品和期貨產品之間具有重要的互動和互補關係。

有人認為，隨著國內股指期貨的推出，對相關指數現貨產品的交易活躍程度會有影響。考慮到目前設計的滬深 300 指數期貨，雖然還沒有跨市場 ETF 作為直接的現貨對沖工具，但通過研究不難發現，深證 100 和上證 50 指數的組合與滬深 300 指數的相關性已高達 99.4%，兩個指數相關的 ETF 產品目前具有充分的流動性和相對完善的套利機制，它們的組合也是滬深 300 股指期貨重要的現貨對沖工具。

股指期貨的風險[①]
——做空期指賺錢神話終結：老股民 12 月死扛，虧近 1 億元

2012 年最後一個交易日，股指期貨再度上漲近 50 點。老張看著屏幕上的長陽線，終於狠心砍掉了剩下的空單。作為持倉千手的大空頭，如果沒有 12 月的大漲，他做空所得逾億元盈利就成了囊中之物。但期市沒有如果，12 月，繼續死扛做空的他虧掉了近 1 個億，正應了那句話——「出來混總是要還的」。

現在，像老張一樣心有不甘的空頭又開始蠢蠢欲動，做空大本營的衝鋒號隱隱傳來。2012 年最後兩個交易日，期指總持倉接連創出歷史新高，排名空頭前兩位的海通期貨和中證期貨分別增加空單 3187 手和 987 手。本周五是 2013 年多空雙方的首次交鋒，總持倉雖然小幅回落，但依然維持在近 11 萬手的高位。

悲催 12 月

2012 年 12 月，一直得意洋洋的期指大小空頭們遭遇無妄之災。

「今天虧了 40 萬元。」12 月 14 日，在上海某酒吧的期貨圈小型聚會上，王啓智（化名）顯得有些惆悵。而那天，心情低落的不止他一人。當日股指期貨飆漲近 123 點，而每手未平倉的空頭頭寸都虧損將近 25 萬元。

2012 年養成的空頭思維曾經讓王啓智大賺，所以他堅信期指應繼續做空。當天

---

① http://news.xinhuanet.com/fortune/2013-01/05/c_114247021.htm.

聚會散場時他說道：「還是與前段時間一樣，逢高做空。」

令王啓智沒有料到的是，那天只掀開了虧損大幕的一角。之後期指飆漲近400點，如果不是及時止損離場，之後的虧損將使他血本無歸。

張岩（化名）的故事或許更具有戲劇性。在上證綜指跌破2,000點之前，他認為指數已經接近見底，於是平倉了空單，轉而試倉多單。不過，彼時股指並不爭氣，多頭底氣不足，偶有反彈但屢屢被空頭打壓下去。

當上證綜指跌破2,000點後，張岩的心態發生了較大變化，他判斷股指將繼續探底，於是選擇增倉空單。然而數周之後，期指飆漲讓他的300萬元本金所剩無幾。

「一切重新開始。」2013年元旦假期，張岩改了他的QQ簽名。

如果沒有2012年12月的大漲，老張或許拿著他的數億盈利依然坐在神壇之上，但現在2012年的盈利已經化作青煙。

12月8日，期指飆漲逾80點，老張不為所動，依然延續著他全年的空頭套路。12月14日，期指飆漲逾122點，老張大吃一驚，盤中趕緊平了部分空頭倉位。但是他的做空思路依然未變。此後，他如法炮製此前屢試不爽的做法：調入2億元資金進入期指帳戶，再度做空。但這一次他徹底中槍，期指12月近400點的犀利漲勢直接終結了他「做空就賺錢」的神話。

12月的最後一週，老張黯然平了空單，而這時他的帳戶已經虧掉了近1億元。巨大的財富落差，對這位飽經資本市場風雨的老手來說也難以承受：「一年白忙活了。」

傳奇故事

從2012年6月至11月，期指主力合約跌幅近20%，如此巨大的跌幅讓空頭大賺特賺。坊間不乏用幾十萬元資金做空賺到數百萬元的傳奇故事。

上文中的老張想起數月之前的意氣風發就如同昨天發生的故事。在2012年6月至11月短短的半年時間，他做空盈利達到1億多元。

老張有逾10年的股齡，不顯山不露水的他，身家到底有多少是個謎。2012年他轉入2億元資金進入期指市場，手中操作10餘個期指帳戶，目的是為了避免資金太過集中引起關注以及規避單個帳戶持倉300手的限制。

或許是剛進入期市的原因，他作風剽悍，操作時經常是幾個帳戶聯合起來以整數的200手、500手加倉，持有空單1,000手成為家常便飯。《中國證券報》記者曾粗略計算：其保證金接近1.2億元，倉位經常超過六成。

期貨市場的高槓桿意味著高風險，六成的做空倉位意味著期指稍有反彈，他就面臨爆倉風險。然而，由於他身家不菲，即使出現脈衝式大漲，他也能迅速調動數億資金進入期貨帳戶作為保護資金。

其實，自9月以來，期指曾幾度出現日內飆漲走勢。9月7日，期指飆漲逾100點；9月24日，期指日內最高大漲逾120點，之後回落近50點；但9月25日，期指再度大漲逾50點，一舉收回24日的失地。不過，此前諸如這樣的脈衝式大漲都是「一日遊」，反而為老張這樣的空頭提供了高位做空的良機。

即便是在9月、10月期指上躥下跳時，老張雖無明顯盈利，但之前賺的利潤毫髮無損。11月，老張的做空神話被徹底推向高潮，當月盈利超過數千萬元。但如今這一切已僅僅是傳說。

126億元巨資對峙

「投機資金已經加倉做空了。」中證期貨的一位人士告訴《中國證券報》的記者。被市場稱為「空頭大本營」的中證席位聚集著券商自營、基金、私募等機構以及眾多實力派遊資。在這裡，投機性更強的大戶習慣了結成小圈子。在操盤時，他們時常討論行情，一旦對一波行情達成共識，他們就會採取一致行動。而李林正是某小圈子成員之一。

2012年最后一個交易日收盤之后，李林給圈內朋友打電話：「我就不信總能這麼漲下去，我加了空單。」2012年的空頭行情曾讓他大賺，即使操作風格謹慎，他的200多萬元本金也進帳近100萬元。但12月份，堅持空頭思維的他虧了近四成，此前的盈利已經損失殆盡。

「這樣的上漲太不正常。」李林邊說邊熟練地翻出上證綜指的K線圖，指著998點、1,664點這兩個A股的歷史大底，「你看，這兩次行情啟動之后都有近30%的回調，而這一次還沒有。」李林說，圈內人在12月24日就開始加空單，那天整個期指的淨空單大幅增加近3,000手，做空力量一度成為本輪反彈以來最強的一次。但是，這次做空最終無功而返。據東方證券金融衍生品首席分析師高子劍測算，空頭當天虧損約3.37億元。

不過現在，做空陣營正在迅速壯大，空頭時刻準備反擊。「2012年最后兩個交易日，股指期貨總持倉接連創出歷史新高。」李林說，「我們賭的就是指數猛烈上漲后的技術性回踩，在2012年最后兩個交易日都加了空單。」習慣了將近一年空頭帶來的甜頭，他們還是希望通過做空獲利。

根據2013年1月4日股指期貨四個合約結算價以及業內主流15%的保證金計

算，目前多空各坐擁126億元巨資展開對峙。

第四節　基金投資基礎

　　基金是一種間接的證券投資方式。基金管理公司通過發行基金單位，集中投資者的資金，由基金託管人（即具有資格的銀行）託管，由基金管理人管理和運用資金，從事股票、債券等金融工具投資，然后共擔投資風險、分享收益。買基金可以在證券大廳交易，即在二級市場買賣，和普通股票投資一樣。也可以通過和基金合作的銀行代賣點申購，很多銀行都有基金銷售。如果要買的話，你可以詳細詢問一下相關費用、利息比；然后再研究研究基金管理公司的內部情況和以往業績。基金作為一種適合公眾投資的理財產品，經過十年的蓬勃發展，已深入到千家萬戶。當前，中國的基民數量已超過一億；同時，中國的基金產品也從封閉型基金的單一品種，到開放型基金、LOF基金、ETF基金、貨幣型基金、中短債型基金、創新型封閉型基金，再到新近的QDII基金，基民可選擇的範圍越來越廣泛。然而，在投資的過程中，不斷有這樣或那樣的問題困擾著廣大投資者：面對市場的跌宕起伏，不少基民長期投資的理念發生了動搖；面對日益豐富的產品，如何挑選「最適合自己的那一款」，成為令不少人頭疼的問題；就連基金投資中的申購、贖回、分紅等看似簡單的細節問題，也存在著不少理解上的誤區。

一、基金的種類

　　根據不同標準，可以將證券投資基金劃分為不同的種類：
　　1. 根據基金單位是否可增加或贖回，可分為開放型基金和封閉型基金
　　開放型基金不上市交易，一般通過銀行申購和贖回，基金規模不固定；封閉型基金有固定的存續期，期間基金規模固定，一般在證券交易場所上市交易，投資者通過二級市場買賣基金單位。開放型基金是世界各國基金運作的基本形式之一。基金管理公司可隨時向投資者發售新的基金單位，也需隨時應投資者的要求買回其持有的基金單位。開放型基金與封閉型基金的區別主要有：①基金規模不固定。封閉型基金有固定的存續期，期間基金規模固定。開放型基金無固定存續期，規模因投資者的申購、贖回而可以隨時變動。②不上市交易。封閉型基金在證券交易場所上市交易，而開放型基金在銷售機構的營業場所銷售及贖回，不上市交易。③價格由淨值決定。開放型基金的申購、贖回價格以每日公布的基金單位資產淨值加減一定

的手續費計算，能一目了然地反應其投資價值，而封閉型基金的交易價格主要受市場對該特定基金單位的供求關係影響。④管理要求高。開放型基金隨時面臨贖回壓力，必須更注重流動性等風險管理，要求基金管理人具有更高的投資管理水平。世界投資基金的發展歷程基本上遵循了由封閉型轉向開放型的發展規律。目前，開放型基金已成為國際基金市場的主流品種，美國、英國、中國香港和臺灣地區的基金市場均有90%以上是開放型基金。相對於封閉型基金，開放型基金在激勵約束機制、流動性、透明度和投資便利程度等方面都具有較大的優勢：

（1）市場選擇性強。如果基金業績優良，投資者購買基金的資金流入會導致基金資產增加。而如果基金經營不善，投資者通過贖回基金的方式撤出資金，會導致基金資產減少。由於規模較大的基金的整體營運成本並不比小規模基金的成本高，使得大規模的基金業績更好，願買它的人更多，規模也就更大。這種優勝劣汰的機制對基金管理人形成了直接的激勵約束，充分體現了良好的市場選擇。

（2）流動性好。基金管理人必須保持基金資產充分的流動性，以應付可能出現的贖回，而不會集中持有大量難以變現的資產，減少了基金的流動性風險。

（3）透明度高。除隨時履行必備的信息披露外，開放型基金一般還每日公布資產淨值，隨時準確地體現出基金管理人在市場上運作、駕馭資金的能力，對於能力、資金、經驗均不足的小投資者有特別的吸引力。

（4）便於投資。投資者可隨時在各銷售場所申購、贖回基金，十分便利。良好的激勵約束機制又促使基金管理人更加注重誠信、聲譽，強調中長期、穩定、績優的投資策略以及優良的客戶服務。作為一個金融創新品種，開放型基金的推出，能更好地調動投資者的投資熱情，而且銷售渠道包括銀行網路，能夠吸引部分新增儲蓄資金進入證券市場，改善投資者結構，起到穩定和發展市場的作用。

2. 根據組織形態的不同，可分為公司型基金和契約型基金

基金通過發行基金股份成立投資基金公司的形式設立，通常稱為公司型基金；契約型基金也稱信託型投資基金，它是依據信託契約通過發行受益憑證而組建的投資基金。該類基金一般由基金管理人、基金保管人及投資者三方當事人訂立信託契約。基金管理人可以作為基金的發起人，通過發行受益憑證將資金籌集起來組成信託財產，並依據信託契約，由基金託管人負責保管信託財產，具體辦理證券、現金管理及有關的代理業務等。投資者也是受益憑證的持有人，通過購買受益憑證，參與基金投資，享有投資收益。基金發行的受益憑證表明投資者對投資基金所享有的權益。目前中國的證券投資基金均為契約型基金。

3. 根據投資風險與收益的不同，可分為成長型、平衡型和價值型基金

成長型基金又分為積極成長型和穩定成長型兩種。積極成長型基金追求資本長期增值，但在目標選擇上更偏好規模較小的成長型企業，風險高收益大。而穩定成長型則一般不從事投機活動，追求的是資本長期增值，以穩定持續的長期增長為目標。平衡型基金既追求長期資本增值又追求當期收益。這種基金一般把資產總額的25%～50%投資於優先股和債券，其餘的用於普通股投資，其風險和收益介於成長型和價值型之間。價值型基金以追求當期收入為主要目標，它的投資對象主要是績優股、債券以及可轉讓大額存單等收入比較穩定的有價證券。與成長型基金和平衡型基金相比，價值型基金成長性弱，風險最低，比較適合那些相對保守的投資者。

4. 根據投資對象的不同，可分為股票基金、債券基金、貨幣市場基金、期貨基金等

股票型基金是主要投資於股票的基金，其股票投資占資產淨值的比例≥60%，是投資基金的主要種類。債券基金是指80%以上的基金資產投資於國債、企業債等債券的基金。假如全部投資於債券，可以稱其為純債券基金；假如大部分基金資產投資於債券，少部分投資於股票，可以稱其為債券型基金。理論上講，債券型基金比純債券基金潛在收益和風險要高一點。債券基金投資的債券是指在銀行間市場或交易所市場上市的國債、金融債、企業債（包括可轉換債券），債券基金就是在這些債券品種中進行債券組合，以期給投資者帶來最大的收益。債券基金的主要收益來自基金所投資的債券的利息收入和買賣債券所獲得的差價收入。從債券基金的利潤來源看，它是一個收益相對穩定的品種。首先利息收入是穩定的，因為債券是一種固定收益類證券，它的利息一般是固定的（當然也有利息可變的浮動利息債）。對於企業債而言，不管企業經營得好壞，都是要按規定支付利息的，比起股票紅利則要穩定得多。至於買賣債券獲得的差價收入雖然存在一定的不確定性，主要是債券價格會隨市場利率的變化而變化，但短期而言，市場利率變化的幅度一般比較小（或已經被預期消化了），因此這種不確定性也不會很高。一般說來，債券基金比其他類型的基金，諸如股票基金、對沖基金等，潛在收益比較穩定，潛在風險比較小。

貨幣市場基金（Money Market Fund，簡稱MMF）是投資於貨幣市場（一年以內，平均期限120天）的投資基金。它主要投資於短期貨幣工具，如國債、銀行大額可轉讓存單、商業票據、公司債券等短期品種。與傳統的基金比較，它具有以下特點：首先，貨幣市場基金的基金單位資產淨值是固定不變的，一般一個基金單位是1元，這是與其他基金最主要的不同點。投資貨幣市場基金后，投資者可利用收

益再投資,增加基金份額,投資收益就不斷累積。其次,貨幣市場基金的評價標準是收益率,這與其他基金以淨資產價值增值獲利不同。再次,貨幣市場基金的流動性強、安全性高,這是因為貨幣市場是一個低風險、流動性強的市場。最后,貨幣市場基金的風險性低、投資成本小。貨幣市場工具的到期日通常很短,貨幣市場基金投資組合的平均期限一般為 4～6 個月,因此風險較低,其價格通常只受市場利率的影響。貨幣市場基金通常不收取贖回費用,並且其管理費用也較低,貨幣市場基金的年管理費用大約為基金資產淨值的 0.25%～1%,比傳統基金的年管理費率 1%～2.5% 要低很多。貨幣市場基金除具有收益穩定、流動性強、購買限額低、資本安全性高等特點外,還有其他一些優點,比如可以用基金帳戶簽發支票、支付消費帳單;通常被作為進行新的投資之前暫時存放現金的場所,這些現金可以獲得高於活期存款的收益,並可隨時撤回用於投資。一些投資人大量認購貨幣市場基金,然後逐步贖回用以投資股票、債券或其他類型的基金。許多投資人還將以備應急之需的現金以貨幣市場基金的形式持有。有的貨幣市場基金甚至允許投資人直接通過自動取款機抽取資金。

　　期貨基金是一種以期貨為主要投資對象的投資基金。期貨是一種合約,只需一定的保證金(一般為 5%～10%)即可買進合約。期貨可以用來套期保值,也可以以小博大,如果預測準確,短期能夠獲得很高的投資回報;如果預測不準,遭受的損失也很大,因而具有高風險高收益的特點。因此,期貨基金也是一種高風險的基金。

　　證券市場上還有一種需要大家熟悉的基金,它是交易型開放型指數基金(Exchange Traded Fund,ETF)。交易型開放型指數基金(ETF)是一種在交易所上市交易的證券投資基金產品,交易手續與股票完全相同。ETF 管理的資產是一籃子股票組合,這一組合中的股票種類與某一特定指數如上證 50 指數包含的成分股票相同,每只股票的數量與該指數的成分股構成比例一致,ETF 交易的價格取決於它擁有的一籃子股票的價值,即「單位基金資產淨值」。ETF 是一種混合型的特殊基金,它克服了封閉型基金和開放型基金的缺點,同時集兩者的優點於一身。ETF 可以跟蹤某一特定指數,如上證 50 指數;與開放型基金使用現金申購、贖回不同,ETF 使用一籃子指數成分股申購贖回基金份額;ETF 可以在交易所上市交易。由於 ETF 簡單易懂,市場接納度高,自從 1993 年美國推出第一個 ETF 產品以來,ETF 在全球範圍內發展迅猛。10 多年來,全球共有 12 個國家(地區)相繼推出了 280 多只 ETF,管理資產規模高達 2,100 多億美元。研究表明,ETF 在中國具有廣闊的

市場前景，不僅有助於吸引保險公司、QFII等機構和個人儲蓄進入市場，提高直接融資比例，而且能夠活躍二級市場交易，增加市場的深度和廣度。

二、基金投資基礎

1. 基金折價率

基金折價率是如何形成的？一般來說，基金折價率可高可低。基金折價率的形成大致可歸納為以下幾個原因：一是流動性損失。基金持股集中度過高和基金間交叉持股造成基金所持有股票的流動性受到影響。在投資者看來，按照基金所持股票市值為基礎計算出來的基金淨值並不能反應基金的真實價值，而還需要扣除流動性不足可能帶來的淨值損失，這就直接導致二級市場上的基金價格低於其淨值。二是雙重交易成本。基金購買和賣出股票需要付出交易成本，這種交易成本一方面包括買賣股票所付出的佣金，另一方面還包括賣出股票所導致股價下跌帶來的淨值損失。三是投資者行為的不理性。在二級市場上買入封閉型基金的投資者一般並非為了到期清算後實現資產增值，而是為了在二級市場以高價賣出，獲取差價收益。因此，其價格變化同上市公司的股價具有相似性，受到公司業績、市場供求、市場環境等因素的影響。折價率的高低跟基金的規模和清算期限存在一定的正相關，也在一定程度上反應了投資者對該基金的管理水平的認可程度，所以往往低折價率的基金有著優於行業內平均水平的表現。但單從折價率高低無法全面衡量基金未來的成長能力，應該從整個基金公司的資產管理角度，結合市場的階段性特點，具體分析造成折價率較高的原因。

2. 基金轉換業務

它是指投資者在持有一家基金管理公司發行的開放型基金後，可自由轉換到該公司管理的其他開放型基金，直接申購目標基金而不需要先贖回已有基金。基金轉換業務為投資者應對股市、債市和貨幣市場的變化提供了方便。另外，通過轉換業務變更基金投資品種，比正常的贖回再申購業務更享有一定幅度的費率優惠。基金份額在轉換後，原持有時間仍延續計算，享受持有時間越長、贖回費率越低的優惠。基金轉換還可以比賣出老基金再買入新基金要更縮短時間。正常情況下，在申請基金轉換後，第二個交易日（即T+1）即可獲得確認。應該注意的是，由於基金註冊登記機構等原因，同一個基金公司中可能會有一只或者少數幾只基金不能同其他基金進行轉換。但是，投資者不要頻繁地轉換基金產品。因為基金是一種專業理財產品，基金業績有一定的週期性。投資者不能因為基金淨值在短期內低於心理

預期，就盲目地進行基金產品之間的轉換。這樣不但增加了基金的轉換成本，而且也可能失去了原有基金產品應有的獲利機會。

基金轉換是投資者在基金投資中常用的一種投資方法，特別是對於基金產品線特別豐富的基金管理公司來講，基金轉換可能是經常發生的事。因此，時刻關注基金管理公司發布的轉換公告，熟悉其轉換原則是非常重要的。①只適用於在同一銷售機構購買的基金管理公司所管理的各基金品種之間。轉換業務需要遵循「先進先出」的業務規則，先確認的認購或者申購的基金份額。②各基金間轉換的總費用包括轉換費和轉出基金的贖回費兩部分。其中轉換費：按轉出基金正常贖回時的贖回費率收取費用。補差費：對於前端收費模式基金，轉出基金的申購費率（或認購費率）高於轉入基金的申購費率（或認購費率）時，補差費為0；轉出基金的申購費率（或認購費率）低於轉入基金的申購費率（或認購費率）時，按申購費率（或認購費率）的差額收取補差費。對於後端收費模式基金，補差費為0。假定某位投資者在某只基金的開放日內將所持有的A基金轉換成B基金，假定某日的兩基金份額淨值分別為1.30元和1.50元，轉換份額為9,547.27份，轉換費率為0.2%，認（申）購費補差費率為0.3%，那麼轉換申請所負擔的轉換費、認（申）購費補差費和相應的基金份額等數值計算如下：

（1）轉出金額＝轉出份額×轉出基金當日單位資產淨值＝9,547.27×1.30＝12,411.45（元）；

（2）基金轉換費＝轉出金額×基金轉換費率＝12,411.45×0.2%＝24.82（元）；

（3）認（申）購費補差費＝轉出金額×認（申）購費補差費率＝12,411.45×0.3%＝37.23（元）；

（4）轉入金額＝轉出金額－基金轉換費－認（申）購費補差費＝12,411.45－24.82－37.23＝12,349.40（元）；

（5）轉入份額＝轉入金額/轉入基金當日單位基金資產淨值＝12,349.40/1.50＝8,232.93（份）

3. 指數型基金

2002年11月8日，國內首只開放型指數基金——華安180指數增強型基金（現已變更為華安MSCI中國A股指數增強型證券投資基金）正式成立，指數化的投資理念開始被引入到國內資本市場。指數型基金屬於被動型基金，具體可分為指數複製型基金和指數增強型基金，前者是完全複製對應的指數組合，其漲跌將基本

與指數同步，後者是通過指數化投資和積極投資有機結合，實現基金資產的長期穩定增值。從指數增強型基金具體運作特點來看，一般存在兩種增強的方法：一是選擇股票投資進行增強，即在按目標指數結構進行部分資產分配的基礎上，將基金剩餘資產投向有升值潛力的個股、行業、板塊進行適當比例的增倉；或者對沒有升值潛力的個股、行業、板塊進行適當比例的減倉。另一種增強的方法是進行金融衍生產品的投資，如買入看多的股票指數期貨等。目前開放型基金中的指數基金有不少，包括華安MSCI中國A股、嘉實300、博時裕富等。其中華安MSCI中國A股就屬於典型的指數增強型基金，其跟蹤標的是覆蓋滬深兩市的MSCI中國A股指數。

4. ETF套利及具體方法

弱市中進行投資，在ETF上套利就是一種很好的做法。目前，已經有很多投資者在重視這個方面的事情。所謂套利，就是指當相同的或類似的證券或投資組合具有不同的市場價格時，投資者可以買入價格被低估的證券，賣出價格被高估的證券，從而獲取無風險收益。套利的經濟學原理是一價定律，即如果兩個資產是相等的，它們的市場價格應該傾向一致。一旦存在兩種價格，就出現了套利機會。基於同一風險源的相同或不同的交易品種的價格之間具有嚴格的函數關係，當其價格偏離這種函數關係的程度超過套利交易中的各項成本之和時，就出現了套利機會。套利的典型特徵是交易淨現金流為正，同時不持有任何風險頭寸。就ETF而言，成分股所表現出的基金淨值與ETF市價是同一投資組合的不同市場定價，因此存在套利機會。套利的具體方法是：①折價套利，或曰反向套利：當ETF市價＜淨值時，買入ETF，贖回ETF，得到一籃子股票，然後賣出一籃子股票；②溢價套利，或曰正向套利：當ETF淨值＜市價時，買入一籃子股票，申購成ETF，然後賣出ETF。總之，借助於專業的套利交易軟件，套利正在變得較為簡單。

5. 基金份額轉託管

它是一種基金份額的轉出/轉入業務，指投資者申請將其在某一銷售機構（或網點）交易帳戶中持有的基金份額全部或部分轉出，並轉入另一銷售機構（或網點）的交易帳戶。比如：投資者原來在銀行A申購了某只基金，後來發現銀行B離家更近，於是就可以進行基金份額的轉託管，把該基金從銀行A轉託管到銀行B。基金份額轉託管業務分轉出、轉入兩步完成，投資者需要帶上身分證、基金帳戶卡和原機構的資金卡在原購買基金的網點辦理轉託管轉出業務，然後在20個工作日內到轉入機構辦理轉入申請。辦理轉託管業務，要求投資者在即將轉入的銷售機構先開立基金交易帳戶。一般情況下，投資者於T日轉託管基金份額成功後，轉

託管份額於 T + 1 日到達轉入方網點，投資者可於 T + 2 日起贖回該部分的基金份額。轉託管後，原託管份額的存續時間，在轉到新的託管網點後仍舊連續計算。權益登記日的前五天和後三天內，不接受投資人轉託管的業務申請。

6. 利用統計指標選基金

基金的配置從根本上決定了基金的風格，但基金運作統計資料是不是也會反應同樣的問題呢？答案是肯定的。

在一些基金評級網站上，有成立一年以上基金的主要數據，從這些數據裡面可以看出比單純基金評級更多的信息。

以中國晨星網站為例，無論你通過什麼方式搜索到一個基金，都會有「風險評估」一欄。如果是一只成立 1 年以上的基金，也就是參加評級的基金，在這項裡面會有 6 個指標：平均回報、標準差、夏普比率、阿爾法系數、貝塔系數和 R^2。

平均回報指標是按照今年到目前的數據去推算一年的總回報。一般說來，當然是總回報越大越好。標準差指標是表現基金增長率的波動情況也就是平均漲跌幅度的變化，標準差越大，說明基金收益的變化越大，短期波動風險越大。夏普比率是綜合了收益和風險的系數，基本上是收益除以風險。夏普比率高，也就是說在收益相同的情況下，波動較低；反之，在風險相同的情況下，收益較高，也就是高收益低風險。阿爾法系數是代表基金能在多大程度上跑贏整個市場的指標，當然是數值越大越好，也就是說，基金的收益能超越市場。貝塔系數也是表現基金相對於大盤指數的波動情況。如果是一個指數基金，那麼貝塔系數就是 1，因為指數基金是完全按照大盤情況來設置的。貝塔比 1 大，說明基金比大盤波動還要大，也就是短期風險比大盤還大；貝塔比 1 小，說明比大盤波動小，風險比大盤小。R^2 代表基金和大盤的相關性。如果是 1，表示和大盤完全相關。其實，R^2 和 1 相差很大的話，貝塔系數就沒有什麼意義了。

簡單地說：平均回報和阿爾法都代表收益，當然是越大越好；標準差和貝塔代表波動，也就是短期風險，數值越小，基金表現得越平穩。夏普比率是收益和風險兩者的綜合，在收益或者風險相同時，這個數值越大越好。

需要再次強調的是：我們必須在同類基金中進行比較，也就是相對於同樣的資產組合標準。從這個意義上說，用股票基金和債券基金去比較是沒有任何意義的。而且這些系數彼此得到的結論有時候是不統一的，甚至不同的基金評估公司算出來的數據都不大一樣。

當我們確定了投資方向和自己的風險承受能力後，具體比較幾只基金以便優中

選優的時候，這些指標會給出一個參考。不過，由於中國的基金發展歷史還很短，而這些數據都是統計得出來的，可能還不具備太大的代表性和權威性，但至少是選擇基金時候的一個參考。

7. LOF 基金

LOF 基金，英文全稱是「Listed Open-ended Fund」，漢語譯為「上市型開放基金型」。上市型開放型基金發行結束後，投資者既可以在指定網點申購與贖回基金份額，也可以在交易所買賣該基金。投資者如果是在指定網點申購基金份額，想要上網拋出，必須辦理一定的轉託管手續；同樣，如果是在交易所網上買進的基金份額，想要在指定網點贖回，也要辦理一定的轉託管手續。

LOF 是指通過深圳證券交易所交易系統發行並上市交易的開放型基金。LOF 投資者既可以通過基金管理人或其委託的銷售機構以基金份額淨值進行基金的申購、贖回，也可以通過交易所市場以交易系統撮合成交價進行基金的買入、賣出。

（1）LOF 的主要特點有三：①上市型開放型基金本質上仍是開放型基金，基金份額總額不固定，基金份額可以在基金合同約定的時間和場所申購、贖回。②上市型開放型基金發售結合了銀行等代銷機構與深交所交易網路二者的銷售優勢。銀行等代銷機構網點仍沿用現行的營業櫃臺銷售方式，深交所交易系統則採用通行的新股上網定價發行方式。③上市型開放型基金獲准在深交所上市交易後，投資者既可以選擇在銀行等代銷機構按當日收市的基金份額淨值申購、贖回基金份額，也可以選擇在深交所各會員證券營業部按撮合成交價買賣基金份額。

（2）LOF 對投資者的意義

①減少交易費用。投資者通過二級市場交易基金，可以減少交易費用。目前封閉型基金的交易費用為三部分：交易佣金、過戶費和印花稅，其中過戶費和印花稅不收，交易佣金為3‰，可以視交易量大小向下浮動，最低可到1‰左右。對比開放型基金場外交易的費用，開放型基金按類型有所不同。按雙向交易統計，場內交易的費率兩次合併為6‰，場外交易申購加贖回股票型基金為15‰以上，債券型基金一般也在6‰以上。場外交易的成本遠大於場內交易的成本。

②加快交易速度。開放型基金場外交易採用未知價交易，T+1日交易確認，申購的份額T+2日才能贖回，贖回的金額T+3日才能從基金公司劃出，需要經過託管銀行、代銷商劃轉，投資者最快T+7日才能收到贖回款。

LOF 增加了開放型基金的場內交易，買入的基金份額T+1日可以賣出，賣出的基金款如果參照證券交易結算的方式，當日就可用，T+1日可提現金，與場外

交易比較，買入比申購提前1日，賣出比贖回最多提前6日。減少了交易費用和加快了交易速度，直接的效果是基金成為資金的緩衝池。

③提供套利機會。LOF採用場內交易和場外交易同時進行的交易機制，為投資者提供了基金淨值和圍繞基金淨值波動的場內交易價格。由於基金淨值是每日交易所收市後按基金資產當日的淨值計算，場外的交易以當日的淨值為準採用未知價交易，場內的交易以交易價格為準，交易價格以昨日的基金淨值作為參考，以供求關係即時報價。場內交易價格與基金淨值價格不同，投資者就有套利的機會。

8. 基金定期定額投資

所謂基金「定額定投」指的是投資者在每月固定的時間（如每月10日）以固定的金額（如1,000元）投資到指定的開放型基金中。

基金定期定額投資具有類似長期儲蓄的特點，能積少成多，平攤投資成本，降低整體風險。由於是定期定額投資，所以在市場上漲、基金淨值增加時候會減少投資份額，而市場下跌、基金淨值下跌時會自動增加投資份額。因此，無論市場價格如何變化，定投總能獲得一個比較低的平均成本，可抹平基金淨值的高峰和低谷，消除市場的波動性。只要選擇的基金整體增長，投資人就會獲得一個相對平均的收益，不必再為入市的擇時問題而苦惱。

在境外成熟市場，有超過半數的家庭購買基金，而他們投資基金的方式大多數都採用定期定額投資。不過，這種投資方式需要經過一段時間才能看出成效，最好能持續投資5年以上。一項統計顯示，定期定額投資只要超過10年，虧損的概率接近為零。

以「定額定投」方式購買基金適合以下三類人群：①工薪階層。「手頭閒錢不多，卻要在未來應對大額支出」，這是很多人都會遇到的問題。比如年輕的父母為子女積攢未來的教育經費，中年人為自己的養老計劃存錢等。由於可以積少成多，起點也低，定投可謂是這類人群的投資首選。②想投資但不想冒太大風險的投資者。主要是指既害怕股市風險，又對其他投資方式不夠瞭解，投資能力不強、期望穩健型投資的人。③職場新人。定投有助於培養投資習慣，特別適合剛剛踏入社會、累積比較有限、把投資當成末位問題看待的年輕人。定投不僅能為他們擱置起來的一些小錢找到出路，而且能幫助年輕人改變大手大腳的消費習慣。

一些投資者對基金類型和風險收益特徵缺乏瞭解，看到基金在一段時間內連續下跌就結束定投，連續上漲就贖回獲利了結；或者是以為所有類型的基金都能夠定投。事實上，定投基金的關鍵在於看選擇的基金、投資的市場是否未來長期有增

長。而且定投平均成本、控制風險的特點不是對所有的基金都適合，比如債券型基金收益較穩定，一般波動不大，定投就沒有優勢。而股票型基金或指數型基金長期收益相對較高、波動較大，更加適合基金定投。目前，市場上有60多只基金可以參與基金定投計劃，其中工行新增景順長城、易方達精選等15只定投基金，目前共有27只基金可供定投。

9. 基金分紅

基金分紅是指基金將收益的一部分以現金的方式派發給基金持有人，這部分收益本來就是基金單位淨值的一部分，投資者實際上拿到的分紅就是自己帳目上的資產。也就是說分紅並不增加投資人的實際收益。下面舉例說明：

根據相關法律法規的規定及基金合同的約定，2008年5月28日，匯添富基金公司對添富優勢基金進行第七次分紅。收益分配方案為每10份基金份額派發紅利11.30元人民幣。5月28日除息前淨值為3.768,8元，分紅後淨值為2.638,8元。某人，2008年1月29日申購了添富優勢，確認份額為10,198.81份，截至28日未除息的淨值計算，其基金資產市值為3.768,8×10,198.81＝38,437.28（元）。此次分紅，這個人分得現金紅利 11,524.7元，除息後基金資產市值為2.638,8×10,198.81＝26,912.62（元），現金紅利和基金資產市值兩部分相加正好等於按未除息的淨值計算得到的總市值。也就是說分紅並沒有改變客戶的基金資產總值，分紅並不是給客戶額外的一部分收益，而是從原來的基金資產中拿出一部分做基金分紅，通俗地說，基金分紅也就是「從左邊口袋放到右邊口袋」。

（1）分紅的好處。雖然基金分紅並沒有額外為投資人增加收益，卻實實在在地給投資人帶來了好處，原因有二：首先，選擇了現金分紅的投資人會收到現金，其效果相當於無贖回費的退出市場。如果投資人急需用錢或者對市場未來走勢不看好希望暫時退出市場避險，現金分紅無疑提供了一種無成本的退出方式。其次，選擇紅利轉投的投資人的基金份額會增加，分紅所得資金轉為份額後會加到原來的基金份額中，而且這部分份額的增加沒有任何費用，對於長期投資的客戶來說，份額的增加還會帶來複利效應。

（2）既然基金分紅是將基金實現的投資淨收益進行分配，那麼如果僅僅在分紅前一天申購的投資人也可以享受分紅，那麼這部分投資人是拿哪部分收益進行分紅的呢？基金分紅雖然是對過去的收益進行分紅，但是後申購的投資人購買基金時的基金淨值已經包含了過去基金的收益，即相當於支付了包括基金過去投資收益的溢價部分，因此這些投資人分紅所得的依然是基金已經實現的投資收益。

(3) 基金公司為什麼進行大比例分紅？這是否是促銷行為？對於大比例分紅，投資者需要視具體情況仔細分析。比如，某基金的契約和招募書相關規定：進行基金的分紅「在符合有關基金分紅條件的前提下，本基金每年收益分配次數最少一次，最多為六次，年度收益分配比例不低於基金年度已實現收益的 80%」。如果上一年度，某基金已實現收益較多，那麼就可能出現嚴格執行基金契約規定而大額分紅的行為，這是履行契約規定的正常行為。如果某基金並不是為了履行契約而進行大額分紅，特別是在銷售火熱或者銷售清淡的市場環境中，就有可能是促銷行為。這需要投資者視具體情況來仔細分析。

場外交易市場

證券市場，除了交易所外，還有一些其他交易市場，這些市場因為沒有集中的統一交易制度和場所，因而把它們統稱為場外交易市場，又稱櫃臺交易或店頭交易市場，是指在證券交易所外進行證券買賣的市場。它主要由櫃臺交易市場、第三市場、第四市場組成。

1. 場外交易市場的特點

(1) 場外交易市場是一個分散的無形市場。它沒有固定的、集中的交易場所，而是由許多各自獨立經營的證券經營機構分別進行交易，並且主要依靠電話、電報、傳真和計算機網路聯繫成交。

(2) 場外交易市場的組織方式採取做市商制。場外交易市場與證券交易所的區別在於不採取經紀人制，投資者直接與證券商進行交易。

(3) 場外交易市場是一個擁有眾多證券種類和證券經營機構的市場，以未能在證券交易所批准上市的股票和債券為主。由於證券種類繁多，每家證券經營機構只固定地經營若干種證券。

(4) 場外交易市場是一個以議價方式進行證券交易的市場。在場外交易市場上，證券買賣採取一對一的交易方式，對同一種證券的買賣不可能同時出現眾多的買方和賣方，也就不存在公開的競價機制。場外交易市場的價格決定機制不是公開競價，而是買賣雙方協商議價。

2. 場外交易市場的交易者和交易對象

在國外，場外交易市場的參加者主要是證券商和投資者。參加場外交易的證券商包括：

（1）會員證券商，即證券交易所會員設立機構經營場外交易業務。

（2）非會員證券商，或稱櫃臺證券商，他們不是證券交易所會員，但經批准設立證券營業機構，以買賣未上市證券及債券為主要業務。

（3）證券承銷商，即專門承銷新發行證券的金融機構，有的國家新發行的證券主要在場外市場銷售。

（4）專職買賣政府債券或地方政府債券以及地方公共團體債券的證券商，等等。

3. 場外交易市場的功能

場外交易市場與證券交易所共同組成證券交易市場，具備以下功能：

（1）場外交易市場是證券發行的主要場所。新證券的發行時間集中，數量大，需要眾多的銷售網點和靈活的交易時間，而場外交易市場是一個廣泛的無形市場，能滿足證券發行的要求。

（2）場外交易市場為政府債券、金融債券以及按照有關法規公開發行而又不能或一時不能到證券交易所上市交易的股票提供了流通轉讓的場所，為這些證券提供了流動性的必要條件，為投資者提供了兌現及投資的機會。

（3）場外交易市場是證券交易所的必要補充。場外交易市場是一個開放的市場，投資者可以與證券商當面直接成交，不僅交易時間靈活分散，而且交易手續簡單方便，價格又可協商。這種交易方式可以滿足部分投資者的需要，因而成為證券交易所的衛星市場。

4. 場外交易市場的組成

場外交易市場，簡稱OTC市場，通常是指店頭交易市場或櫃臺交易市場，但如今的OTC市場已不僅僅是傳統意義上的櫃臺交易市場，有些國家在櫃臺交易市場之外又形成了其他形式的場外交易市場。

（1）櫃臺交易市場

它是通過證券公司、證券經紀人的櫃臺進行證券交易的市場。該市場在證券產生之時就已存在，在交易所產生並迅速發展後，櫃臺市場之所以能夠繼續存在並發展，其原因有：

①交易所的容量有限，且有嚴格的上市條件，客觀上需要櫃臺市場的存在。

②櫃臺交易比較簡便、靈活，滿足了投資者的需要。

③隨著計算機和網路技術的發展，櫃臺交易也在不斷地改進，其效率已和場內交易不相上下。

(2) 第三市場

它是指已上市證券的場外交易市場。第三市場產生於 1960 年的美國，原屬於櫃臺交易市場的組成部分，但其發展迅速，市場地位提高，被作為一個獨立的市場類型對待。第三市場的交易主體多為實力雄厚的機構投資者。

(3) 第四市場

它是投資者繞過傳統經紀服務，彼此之間利用計算機網路直接進行大宗證券交易所形成的市場。第四市場的吸引力在於：①交易成本低。因為買賣雙方直接交易，無經紀服務，其佣金比其他市場少得多。②可以保守秘密。因無需通過經紀人，有利於匿名進行交易，保持交易的秘密性。③不衝擊證券市場。如在交易所內進行大宗交易，極有可能給證券市場的價格造成較大影響。④信息靈敏，成交迅速。

第五節　權證投資基礎

權證交易一直以高風險、高收益而著稱，但相對火爆的市場行情使得部分投資者只看到其日後的高收益，而將其具有的高風險拋在了腦後。對於權證交易知識的匱乏，使得很多投資者為其無知交了昂貴的「學費」。

權證是基礎證券發行人或其以外的第三人發行的，約定持有人在規定期間內或特定到期日，有權按約定價格向發行人購買或出售標的證券，或以現金結算方式收取差價的有價證券。權證本質上是一個期權合約，其基本要素主要包括標的資產、行權價格、行權比例、存續期限、行權期和結算方式等。標的資產是指權證發行所依附的基礎資產，即權證持有人行權時所指向的可交易的資產。中國目前的權證產品均是以單一股票作為標的資產，如過去存在的權證武鋼 CWB1，其標的資產就是武鋼股份股票。行權價格又稱為執行價格，是發行人在發行權證時所訂下的價格，權證持有人在行權時以此價格向發行人買入或者出售標的股票。行權比例是指每持有 1 份權證可以買入或者出售正股的股數。如某認購權證規定行權比例為 0.1，就表示行權時，權證持有人每持有 10 份權證可以以行權價買入 1 股標的股票。存續期限是指權證存續的時間範圍。跟股票不同，權證一般都有一定的存續期限，過期的權證沒有任何價值。行權期即權證持有人可以行使權利的時間範圍。權證到期的結算方式主要有兩種：實物結算和現金結算。實物結算就是目前國內的證券給付方式。而現金結算更為簡便，只需根據行權價格和結算價格收取差價即可。在成熟市

場中，現金結算方式占主導地位。目前中國內地市場的權證行權均採取實物結算方式。

1. 權證的種類

按照不同的分類標準，權證可以分為不同的種類：

（1）按照權利的內容，權證可以分為認購權證和認沽權證兩種。認購權證是一種買權，該權證持有人有權於約定期間或者到期日按約定價格向權證的發行人買進一定數量的標的資產。認沽權證是一種賣權，該權證持有人有權於約定期間或者特定到期日以約定價格向權證發行人出售一定數量的標的資產。

（2）按照行權期間的不同，權證可以分為美式權證、歐式權證和百慕大式權證。美式權證是指權證持有人在到期日前，可以隨時提出履約要求以買進或出售約定數量的標的資產。而歐式權證，則是權證持有人只能於到期日當天，才可以提出買進或者出售標的資產的履約要求。百慕大式權證介於美式權證和歐式權證之間，是指權證持有人在到期日之前的一段時間內可以隨時提出買進或者出售標的資產的履約要求。

（3）按照權證的發行人不同，權證可以分為股本權證和備兌權證。股本權證是由上市公司自己發行的，一般以融資為目的，它授予持有人一項權利，在到期日前特定日期（也可以有其他附加條款）以行權價購買公司發行的新股（或者是庫藏的股票）。備兌權證是由上市公司之外的第三方發行的，目的在於提供一種投資工具，同時發行人也獲取一定的發行利潤。在境外成熟的權證市場，如中國香港、德國等地，既有上市公司自身作為再融資手段發行的股本權證，又有券商為滿足市場需求發行的備兌權證，其中後者由於其靈活性、多樣性已經成為市場主流，例如中國香港權證市場，99%的權證都是由券商等金融機構發行的備兌權證。

2. 權證的內在價值

從理論角度來算，認購權證的內在價值是標的股票的價格與行權價之間的差額，認沽權證的內在價值是行權價與標的股票的價格之間的差額。

認購權證的內在價值 = max［標的股價 – 行權價］

認沽權證的內在價值 = max［行權價 – 標的股價］

根據權證的行權價和正股市場價格的關係，可以將權證分為價內權證、價外權證和價平權證三類。假設標的股票的市場價格為100元，認購權證的行權價為80元，則此權證的內在價值是20元。一般情況下，權證的價值最少應等於其內在價值，價平權證和價外權證的內在價值都等於零。對認購證而言，如果正股的市場價

格高於權證的行權價格，則為價內權證；如果正股的市場價格低於權證的行權價格，則為價外權證。認沽權證則剛好相反，如果正股的市場價格高於權證的行權價，則為價外權證；如果正股的市場價格低於權證的行權價，則為價內權證。不論是認購權證還是認沽權證，如果正股的市場價格剛好等於權證行權價，則為價平權證。由於正股價格總是不斷波動的，嚴格的價平權證較為少見。通常權證總是處於價內或者價外兩種狀態。那麼，價內權證和價外權證對投資者而言有什麼不同的意義呢？

第一，從內在價值的角度來看，價內權證的風險要低於價外權證。價內權證具有一定的內在價值，而價外權證的內在價值為零。一般而言，價內權證到期具有行權價值的可能性較大，而價外權證到期可能歸零。尤其是一些處於深度價外的權證，到期歸零的可能性很大。例如，過去國內權證市場的認沽權證，均處於深度價外，到期成為價內的機會極小，因而風險極大。而處於深度價內的認購權證，風險則要小得多。

第二，從有效槓桿的角度來看，在看對後市方向的時候，價外權證帶來的潛在收益更大。有效槓桿代表正股價格變化1%時權證價格變動的百分比，表示投入在正股和權證的資金量相等時，投資權證的收益相對於投資正股收益的實際放大倍數。通常，價外權證的有效槓桿要大於價內權證的有效槓桿，換言之，在看對後市方向時，價外權證比價內權證更容易放大收益。不過，需要提醒投資者的是，有效槓桿是把「雙刃劍」，放大潛在收益的同時也會放大潛在損失；當看錯後市方向的時候，投資價外權證的損失也會更大。

第三，從時間價值損耗的角度來看，價外權證的投資風險更大。權證的時間價值隨著到期日的臨近而不斷損耗，在權證到期時，權證的價格理論上都會迴歸內在價值，時間價值會逐漸衰減為零。因此，投資者在持有權證的時候，也在同時承受著時間價值的損耗。價外權證的內在價值為零，權證價格全部體現為時間價值，隨著到期日的來臨，若權證價值沒有迴歸價內，權證價格勢必衰減為零。因此，價外權證的時間價值損耗度比價內權證快，持倉風險更高。

當然也要注意，權證即使在到期前的內在價值為零，也仍然存在一些價值。這部分價值被稱為權證的時間價值，代表著投資者為權證在到期時變為價內權證的可能性所支付的價格。隨著時間的推移，由於標的股價向有利方向變動的機會更小，權證在到期時擁有更高價值的可能性也越小，因此，權證的時間價值會隨著到期日的臨近而衰減，並在到期日變為零。值得注意的是，時間價值的損耗在臨近到期日

有加劇的趨勢，且臨近到期的權證流動性一般較差，因此對剩餘時間只有一兩個月的權證，一定要謹慎選擇。特別應該注意的是，權證的內在價值主要看標的價格與行權價格的差距，而不是看財務數據的優劣。

總括而言，價外權證比價內權證的投資風險更大，穩健型投資者宜選擇價內權證或一些輕微價外權證作投資。在看對後市方向時，價外權證通常比價內權證更能放大收益。風險偏好投資者若對後市有明確的方向性判斷，可以選擇一些價外權證作短期投資。但對於一些深度價外的權證，特別是即將到期的深度價外權證，投資者應盡量迴避。

（1）權證的價值評估。從價值評估角度來看，衡量權證的估值水平有兩個指標——溢價率和隱含波動率。權證的溢價率與其價內外程度密切相關。一般來說，價外程度越高，其溢價率必然越高。因此，價內權證與價外權證應當有不同的溢價率，就像週期性行業和非週期性行業的公司應享有不同的 PE 一樣。如果單純以溢價率為標準來選擇權證（就像只以 PE 來選擇股票一樣），很容易誤入歧途。溢價率為負的權證儘管有一定的估值優勢，但在融券業務推出之前，並不一定是好的投資標的。因為權證有一定的價格發現功能，溢價率為負表明市場對其未來的表現並不看好，接下來的走勢極有可能是正股的大幅下挫帶動權證下跌。

由於不同權證的正股有不同的波動率，因此一般將隱含波動率和歷史波動率相比較，再結合有效槓桿比率，來評判權證是否具有估值優勢。而有效槓桿比率是權證相對於正股股價的彈性，彈性越大，權證的槓桿優勢越明顯。但如果估值畸高，高槓桿只會讓投資者面臨更大的風險。

在經典的 B–S 權證定價模型中，決定權證價值的參數主要有五個，即正股價格、正股波動率（波幅）、行權價格、剩餘期限和無風險利率。在計算權證的理論價值時，通常我們取正股的歷史波幅作為模型中波動率的輸入參數。如果我們把權證的市場價格代入權證定價模型，從而反推出波動率的數值，這個波動率就是我們通常所說的引申波幅。

引申波幅是衡量權證估值水平的重要指標，在權證投資中具有重要的意義。引申波幅反應了市場對於正股在權證剩餘期限內波動率的預期。在其他條件不變的情況下，當引申波幅升高時，無論是對於認購權證還是認沽權證，其價值都是增加的；反之亦然。實際上，在支付權利金（權證價格）之後，投資者就擁有了在行權期內以一定價格購買或出售正股的權利，當然也可以不行使這個權利，而且對於投資者來說，並不承擔任何義務。因此，對權證持有人而言，可以規避正股對其不利

的變化，而保留對其有利的變化。正是由於這種非對稱性，正股價格波動越大，對權證持有人越有利，因此權證的價值也越大。

以認購權證為例，如果其行權價格為10元、市場價格為1元，此時對應的正股價格為10元，則在權證到期時，如果正股價格低於10元，即使正股價格跌至接近零，投資者仍然只虧損1元，其虧損額不會因為正股價格的下跌幅度增大而增加；而如果正股價格高於10元，則投資者的收益會隨著正股價格的上漲而增加，且理論上並無上限。對認沽權證而言，也是相似的原理。因此，引申波幅越高，意味著正股波動可能越劇烈，權證的價格也就越高。

當投資者買入某權證後，即使正股價格不變，只要引申波幅升高，權證的價格也將上漲，這樣，投資者就能從引申波幅的上升中獲利。如果投資者買入權證後，權證的引申波幅下降，即使正股價格不發生變化，權證的價格也將下跌，從而造成投資者的虧損。因此，投資者在決定買入權證之前，不僅要關心正股的走勢，也要關心引申波幅的變化。

通常，投資者應該選擇引申波幅處於低位的權證，這樣的權證一方面走勢能夠較為貼近正股的走勢，另一方面引申波幅升高的可能性亦較大，投資者不僅可以從正股的變化中獲利，也可以從引申波幅的升高中獲利。而如果選擇的權證引申波幅較高，即使投資者看對了正股的方向，也可能因為權證引申波幅下降而賺不到錢甚至虧錢。因此，在其他條件相同的情況下，投資者應該盡量選擇引申波幅較低的權證。

（2）權證的價格。權證的價格主要受以下六個因素的影響。一是標的股票價格。標的股票的價格是確定權證發行價格及其交易價格走勢的最重要因素。通常，權證標的股票價格越高，認購（沽）權證的價格也就越高（低）。二是權證剩餘到期時間。權證離到期日時間越長，權證變為價內的機會就越大，價格通常也就越高。隨到期日臨近，該概率漸小，權證二級市場的交易價格相應下降。三是權證行權價格。權證所約定的行權價格越高，認購權證未來行權獲利的可能性越小，其價格往往越低。四是標的股票的波動率。標的股票波動性越大，無論對於認購權證還是認沽權證，都意味著權證變為價內的概率越大，因而權證價格會越高。五是市場利率。市場利率的高低，決定著標的股票投資成本的大小。利率水平越高，投資標的股票所需成本越大，因而認購權證的高槓桿作用變得較具吸引力，而認沽權證的吸引力則相應變小，故認購（沽）權證的價格越高（低）。六是預期股息。一般而言，權證無法享有現金股利，因而預期股息越高，對認購權證越不利，故認購權證

價格越低。

3. 權證的溢價率

權證的溢價率是指以當前的價格買入權證，在不考慮交易成本前提下，正股至少需要上漲（認購證）或下跌（認沽證）多少百分比，投資者持有權證到期行權才可保本。溢價率反應了到期行權的盈虧平衡概念，在目前國內的權證市場機制下，也是反應權證價格風險的重要指標。由於權證價格主要由市場供求決定，價格的變動並不一定體現正股的價格變化。在權證流通數量一定的情況下，當供不應求時，權證價格就容易被推高至不合理的位置，反應在溢價率上就會處於較高的水平。如剛上市的權證，在市場炒新習慣下較易成為熱點資金追捧的目標，上市後經常連續出現漲停板，把溢價率水平推高，價格出現高估。

當權證處於高溢價水平時，投資者面臨的風險是什麼呢？如果高溢價水平脫離市場對正股的合理預期，那麼一旦市場熱點轉移，溢價率的回落將帶動權證價格下降，這時，即使正股上漲，權證也未必能緊跟正股上漲的步伐。而如果此時正好遇上正股調整，更會加劇權證的下跌。

那麼，投資負溢價的權證是不是就沒有風險呢？答案也是否定的。雖然由供求關係決定的權證價格可能會存在不合理的因素，但市場往往是投資者心理預期最真實、最直接的反應。如果一只權證長期處於負溢價而沒有得到市場積極的修正，那麼有可能是市場對正股的前景普遍看淡。假如投資者此時買入權證，雖然看似折價，但未來一旦正股的價格進入調整週期，那麼負溢價可能瞬間消失，而且權證還可能在正股的價格拖累下繼續走低。這樣的例子很多。總的來說，溢價低比溢價高好，但負溢價並不代表沒有風險，投資權證是為了獲利，不宜單純以溢價高低來選擇權證。

值得注意的是，正的溢價率實質上反應了權證的時間價值，溢價率高低與剩餘存續期也有關係。比如同一只正股的兩只權證，在其他條款一樣的情況下，一般存續期較長的權證溢價率較高（如之前深發展的兩只權證）。由於在臨近到期的時候溢價率都有歸零的趨勢，因此，從風險角度來看，假如一只權證處於高溢價，且存續期較短，那麼溢價率回調的風險就會非常大，除非投資者對正股價格的短期上漲幅度有強烈的預期，否則最好不要參與；假如權證負溢價較大且剩餘期限較短，那麼負溢價對於投資權證來說就是很好的保護，在對正股短期走勢有正面預期的情況下，溢價率歸零的過程中，獲利機會較大。

4. 權證漲跌幅的計算

為反應權證作為股票衍生品的特性，上證所對權證實施與股票價格有關的漲跌幅限制，當然不是10%或5%的固定漲跌幅限制。其計算公式如下：

權證漲幅價格＝權證前一日收盤價格＋（標的證券當日漲幅價格－標的證券前一日收盤價）×125%×行權比例

權證跌幅價格＝權證前一日收盤價格－（標的證券前一日收盤價－標的證券當日跌幅價格）×125%×行權比例

當計算結果小於或等於零時，權證跌幅價格為零。

投資者可按照如下方式計算權證的漲跌幅價格：首先計算當日股票漲跌停價格與前日股票價格之差，該價格可稱為「股票漲跌變動價位」，計算結果精確到「分」；其後，計算股票漲跌變動價位的1.25倍，得到「權證漲跌變動價位」；最後，在前日權證收盤價格的基礎上，加或減權證漲跌變動價位，計算結果精確到「厘」，就可以得到權證的漲跌幅價格。

以武鋼JTB1為例，2007年11月24日，武鋼JTB1收盤價為1.172元，達到漲幅價格，是按照如下方式計算得出的：2007年11月23日，G武鋼收盤價格為2.77元，武鋼漲跌變動價位為0.28元，乘以1.25倍可得到權證漲跌變動價位為0.350元。2007年11月23日，武鋼JTB1收盤價格為0.822元，漲幅價格恰好為1.172元。2007年11月28日，武鋼JTB1收盤價格為1.498元，達到跌幅價格，是按照如下方式計算得出的：2007年11月25日，G武鋼收盤價格2.91元，武鋼漲跌變動價位為0.29元，乘以1.25倍可得到權證漲跌變動價位為0.362,5元。2007年11月25日，武鋼JTB1收盤價格為1.86元，減去漲跌變動價位得到跌幅價格為1.498元（計算結果精確到「厘」）。

5. 權證的先行指標作用

瞭解期貨市場的投資者都知道，期貨對於現貨往往有先行指標的作用，許多研究也發現，國外股指期貨的走勢對股票市場有預測作用，那麼權證市場的走勢是否對A股市場同樣也有預測價值呢？事實上，在2007年5月31日A股大調整之前，2007年5月28日至29日，認沽權證板塊已經整體提前調整到位並轉趨活躍，相反認購權證板塊普遍在2007年5月28日已見頂，比大市展開調整至少提早了半天到一天。追蹤股市過去的大幅單日調整，認沽權證板塊整體都有提前的預熱反應，並在大跌當天有上佳表現。造成這一現象的原因之一，可能是期權、期貨反應遠期前景的價值發現功能，不過現實當中，權證、期貨品種T＋0的交易規則，吸引了大

量的短線交易型的投資者，使權證板塊吸引了大批以技術分析及短線交易策略為主的資金，因此對市場的轉角位反應更敏感。由此可見，觀察認購權證、認沽權證板塊的整體漲跌來作為分析大市短期走勢的參考指標，有一定的借鑑價值，但只適合於短期交易型的投資者。

顯然，認購權證和認沽權證同時上漲的現象，通常情況下是不太正常的，除非市場的引申波幅大幅上升，否則往往是反應投機性資金推動的特徵。不過 2007 年 5 月 31 日的市場表現卻是，除了中化 CWB1 之外，全部認沽權證漲幅靠前，反應出相當一批權證炒作資金整體看淡短期大市走勢的信號較為明顯。因此，有的投資者雖然不參與權證交易，但也不妨參考一下權證板塊走勢對大市走向的提示信號。

6. 參與權證買賣需防範的風險

2007 年 5～6 月間，深滬股市 5 只沉寂多時、一文不值的認沽權證因股市出現較大跌幅又活躍起來，成交急遽放大，連一些缺乏經驗的新股民也有跟風炒作的跡象。為此，深交所公司管理部專家曾經提醒市場參與者，參與權證買賣需防範風險。買賣權證要防範的風險主要有：

第一是價外風險需要防範。權證按價值分為價內權證和價外權證，內在價值大於零的為價內權證，內在價值為零即無行權可能的為價外權證。例如，在深交所掛牌的鉀肥認沽權證 2007 年 6 月 25 日進入行權期，行權價為 15.1 元，當時權證價收盤報 3.15 元，而鹽湖鉀肥正股價為 39.2 元，那麼鹽湖鉀肥至少跌至 11.95 元以下，權證才有行權的可能，而這種可能性當時看來極小。

在權證內在價值為零的情況下，越臨近行權期時，投資價外權證的風險越大。如萬科認沽權證 2006 年 8 月底在最後一個交易日單邊下跌，跌幅高達 95%，有的投資者損失超過 100 萬元。

第二是價格劇烈波動的風險。由於權證是一種帶有槓桿效應的證券產品，一般來說，行權比例為 1，標的證券的價格遠高於權證價格，所以，權證漲跌幅一般都會大於 10%。

第三是 T＋0 風險。權證單個交易日可以來回買賣多次，蘊含的投機氣氛更濃，使投資者對於資金動向及買賣市場實況更加難以判斷，市場風險因而進一步加大。某些炒作權證的短線資金大量交易、頻繁回轉，導致散戶盲目跟風以至於虧損。

第四是行權風險。一部分投資者對權證的行權原理不太熟悉，有的投資者誤對價外權證行權，導致了巨大的損失。如 2007 年 2～3 月間竟有 30 名散戶對所持的 3.8 萬多份大冶特鋼認沽權證價外也行權，為此損失了 20.63 萬元。

第五是市價委託風險。這種風險的概率雖很低，投資者也應加以注意。例如2007年2月28日有投資者以市價委託賣出海爾認沽權證82萬份，當日的收盤價每份為0.699元，實際卻以0.001元成交，56萬元變成820元，損失慘重。因此投資者在買賣權證時，應謹慎使用市價委託方式，以避免造成不必要的損失。

7. 權證投資注意事項

權證和股票的最大區別就是首先實行T+0的交易制度，其價格變化快、波動大，當天買入可當天賣出，隨時止盈止損，可以說T+0賦予了權證強大的流動性，這是權證賴以為生的基礎。其次不加徵印花稅更使其投機成本降低，而且從參與權證投機的構成者看，由於絕大多數都是各個券商營業部的短線活躍資金，券商出於對盈利性的綜合考慮，對這部分活躍資金的收傭率普遍不高，因此炒作權證成本較低。最後權證一天的漲跌幅度比正股大很多。權證漲跌幅度比正股大，通常是正股的當天最大漲跌價格的250%。投資者稍不注意，就可能虧去大部分本金。

權證推出後立即吸引了眾多投資者，交易情況相當火爆。但在火爆的交易中，不少投資者不明不白遭受了很大的損失，令人倍感惋惜。諸如權證類的金融衍生產品，其價值判斷與價格波動的不確定性要比標的證券大得多，造成損失的可能性與幅度也更難以控制，懷著浮躁的心態盲目參與是最不可取的。凡事預則立，不預則廢。在投資前對權證這一產品的特性進行深入的瞭解是相當必要的。

投資者在投資前至少需要瞭解權證的三個主要特徵：

一是權證價值決定的複雜性。權證的本質是一種權利，即以約定的時間、價格買賣標的證券的權利，其價值是不確定的，受到行權價格、權證發行價格、標的證券價格波動、剩餘存續期限等諸多因素影響。

二是權證存續的時間有限性。權證都有約定的行權時間，過了行權時間之後，權證將不復存在。比如：某人買了A權證，A權證的行權終止日是2009年8月30日，那麼他必須在2009年8月30日前將A權證賣出或者行權，否則8月30日後，A權證將被註銷，屆時權證就成了一張廢紙。

三是權證的交易性特徵。權證施行的是T+0的交易制度，雖然也有漲跌幅限制，但漲跌停幅度是不確定的，往往大於10%的股票漲跌停板幅度。由於權證投資將面臨更多的價格不確定性和更大的價格波動幅度，投資者必須衡量一下自己能否承受這樣的風險，再決定是否參與。

在決定參與權證投資之後，投資策略的選擇和投資品種的選擇就顯得至關重要了。權證的操作主要有兩種策略：一是買入並持有到期行權的投資性策略，二是針

對權證價格本身波動的波段性交易策略。前一種策略需要對標的證券的內在價值和未來價格趨勢有較為準確的預先判斷，專業性較強，更適合專業人士或者意欲長期投資標的證券的大資金操作；後一種策略則更側重於價格波動的投機性交易，更適合於一般投資者。實際上，大多數權證投資者也正是衝著其 T+0 的交易規則和大的價格波動去的。

正所謂「欲思進，先思退」，進行權證投機交易的投資者更應該把風險控制放在首位。控制風險主要通過對交易品種和交易時機的選擇兩方面來把握。權證價值由內在價值和時間價值決定，一般而言，購買價內權證風險相對更小。投資者尤其要迴避即將到期的價外權證，而不要管它的價格有多低，因為這些品種很可能屆時會一錢不值，投資將面臨 100% 虧損的可能性。比如 A 權證為認沽權證，其行權價為 10 元，目前距離行權日尚有 5 個交易日，其正股對應股價目前為 20 元，這種情況下，即使未來正股連續 5 個交易日跌停，屆時其正股價格為 11.80 元，也高於行權價，那麼這時 A 認沽權證就已經毫無價值了。

在交易時機把握上，必須嚴格執行預定的操作策略，要根據自己的風險承受能力預先設定止損位並嚴格執行，不要因為被套而由投機性操作被動轉入持有到期的投資性操作。

滬港通交易的區別

一、適用的交易、結算及上市規定

交易結算活動遵守交易結算發生地市場的規定及業務規則。上市公司將繼續受上市地上市規則及其他規定的監管。滬港通僅在滬港兩地均為交易日且能夠滿足結算安排時開通。

二、結算方式

中國結算、香港結算採取直連的跨境結算方式，相互成為對方的結算參與人，為滬港通提供相應的結算服務。

三、投資標的

試點初期，滬股通的股票範圍是上海證券交易所上證 180 指數、上證 380 指數的成分股，以及上海證券交易所上市的 A+H 股公司股票；港股通的股票範圍是香港聯合交易所恒生綜合大型股指數、恒生綜合中型股指數的成分股和同時在香港聯合交易所、上海證券交易所上市的 A+H 股公司股票。雙方可根據試點情況對投資

標的範圍進行調整。

四、投資額度

試點初期，對人民幣跨境投資額度實行總量管理，並設置每日額度，實行即時監控。其中，滬股通總額度為3,000億元人民幣，每日額度為130億元人民幣；港股通總額度為2,500億元人民幣，每日額度為105億元人民幣。雙方可根據試點情況對投資額度進行調整。

五、投資者

試點初期，香港證監會要求參與港股通的境內投資者僅限於機構投資者以及證券帳戶和資金帳戶餘額合計不低於人民幣50萬元的個人投資者。見下表1.5和表1.6。

表1.5　　　　　　　　港股與A股市場的主要差別

	A股市場	港股市場
交易規則	T+1當天買入，第二天才允許賣出	T+0當天買入即可當天賣，並且沒有交易次數限制
交易品種	股票、基金、權證	股票、基金、權證
漲跌幅度	有漲跌幅限制	無漲跌幅限制
交易方式	網上、電話和人工委託等	與A股基本相同
沽空交易	期指、期貨、融券	股票、期貨、期權、認沽權證
流通深度	市場相對封閉	相對自由市場，國際遊資自由進出
新股認購	打新中簽率比較低	中簽率高，基本人手一份
派息情況	股東回報率偏低，派息不穩定	地產股及銀行股派息普遍較高
短期利弊	直通車開通後面臨資金分流	短期資金會有流入，利好

表1.6　　　　　　　　港股與A股市場上的術語對比

A股市場	港股市場
做多	做好
做空	做淡
多方	好友
空方	淡友
跳空	裂口

表 1.6（續）

A 股市場	港股市場
ST 股	績差股
補漲股	落後股
績差股	質差股
抄底	撈底
綠	跌
紅	升
過夜持倉量	街貨量
換倉	換馬

第六節　個股期權

期權是交易雙方對於未來買賣權利達成的合約。就個股期權來說，期權的買方（權利方）通過向賣方（義務方）支付一定的費用（權利金）而獲得一種權利，即有權在約定的時間以約定的價格向期權賣方買入或賣出約定數量的特定股票或ETF。當然，買方（權利方）也可以選擇放棄行使權利。如果買方決定行使權利，賣方就有義務配合。如圖 1.2 所示。

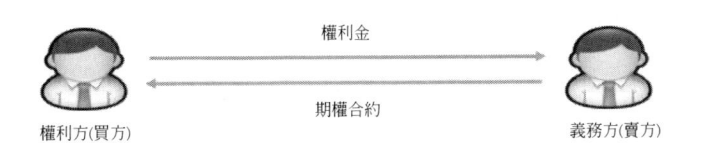

圖 1.2　權利方與義務方的關係

一、期權合約及要素

期權合約包括很多要素，投資者在交易中必須注意，這裡簡介如下（表 1.7）：

表 1.7　　期權合約要素及其含義

要素名稱	註釋
合約標的	合約標的是指期權交易雙方權利和義務所共同指向的對象。通常，個股期權的合約標的是在交易所上市交易的單只股票或EFT。
合約類型	合約類型是指屬於認購期權和認沽期權中的某一種。
合約單位	合約單位指一張期權合約對應的合約標的的數量，合約單位與權利金的乘積，即為買入(賣出)一張期權合約的交易金額。
行權價格	行權價格，也稱為執行價格、敲定價格、履約價格、是期權合約規定的，在期權權利方行權時合約標的的交易價格。
行權價格間距	行權價格間距是指基於同一合約標的的期權合約相鄰兩個行權價格的差值，一般為事先設定
交割方式	期權的交割方式分為實物交割和現金交割兩種。
合約到期日	合約到期日是指合約有效期截止的日期，也是期權權利方可行使權利的最後日期。合約到期後自動失效，期權權利方不再享有權利，期權義物方不再承擔義務。

二、備兌開倉

個股期權買賣中，有備兌開倉。備兌開倉策略是指在擁有標的證券的同時，賣出相應數量的認購期權。該策略使用100%的現券擔保，不需額外繳納現金保證金。備兌開倉策略賣出了認購期權，即有義務按照合約約定的價格賣出股票。由於有相應的現券作為擔保，可以用於被行權時交付現券，因而稱為「備兌」。

相對而言，備兌開倉的風險較小，易於理解掌握，是基本的期權投資入門策略，可以使投資者熟悉期權市場的基本特點，由易到難，逐步進入期權市場交易。從境外成熟市場經驗看，備兌開倉也是應用最為廣泛的期權交易策略之一，可以增強持股收益，相當於降低了持股成本，增強了股票的投資吸引力。

備兌開倉的基本原理是什麼？備兌開倉是指在中長期內購買（或擁有）股票，同時為了獲取收入，定期賣出認購期權。這相當於持有股票來獲取租金，具有降低持股成本的效果。

當投資者備兌賣出認購期權（一般來說是賣出輕度虛值認購期權，即行權價格比當前股票價格略高一些）後：如果標的股票價格上升，並且股票價格達到或者超過行權價格以上，所賣出的認購期權將被執行，投資者的持倉標的股票將被賣出。相比於持倉成本，股票賣出後取得了收益。如果標的股票價格下跌，則所賣出的認購期權將會變得毫無價值，因而一般不會被執行，投資者賣出期權所獲得的權利金

也間接降低了股票持倉成本。

我們來看一個例子。劉先生是一位有經驗的投資者，對甲股票有一定研究。3月31日這天，假設甲股票的價格是14元，經過觀察和研究，他認為該股票近期會有小幅上漲；如果漲到15元，他就會賣出。於是，他決定進行備兌開倉，以14元的價格買入5,000股甲股票，同時以0.81元的價格賣出一份4月到期、行權價為15元（這一行權價等於王先生對這只股票的心理賣出價位）的認購期權（假設合約單位為5,000），獲得權利金為 $0.81 \times 5,000 = 4,050$（元）。

在這裡，投資者可能會有幾點小疑問：

（1）為什麼只賣出一份認購期權呢？

因為甲股票的合約單位為5,000，因此投資者劉先生買入5,000股股票，只能備兌開倉一份期權合約（即賣出一份認購期權）。

（2）為什麼賣4月份到期而不是5月份到期的期權？

這是因為投資者劉先生只對這只股票的近期股價有一個相對明確的預期，而對於一個月以後的走勢則沒有比較明確的預期或判斷。同時相對來說，近月合約流動性更強，投資者更容易管理賣出期權的頭寸，所以劉先生選擇賣出當月期權合約。

（3）為什麼賣行權價為15元的虛值認購期權，而不賣行權價為14元的平值認購期權，或者行權價為13元的實值認購期權呢？

備兌開倉策略一般適用於投資者對標的證券價格的預期為小幅上漲或維持不變，因此選用備兌開倉策略時，不會賣出行權價格低於正股價格的期權，即不會賣出13元行權價格的實值期權。因為如果賣出這一期權，將會壓縮投資者的收益空間，到期被行權的可能性也會更大。

至於是傾向於賣出15元行權價格的虛值期權，還是14元行權價格的平值期權，這主要取決於劉先生對這只標的證券的預期。

三、認購期權與認沽期權

個股期權同樣包括認購期權與認沽期權，它們的區別明顯，如圖1.3所示。

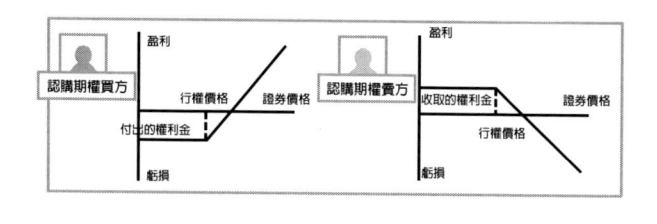

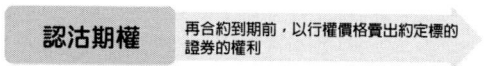

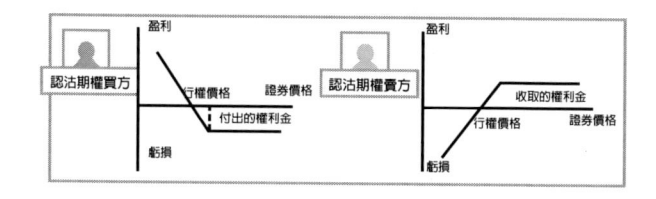

图 1.3　認購期權與認沽期權的區別

四、產品比較

如果把個股期權和期貨、權證比較，個股期權具有自己的明顯特點。

1. 個股期權和期貨比較（見下表 1.8）

表 1.8　　　　個股期權和期貨比較

	期權	期貨
合約	標準化	標準化
到期日	交易所規定	交易所規定
清算	中央對手方	中央對手方
權利義務	買方有權利無義務	買賣雙方有義務
保證金收取	僅向賣方收取	買賣雙方均收取
每日浮動營虧結算	賣方逐日盯市結算	雙方每日無負債結算
履約	買方可選擇履約	雙方到期必須履約

2. 個股期權和權證比較（見下表1.9）

表1.9　　　　　　　個股期權和權證比較

	期權	權證
發行主體	沒有特定的發行人	通常是標的證券上市公司、證券公司或上市公司大股東
持倉類型	投資者既可持有權利方頭寸也可持有義務方頭寸	投資者只能持有權利方頭寸
合約關係	合約關係存在於交易雙方間	合約關係存在於發行人與持有人之間
合約特點	上市的合約為標準化合約，不同到期日的期權合約條款基本相同	非標準化合約，每一個上市權證都有不同的條款（如行權比例各有不同）
履約擔保	賣方繳納保證金（保證金隨標的證券市值變動而變動）	發行人以其資產或信用擔保履約
行權價格	交易所根據規則確定	發行人決定
存續期間	通常一年以下，一般一個月或一個季節即到期	一般長度半年或一年以上

五、個股期權的用途

個股期權的用途很多，主要有：

（1）為持有標的資產提供保險。當投資者持有現貨股票，並想規避股票價格下行風險時，可以買入認沽期權作為保險。

（2）降低股票買入成本。投資者可以賣出較低行權價格的認沽期權，為股票鎖定一個較低的買入價（即行權價格等於或者接近想要買入股票的價格）。若到期時股價維持在行權價格之上而期權未被行使，投資者可賺取賣出期權所得的權利金。若股價維持在行權價格之下而期權被行使的話，投資者便可以原先鎖定的行權價格買入指定的股票，其購入股票的實際成本則因獲得權利金收入而有所降低。

（3）通過賣出認購期權增加持股收益。當投資者持有現貨，預計股價未來上漲概率較小，可以賣出行權價格高於當前股價的認購期權，以獲取權利金。如果合約

到期時，股票價格未超過行權價格，期權買方通常不會選擇行權，期權賣方因此增加了持股收益。但是如果合約到期時股價上漲，面臨被行權，認購期權的賣方需利用現貨進行履約，從而喪失了股價上漲所能獲得的收益。

（4）通過組合策略交易，形成不同的風險和收益組合。得益於期權靈活的組合投資策略，投資者可通過認購期權和認沽期權的不同組合，針對不同市場行情，形成不同的風險和收益組合。常見的期權組合策略包括合成期權、牛市價差策略、熊市價差策略、蝶式價差策略等。此外，通過組合策略還能以較低的成本構建與股票損益特徵相似的投資組合。

（5）進行槓桿性看多或看空的方向性交易。如果投資者看多市場（即預期市場價格會上漲），或者投資者需要觀察一段時間才能做出買入某只股票的決策，同時又不想踏空，可以買入認購期權。投資者支付較少的權利金，就可以鎖定股票未來的買入價格，在放大投資收益的同時可以管理未來投資的風險。

六、個股期權的風險

個股期權的買賣具有很大的不確定性，風險很大，具體如下：

（1）價值歸零風險。虛值（平值）期權在接近合約到期日時期權價值逐漸歸此零，　時內在價值為零，時間價值逐漸降低。不同於股票的是，個股期權到期後即不再存在。

（2）高溢價風險。當出現個股期權價格大幅高於合理價值時，可能出現高溢價風險。投資者切忌跟風炒作。

（3）到期不行權風險。實值期權在到期時具有內在價值，只有選擇行權才能獲取期權的內在價值。

（4）交割風險。交易對手無法在規定的時限內備齊足額的現金/現券，導致個股期權行權失敗或交割違約。

（5）流動性風險。在期權合約流動性不足或停牌時無法及時平倉，特別是深度實值/虛值的期權合約。

（6）保證金風險。期權賣方可能隨時被要求提高保證金數額，若無法按時補交，會被強行平倉。

投資者還應當通過瞭解期權業務規則、簽署期權交易風險揭示書、參與投資者教育活動等各種途徑，全面瞭解和知悉從事期權投資的各類風險，謹慎做出投資決策。

第七節　證券交易軟件常用名詞

在中國各個券商的營業部中我們都可以看到各種各樣的交易軟件，這些軟件儘管開發者不同，但是它們的基本功能基本一樣，因此，熟悉這些軟件及其名詞是我們進行證券投資必須上的第一堂課。本節主要介紹證券交易軟件界面和常用名詞。

1. 證券交易軟件的界面

證券交易軟件的界面包括K線圖和分時圖。

(1) 證券交易軟件的日K線圖（圖1.4）

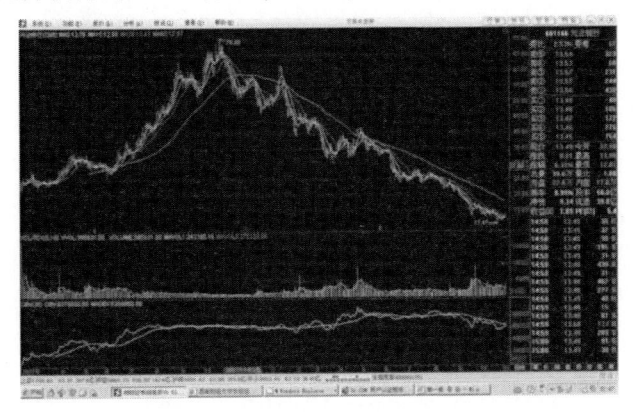

圖1.4　日K線圖

(2) 證券交易軟件的分時圖（圖1.5）

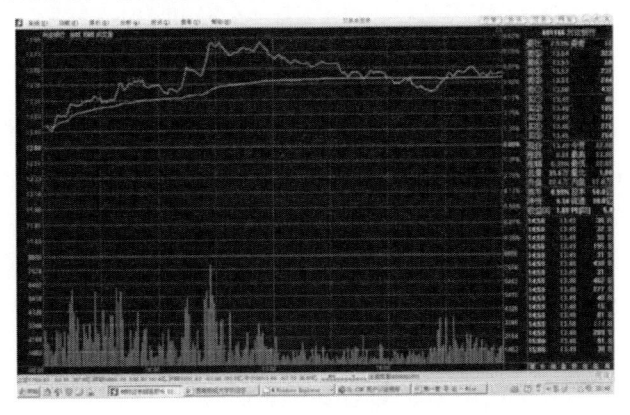

圖1.5　分時圖

2. 委比

委比＝〔（委買手數－委賣手數）÷（委買手數＋委賣手數）〕×100%

委買手數：現在所有個股委託買入下五檔手數相加之總和。

委賣手數：現在所有個股委託賣出上五檔手數相加之總和。

其市場含義是：①當委比數值為正值時，表示委託買入之手數大於委託賣出之手數，買盤比賣盤大，證券價格上漲概率大；②當委比數值為負值時，表示委託賣出之手數大於委託買入之手數，賣盤比買盤大，證券價格下跌概率比較大。

3. 內盤、外盤

內盤：成交價為買入價叫內盤，為主動性拋盤的成交量。內盤大，則拋壓沉重；反之則輕。外盤：成交價為賣出價叫外盤，為主動性買盤的成交量。外盤大，則買力強盛；反之則弱。內盤、外盤這兩個數據可以用來大體判斷買賣力量的強弱。若外盤數量大於內盤，則說明買方力量較強；若內盤數量大於外盤，則說明賣方力量較強。通過外盤、內盤數量的大小和比例，投資者有可能發現主動性的買盤多還是主動性的拋盤多，並且很多時候可以發現莊家動向，是一個較有效的短線指標。但投資者在使用外盤和內盤數據時，要注意結合股價在低位、中位和高位的成交情況以及該股的總成交量情況。因為外盤、內盤的數量並不是在所有時間都有效，在許多時候，外盤大，股價並不一定上漲；內盤大，股價也並不一定下跌。

4. 量比

量比是衡量相對成交量的指標，其計算公式是：量比＝現成交總手數/〔（5日平均總手/240）×目前已開市多少分鐘〕，其計算結果反應即時成交分鐘成交量放大與縮小的情況。上述公式經過變換後，量比＝現成交總手/〔過去5個交易日平均每分鐘成交量×當日累計開市時間（分）〕，簡化為：量比＝現成交總手/〔過去5日平均每分鐘成交量×當日累計開市時間（分）〕。

在觀察成交量方面，量比是卓有成效的分析工具，它將某只股票在某個時點上的成交量與一段時間成交量的平均值進行比較，排除了股本不同造成的不可比情況，是發現成交量異動的重要指標。在時間參數上，多使用10日平均量，也有使用5日平均量的。在大盤活躍的情況下，宜用較短期的時間參數；而在大盤處於熊市或縮量調整階段，宜用稍長的時間參數。

有人認為：量比為0.8～1.5倍，則說明成交量處於正常水平。

量比在1.5～2.5倍之間則為溫和放量，如果股價也處於溫和緩升狀態，則升勢相對健康，可繼續持股；若股價下跌，則可認定跌勢難以在短期內結束，從量的

方面判斷應可考慮停損退出。

量比在 2.5～5 倍，則為明顯放量，若股價相應地突破重要支撐或阻力位置，則突破有效的概率頗高，可以相應地採取行動。

量比達 5～10 倍，則為劇烈放量，如果是在個股處於長期低位時出現劇烈放量突破，漲勢的後續空間巨大，是「錢」途無量的象徵。但是，如果在個股已有巨大漲幅的情況下出現如此劇烈的放量，則應高度警惕。

量比達到 10 倍以上的股票，一般可以考慮反向操作。在漲勢中出現這種情形，說明見頂的可能性壓倒一切，即使不是徹底反轉，至少漲勢會休整相當長一段時間。在股票處於綿綿陰跌的後期，突然出現巨大量比，說明該股在目前位置徹底釋放了下跌動能。

量比達到 20 倍以上的情形基本上每天都有一兩單，是極端放量的一種表現，這種情況的反轉意義特別強烈。如果在連續的上漲之後，成交量極端放大，但股價出現「滯漲」現象，則是漲勢行將死亡的強烈信號。當某只股票在跌勢中出現極端放量，則是建倉的大好時機。

量比在 0.5 倍以下的縮量情形也值得好好關注，其實嚴重縮量不僅顯示了交易不活躍的表象，同時也暗藏著一定的市場機會。縮量創新高的股票多數是長莊股，縮量能創出新高，說明莊家控盤程度相當高，而且可以排除拉高出貨的可能。縮量調整的股票，特別是放量突破某個重要阻力位之後縮量回調的個股，常常是不可多得的買入對象。

漲停板時量比在 1 倍以下的股票，上漲空間無可限量，第二天開盤即封漲停的可能性極高。在跌停板的情況下，量比越小則說明殺跌動能未能得到有效宣洩，後市仍有巨大下跌空間。

當量比大於 1 倍時，說明當日每分鐘的平均成交量大於過去 5 日的平均值，交易比過去 5 日火爆；當量比小於 1 倍時，說明當日成交量小於過去 5 日的平均水平。

5. 均價

均價：現在時刻已成交買賣每股的平均價格。其計算公式為：

均價 =（分時成交的量 × 成交價）之總和/總成交股數

6. 成交明細表中現手紅字、綠字的含義

若成交價比前一時刻成交價高，則成交價現手用紅字表示。若成交價比前一時刻成交價低，則成交價現手用綠字表示。

7. 走勢圖中的白線、黃線

錢龍軟件的上證指數趨勢圖中，一根白線表示上證指數的當日走勢。一根黃線是錢龍公司編製的領先指數的走勢。上證指數的計算是採取加權平均的方法，而領先指數採取的計算方法是簡單平均法。加權平均法計算的指數即用每個股票總股本乘以當日市價累計之和再除以這幾只股票的總股本，最後乘以基數得出的指數。而採用簡單平均法計算的指數，只是將各股的市價之和除以市場的股票數，最後乘以一個基數而得出指數。例如，有兩只股票組成的股票市場，A股票股本為1萬股，當日收市價1元；B股票的股本為3萬股，當日收市價也為1元，基數為1,000點。第二天A股票上漲10%，收市報1.1元，B股票上漲220%，收市報2.2元。如果用加權平均法計算，當日指數為：

$$[(1 \times 1.1 + 3 \times 2.2) / (1+3)] \times 1,000 = 1,925$$

而用簡單平均法計算，當日指數為：

$$[(1.1 + 2.2) / 2] \times 1,000 = 1,650$$

因此，白線在黃線之上時，表示當日大多是大盤股領漲，或是中小盤股帶頭下跌。反之，當黃線在上白線在下時，表示當日主要是中小盤股上漲，或是大盤股領跌。如圖1.6所示。

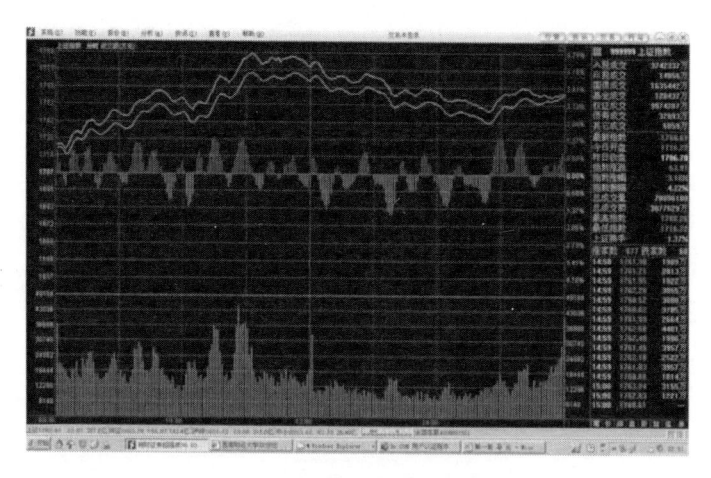

圖1.6 走勢圖中的黃線和白線

8. 現手

在股票技術分析系統的屏幕上，仔細觀察可以看出，在顯示每一筆現時成交手數時，上一筆成交價比現時這一筆成交價高的話，則上一筆成交手數顯示為紅色，

現時這一筆則為綠色；反之，則上筆成交手數顯示為綠色，現時一筆則為紅色。並不是紅色代表買單、綠色代表賣單。但從紅綠色也可以看得出買賣力量，如果出現綠色手數次數較多且量大，而價格下跌，說明拋壓比較大，賣方較強；反之，紅色出現次數多、量大，且價格上升，則買入方力量較強。

這也是判斷買賣力量強弱的依據。如果紅的將綠的逼到一角，紅多綠少，則買勢強勁；反之，則偏弱。

透過盤面識別短線機會[1]

很多投資者經常會碰到這樣一個問題：雖然天天盯著盤面看，但不知道如何抓住機會。

一個交易日，同樣是四個小時，高手看盤收穫頗多，而水平一般的投資者只會東張西望，隨機亂看一氣。沒有章法的看盤可能就是在浪費時間，而且很可能會錯失良機。

一般來講，看盤方法有很多，比如看技術指標，看基本面，看盤口買賣力度，看資金流向等，但這些方法沒有定式，也沒有好壞之分，只是要適合自己的投資風格和能力範圍，找出最適合自己的看盤套路。看盤最重要的就是千萬不要忘了看盤的目的：為買賣決策服務。

下面介紹幾種看盤視角：

第一，看板塊和熱點輪動。這個可以判斷行情大小和強弱。比如開盤的漲停家數就是一個人氣指標；如果熱點板塊天天有不少，而且都能持續一段時間，並輪番上攻，有龍頭牛股，這就說明行情短期內可能不會停止。

第二，訓練盤感和捕捉市場機會的嗅覺。比如一根大陽線後縮量小調，這是蓄勢走勢；比如急跌大跌不要輕易拋股票，可以等技術反抽；板塊之間的輪動節奏和相互關係……這些都是需要在看盤中不斷訓練的。當然，這種盤感的訓練既需要有識別基本面的功底，也要對技術分析有一定累積。新手可以先打好基礎後再在實戰中鍛煉。

第三，看強勢龍頭。看盤的一個重要工作就是要關注漲幅榜中靠前的股票。這些股票是引領市場走勢的龍頭。因為市場法則永遠是遵循「馬太效應」「強者恒

---

[1] 本文是筆者自己的經驗之談，僅供參考，不構成任何交易建議。

強，弱者恒弱」的。當一波大行情起來的時候，看盤高手能在第一時間嗅到龍頭板塊和龍頭股的味道，而且這個越早發現越好。同樣，在弱市中可重點關注逆勢飄紅的股票。這些股票至少說明莊家控盤度很高，或者做多意願很強。而且一旦大盤企穩，這些逆勢股很有可能就一騎絕塵。

第四看異常股。除了關注龍頭股，看盤時也需要對走勢怪異的股票給予關注。比如一些冷門股、問題股。也許這些股票的異常背後有不被市場大眾知曉的東西，比如重組、業績拐點、停牌等各種原因。中國股票市場經常會發生「烏雞變鳳凰」的奇跡。散戶在信息上可能不具備優勢，但可以通過仔細的讀盤看盤來獲得蛛絲馬跡。

總之，散戶看盤方法可能有很多種，但高手看盤肯定會有共同特點。以上的幾種方法也許會對投資者的看盤以及操作帶來幫助。希望投資者能根據自身的情況，結合以上提到的方法，找到最適合自己的看盤套路。

內容提要

證券的範圍很廣，有價證券只是其中一部分。相應的，即使是股票、債券也並不構成有價證券的全部。認股權證、期貨合同、期權、基金券等也構成現代證券投資的重要工具。

證券在一般意義上是指用以證明持有者有權按其所載取得相應收益的各類權益憑證，其構成有三大類：證據證券、所有權證券和有價證券。

有價證券按其所表明的財產權利的不同性質，又可分為三類：商品證券、貨幣證券及資本證券。

從證券投資的角度來看，證券具有以下特性：①期限性；②收益性；③流動性；④風險性；⑤權利性。

證券的期限性對證券投資雙方有著不同的含義。對購買者而言，期限性主要指購買證券到歸還本金的時間；對發行者而言，則指發行證券到支付本金之間的時間。這種差別決定了期限可以分為絕對期限與相對期限，從證券發行日開始計算的期限為絕對期限，以發行後某個時點開始計算的期限為相對期限。

證券的收益，包括經常收入和資本收益兩部分。經常收入即投資人在債券到期或被贖回之前的整個時間內按期以利息形式獲得的收益；資本收益是債券實際價格高於或低於面值所產生的增值或損益。普通股票的收益，與其他證券一樣，也包括

股利收益（經常收入）和資本收益兩部分。

　　流動性是指一種資產轉換為貨幣的能力。某種資產一旦需要可隨即轉換為貨幣，交易費用很低，且不承擔本金的損失，該資產就具有較高的流動性；反之，資產的流動性就較低。證券流動性的高低受制於信用級別、證券期限、證券市場的發達程度。

　　證券的內在風險有來自經濟的，有來自政治的，也有來自道德、法律等方面的，其中以經營風險和市場風險為主。市場風險來自於證券價格的波動。對通貨膨脹預期、企業盈利的預測以及其他因素的變化都會引起證券價格的波動。在這種情況下，就存在著損失證券本金的可能性，這就是所謂的市場風險。經營風險則是由於發行人破產，或發行人經營管理人員所作經營決策的好壞而產生盈利能力的變化，造成投資者的收入或本金減少或損失的可能性。證券的風險與證券的收益有著直接的聯繫，風險越大，收益率往往越高。

　　證券作為一種財產權憑證，可以賦予證券購買人（持有人）與證券類別相對應的權利。

　　證券的功能包括籌資功能、分散功能和告示功能。

　　證券的首要功能就是為籌資人提供籌資功能。籌資人外源資金的來源主要有兩個：一是向銀行借款；二是通過證券市場用發行證券的方式籌資。證券的分散功能一方面表現為分散籌資人的風險，另一方面表現為分散投資人的風險。在證券投資中，證券購買人在分享籌資人投資獲得的一部分收益的同時，也有條件地分擔了一部分籌資人所面臨的投資風險。證券數量、證券價格均和國民經濟運行的狀況密切相關，對經濟動向有十分靈敏的反應。證券價格的變化往往是經濟週期變動的先期指標。

　　股份制是企業的一種財產組織形式，是一種約定的制度。股票是股份公司為籌集資金而發給股東作為其投資入股的證書和索取股息的憑證，其實質是公司的產權證明書。

　　根據《公司法》的規定，按設立方式不同，股份有限公司可分為兩種類型，即發起設立的股份有限公司和募集設立的股份有限公司。

　　電腦撮合交易按證券價格、時間排列，自開市開始時起按「二優先」原則撮合成交。連續競價的原理是這樣的：確認連續競價中每一盤的有效委託。首先根據一定時間間隔或一定委託數量二者優先成立的原則選取已報入系統的一盤買賣委託，其中對於一定的時間間隔和一定委託數量的參數設定由交易所視市場狀況而定。換

手率是某股票成交的股數與其上市流通的總股數之比。

集合競價確定成交價的原則為：①可實現最大成交量的價格；②高於該價格的買入申報與低於該價格的賣出申報全部成交的價格；③與該價格相同的買方或賣方至少有一方全部成交的價格。

連續競價時，成交價格的確定原則為：①最高買入申報與最低賣出申報價位相同，以該價格為成交價；②買入申報價格高於即時揭示的最低賣出申報價格時，以即時揭示的最低賣出申報價格為成交價；③賣出申報價格低於即時揭示的最高買入申報價格時，以即時揭示的最高買入申報價格為成交價。

股東回報有公司發給你現金或發給股票，分別叫現金股利或股票股利。

股票面值，就是印在股票票面上的那個價值；市值，就是前面曾講過的市價；淨值指帳面價值即股票所含的實際價值。

標的證券除權的，權證的行權價格、行權比例分別按下列公式進行調整：

新行權價格＝原行權價格×（標的證券除權日參考價÷除權日前一日標的證券收盤價）

新行權比例＝原行權比例×（除權日前一日標的證券收盤價÷標的證券除權日參考價）

標的證券除息的，行權比例不變，行權價格按下列公式進行調整：

新行權價格＝原行權價格×（標的證券除息日參考價÷除息日前一日標的證券收盤價）

上海證券交易所證券交易的收盤價為當日該證券最後一筆交易前 1 分鐘所有交易的成交量加權平均價（含最後一筆交易），即：最后一分鐘每筆成交價格×成交數量/最後一分鐘的總成交量＝收盤價。當日無成交的，以前收盤價為當日收盤價。

深圳證券交易所證券交易的收盤價通過集合競價的方式產生。收盤集合競價不能產生收盤價的，以當日該證券最後一筆交易前 1 分鐘所有交易的成交量加權平均價（含最後一筆交易）為收盤價。當日無成交的，以前收盤價為當日收盤價。

股票價格指數是反應某股票的價格在不同時期變動的相對數。

投資報酬率是反應投資者從投資中獲得報酬的能力。

市盈率是指某股票收市價與年度每股稅後利潤之比；市淨率 PNR＝股價/每股淨值。股票淨值即資本公積金、資本公益金、法定公積金、任意公積金、未分配盈餘等項目的合計，它代表全體股東共同享有的利益，也稱為淨資產。淨資產＝總資產－總負債。

随著證券市場規模的不斷擴大和機構投資者的成長，市場對規避股市單邊巨幅漲跌風險的要求日益迫切，無論是投資者還是理論工作者，對推出股指期貨以規避股市系統性風險的呼聲都越來越高，決策層也對這一問題極為關注。同其他期貨交易品種一樣，股指期貨也是為適應市場規避價格風險的需求而產生的。

基金是一種間接的證券投資方式。基金管理公司通過發行基金單位，集中投資者的資金，由基金託管人（即具有資格的銀行）託管，由基金管理人管理和運用資金，從事股票、債券等金融工具投資，然後共擔投資風險、分享收益。

權證是基礎證券發行人或其以外的第三人發行的，約定持有人在規定期間內或特定到期日，有權按約定價格向發行人購買或出售標的證券，或以現金結算方式收取差價的有價證券。權證本質上是一個期權合約，其基本要素主要包括標的資產、行權價格、行權比例、存續期限、行權期和結算方式等。標的資產是指權證發行所依附的基礎資產，即權證持有人行權時所指向的可交易的資產。中國目前的權證產品均是以單一股票作為標的資產，如武鋼CWB1，其標的資產就是武鋼股份股票。行權價格又稱為執行價格，是發行人在發行權證時所訂下的價格，權證持有人在行權時以此價格向發行人買入或者出售標的股票。行權比例是指每持有1份權證可以買入或者出售正股的股數。如某認購權證規定行權比例為0.1，就表示行權時，權證持有人每持有10份權證可以以行權價買入1股標的股票。存續期限是指權證存續的時間範圍。跟股票不同，權證一般都有一定的存續期限，過期的權證沒有任何價值。行權期即權證持有人可以行使權利的時間範圍。權證到期的結算方式主要有兩種：實物結算和現金結算。實物結算就是目前國內的證券給付方式。而現金結算更為簡便，只需根據行權價格和結算價格收取差價即可。在成熟市場中，現金結算方式占主導地位。目前中國內地市場的權證行權均採取實物結算方式。

關鍵術語

證券　證據證券　所有權證券　有價證券　商品證券　貨幣證券
資本證券　期限性　收益性　流動性　風險性　權利性　籌資功能
投資功能　分散功能　告示功能　股份制　1元面值股票和非1元面值股票
股票　新《公司法》規定的股東有限責任　電腦撮合交易　競價
集合競價　連續競價　換手率　分紅派息　分紅派息的方式　股權登記日
現金股利　股票股利　發起設立的股份有限公司　募集設立的股份有限公司

股票價值　　票面價值　　帳面價值　　內在價值　　市場價值　　開市價
收市價　　最高價　　最低價　　多頭　　空頭　　買空　　賣空　　股票價格指數
股票價格指數「點」　　投資　　投資報酬率　　股票投資報酬率　　市盈率
市淨率　　漲跌停板　　中小板報單不能偏離3%　　累積投票制　　權證
權證的種類　　認沽權證的內在價值　　權證的溢價率　　權證的先行指標作用
參與權證買賣需防範的風險　　權證的漲跌幅的計算　　委比　　內盤
外盤　　均價　　股票期貨　　股票指數期貨

復習思考題

1. 證券的構成包括哪些？
2. 有價證券可以如何分類？
3. 從證券投資的角度來看，證券具有哪些特性？
4. 證券的功能包括哪些？
5. 新《公司法》規定的股東有限責任是什麼？它對公司制度的發展具有什麼意義？
6. 競價原則和方式各是什麼？
7. 中國證券交易所採用的競價方式有哪兩種？
8. 開盤價和收盤價是如何產生的？
9. 試述股票除息和除權的處理過程。
10. 什麼是「一手」？不足「一手」怎麼處理？
11. 什麼是 T＋0 回轉交易辦法？什麼是 T＋1 交易辦法？
12. 股份有限公司有哪幾種類型？
13. 股票指數期貨的特徵是什麼？
14. 股指期貨與 ETF 的區別是什麼？
15. 權證投資應該注意的事項包括哪些？

第二章　技術分析和技術分析要素

一個成熟的投資者，不僅要善於進行證券投資的分析，而且還應具備進行分析的技術手段。證券市場投資分析的方法很多，但大致可以分為基本分析和技術分析兩大類。基本分析又稱基本面分析，是指證券投資分析人員根據經濟學、金融學、財務管理學及投資學的基本原理，通過對決定證券價值及價格的基本要素如宏觀經濟指標、經濟政策走勢、行業發展狀況、產品市場狀況、公司銷售和財務狀況等的分析，評估證券的投資價值，判斷證券的合理價位，從而提出相應的投資建議的一種分析方法。它注重宏觀環境以及微觀上市公司經營能力、獲利能力、償債能力以及發展前景等基本因素的分析。這種分析對長期投資者來說相當重要，但對短期交易的人來說其作用非常有限。而技術分析方法則對長期、短期投資者均有積極意義。

第一節　技術分析概論

一、技術分析及其歷史

所謂技術分析就是拋開證券內在價值，只根據證券行情和供求關係，分析、判斷證券價格變化趨勢，從而決定證券投資時機的分析方法。技術分析偏重證券價格分析，並認為證券價格是由供求關係所決定的。不過，技術分析並不研究影響證券供求關係的各種因素，它只是就供求情況而論證券價格，因而純粹是證券行情分析。

技術分析是以預測市場價格變動趨勢為目的，通過一些技術指標量值及圖表對市場行為進行的研究。對市場行為的研究主要通過以下一些因素來進行：價格、交易量、時間、空間和買賣意願等。

瞭解技術分析的歷史有助於更準確地理解技術分析的本質。最早的技術分析圖表大約出現在200年前的日本。當時所出現的技術分析方法是現在K線理論的前身。K線理論儘管出現得很早，但是它沒有得到理論上的提升，只能認為是一個技術分析的早期萌芽。對當今技術分析方法影響最大的是美國人C.H. 道（C. H.

Dow）。他對市場的基本觀點和認識經過自己和其他人的總結形成了道氏理論。道氏理論大約出現在 1890 年前後，因而道被普遍認為是技術分析的開山鼻祖。正是道氏理論的出現，才使得技術分析的理念和思維方式得到傳播和推廣。

在道氏理論之後，相繼出現了多位對技術分析歷史產生了重大影響的分析大師。江恩（W. D. Gann，又譯「甘氏」）、艾略特（R. N. Elliott）、愛德華和馬吉（R. D. Edward & J. Magee）、懷爾德（J. W. Wilder）等，都是其中的佼佼者。他們的天才構思和對市場的獨特觀察方式，至今仍然引導著技術分析的主流。這些分析大師對相關技術分析方法的豐富和完善對於技術分析理論的傳播與發展做出了不可低估的貢獻。

1932 年，美國人江恩在自己出版的書中，總結了技術分析中的時間循環分析方法，首次對週期問題進行了比較系統的說明。江恩正方形、時間隧道等都是其代表作。1938 年，艾略特在其出版的書中提出了波浪理論的完整構思，勾畫了價格波動所應該遵循的 8 浪結構。波浪理論是當今技術分析理論中一個重要的分支，其不可思議的結論和分析方式使為數不少的投資者著迷。1948 年首次出版的由愛德華和馬吉所著的 *Technical Analysis of Stock Trend* 中，對形態理論和支撐與壓力理論做了系統的總結。這本書被多次再版，被稱為是華爾街投資的「寶典・聖經」。20 世紀 70 年代後，計算機技術的發展為技術指標的發展提供了基礎。這個時期，群星燦爛，眾多的分析人士相繼設計了對市場有較大影響的技術指標。其中，懷爾德是最突出的一位。他在 1978 年出版的 *New Concepts in Technical Trading Systems* 中，對多種技術指標的應用進行了更高層次的提煉。從上面的說明中可以看出，美國人對技術分析方法的貢獻是最突出的。這一點是不能懷疑的。

中國技術分析的歷史與證券市場的歷史一樣長。絕大部分的投資者進入市場，進入證券（股票）營業部，首先接觸的是屏幕上分析軟件中的技術圖表。從 1994 年起，在中國市場上出現了很多證券（股票）分析軟件。每種軟件都有自己獨特的功能。如果說中國人對於技術分析有什麼貢獻的話，那就應該是在這些軟件中所出現的相當數量的技術指標。無論這些新的技術指標是否能被市場和投資者所接受而被保留下來，其對市場某個方面的刻畫都是應該肯定的。

二、技術分析的理論假設

技術分析的合理與否與其理論依據密切相關，而這些依據離不開一些理論假設。這些理論假設包括：

（1）「市場行為說明一切」系從英文直譯而來，其原文為「Market Action Discounts Everything」。這句話看來似乎十分費解，但假如我們將其意譯過來，則可理解為「供求關係決定價格的理論是一切市場行為的準則」。絕大多數人都能理解這句話。

證券的市場價格由其供求關係所決定。技術分析者認為，證券價格完全由市場供求決定，而影響供求的因素極其複雜，有些是理性的，有些是非理性的，但它基本上是由不同投資人的意見、感覺、推測等不同心理因素構造出來的。正因為如此，各種因素分析（包括基礎分析）都不能完全描述供求的變化，還必須結合技術分析的方法。

所有的技術分析師在實際上都是利用價格與供求關係的互相關聯來進行分析和預測的，如果需求超過供給，價格會上升；如果供給超過需求，價格會下降。這種關係是所有經濟基本預測的基礎，從這種必然的關係上，技術分析師逆推出這麼一個結論：無論什麼原因，如果價格上漲，則需求必定超過供給，體現在證券市場上就是整個證券市場為多頭市場；如果價格下跌，則供給必定超過需求，體現在證券市場上就是整個市場為空頭市場。總之，供需關係決定市場走勢。

作為一項法則，技術分析家們並不關注價格上漲或下跌的原因，而只關注價格上漲或下跌本身所將帶來的結果。即根據價格的上漲或下跌來預測市場的走勢。同樣，技術分析在通過研究市場行為來預測市場價格變動的趨勢時，也不關注該市場行為形成的原因，而只關注該市場行為會給價格帶來怎樣的影響。

（2）證券價格在一定期間按照某種趨勢運動（Price Move in Trends）。趨勢的概念對於技術分析來說絕對是必需的，讀者們必須接受這樣一個前提，即市場確實有趨勢可循。否則，技術分析的預測作用根本無從體現。這個基本前提的推論是：價格按照某種趨勢移動，一項正在進行中的趨勢可能持續，而非反轉。這項推論可以說是牛頓慣性定律的適應性理論。根據這項推論，一個趨勢一般情況下將持續下去，除非出現一些外來力量使其停止甚至反轉，也就是說跟隨潮流的方法可在既有趨勢上進行預測，直到它顯示出反轉的跡象為止。因此，投資者無需搜集大量決定證券價值決定因素的資料，只需通過一定的技術方法便能找出過去證券價格的運動趨勢或運動模式，並據以預測證券價格未來變化的趨勢。

（3）相信歷史往往重演（History Repeats Itself）。技術分析的大部分主體與市場行為的研究是與心理學和其他一些人文科學分不開的。例如圖表形態在過去的100多年中即已被辨別、分類，來反應一些顯示在價格和成交量上的市場心理狀況。由於這些圖表形態在過去都能較為準確地反應一些市場信息，我們就假設它在將來也一樣能表現良好。這主要是基於心理學研究的一些成果。基於這樣一個「歷史往

往重演」的假定，我們才能以研究過去來瞭解未來，達到我們通過技術分析來預測市場走向的目的。

（4）證券價格的運動趨勢固然是根據供求關係的變動而變動的，但這種變動可以用某種圖表或數量指標表示出來。因而，人們可以通過觀察這些圖表和計算指標來判斷證券價格變化的趨勢。

三、技術分析的工具及方法

技術分析者認定證券價格是由證券市場上的供求關係所決定的，而且這種供求關係並非都是理智的，因此，技術分析只注重證券市場的價格、成交量等技術性變動，而不考慮其他經濟現象。從這點出發，技術分析的基本方法就是對過去的證券價格、成交量等應用某種圖表或畫線展示出來，或者利用某種技術指標描述出來，並進行分析的方法。在利用技術圖表進行證券價格趨勢分析時，技術分析者主要繪製證券價格和成交量變動的統計曲線，通過圖表的圖線趨勢和形態判斷未來證券價格變動的趨勢和方向。在繪製圖表和畫線時，一般以縱軸表示證券價格，以橫軸表示時間序列，有時在縱軸上還把成交量通過一定的方式表現出來。投資者通過制圖、畫線和利用技術指標，展示證券價格的變動及其交易量的變化。這樣，投資者所累積的經驗及根據經驗所作出的判斷就非常重要。因為，即使是同一個圖、線和相同的技術指標，不同投資者對證券價格變動方向及幅度的判斷也可能不同。

技術分析方法使用的工具五花八門，多不勝數。常用的工具有 K 線分析法、趨勢線分析法、移動平均線分析法、點數圖分析法、形態分析法、波浪分析法、相對強弱指標 RSI、隨機指標 KD 線，等等。

綜上所述，技術分析者要搞好技術分析，必須搜集一些必要的信息資料，如證券市場每天的開盤價、收盤價、最高價、最低價、成交量等。這些資料是繪製圖表、畫線、計算各種動態指標和進行盤面分析的依據。

四、技術分析的五大功能[①]

證券投資技術分析是為證券投資服務的。要做好證券投資，必須下苦功進行技術分析。具體來說，證券投資的技術分析力求達到以下五大功能，它們是：

[①] 有人認為技術分析的功能主要是通過一定的技術手段對證券價格的變動情況做出描述，並根據描述進行分析和做出解釋，以推測未來證券價格的走勢。

（1）通過技術分析，價量資料可反應出任何有關的市場力量。不論是基本經濟因素，還是政治因素、心理因素等，各種因素最終都會反應在市場價格與成交量的變動上。凡是不能反應在價格與成交量上的變動因素就是無關的因素。而要瞭解各因素與價量變動的具體聯繫就必須通過技術分析。

（2）反應價格波動的狀況。從事證券投資的人只要把有關的盤面、技術分析圖表、線和技術指標一攤開，便能一目了然地看出當前價格的波動狀況。

（3）預測價格的未來走向。通過技術分析，盤面、圖表、線和技術指標不但能客觀地反應過去與現在，還能用來預測市場未來的發展。

（4）掌握買賣的時機。由於盤面、圖表、線和技術指標能反應和預測市場走向，若能分析好盤面、圖表、線和技術指標，便能有效地掌握買賣的時機。

（5）協助擬訂交易計劃、評估投資風險、預測投資利潤：技術分析可有效地協助交易者擬訂交易計劃、評估投資風險、預測投資利潤。

五、技術分析與基本分析的區別

許多人都知道，證券市場中有兩種主要的分析方法[①]，即技術分析（Technical Analysis）與基本分析（Fundamental Analysis）。這兩種分析方法的目的是相同的：預測價格移動的方向。但這兩種分析方法所採用的方法、研究的方向是大不相同的。

技術分析專門研究市場行為，而基本分析則集中研究供給與需求的經濟力量中，能夠造成價格往上、往下移動或停留在原處的相關因素，一般分析研究足以影響一只證券價格的一切相關因素。基本分析的重點是對證券的「本質」進行分析，包括未來提供收益的能力等證券的潛在價值，因而更注重證券的內在價值和未來的成長性。說得更簡單一些，基本分析要回答的問題是，某個證券在將來的某個時間應該值多少錢。如果當前證券的市場價格低於其未來的價值，按照基本分析的思路，就可以選擇該證券作為投資的對象。因此，基本分析注重時間相對長期（Long Term）的投資，從而預測該證券的價格走向。可以說，技術分析研究市場價格移動和成交量變動的影響，而基本分析研究市場價格移動和成交量變動的動因。

[①] 目前在國際市場上還有一些結合了基本分析和技術分析的第三類分析方法，暫時可以稱之為「機械交易法」。從構造上看，這些方法更接近於技術分析方法。它們將基本分析中的定性資料定量化，輸入到自己設計的數學模型中。模型將根據市場的價量時空等因素的變化，進行自動跟蹤。如果滿足了自己所設定的條件，模型將自動發出進行交易的信號。像「神經網路」之類比較「高新」的科學分析技術，正越來越多地被應用於證券分析中來。當然，我們知道，至少在目前，從道理上講，計算機還不能代替人腦思維。這些方法應該還處在試用階段。證券市場的因素眾多，用模型解決問題還需要相當長的時間。

技術分析重視量與價，以統計學作為基礎來進行實際操作，比較客觀。而基本分析重視消息、新聞，主要從主觀上對掌握的各種材料加以判斷。基本分析一般會從政治、經濟、金融、公司經營狀況和企業管理等各種方向去收集資料，再加以綜合研判，不但分析整個經濟形勢、景氣變動、產業結構變化，更進一步研究個別企業的業績、獲利能力、管理能力、工作效率、財務結構變化、公司息利分配政策等，從而預測證券的價格變動。

總之，兩種分析方法各有長短，在實際的市場分析中要注意將這兩種方法配合使用。基本分析主要告訴你投資的方向，而技術分析主要告訴你買賣的時機。

六、技術分析的基本操作原則

從事技術分析時，有幾項操作原則可供遵循，這些原則都是近百年來市場先驅們從實際投資中所歸納出的經驗，具有很強的指導作用。根據美國股市專家克勞博士（Harvey A. Krow）的歸納，有下述 11 項基本原則：

（1）證券價格的漲跌情況呈一種不規則的變化，但整個走勢存在明顯的趨勢。也就是說，雖然在圖表上看不出第二天或下周的證券價格是漲是跌，但在整個長期的趨勢上，仍有明顯的軌跡可循。

（2）一種趨勢一旦確立，即難以制止或轉變。這個原則意指當一種證券呈現出明顯的上漲或下跌趨勢後，不會於短期間內產生 180°的轉彎。但須注意，這個原則是指純粹的市場心理而言，並不適用於重大利空或利多消息出現時。

（3）除非有肯定的技術確認指標出現，否則仍應認為原趨勢會持續發展。

（4）未來的趨勢可由線本身推論出來。基於這個原則，我們可在線路圖上依整個頭部或底部的延伸線明確畫出往後行情可能發展的趨勢。

（5）任何特定方向的主要趨勢經常遭到反方向力量的阻擋而改變，但 1/3 或 2/3 幅度的波動對整個延伸趨勢的預測影響不會太大。也就是說，假設個別證券在一段上漲幅度為 3 元的行情中，回擋 1 元甚至 2 元時，仍不應視為上漲趨勢已經反轉。只要不超過 2/3 的幅度，仍應認為整個趨勢處於上升行情中。

（6）證券價格橫向發展數天甚至數周時，可能有效地抵消反方向的力量。這種持續橫向整理的形態有可辨認的特性。

（7）趨勢線的背離現象伴隨線路的正式反轉而產生，但這並不具有必然性。換句話說，這個原則具有相當的可靠性，但並非沒有例外。

（8）依據道氏理論的推斷，證券價格趨勢產生關鍵性變化之前，必然有可資辨認

的形態出現。例如，頭肩頂出現時，行情可能反轉；頭肩底形成時，走勢會向上突破。

（9）在線路產生變化的關鍵時刻，個別證券的成交量必定包含有特定意義。例如，線路向上驟升的最初一段時間，成交量必定配合擴增；線路反轉時，成交量必定隨著萎縮。

（10）市場上的強勢證券有可能有持續的優良表現，而弱勢證券的疲態也可能持續一段時間。我們不必從是否有主力介入的因素來探討這個問題，只從最單純的追漲心理即可印證此項原則。

（11）在個別證券的日線圖或周線圖中，可清楚分辨出支撐區及阻力區。這兩種區域可用來確認趨勢將持續發展或是完全反轉。假設線路已向上突破阻力區，那麼證券價格可能繼續上揚；一旦向下突破支撐區，則證券價格可能再現低潮。

七、技術分析指標的運用

對技術分析的運用是最主要的，但經常會出現這樣一種情況，即對相同的資料，運用不同的技術分析指標進行分析卻顯示出不同的結果。其原因主要就在於每個技術分析指標都有自己的特性，它們一般都不是普遍適用的，而只適用於某個範圍，或者說，它們只有在某個特定的範圍內才能取得最好的效果。為彌補技術分析指標的這個缺點，我們必須瞭解各種技術指標的特性，並根據其特性進行運用。例如有的技術指標適合於分析市場大勢走向，我們就在分析市場大勢走向時才用該指標；有的技術指標適合於分析短期走勢，我們就用它來分析短期走勢；有的技術指標適合於分析中期走勢，我們就用它來分析中期走勢。這樣，我們就可以得到相對精確的信號來作為買賣的參考。

除了上述的方法外，我們還有一些方法可以提高技術分析的準確度：

（1）對各種技術分析指標綜合研判，在各種指標的信號一致時才確認其走勢。

（2）盡量使用簡單的技術分析理論、畫線方法和分析指標。越簡單的理論、畫線方法和指標往往越實用。

（3）越熟悉的技術分析理論、畫線方法和指標越能得心應手，因此，應盡量使用自己十分熟悉的理論和指標。

（4）技術分析新理論、新畫線方法和新指標會不斷出現，要不斷地學習。

下面附上技術分析指標的檢核表，以便讀者對各種指標的基本特性和適用範圍有一個大體的瞭解。

（一）長期趨勢指標

（1）十年圖、年線圖、季線圖、月線圖、周線圖。

（2）長期平均線。

（3）長期趨勢線。

（4）MACD、SAR、AR、BR 等指標。

（5）多空指標線。

（二）中期趨勢指標

（1）周線圖、日線圖。

（2）中期平均線。

（3）中期趨勢線。

（4）RSI、KDJ、VR、TAPI、%R、ADL 等指標。

（5）動量指標、Y值、平均每筆張數、週轉率、大勢分析指標、心理線、漲跌比率、逆時針曲線。

（三）短期趨勢指標（日常波動指標）

（1）當日分時指數圖。

（2）短期平均線。

（3）短期趨勢線。

（四）人氣指標

（1）成交量。

（2）OBV、OI、ADL、β 等指標。

第二節　技術分析的要素：價、量、時、空

證券市場中，價格、成交量、時間和空間是進行分析的要素。搞清楚這幾個因素的具體情況和相互的關係是進行正確分析的基礎。進行技術分析的時候，證券市場證券價格的高低、價格變化幅度的大小、價格發生這些變化時所伴隨的成交量大小、價格完成這些變化所經過的時間長短都是必須考慮的。

一、價和量是市場行為最基本的表現

市場行為最基本的表現就是成交價和成交量。過去和現在的成交價、成交量涵蓋了過去和現在的市場行為。技術分析就是利用過去和現在的成交價、成交量資料，以圖形分析、畫線、指標分析工具和盤面變化來解釋、預測未來的市場走勢。這裡，成交價、成交量就成為技術分析的要素。如果把時間、空間也考慮進去，技

術分析其實就可簡單地歸結為對價、量、時間、空間四者關係的分析，在某一時點上的價和量反應的是買賣雙方在這一時點上共同的市場行為，是雙方的暫時均勢點。隨著時間的變化，均勢會不斷發生變化，這就是價量關係的變化。

一般說來，買賣雙方對價格的認同程度通過成交量的大小得到確認，認同程度大，成交量大；認同程度小，成交量小。雙方的這種市場行為反應在價、量上就往往呈現出這樣一種趨勢規律：價增量增，價跌量減。根據這一趨勢規律，當價格上升時，成交量不再增加，意味著價格得不到買方確認，價格的上升趨勢就將會改變；反之，當價格下跌時，成交量萎縮到一定程度就不再萎縮，意味著賣方不再認同價格繼續往下降了，價格的下跌趨勢就將會改變。成交價、成交量的這種規律關係是技術分析的合理性所在，因此，價、量是技術分析的基本要素，一切技術分析方法都少不了以價、量關係為研究對象，分析的目的就是分析、預測未來的價格趨勢，為投資決策提供服務。

二、成交量與價格趨勢的關係

在證券市場上，成交量與價格有著密切的關係，價格上漲或下跌的不同階段，對成交量有不同的要求。成交量與價格的關係可以表述如下：

（1）證券價格隨著成交量的遞增而上漲，為市場行情的正常特性。此種量增價漲關係，表示證券價格將繼續上升。

（2）在一波漲勢中，證券價格隨著遞增的成交量而上漲，突破前一波的高峰，創下新高價，繼續上漲。然而此波段價格上漲的整個成交量水準卻低於前一波段上漲的成交量水準，價格已突破創新高，成交量卻沒有突破創新高，則此波證券價格漲勢令人懷疑；同時，也是證券價格趨勢潛在的反轉信號。

（3）有時證券價格隨著緩慢遞增的成交量而逐漸上漲，但某一天，走勢突然進入垂直上升的噴發階段，成交量急遽增加，價格躍升暴漲。緊隨著此波走勢而來的是成交量大幅度萎縮，同時，證券價格急速下跌。這種現象表示漲勢已到末期，上升乏力，走勢衰竭，顯示出趨勢反轉的跡象。反轉下跌幅度將視前一波價格上漲幅度的大小及成交量擴增的程度而定。

（4）證券價格在一波長期下跌形成谷底後回升，成交量並沒有因證券價格上漲而遞增，價格上漲乏力，然後再度跌落至先前谷底附近，或高於谷底。當第二谷底的成交量低於第一谷底時，是價格上漲的信號。

（5）證券價格下跌，向下跌破價格的某條重要支撐線，同時出現大成交量，是

證券價格下跌的信號，強調趨勢反轉形成空頭。

（6）證券價格已跌落一段相當長的時間，出現恐慌賣出，隨著日益擴大的成交量，價格大幅度下跌，繼恐慌賣出之後，預期價格可能上漲；同時，恐慌賣出所創出的低價，將不可能在極短時間內被跌破。在大量恐慌賣出之後，往往是（但並非總是）空頭市場的結束。

（7）證券市場行情持續上漲已久，並出現急遽增加的成交量，而證券價格卻上漲乏力，在高位盤旋，無法再向上大幅上漲，顯示價格在高位大幅震盪，賣壓沉重，從而形成證券價格下跌的因素。證券價格連續下跌之後，在低位出現大成交量，價格卻沒有進一步下跌，價格僅小幅變動，此時表示有主力進貨。

（8）成交量作為價格形態的確認。在以後的形態學講解中，如果沒有成交量的確認價格上的形態將是虛的，其可靠性要差一些。

（9）成交量是證券價格的先行指標。關於價和量的趨勢，一般說來，量是價的先行者。當量增時，價遲早會跟上來；當價增而量不增時，價遲早會掉下去。從這個意義上，我們往往說「價是虛假的，只有量才是真實的」。特別是在一個投機市場中，機構大戶打壓、拉抬證券價格，投資者不能僅從價上來看，而要從量上去把握莊家操縱的成本，如此才能摸清莊家的策略，並最終獲利。

關於「當量增時，價遲早會跟上來」的例子，可以從寧波華翔（002048）2006年11月到2007年7月和新和成（002001）2006年3月到2007年8月量的累積到後來價格的大幅上漲中得到驗證。如圖2.1和圖2.2所示。

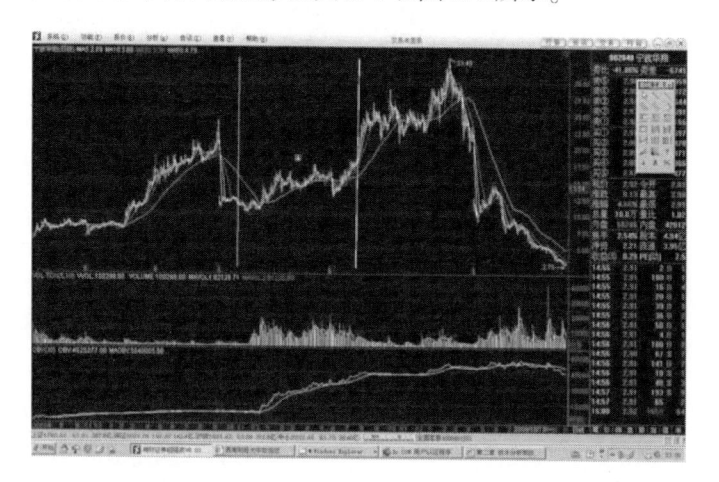

圖2.1　寧波華翔（002048）2006年11月到2007年7月量的累積

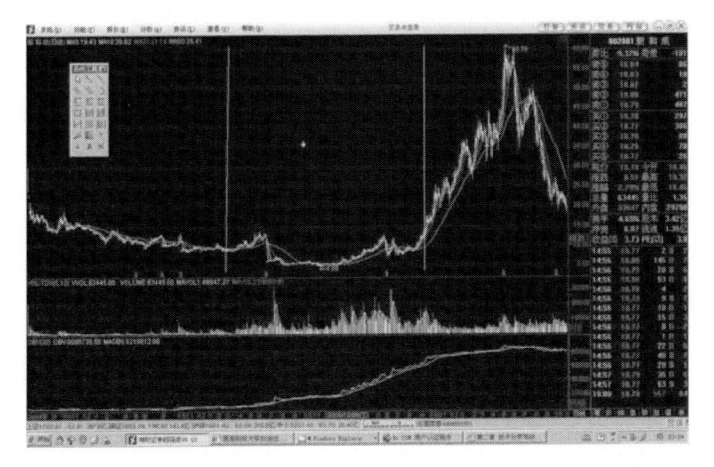

圖 2.2　新和成（002001）2006 年 3 月到 2007 年 8 月量的累積

時間在進行行情判斷時有著很重要的作用。一方面，一個已經形成的趨勢在短時間內不會發生根本改變，中途出現的反方向波動，對原有趨勢不會產生大的影響；另一方面，一個形成了的趨勢又不可能永遠不變，經過了一定時間又會有新的趨勢出現。循環週期理論著重關心的就是時間因素，它強調了時間的重要性。

空間在某種意義上講，可以認為是價格的一方面，指的是價格波動能夠達到的空間上的極限。

內容提要

技術分析就是拋開證券內在價值，只根據證券行情和供求關係，分析、判斷證券價格變化趨勢，從而決定證券投資時機的分析方法。技術分析偏重證券價格分析，並認為證券價格由供求關係所決定。

所有技術分析師在實際上都是利用價格與供求關係的互相關聯來進行分析和預測的，如果需求超過供給，價格會上升；如果供給超過需求，價格會下降。這種關係是所有經濟基本預測的基礎，從這種必然的關係上，技術分析師逆推出這麼一個結論：無論什麼原因，如果價格上漲，需求必定超過供給，體現在證券市場上就是整個證券市場為多頭市場；如果價格下跌，供給必定超過需求，體現在證券市場上就是整個證券市場為空頭市場。總之，供需關係決定市場走勢。作為一項法則，技術分析家們並不關注價格上漲或下跌的原因，而只關注價格上漲或下跌本身所帶來

的結果。

技術分析假設「市場行為說明一切」；證券價格在一定期間按照某種趨勢運動；歷史往往重演；證券價格運動趨勢固然是根據供求關係的變動而變動的，但這種變動可以用某種圖表或數量指標表示出來。

技術分析認為：價格按照某種趨勢移動，一種正在進行中的趨勢較可能持續，而非反轉。這項推論可以說是牛頓慣性定律的適應性理論。根據這項推論，一個趨勢一般情況下將持續下去，除非出現一些外來力量使該趨勢停止甚至反轉。也就是說跟隨潮流的方法可在既有趨勢上進行預測，直到它顯示反轉的跡象為止。因此，投資者無需搜集大量決定證券價值因素的資料，只需通過一定的技術方法找出過去證券價格的運動趨勢或運動模式，就可以據以預測未來證券價格變化的趨勢。

技術分析方法使用的工具五花八門，多不勝數。常用的工具有 K 線分析法、趨勢線分析法、移動平均線分析法、形態分析法、波浪分析法、相對強弱指標 RSI、隨機指標 KD 線、點數圖分析法等。

技術分析專門研究市場行為，而基本分析則集中研究供給與需求的經濟力量中，能夠造成價格往上、往下移動或停留在原處的相關因素。一般通過分析研究足以影響證券價格的一切相關因素，基本分析的重點是對證券的「本質」進行分析，包括證券未來提供收益的能力等的分析，因而更注重證券的內在價值和未來的成長性。

技術分析重視量與價，以統計學作為基礎來進行實際操作，比較客觀。而基本分析重視消息、新聞，主要從主觀上對所掌握的各種材料加以判斷。基本分析一般會從政治、經濟、金融、公司經營狀況和企業管理等各種方向去收集資料，再加以綜合研判，不但分析整個經濟形勢、景氣變動、產業結構變化，更進一步研究個別企業的業績、獲利能力、管理能力、工作效率、財務結構變化、公司息利分配政策等，從而預測證券的價格。基本分析主要告訴你投資的方向，而技術分析主要告訴你買賣的時機。

從事技術分析時，有幾項操作原則可供遵循，它們是：證券價格的漲跌情況呈一種不規則的變化，但整個走勢卻有明顯的趨勢；一種趨勢開始後，即難以制止或轉變；除非有肯定的技術確認指標出現，否則仍應認為原來趨勢會持續發展；未來的趨勢可由圖線本身推論出來；任何特定方向的主要趨勢經常遭反方向力量阻擋而改變，但 1/3 或 2/3 幅度的波動對整個延伸趨勢的預測影響不會太大；證券價格橫向發展數天甚至數周後，可能有效地抵消反方向的力量；趨勢線的背離現象伴隨線

路的正式反轉而產生，但這並不具有必然性；依據道氏理論的推斷，證券價格趨勢產生關鍵性變化之前，必然有可以辨認的形態出現；在線路產生變化的關鍵時刻，個別證券的成交量必定含有特定意義；市場上的強勢證券有可能有持續的優良表現，而弱勢證券的疲態也可能持續一段時間；在個別證券的日線圖或周線圖中，可清楚地分辨出支撐區及阻力區。

對相同的資料，運用不同的技術分析指標進行分析卻顯出不同的結果，其原因主要就在於每個技術分析指標都有自己的特性，它們一般都不是普遍適用的，而只適用於某個範圍，或者說，它們只有在某個特定的範圍內才能取得最好的效果。為彌補技術分析指標的這個缺點，我們必須瞭解各種技術指標的特性，根據其特性進行運用。

對各種技術分析指標綜合研判，在各種指標的信號一致時才確定其走勢；盡量使用簡單的技術分析理論、畫線法和分析指標。越簡單的理論、畫線法和指標往往越實用；越熟悉的技術分析理論、畫線法和指標越能得心應手。因此，應盡量使用自己十分熟悉的理論、畫線法和指標；技術分析新理論、新畫線法和新指標會不斷出現，要不斷地學習。

技術分析就是利用過去和現在的成交價、成交量資料，以圖形分析、畫線、指標分析工具和盤面來解釋、預測未來的市場走勢。這裡，成交價、成交量就成為技術分析的要素。如果把時間、空間也考慮進去，技術分析其實就可簡單地歸結為對價格、成交量、時間、空間四者關係的分析。在某一時點上的價和量反應的是買賣雙方在這一時點上共同的市場行為，是雙方的暫時均衡點，隨著時間的變化，均勢會不斷發生變化，這就是價量關係的變化。

一般說來，買賣雙方對價格的認同程度通過成交量的大小得到確認，認同程度大，成交量大；認同程度小，成交量小。雙方的這種市場行為反應在價、量上往往呈現出這樣一種趨勢規律：價升量增，價跌量減。根據這一趨勢規律，當價格上升時，成交量不再增加，意味著價格得不到買方確認，價格的上升趨勢就將會改變；反之，當價格下跌時，成交量萎縮到一定程度就不再萎縮，意味著賣方不再認同價格繼續往下降了，價格下跌趨勢就將會改變。

關鍵術語

技術分析　　基本分析

復習思考題

1. 簡述技術分析及其歷史。
2. 技術分析的理論依據是什麼？
3. 技術分析的工具及方法有哪些？
4. 技術分析的功能是什麼？
5. 簡述技術分析與基本分析的區別。
6. 技術分析的基本操作原則有哪些？
7. 成交量與價格趨勢的關係是什麼？

第三章　K 線分析法

第一節　K 線的意義和功能

K 線，也叫陰陽線、日本線，其原型是日本江戶時代堂島米市中，由米商本間宗久發明的一種預測米價的技術分析方法，一直被廣大米商採用，後來被用到了股票及期貨市場上。由於其簡便、精確，在目前的分析手段中運用極為普遍。見圖 3.1。

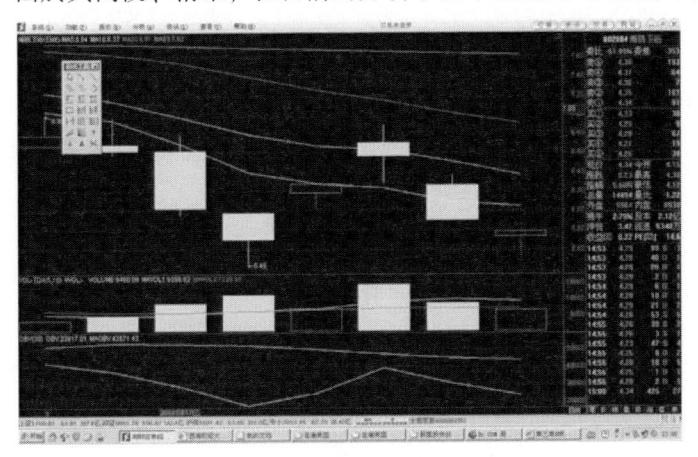

圖 3.1　證券市場中的 K 線

所謂 K 線，就是記錄每一日（周、月、季、年、十年）證券市場中的開盤價、收盤價、最高價及最低價，用實體或空白棒線表現出來的圖形。K 線記錄證券在一個交易單位時間內價格變動的情況，由於其形狀像蠟燭，因此，K 線圖又稱為蠟燭圖。K 線的結構如圖 3.2 所示。

製作 K 線圖，首先需要明確幾個概念：開盤價、收盤價、最高價、最低價。根據這些價位可以畫出 K 線，其中代表 K 線最高價和最低價的兩條線分別稱為上影線（陽線的上影線為最高價與收盤價的距離，陰線的上影線為最高價與開盤價的距離）和下影線（陽線的下影線為最低價與開盤價的距離，陰線的下影線為最低價與收盤價的距離），中間部分稱為實體。當某一 K 線的收盤價高於開盤價，實體部分用白色或紅色，實體的上端線表示收盤價，下端線表示開盤價，這種線稱為紅線或陽

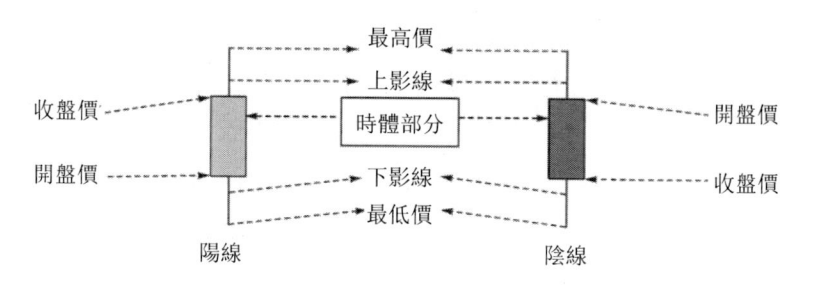

圖 3.2　K 線的結構

線。當某一 K 線的開盤價高於收盤價時，實體的上端線表示開盤價，下端線表示收盤價，實體用黑色或綠色表示，稱為黑線或陰線。

就單獨一日的 K 線來說，白線、紅線或陽線，表示低開高收，市勢向好；黑線、綠線或陰線則表示高開低收，市勢向跌。

上影線的最高點與下影線的最低點，分別表示了行情所達到的最高價與最低價。無論是實體部分的長度，還是上影線與下影線的長短，均對應相應的價位。

K 線可以使投資者非常明確地瞭解當時證券價格變化走勢，並且將多個 K 線連接之後可形成一個趨勢，進而可以預測未來的證券價格走勢。將 K 線與成交量配合研究，還可明確地瞭解證券價格壓力和支撐的位置，作為投資決策的參考。

在歐美，有類似 K 線圖的一種分析方法被稱為直線圖，其構造較 K 線圖更為簡單。直線圖的直線部分，表示了計算期內行情的最高價與最低價間的波動幅度。在這條直線的左右各有一條橫線，左側橫線表示開盤價，右側橫線則代表收盤價。在習慣上，常有省略左側開盤價的畫法，僅用最高價、最低價及收盤價加以表示。見圖 3.3。

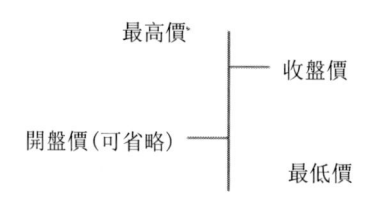

圖 3.3　直線圖

K 線圖所表達的含義較為細膩敏感，充分顯示了東方人細膩敏感的性格。與直線圖相比較，K 線圖似乎較容易掌握短期內的價格波動，也易於判斷多空雙方（買方與賣方）的強弱態勢。直線圖的繪製則更偏重於對趨勢面的研究，而且在圖形上的繪製非常簡便迅速。事實上，兩者之間並不存在很大差異，最重要的是投資者對

個別投資對象價格波動規律的認識。

K線圖相當注重開盤價的意義。大致說來，當日的開盤價開高或開低，是買賣雙方經過一天時間的充分考慮之後，對證券價格預期心理的反應。從前一天的收盤到當日的開盤，這當中隨著時間上的變化，周圍的環境事物或許也有某些方面的變化，如新的經濟政策、經濟條件變化、價格偏高或偏低等，這些均足以讓投資者重新考慮自己的買賣抉擇。也可以說，開盤價是在某一天開始交易時多空雙方的「楚河漢界」，雙方的「兵馬」在此擺開，準備「攻城略地」。

開盤價乍看起來似乎不太重要，然而開盤價在某些情況下卻可以為投資者提供兩個相當重要的信息：一是「跳空」，二是「當日反轉信號」。

跳空，意味著多空雙方有一方極力撤守最後的防線，即買方只願意接受非常低的價格來買進，或賣方只願意以非常高的價格賣出。在戰爭中，兩軍對陣，如果其中一方撤守，則常常意味著該方一連串失敗的開始；而另一方則可乘勝追擊，甚至可以長驅直入。因此，在大多數情況下，跳空高開時，多頭可以追高買進；跳空低開時，空頭可以一路殺低賣出。在1987年10月19日紐約證券交易所的「黑色星期一」，由於標準普爾500種工業期貨指數的跳空低開，多頭在不堪忍受損失的情況下，忍痛殺出，以至於形成多殺多的崩盤局面。不過如果在市場的交易規則中，有漲跌停板的限制時，跳空的意義與力量需打些折扣，尤其是漲跌停板的幅度太小時，便會扭曲多空氣氛。

開盤價可能提供的另外一種信息是市場逆轉，即所謂的當日反轉。當日反轉是指當日跳空高開後，多頭因後續力量不足，退回到開盤價以下，而空頭則因保留實力等候高價賣出後，再全力反擊，市場出現由漲轉跌的行情。或者相反，當日跳空低開後，空頭力量不足以支撐，結果價格回到開盤價以上，並出現由跌轉漲的市場行情。在K線圖形上，當日反轉常形成極長的上影線或下影線。

收盤價的意義則是每當新的一天交易開始後，市場上看漲的多頭不斷地買進，甚至不計較價格的高低而以市價來買進，此時形成買力大於賣力，一路將價格向上推動，以至於收盤時價格比開盤價高，或收在最高價。相反，若當日在市場上看跌的空頭不斷賣出，甚至不計較價格的高低，只求賣出，形成賣力大於買力，一路將價格殺低，以至於收盤時價格比開盤時低，或收於最低價。可以說，收盤價是在一天交易中多空雙方交戰的結果。研究線圖理論的投資者可以從收盤價上研判多頭與空頭的力量。

對許多從事技術分析的專業人員來說，可以利用最高價、最低價與收盤價三個價位之間的關係，作為計算與研判的基礎。而絕大多數利用數據作為計算基礎的技

術指標，也離不開這三個價位之間的相互關係。

K線圖除了日線圖之外，還有周 K 線圖、月 K 線圖、季 K 線圖、年 K 線圖和十年 K 線圖等。

第二節　K 線形態解說

K 線的形態多種多樣，不同的 K 線形態預示的市場含義是不同的，這裡我們首先對單 K 線、兩根 K 線和三根 K 線進行解說。

一、單 K 線解說

（1）長紅線或稱大陽線，表示強烈漲勢：

（2）長黑線或稱大陰線，表示大跌：

（3）多空交戰，先跌後漲，多頭勢強：

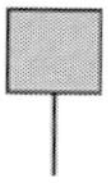

（4）多空交戰，空頭略占優勢，但跌後獲得支撐，證券市場可能反彈：

（5）多空交戰，多頭略勝一籌，但漲後遭遇壓力，證券市場可能下跌：

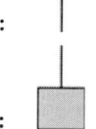

（6）多空交戰，先漲後跌，空頭勢強：

（7）反轉信號，如在大漲後出現，證券市場可能下跌；如在大跌後出現，則股市可能反彈：

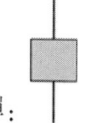

（8）反轉試探，如在大跌後出現，證券市場行情可能反彈，如在大漲後出現，則應保持冷靜，密切注意市場變化：

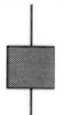

（9）大十字，表示多空激烈交戰，勢均力敵，收盤價等於開盤價，證券市場往往要有所變化：┼

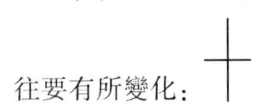

（10）小十字，表示窄幅盤旋：╋

（11）收盤價等於開盤價，但下影線略長，表示多頭較強：┼

（12）收盤價等於開盤價，但上影線略長，表示空頭較盛：┼

（13）T字形，表示買盤極強：┬

（14）反T字，表示賣盤極盛：┴

（15）「一」字形。此種形態常出現在證券價格漲停板或跌停板的時候，表示多方或空方絕對占優，被封至漲停或跌停的位置：──

以上介紹了15種K線所包含的對市場行為的反應，內容較多，記憶起來比較困難。下面指明幾點，以便在記憶和應用時簡化我們的工作。

如果上影線相對於實體來說非常小，則可以等同於沒有，也就是說，太短的上影線與禿頭沒有什麼區別；同樣，下影線如果相對於實體來說非常小，也可視為沒有，即太短的下影線與光腳沒有什麼區別。總而言之，上下影線小到一定程度，我們就可以視之為沒有。

指向一個方向的影線越長，越不利於證券價格今後向這個方向變動。陰線實體越長，越有利於下跌；陽線實體越長，越有利於上漲。實際分析中，從單獨一根K線對多空雙方優勢進行衡量，主要依靠實體的陰陽長度和上下影線的長度：上影線越長、下影線越短、陰線實體越長，越有利於空方占優，不利於多方占優；上影線越短、下影線越長、陽線實體越長，越有利於多方占優，而不利於空方占優；上影線長於下影線，利於空方；反之，下影線長於上影線，利於多方。當然，根據K線所處位置不同，上面的說法會有變化。

二、兩根K線的解說

兩根K線的組合情況非常多，要考慮兩根K線的陰陽、高低、上下影線長短，

一句話，兩根 K 線能夠組成的組合數是很多的。但是，K 線組合中，有些組合的含義是可以通過別的組合含義推測出來的。我們只需掌握幾種特定的組合形態，然後舉一反三，就可得知別的組合的含義。

無論是兩根 K 線還是今後的三根 K 線或多根 K 線，都是以兩根 K 線的相對位置的高低和陰陽來推測行情的。將前一天的 K 線畫出，然後，將這根 K 線按數字劃分成五個區域，如圖 3.5 所示，並可參考圖 3.2 的結構。

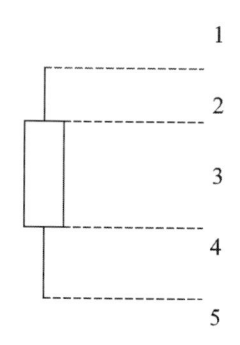

圖 3.5　K 線區域的劃分

第二天的 K 線是進行行情判斷的關鍵。簡單地說，第二天多空雙方爭鬥的區域越高，越有利於上漲；越低，越有利於下跌，也就是從區域 1 到區域 5 是多方力量減少、空方力量增加的過程。以下是幾種具有代表性的兩根 K 線的組合情況，由它們的含義可以得知別的兩根 K 線組合的含義。

（1）如下圖 3.6 所示。這是多空雙方的一方已經取得決定性勝利，牢牢地掌握了主動權，今後將以取勝的一方為主要運動方向。左圖是多方獲勝，右圖是空方獲勝。第二根 K 線實體越長，超出前一根 K 線越多，則取勝一方的優勢就越大。

圖 3.6　連續兩陰陽

(2) 如下圖 3.7。左圖一根陰線之後又一根跳空陰線，表明空方全面進攻已經開始。如果出現在高價附近，則下跌將開始，多方無力反抗。如果在長期下跌行情的尾端出現，則說明這是最後一跌，是逐步建倉的時候了。第二根陰線的下影線越長，則多方反攻的信號更強烈。

圖 3.7　連續跳空陰陽線

右圖正好與左圖相反。右圖一根陽線之後又一根跳空陽線，表明多方全面進攻已經開始。如果出現在低價附近，則一輪上漲可能開始。如果在長期上漲行情的尾端出現，則是最後一漲（缺口理論中把它叫做竭盡缺口）。第二根陽線的上影線越長，越是要跌了。

(3) 如下圖 3.8 所示。左圖一根陽線加上一根跳空的陰線，說明空方力量正在增強。若出現在高價位，說明空方有能力阻止證券價格繼續上升。若出現在上漲途中，說明空方的力量還是不夠，多方將進一步創新高。右圖與左圖完全相反。多空雙方中多方在低價位取得了一定優勢，改變了前一天的空方優勢的局面。今後的情況還要由是在下跌行情的途中，還是在低價位而定。

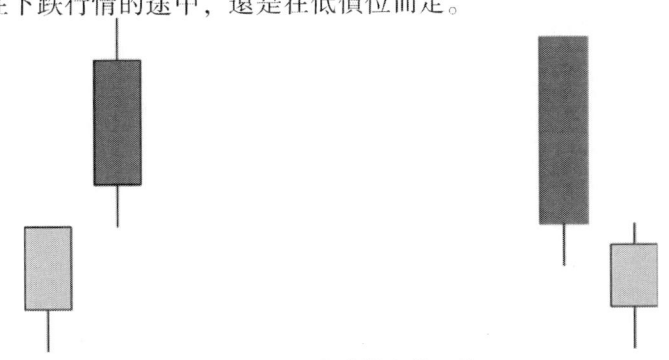

圖 3.8　跳空陰陽交替 K 線

（4）如下圖3.9所示。左圖連續兩根陽線，第二根的收盤不比第一根高，說明多方力量有限，空方出現暫時轉機，證券價格回頭向下的可能性大。右圖與左圖正好相反，是多方出現轉機，證券價格將向上調整的可能性大。如前所述，兩種情況中上下影線的長度直接反應了多空雙方力量的大小程度。

圖3.9　兩陽和兩陰

（5）如下圖3.10所示。左圖一根陽線被一根陰線吞沒，說明空方已經取得決定性勝利，多方將節節敗退，尋找新的抵抗區域。右圖與左圖正好相反，是多方掌握主動的局面，空方已經瓦解。陽線的下影線越長，多方優勢越明顯越大。

圖3.10　陰吃陽和陽吃陰

（6）如下圖3.11所示。左圖一根陰線吞沒一根陽線，空方顯示了力量和決心，但收效不大，多方沒有傷元氣，可以隨時發動進攻。右圖與左圖剛好相反，多方進攻了，但效果不大，空方還有相當實力。同樣，第二根K線的上下影線的長度也是很重要的。

图3.11 进攻失败

（7）如下图3.12所示。左图为一根阴线后的小阳线，说明多方抵抗了，但力量相当弱，很不起眼，空方将发起新一轮攻势。右图与左图正好相反，空方弱，多方将发起进攻，有可能创出新高。

图3.12 进攻失败

三、三根K线的解说

两根K线的各种组合较多，三根K线的各种组合就更多、更复杂了。但是，两者考虑问题的方式是相同的，都是由最后一根K线相对于前面K线的相对位置来判断多空双方的实力大小。由于三根K线组合比两根K线组合多了一根K线，获得的信息就多些，得到的结论相对于两根K线组合来讲要准确些，可信度更大些。这一点完全可以理解，多一根总比少一根好，因为考虑的东西更全面、更深远。

同两根K线的组合情况一样，我们只给出几种具有代表性的三根K线组合的情况，分析它们所表达意义和对多空双方力量大小的描述，并进而推测大势次日的走向。这几种情况之外的三根K线组合情况，可根据具体情况，从这几种代表组合中选一个相近的进行预测。

（1）如下图3.13所示。左图一根阳线比两根阴线长，多方充分刺激价格上涨，

多方已經失敗。結合兩根 K 線組合中的第五種代表進行分析，會發現二者有相通的地方。右圖與左圖正好相反，是空方一舉改變局面的形勢，空方因此而勢頭大減，同樣與兩根 K 線組合中的第五種圖有相似之處。

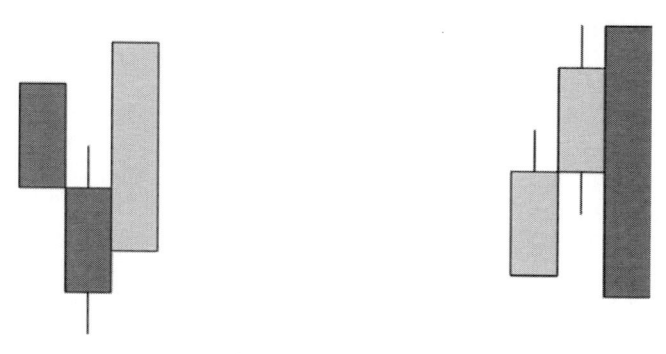

圖 3.13 反擊成功

（2）如下圖 3.14 所示。左圖為連續兩根陰線之後出現一根短陽線，比第二根陰線低。說明買方力量不大，這一次的反擊已經失敗，下一步是賣方發動新一輪攻勢再創新低的勢頭。比較一下兩根 K 線中的第七種圖，會發現一些相通的東西。右圖與左圖剛好相反，賣方力量不足，買方仍居主動地位。

圖 3.14 反擊失敗

（3）如下圖 3.15 所示。左圖為一長陰、兩小陽，兩陽比一陰短。表明多方雖頑強抵抗第一根 K 線的下跌形勢，但收效甚微，下面即將來臨的是空方的再次進攻。右圖與左圖相反，多方占據主動，空方力量已消耗過多，多方將等空方力盡再次展開反擊。

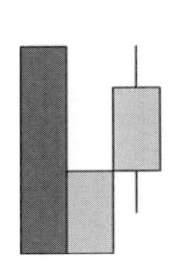

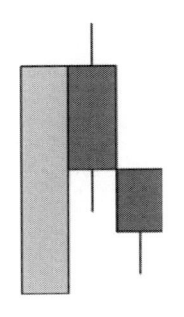

圖 3.15　反擊兩天失敗

（4）如下圖 3.16 所示。左圖一根陰線沒有一根陽線長，空方力度不夠，多方第三天再度進攻，但未能突破高檔壓力，後勢將是以空方進攻為主，空方這次力度的大小將決定大方向。右圖與左圖正好相反，多空雙方反覆拉鋸之後，現在輪到多方向上抬，結果將如何，要看向上的力度。

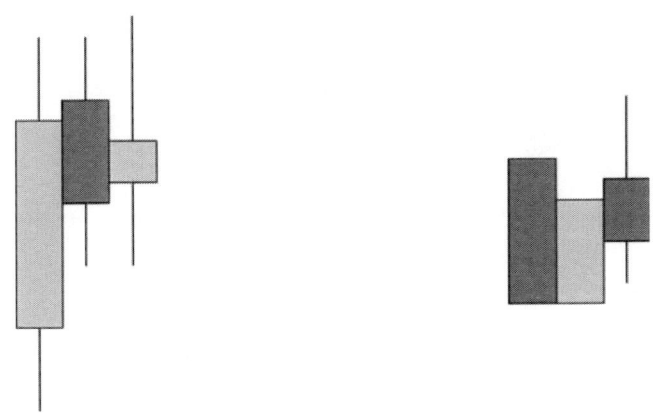

圖 3.16　**反擊一天失敗後再獲優勢**

（5）如下圖 3.17 所示。左圖一根陰線比前一根長，說明空方力量已占優勢，後一根陽線未超過前一根陰線，說明多方力量已經到頭了。後勢將以空方為主角，主宰局面。右圖與左圖正好相反，是多方的市場，因為第三根陰線在第二根陽線的較高位置爭奪，多方將唱主角。

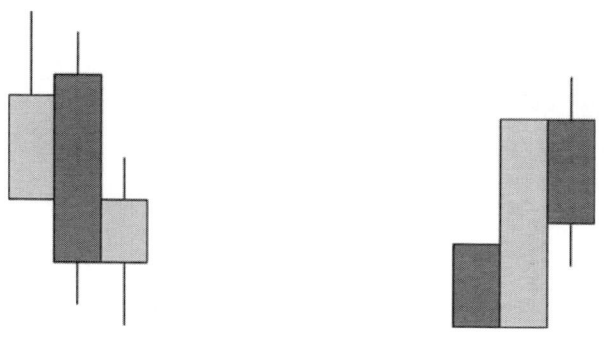

圖3.17　兩陽（陰）夾一陰（陽）

(6) 如下圖 3.18 所示。左圖兩陰夾一陽，第二根陰線比陽線低，這裡空方占優勢，在下落途中多方只作了小的抵抗，暫時收復了一些失地，但在第三天空方的強大打擊下，潰不成軍，空方已占優勢。右圖與左圖相反，是多方的優勢。

圖3.18　兩陽（陰）夾一陰（陽）

四、四根 K 線的組合

(1) 兩陰吃掉第一天的一根陽線，空方的力量已經顯示出很強大。多方連續兩天失利，並不能肯定就完全無望，此時應結合這三根 K 線前一天的 K 線情況加以細分。大約可以分成三種情況：

(1) 如下圖 3.19（a）。兩陰比兩陽短，說明多方優勢還在，還握有主動權。

(2) 如下圖 3.19（b）。兩陰比兩陽長，說明空方優勢已確立，下一步是空方主動。

(3) 如下圖 3.19（c）。四根 K 線中有三根陰線，說明空方進攻態勢很明確。另外，第四根 K 線只稍微向上拉了一下就向下直瀉，表明我們原先期待的多方優勢其實是非常的弱小，根本經不起空方的衝擊。

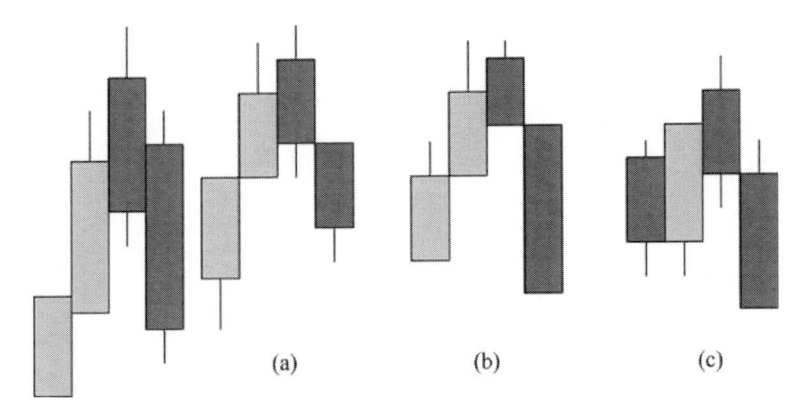

圖 3.19　兩陰吃一陽

（2）這是同上圖剛好相反的圖，它的結果也完全同該代表圖形相似，只是多方和空方的地位正好調換了一下。簡單地敘述如下：

（1）如下圖 3.20（a），空方優勢仍然在手。

（2）如下圖 3.20（b），空方優勢已經不在了。

（3）如下圖 3.20（c），多方優勢明顯。

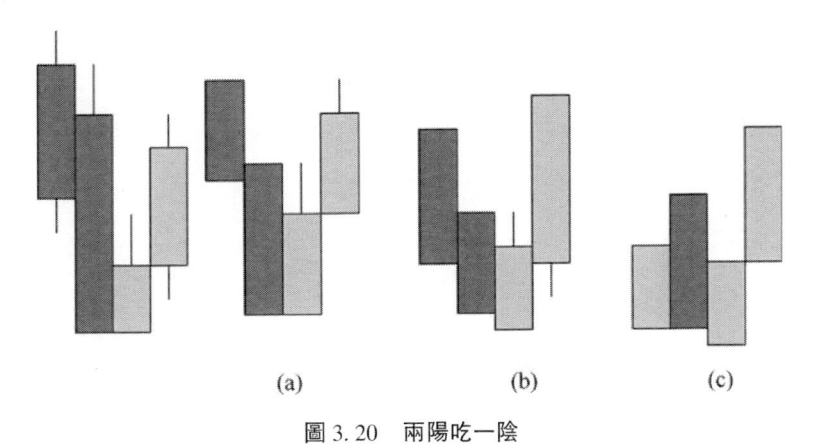

圖 3.20　兩陽吃一陰

第三節　星的基本形態

在 K 線形態中，星形的 K 線佔有非常重要的位置。由於它們經常出現在證券價格走勢的轉折位置，因此，對研判走勢有非常重要的意義。星的形態包括：十字

星、早晨之星、黃昏之星、射擊之星等。

一、十字星

十字星是開盤價和收盤價相同，帶有上影線和下影線的 K 線。常見的有底部十字星、頂部十字星。

1. 底部十字星

證券價格在連續下跌一段時間後，或經過了數浪下跌，已產生了較大的跌幅，此時賣方做空的力量已經不足，下跌動力已顯不足，而買方因連續下跌的陰影影響，買入謹慎，但因超跌又有少量的買盤。此時，多、空力量在一個極小的範圍內達到了某種平衡，這便會出現開盤價和收盤價相同，並帶有一定上下影線的十字星。

當低位出現十字星時，投資者可得到如下信息：①因證券價格連續下跌，賣方力量已不足，投資者惜售情緒明顯；②買方力量還處於觀望階段，但因價位較低，已有抄底盤少量介入；③買、賣雙方力量達到暫時的平衡；④一旦多方力量增加，將可能出現變盤的情況。詳見下圖3.21。

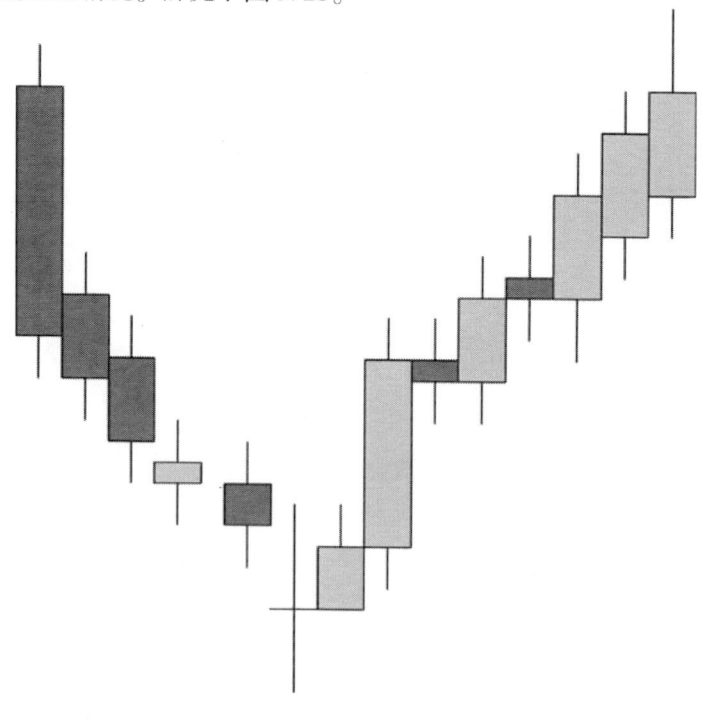

圖 3.21　底部十字星

2. 頂部十字星

證券價格連續上漲了一段時間，或經過數浪上漲已產生了較大漲幅，此時買方做多的力量已經不足，後續買盤跟不上。賣方在證券價格連續上漲的情況下還希望賣個更高價格，因此並不急於大幅拋售證券，致使多空雙方在一個不大的範圍內達到了暫時的平衡。一旦空方發現證券價格不能繼續上漲，將會加大拋壓力度，所以在此出現的十字星將可能是一個頂部十字星。

當在一個較高的位置出現十字星形態時，投資者可以得到如下信息：①因證券價格連續上漲，買方力量已不足；②賣方因還想賣出更高價，賣壓力量並不很大，但已有逢高出貨盤；③不大的買量和不大的賣量使多空雙方在高位暫時處於平衡；④因證券價格處於高位，一旦空方力量增強，將可能出現向下變盤。見圖3.22。

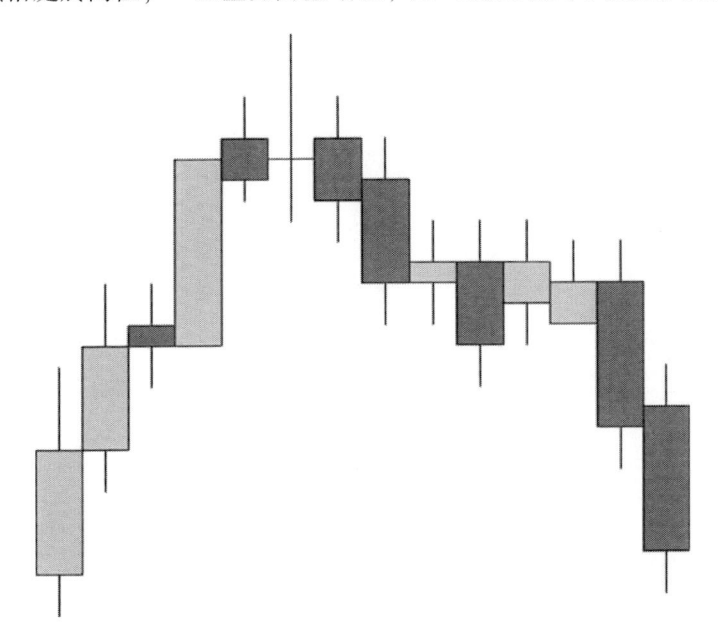

圖 3.22　頂部十字星

二、早晨之星

早晨之星是典型的底部形態，通常出現在證券價格連續大幅下跌和數浪下跌的中期底部或大底部。

早晨之星由三根K線組成。第一根K線是一根長陰線；第二根是一個小小的實

體，可帶上下影線；第三根是一根陽線，它明顯地向上推到第一天陰線的實體之內。早晨之星的含義是黑暗已經過去，曙光即將來臨，多空力量對比已開始發生轉變，一輪上升行情將要開始。見圖 3.23。

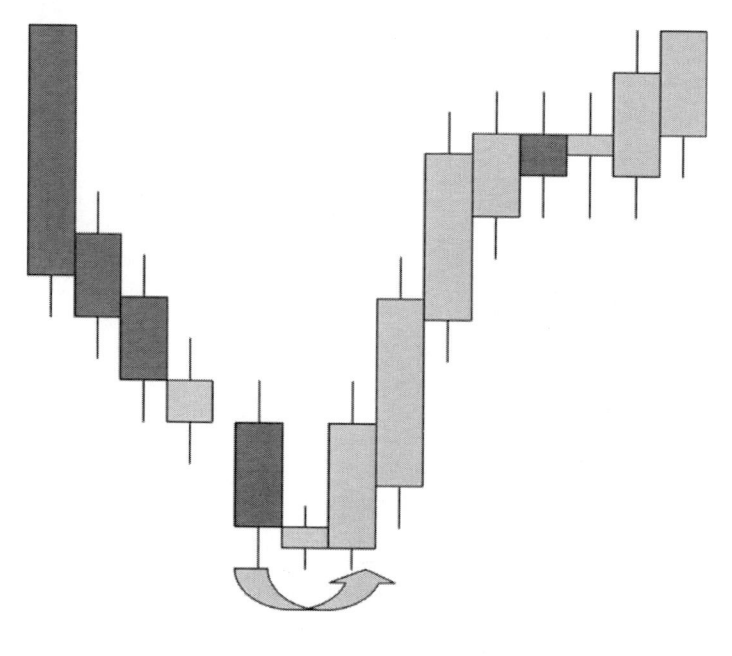

圖 3.23　早晨之星

三、黃昏之星

黃昏之星和早晨之星恰好相反，它通常出現在證券價格連續大幅上漲和數浪上漲的中期頂部和大頂部。它的出現預示著夜幕即將降臨，一輪上漲行情已經結束。黃昏之星是反轉形態，有很強的殺傷力。

黃昏之星也是由三根 K 線組成：第一根 K 線是一根長陽線；第二根 K 線是一個可帶上下影線的小實體（陰、陽均可）；第三根 K 線是一根陰線，它的實體插入到第一天的長陽線的內部。當黃昏之星出現時，投資者應盡早離場。見圖 3.24。

圖 3.24　黃昏之星

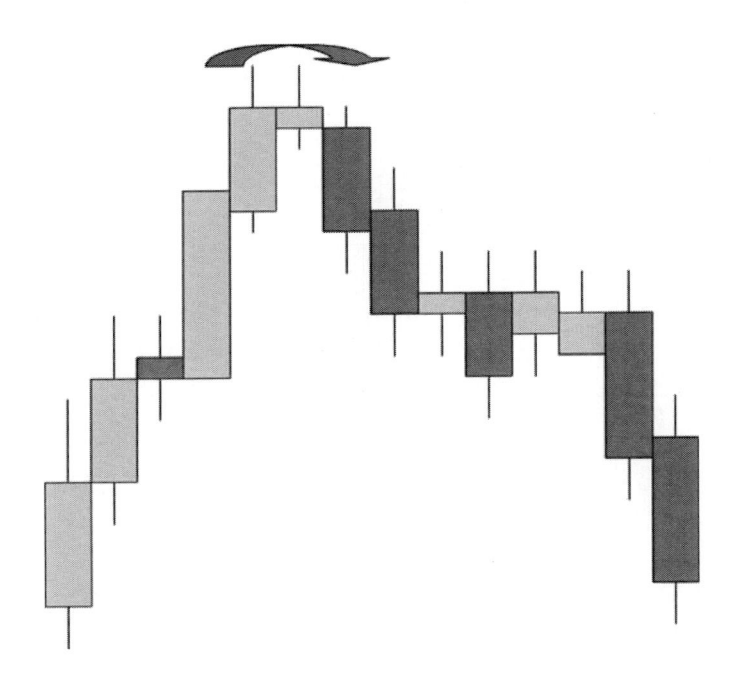

四、射擊之星

　　射擊之星又被稱為「倒轉錘頭」，是一個小實體，上面帶有一根上影線。之所以叫做射擊之星，是因為它的形狀像槍的準星。有人解釋為是古人拉弓射箭的形狀。射擊之星常出現在連續上漲或連續下跌後，它的出現常預示著轉折點將出現。在高位出現時大市下跌的概率很大。見圖 3.25。

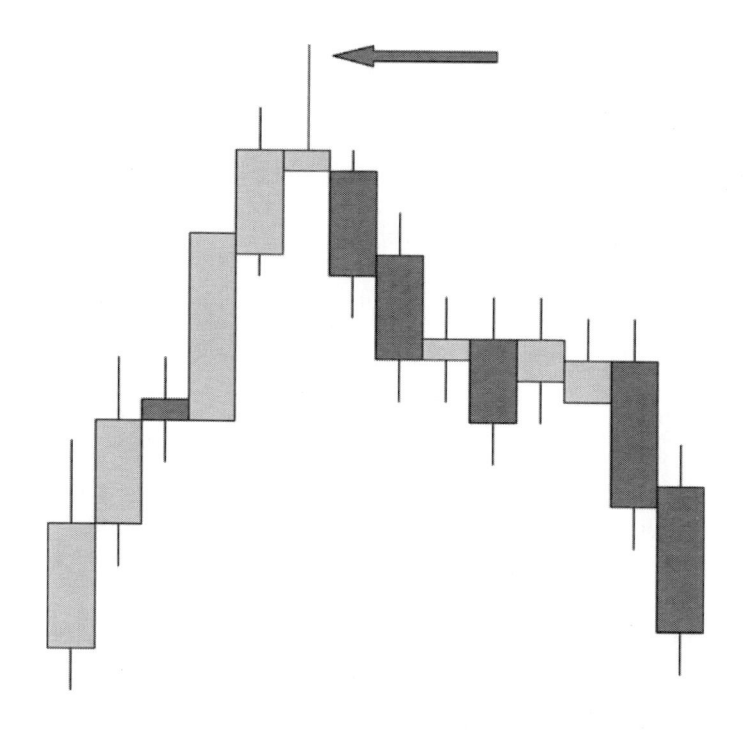

圖 3.25　射擊之星

第四節　證券市場中常見的典型 K 線形態

證券市場中經常會出現一些典型的 K 線形態，它們出現在不同的價位時往往寓意不同，這對我們研判市場極其有用。因此我們預先學習一些的典型 K 線形態，對我們正確分析市場是一個極好的幫助。

一、穿頭破腳

穿頭破腳指證券價格經過了較長時間的上升，當日 K 線高開低走，收一根長陰線，這根長陰線將前一日或兩日陽線全部覆蓋掉，因此，這根長陰線被稱為「穿頭破腳」。穿頭破腳包含的信息是市場主力已將證券價格推至極高處，並借買方市場情緒高昂拉高出貨。高開製造假象，吸引跟風盤，隨後大肆出貨，將所有跟風盤全部套牢。此種 K 線形態屬於殺傷力極強的頂部反轉形態，隨後的下跌空間極大，遇此形態投資者應殺跌。見圖 3.26。

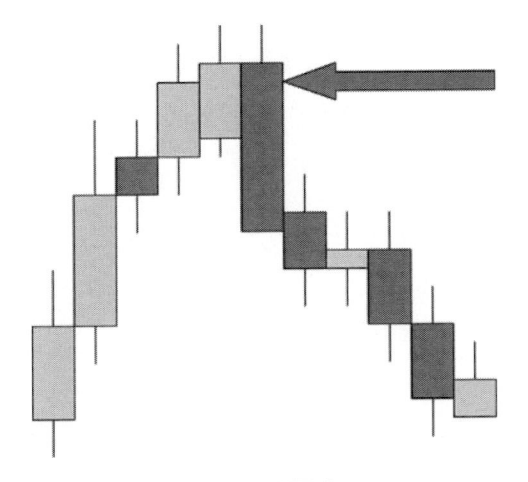

圖 3.26 穿頭破腳

二、烏雲蓋頂

烏雲蓋頂 K 線形態也屬於拉高出貨的一種頂部反轉形態，在高位出現烏雲蓋頂表示上升結束，跌勢開始，應堅決離場。烏雲蓋頂的發生時間和情況與穿頭破腳相似，只是在圖形上烏雲蓋頂像黑雲壓城似的收出一根大陰線，但此根陰線的收盤切入到前一根陽線的 2/3 處。烏雲蓋頂的殺傷力僅次於穿頭破腳，屬於殺傷力極強的頂部反轉形態，遇此形態應堅決出貨。見圖 3.27。

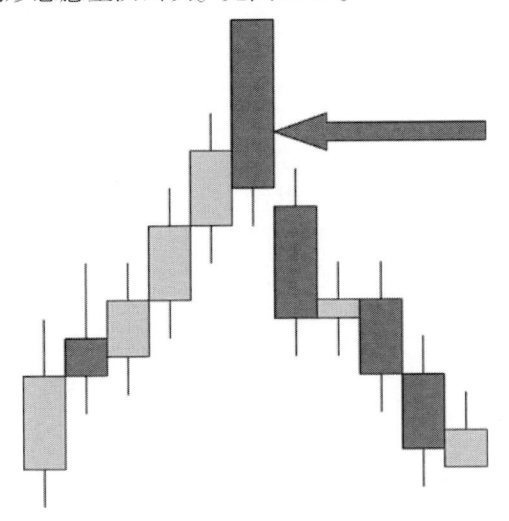

圖 3.27 烏雲蓋頂

三、吊頸

　　吊頸是在高位出現的小陰實體，並帶有長長的下影線的K線形態，形狀就像一具上吊的屍體。在高位出現吊頸，常表示主力已開高出貨，盤中出現長陰，但因為持倉量大，不能一次出清，為了製造騙線，主力在尾市將證券價格猛地拉起，形成長長的下影線，使投資者認為下檔有強支撐而紛紛跟進。吊頸既有巨大的殺傷性，又有欺騙性，投資者應學會識別，以免成為入套冤鬼。見圖3.28。

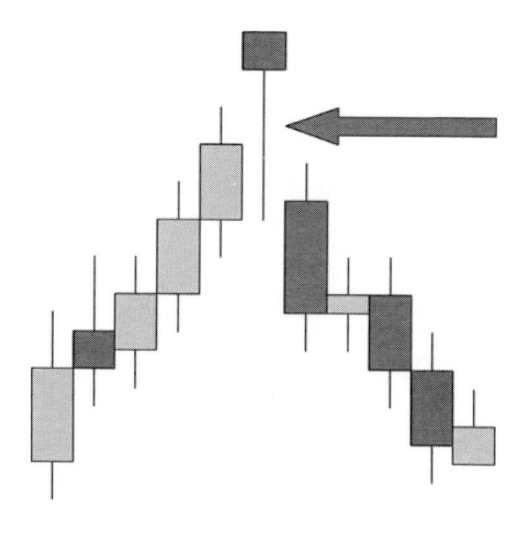

圖3.28　吊頸

四、雙飛烏鴉

　　雙飛烏鴉是在證券價格連續大幅上升後，在高位出現兩個並排的小陰實體，像樹枝上落了兩只令人倒霉的烏鴉在呱呱亂叫，預示著證券價格已到了將大幅下跌的時刻。圖3.29。

图 3.29 雙飛烏鴉

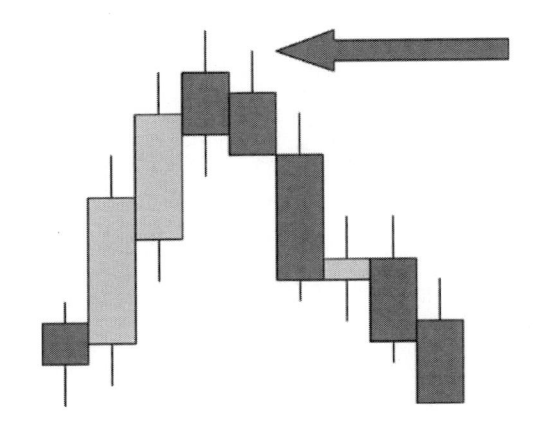

五、錘頭

錘頭是一個小實體下面帶有一定長度下影線的 K 線形態，形狀就像錘子帶有錘把兒的樣子。在長期的下跌趨勢中，錘頭的出現預示著下跌趨勢即將結束，表達了市場正在用錘子來夯實底部，是較可靠的底部形態。見圖 3.30。

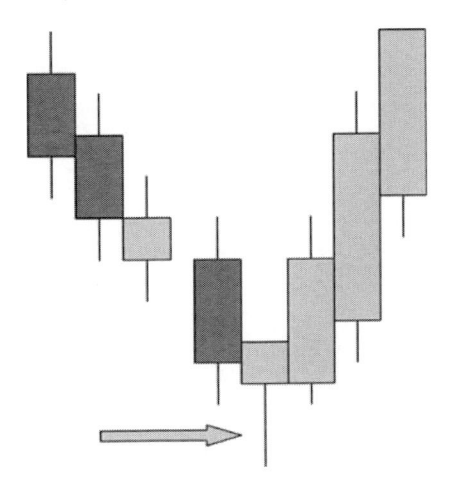

圖 3.30 錘頭

六、雙針探底

雙針探底 K 線形態在 K 線組合中出現的頻率並不多，但一旦出現，可靠性較強。所謂雙針，是指兩根有一定間隔的 K 線，都帶有較長的下影線，下影線的位置非常接近。在證券價格出現連續下跌走勢後出現此種形態，表示證券價格已經過兩次探底，下檔有較強的支撐，因此這個底部形態比較可靠。雙針探底也可以由一個底部十字星和一個錘頭組成。見圖 3.31。

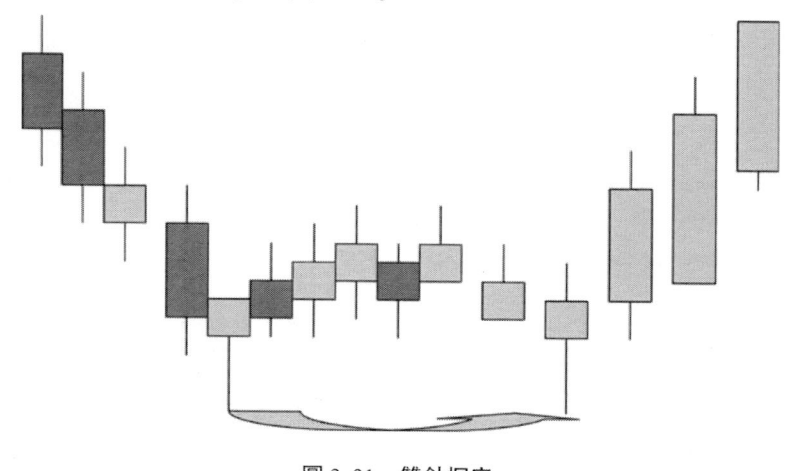

圖 3.31　雙針探底

七、上升中繼十字星

證券價格在上漲過程中，由於莊家要震倉洗盤，便常採用打壓價格、上下震盪的做法，但莊家其實是假出貨、真進貨，盤中顯示的是陰線，使投資者不看好後市，但尾市要把出去的籌碼收回來，這便形成了上漲途中的中繼十字星。上升中繼星是繼續形態，要和頂部轉折點形態相區別。頂部十字星第二天應收陰線，而上升中繼星第二天收陽線。見圖 3.32。

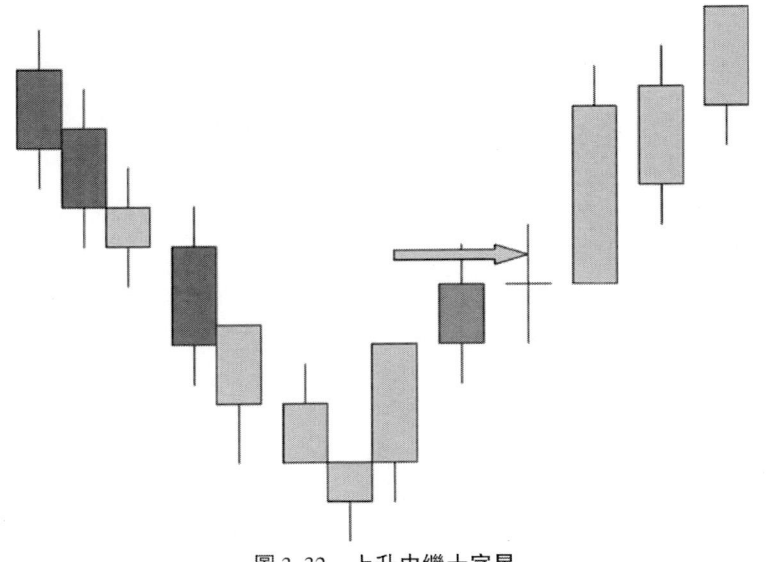

图 3.32　上升中繼十字星

八、下跌中繼十字星

　　證券價格在下跌過程中，由於短期跌幅過大，莊家為了欺騙一些短線客入場，以便於順利出貨，因此在盤中有時將 K 線拉成陽線，使一些投資者誤認為反彈即將開始而介入搶反彈，此時莊家借機悄悄出貨，這在 K 線上顯示出先是陽線，後因尾市下跌，形成十字星。但這種十字星只反應出是一種下跌抵抗十字星，隨後證券價格還會繼續下跌。投資者應把它和底部十字星相區分：底部十字星第二天應收陽線，而下跌中繼星第二天是以陰線報收。見圖 3.33。

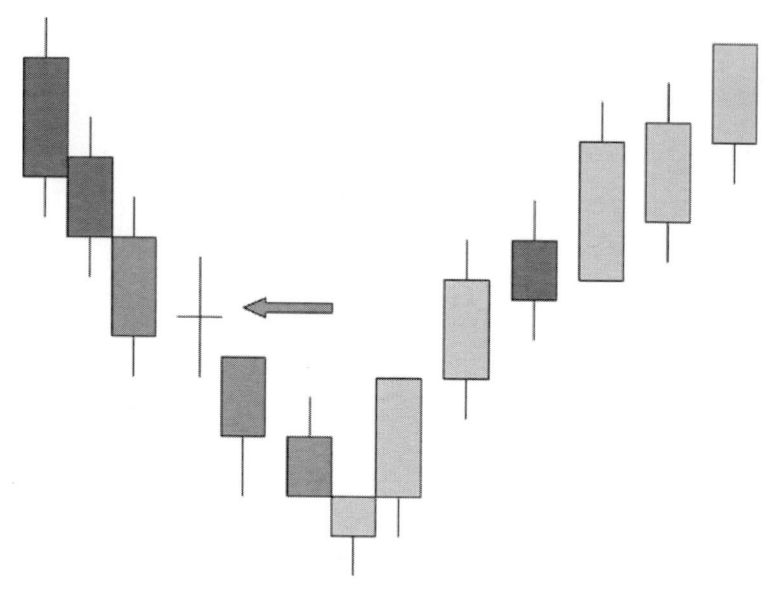

圖 3.33　下跌中繼十字星

第五節　應用 K 線組合應注意的問題

　　K 線在表現市場行為上有很強的視覺效果，它直觀、細膩，是最能表現市場行為的圖表。但是，我們也要注意，教材所列舉的組合形態只是根據經驗總結了一些典型的形態，這些形態是各種利益主體參與博弈而留下的信息，需要我們去粗取精，去偽存真。無論是一根 K 線，還是兩根、三根 K 線以至多根 K 線，都是對多空雙方的爭奪做出的一個描述，由它們的組合得到的結論都是相對的，而不是絕對的。對具體進行證券買賣的投資者而言，結論只是起一種建議作用，並不是命令，也不是說今後要漲（跌）就一定漲（跌），而是指今後要漲（跌）的概率比較大。

　　在應用時，有時候會發現運用不同種類的組合得到了不同的結論。有時應用一種組合得到明天會下跌的結論，但是實際沒有下跌，而是與事實相反的結果。這個時候的一個重要原則是結合盤面盡量使用根數多的 K 線組合的結論，將新的 K 線加進來重新進行分析判斷。一般說來，多根 K 線組合得到的結果不大容易與事實相反。

　　在基本研判技巧方面我們應該注意以下幾點：

對於 K 線的陽線、陰線，要觀察具體出現在行情的頭部，還是底部或中段，再觀察開盤價是在平均線之上或之下。一般情況下，在上屬強勢，在下屬弱勢。

K 線圖要結合心理因素一起研判：

（1）長紅會更紅。強有力的大陽線暗示上升，可積極買入；反之，長黑會更黑，應積極賣出。

（2）底價上升，周線連續四條以上的陽線，證券價格大漲的可能性極大，可積極買入。

（3）周線、月線、季線、半年線和年線可提供重要原始趨勢，不可忽視。

（4）K 線可單獨一根研究，也可二根、三根、多根研究，並結合盤面、畫線、畫圖、形態分析、波浪理論、趨勢線和技術指標等進行研究。在多方面研究的基礎上，再進行綜合判斷，其結論的可靠性更強些。

K 線最好能與移動平均線及其他技術指標配合操作。在這三者配合形成的綜合圖表中，K 線和移動平均線會指示你何時買進，其他技術指標則為你提供最低拋售點。

內容提要

所謂 K 線，就是記錄每一日（周、月、季、年、十年）證券市場中的開盤價、收盤價、最高價及最低價，用實體或空白棒線表現出來的圖形。當某一 K 線的收盤價高於開盤價時，實體部分用白色或紅色，實體的上端線表示收盤價，下端線表示開盤價，這種線稱為紅線或陽線。當某一 K 線的開盤價高於收盤價時，實體的上端線表示開盤價，下端線表示收盤價，實體用黑色或綠色表示，稱為黑線或陰線。

收盤價的意義則是每當新的一天交易開始後，市場上看漲的多頭不斷地買進，甚至不計較價格的高低而以市價來買進，此時形成買力大於賣力，一路將價格向上推動，以至於收盤時價格比開盤價高，或收在最高價。相反，若當日在市場上看跌的空頭不斷賣出，甚至不計較價格的高低，只求賣出，形成賣力大於買力，一路將價格殺低，以至於收盤時價格比開盤時低，或收於最低價。可以說，收盤價是在一天交易中多空雙方交戰的結果。喜歡進行技術分析的投資者可以從收盤價上研判多頭與空頭的力量對比。

跳空，意味著多空雙方有一方極力撤守最後防線，即買方只願意接受非常低的價格來買進，或賣方只願意以非常高的價格賣出。在大多數情況下，跳空高開時，

多頭可以追高買進；跳空低開時，空頭可以一路殺低賣出。

　　開盤價可能提供的另外一種信息是市場逆轉，即所謂的當日反轉。當日反轉是指當日跳空高開盤後，多頭因後續力量不足，退回到開盤價以下，而空頭則因保留實力等候高價賣出後，再全力反擊，市場出現由漲轉跌的行情。或者相反，當日跳空低開後，空頭力量不足以支撐，結果價格回到開盤價以上，並出現由跌轉漲的市場行情。在K線圖形上，當日反轉常形成極長的上影線或下影線。

　　如果上影線相對於實體來說非常小，則可以等同於沒有，也就是說，太短的上影線與禿頭沒有什麼區別；同樣，下影線如果相對於實體來說非常小，也可視為沒有，即太短的下影線與光腳沒有什麼區別。總而言之，上下影線小到一定程度，我們就可以視之為沒有。指向一個方向的影線越長，越不利於證券價格今後向這個方向變動。陰線實體越長，越有利於下跌；陽線實體越長，越有利於上漲。

　　十字星是開盤價和收盤價相同，帶有上影線和下影線的K線。常見的有底部十字星、頂部十字星。

　　K線最好能與其他分析方法配合使用；K線要結合心理因素進行研判。根據某日K線圖，可以判斷該日證券市場的行情，其判斷方法主要是根據陰線與陽線之分、實體的長短、實體和上下影線的關係等。

關鍵術語

K線　　直線圖　　十字星　　底部十字星　　頂部十字星　　早晨之星
黃昏之星　　射擊之星　　穿頭破腳　　烏雲蓋頂　　吊頸　　雙飛烏鴉
錘頭　　雙針探底　　上升中繼十字星　　下跌中繼十字星

復習思考題

1. K線的各種形態預示的市場含義是什麼？
2. 平時結合實際，留心一下證券市場中常見的典型K線形態。
3. 應用K線組合時有哪些應注意的問題？

第四章　證券投資技術分析理論

在證券投資技術分析中，離不開理論的指導。我們翻開證券投資的歷史可以看出，指導證券投資的理論數不勝數，各種理論從不同的方面為我們提供了理解市場的思路。本章主要介紹道氏理論、切線理論等重要技術分析理論。道氏理論是技術分析的基礎，切線理論經常被證券分析人士用來分析證券市場。

第一節　道氏理論與切線分析

道氏理論是經典的技術分析理論，而切線分析是當今許多技術分析人士經常用來對大勢和個別證券進行技術分析以判斷行情的實用技術。因此，道氏理論與切線分析是每一個進行技術分析的投資者必須掌握和學會的理論和技術。

一、道氏理論

（一）道氏理論的形成過程

道氏理論是技術分析的基礎。該理論的創始人是美國人查爾斯‧亨利‧道（Charles H. Dow）。為了反應市場總體趨勢，他與愛德華‧瓊斯創立了著名的道‧瓊斯平均指數。他們在《華爾街日報》上發表的有關證券市場的文章，經後人整理，成為我們今天看到的道氏理論。

（二）道氏理論的基本原則

道氏理論包含一系列的基本原則。它們是：

（1）市場價格指數可以解釋和反應市場的大部分行為。這是道氏理論對證券市場的重大貢獻。目前，世界上所有的證券交易所都採用一個本市場的價格指數，各種指數的計算方法大同小異，都是源於道氏理論。

（2）市場波動有三種趨勢。道氏理論認為儘管價格的波動表現形式不同，但是我們最終可以將它們分為三種趨勢，即主要趨勢（Primary Trend）、次要趨勢（Secondary Trend）和短暫趨勢（Near Term Trend）。三種趨勢的劃分為其後出現的波浪理論打下了基礎。道氏理論定義的趨勢：如果是一個上升趨勢，必須要有一波比一

波升高的尖峰和谷底形態；如果是一個下降趨勢則正好相反，必須要有一波比一波下降的尖峰和谷底。

道氏理論將這個趨勢分成三個不同種類：主要運動、次級運動、微小運動，認為主要運動通常是指可以持續超過 1 年，甚至持續幾年的運動，漢密爾頓認為一個多頭市場平均經歷 25 個月、空頭市場從開始到結束平均經歷 17 個月才結束。所以，基本趨勢能使投資者有足夠的時間和機會獲得利潤。查爾斯‧亨利‧道將趨勢的三種不同種類分別比作海水的潮流、波浪和波紋。主要運動頗似潮流，而次級運動或稱中間運動頗似潮流上的波浪，微小運動則是波浪上面的波紋。潮流的方向可由波浪的運動確定。如果連續不斷的波浪往內陸一直移動，每一個波浪比其前次波浪更往內陸移動，即成漲潮；反之，當波浪開始倒退時，潮流便反向移動，稱為退潮。

次級運動或中間移動大都為平坦形，通常持續 3 個星期到 3 個月時間。也就是說，在長期上升趨勢或下降趨勢中的回升段，約為前次基本趨勢的 3/8。現在的學者認為，正常的技術調整，大約等於過去趨勢的 1/3、1/2 或 2/3。次級運動如在強勢市場，其回擋幅度約等於主要運動的 1/3，如在弱勢市場則為 2/3。其成交量的變化，在上升趨勢的下跌回擋中應漸減，而在下跌趨勢的上升反彈應漸增。這些常常出現的次級運動，成為投資者追求的短線差價。見圖 4.1 所示。

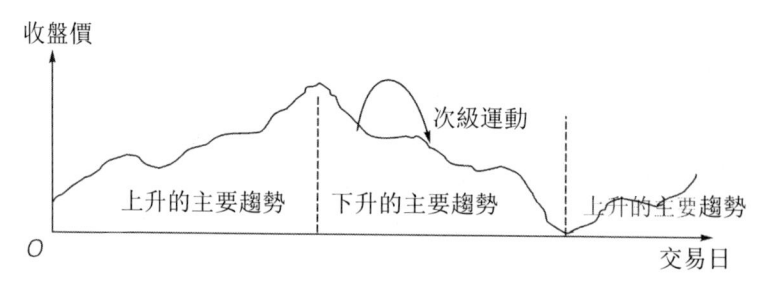

圖 4.1　主要趨勢與次級運動

微小運動或微小移動趨勢是指證券價格的日常波動，其延續快則數小時，慢則數日，最多不超過 6 天，在整個趨勢上較無重要性。

（3）主要趨勢有三個階段。長期趨勢的上升通常包括三個階段。第一個階段稱為「累積階段」，在這個階段，大眾投資者對企業業績雖然看好，但對證券市場仍存有戒心，僅僅選擇投資報酬率較高的證券酌量買進，證券價格徐徐上升，交易量雖然不大，但已在慢慢增加中。第二階段是公司業績已顯著好轉，證券價格已紛紛

上升,交易量也隨著增加,投資公眾信心隨著增強。第三個階段是證券市場呈現一片沸騰狀況,證券價格急速上升,成交量大增,報紙、雜誌都出現好消息,公司財務報告也非常樂觀;不久,證券價格接近高峰,冷門雜券上升,一流績優證券反而停滯不前,這是多頭市場結束的預兆。

同樣,長期趨勢的下降通常也包括三個階段。第一階段,敏感的投資者見上述證券市場呈現反常現象,同時,感覺到企業收益已達高峰,就紛紛賣出持有的證券,遂使證券價格下跌;而一般投資公眾以為回擋是買進機會,再加碼買進,證券價格呈現反彈,交易雖然活躍,但交易量反而減少,同時其所獲利潤大大減少。第二階段,買氣減弱,賣方增強,證券價格急速下跌,交易量大減,大眾對證券信心動搖,形成一片拋售景象。第三階段,恐慌下跌之後,公司業績惡化,報紙、雜誌都是壞消息,公司財務報告很悲觀,一流證券有人支撐,職業交易人進場補進;證券價格下跌減緩,這是空頭市場結束的先兆。

(4) 平均值必須互相確認。這裡主要是指工業平均數和鐵路平均數的互相確認。道氏理論認為,除非多頭市場和空頭市場的平均值有相同的信號,否則證券市場上所發生的多頭或空頭信號就不能確定;當兩個平均值均超過前一個次級高峰時,才開始另一個多頭市場。如果僅是一個平均值超過前次高峰的信號,就沒有所謂多頭市場。當出現這種情況時,先前的趨勢仍然存在。兩種平均數不能夠預測主要運動與次要運動延續的期限有多長,不過這些平均數的活動,能夠表示出什麼時候已經開始一種新的運動。

新的主要運動或者次要運動的互證作用,以兩種現象表示出來。第一是兩種平均數經過一段長時間扯牛皮狀態的波動,然後同時發生突然的下降現象,而發生互證作用。第二是兩種平均數同時表現新的最高點或同時表現新的最低點,發生互證作用。

市場活動可以完全根據平均數的活動來預測,不需考慮到交易的數量及其他統計資料,也不需依賴圖表分析。也就是說,道氏理論認為,平均數修正(折扣)每一件事。這個理論說明每一個可能影響證券供應和需求的因素,必定會在市場平均數中得到反應,哪怕這些因素是地震以及其他各種自然災害。這個平均數除了能如道‧瓊斯指數那樣作為市場參考之外,也可以在個別市場中加以應用。

(5) 成交量必須確認其趨勢。趨勢的反轉點是確定投資的關鍵。交易量提供的信息有助於我們解釋一些令人困惑的市場行為。道氏理論認為,成交量和證券價格具有相當的關係。簡單地說,成交量應該是沿著主要趨勢的方向擴展。假如主要的趨勢上升,成交量應該是擴大;相反,證券價格下跌,成交量亦隨之下落。在下降

趨勢中，證券價格止跌應該縮減成交量。然而，成交量只是一個次級運動的指標。

（6）收盤價是最重要的價格。道氏理論認為所有價格中，收盤價最重要，甚至認為只需用收盤價，不用別的價格。

（7）趨勢將一直持續到明確的反轉信號出現為止。只要鐵路平均數與工業平均數能夠彼此發生互證作用，主要趨勢就將繼續發展。現在討論這一問題時，形成明確的趨勢需要探討很多基本問題。此外，尋找反轉信號並不是很容易的事。一個趨勢的轉變需要數個有效的技術工具，如支撐和阻力的研究、證券價格形態、趨勢線以及移動平均值。

道氏理論的主要目的，是預測證券的主要趨勢，但也可以用來預測次級運動。不過預測次級運動是不重要的。

記錄顯示，一個投資者根據道氏理論在出現每一個原始的多頭市場信號時買進某些行業的代表性證券，在過去都非常成功。

（三）道氏理論的缺陷

事實上，投資者很少100%地照著道氏理論提供的長期趨勢信號操作。這是因為這一理論有下述缺陷：

（1）道氏理論的一個不足是它的可操作性較差。一方面，道氏理論的結論落後於價格變化，信號太遲；另一方面，理論本身存在不足，使得一個很優秀的道氏理論分析師在進行行情判斷時，也會因得到一些不明確的信號而產生困惑。另外，道氏理論對於兩種平均數互相確證的時間、何時產生新高峰或新低潮，並不能提供準確的答案。

（2）道氏理論太注重長期趨勢，對加速投資次數的投資者而言幫助不大。實際上，投資者必須具有相當的勇氣和耐心去等待數個月的蕭條。

（3）道氏理論僅依賴兩種平均數來觀察市場變化，實際上影響市場變動的因素甚多，不能以少數證券代表整個市場波動的實際。

（4）道氏理論對長期變化的判斷也許有極高的準確度，對大形勢的判斷有較大的作用，但對中期變動卻不能提出任何警告，對於每日每時都在發生的小波動則顯得有些無能為力。而投資者要想獲得更多利益，正確地掌握中期和每日每時的變動也是很重要的。

（5）道氏理論雖然為證券市場的長期變化指明了方向，但並不能指示應購買何種證券。

道氏理論已經存在上百年了，對今天的投資者來說，相當部分的內容已經過

時，不能照搬老方法。近幾十年來，出現了很多新的技術，有相當部分是對道氏理論的延伸，這在一定程度上彌補了道氏理論的不足。

二、切線理論

證券市場有順應潮流的問題。要「順勢而為」，不「逆勢而動」，已經成為投資者的共識。所謂順勢交易，就是指在多頭市場裡，在價格回擋時買入；而在空頭市場裡，在價格反彈時賣出。

（一）趨勢分析

證券價格的變動有一定的趨勢，在長期上漲或下跌的趨勢中，會有短暫的盤旋或調整，投資者應把握長期趨勢，不為暫時的回調和反彈所迷惑，同時，也應及時把握大勢的反轉。切線理論就是幫助投資者識別大勢變動方向的較為實用的方法。

1. 趨勢的定義

簡單地說，趨勢就是證券價格市場運動的方向。

若確定了一段上升或下降的趨勢，則證券價格的波動必然朝著這個方向運動。上升的行情裡，雖然也時有下降，但不影響上升的大方向，不斷出現的新高價會使偶爾出現的下降黯然失色。下降行情裡情況相反，不斷出現的新低價會使投資者心情愈來愈悲觀，人心渙散。

技術分析的假設中就明確地說明了價格的變化是有趨勢的，沒有特別的理由，價格將沿著這個趨勢繼續運動。這一點就說明趨勢這個概念在技術分析中佔有很重要的地位，是我們應該注意的核心問題。

一般說來，市場變動不是朝一個方向直來直去，中間肯定要有曲折，從圖形上看就是一條曲折蜿蜒的折線，每個折點處就形成一個峰或谷。由這些峰和谷的相對高度，我們可以看出趨勢的方向。

2. 趨勢的方向

趨勢的方向有三個：上升方向；下降方向；水平方向，也就是無趨勢方向。

如果圖形中每個後面的峰和谷都高於前面的峰和谷，則趨勢就是上升方向。這就是常說的一底比一底高或底部抬高。

如果圖形中每個後面的峰和谷都低於前面的峰和谷，則趨勢就是下降方向。這就是常說的一頂比一頂低或頂部降低。

如果圖形中後面的峰和谷與前面的峰和谷相比，沒有明顯的高低之分，幾乎呈水平延伸，這時的趨勢就是水平方向。水平方向趨勢是被大多數人所忽視的一種方

向，這種方向在市場上出現的機會是相當多的。就水平方向本身而言，也是極為重要的。大多數的技術分析方法，在對處於水平方向的市場進行分析時，都容易出錯，或者說作用不大。這是因為這時的市場正處在供需平衡的狀態，證券價格下一步朝哪個方向走是沒有規律可循的，可以向上也可以向下，而對於這樣的對象，去預測它朝何方運動是極為困難的，也是不明智的。

下圖4.2是三種趨勢方向的最簡單的圖形表示。

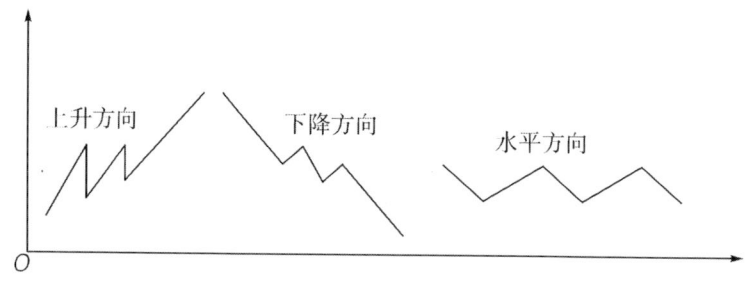

圖4.2 趨勢的三種方向

上升趨勢線又稱支撐線，是經過兩個以上的中期漲升趨勢完成後的回擋底部價位的直切線，它對以後的中期回擋有一定支撐作用。下降趨勢線又稱阻力線，是經過兩個以上的中期反彈趨勢的頂部價位的直切線，它對後續的下降趨勢發展具有一定反壓作用。相應地，支撐線下部的區域稱為支撐區域；阻力線上部的區域稱為壓力區域。

一般來說，如果在某個固定的價格區域內發生大量的換手，即可稱為密集交易區。證券價格一旦向上突破阻力線，那麼整個密集交易區就形成了支撐區域；如果證券價格向下跌破支撐線，整個密集交易區就成了阻力區域。

在兩條平行的壓力線與支撐線之間所形成的範圍，可稱之為通道，亦可分為上升通道與下降通道。當價位在圖形上觸及趨勢線附近時，此時即為任何交易者進行交易的一個良好時機與信號。當價位向下跌破支撐線時，隨即賣出，同時反向操作空頭。同樣地，當價位向上突破壓力線時，即應結束做空的部位，同時反向做多買進。幾乎所有的圖形分析與詮釋的觀念均離不開上述這些趨勢線的概念與原則。

3. 趨勢的類型

按道氏理論（Dow Theory）的分類，趨勢分為三個類型。

（1）主要趨勢（Primary Trend）

主要趨勢是趨勢的主要方向，是證券投資者極力要弄清楚的。瞭解了主要趨勢

才能做到順勢而為。主要趨勢是證券價格波動的大方向，一般持續的時間比較長。

（2）次要趨勢（Secondary Trend）

次要趨勢是在進行主要趨勢的過程中進行的調整。前面說了，趨勢不會是直來直去的，總有個局部的調整和回撤，次要趨勢正是要完成這一使命。

（3）短暫趨勢（Near Term Trend）

短暫趨勢是在次要趨勢中進行的調整。短暫趨勢與次要趨勢的關係就如同次要趨勢與主要趨勢的關係一樣。

這三種類型的趨勢最大的區別是時間的長短和波動幅度的大小。有時為了更細地劃分，三種類型可能還不夠用，不過這無關大局，只不過再對短暫趨勢進行細分罷了。

下圖4.3是三種趨勢類型的圖形說明。

圖4.3　大趨勢中包含小趨勢

當然，趨勢線並非一定是直線形的，下圖4.4所顯示的兩種趨勢線就是非直線形的情況。

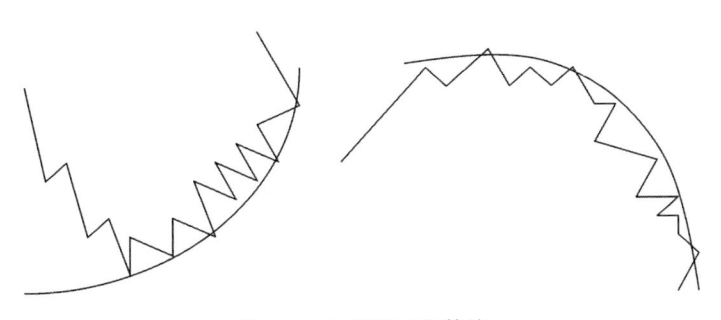

圖4.4　非直線形趨勢線

4. 實務分析

趨勢線在日線圖、周線圖或月線圖中很容易畫出。通常在上漲趨勢裡包含著一

波比一波高的高價與一波比一波高的低價，而上升趨勢線則是連接一波波低價的直線，它在整個趨勢中扮演一種支撐力量的角色。在下跌趨勢中則包含著一波比一波低的高價與一波比一波低的低價，下降趨勢線也就是連接一波波高價的直線，它在整個趨勢中扮演一種壓力的角色，下跌的證券價格反彈至該趨勢線時即又回跌。

標準的趨勢線必須是以三個以上的低點所畫出的上升趨勢線或以三個以上的高點所畫出的下降趨勢線。但有時一些圖表分析家喜歡用收盤價為標準來畫上升或下降趨勢線，因為他們認為如此畫出的趨勢線更為準確。

真正有效的趨勢線是價格波動一觸及該線便回跌或反彈。然而，有時趨勢線也會失靈，此時則需加以一定的修正，也就是說重新再畫一條正確的趨勢線，稱為修正趨勢線，如圖 4.5 所示：下降趨勢線的範例，圖中註明的線為原始趨勢線，其他為修正趨勢線。

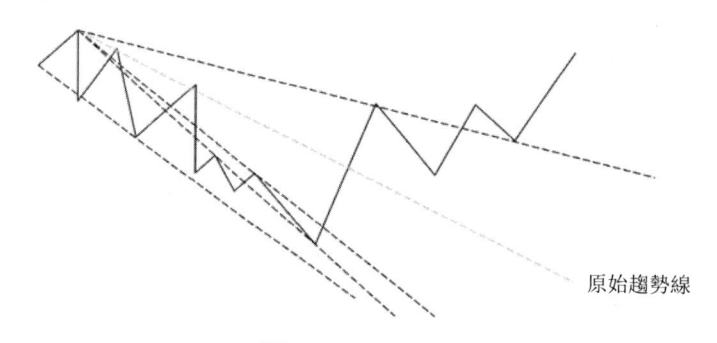

圖 4.5　原始趨勢線

（1）判斷上升趨勢線的權威性及準確性時值得注意的幾點

一般而言，判斷一個中期以上上升趨勢線的權威性及準確性有下列幾點值得注意：

①趨勢線觸及的次數。證券價格觸及趨勢線的次數越多，則顯示該趨勢線越可靠。

②趨勢線的長度及持續時間。通常漲得越久、越凶，跌得也越久、越凶，如果跌破或穿過趨勢線的時間維持得越久，則大勢越可能反轉。故如果一條趨勢線能夠經過 4 個星期以上的時間考驗，則我們可以確定其為正確而有效的趨勢線。

③趨勢線的斜率。在長時間的實踐中，許多分析家都發現角度為 45°左右的趨勢線最為可靠、準確。

④證券價格在突破趨勢線時，必須有 3% 以上的價差方可認定。

⑤證券價格在趨勢線附近時的成交量越大，則該趨勢線越具有可靠性。

（2）趨勢線理論具體運用技巧的說明

下面我們來說明一下趨勢線理論的具體運用技巧。

①一般來說，如果上升趨勢線維持的時間已經很長，證券價格突然跌至趨勢線以下，則可能大勢即將轉壞，如同時價格形態（頭肩頂等）也跌破，則更可以確定。

反之，如果下跌趨勢線已持續了較長一段時間，證券價格配合價格形態同時突破時，也可據以確定證券價格趨勢即將反轉，若再能配合成交量的大幅擴增，則更能確定。

②在突破趨勢線時，如果將原有趨勢線延長，當證券價格再次觸及該趨勢線時，常會發生反轉現象。

③通常趨勢線斜率越大、越陡峭，其以後的抵抗力也越弱，但證券價格跌破趨勢線時，並非大勢一定轉壞。因為陡峭的趨勢線常發生於多頭市場初期，回跌後，有可能會再沿著較緩和的趨勢線上升。此時應修正趨勢線。

④趨勢線理論的應用技巧的一個重要方面就是確定證券價格是否反轉或由整理形態進一步突破方面的技巧。它一般可以由下列三個標準來判斷：

第一，穿過的程度。一般而言，證券價格必須穿過趨勢線，且收盤價與趨勢線間有3%的價差幅度時才可以認定證券市場即將反轉。第二，成交量。在上升突破某種形態時，必須伴隨著成交量的大幅增長；而下跌突破時則無需此條件。但需留意觀察以後幾天走勢方可確定。第三，突破趨勢線後回升的力量強弱。如跌破上升趨勢線，但其價差幅度小於3%，成交量也沒有大幅增長，在停留一兩天後證券價格又回升，但仍軟弱地回升至趨勢線下方，成交量未增，則此時可能意味證券價格將下跌。

⑤我們也可以由證券價格與趨勢線的價格差幅度大小來測量其反轉後證券價格上漲或下跌的幅度。通常在一個多頭市場裡，其最高價與趨勢線的距離和趨勢線由上升反轉為下跌的幅度大致相同。反之，在一個空頭市場裡，其最低價與趨勢線的距離也大致等於趨勢線反轉後的距離。

如前所述，多頭市場的初期趨勢線上升角度較陡，隨著行情的持續發展，趨勢線角度逐漸減緩，但如證券價格跌破第三個修正趨勢線，則表示多頭市場可能結束。

⑥如果證券價格趨勢呈鋸齒狀上升或下跌（上下振蕩），配合成交量的大幅增加，證券價格突破原來趨勢線，常顯示多頭或空頭的力量趨於耗竭，證券價格可能

反轉。

總之，運用趨勢線理論，最主要的是要學會順勢交易；再就是必須時時注意根據實際情況對趨勢線進行修正；當然，在使用趨勢線前必須先判斷一下其準確性及權威性。

(二) 支撐線和壓力線

1. 支撐線和壓力線的含義

支撐線（Support Line）又稱為抵抗線。當證券價格跌到某個價位附近時，證券價格停止下跌，甚至有可能還有回升，這是因為多方在此買入造成的。支撐線起阻止證券價格繼續下跌的作用。這個起著阻止證券價格繼續下跌的價格就是支撐線所在的位置。

壓力線（Resistance Line）又稱為阻力線。當證券價格上漲到某價位附近時，證券價格會停止上漲，甚至回落，這是因為空方在此拋出造成的。壓力線起阻止證券價格繼續上升的作用。這個起著阻止證券價格繼續上升作用的價格就是壓力線所在的位置。

有些人往往會產生這樣的誤解，認為只有在下跌行情中才有支撐線，只有在上升行情中才有壓力線。其實，在下跌行情中也有壓力線，在上升行情中也有支撐線。但是在下跌行情中人們最注重的是跌到什麼地方，這樣關心支撐線就多一些；在上升行情中人們更注重漲到什麼地方，所以關心壓力線多一些。

這種支撐與阻力的觀念，是道氏理論中相當重要的理論。每一條支撐線或壓力線，可以用樓房中的地板或者天花板來形容。證券價格由下往上突破之後，就如有人從一樓走上了二樓，本來具有壓力作用的一樓天花板此時成了二樓的地板，反而具有了支撐的作用和效果；而假設在一樓的價位套住了較多數的空頭，一般而言，證券價格絕不會給一樓的空頭解套的機會，此時二樓的支撐作用就具有相當重要的意義。

2. 支撐線和壓力線的作用

如前所述，支撐線和壓力線的作用是阻止或暫時阻止證券價格向一個方向繼續運動。我們知道證券價格的變動是有趨勢的，要維持這種趨勢，保持原來的變動方向，就必須衝破阻止其繼續向前的障礙。比如說，要維持下跌行情，就必須突破支撐線的阻力和干擾，創造出新的低點；要維持上升行情，就必須突破上升的壓力線的阻力和干擾，創造出新的高點。由此可見，支撐線和壓力線遲早會有被突破的可能，它們不足以長久地阻止證券價格保持原來的變動方向，只不過是使它暫時停頓而已，如下圖4.6所示。

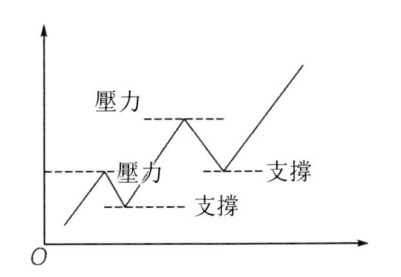

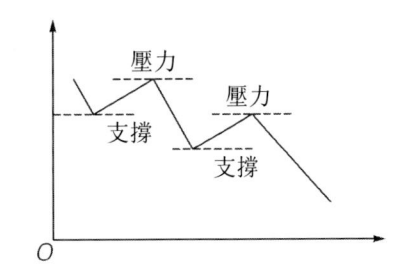

圖 4.6　支撐線和壓力線的突破

同時，支撐線和壓力線又有徹底阻止證券價格按原方向變動的可能。當一個趨勢終結時，它就不可能創出新的低價和新的高價，這樣，支撐線和壓力線就顯得異常重要。

在上升趨勢中，如果下一次未創新高，即未突破壓力線，這個上升趨勢就已經處在很關鍵的位置了，如果再往後的證券價格又向下突破了這個上升趨勢的支撐線，這就產生了一個趨勢有變的很強烈的警告信號。通常這意味著，這一輪上升趨勢已經結束，下一步的走向是下跌的過程。

同樣，在下降趨勢中，如果下一次未創新低，即未突破支撐線，這個下降趨勢就已經處於很關鍵的位置了，如果下一步證券價格向上突破了這個下降趨勢的壓力線，這就發出了這個下降趨勢將要結束的強烈信號，證券價格的下一步將是上升的趨勢，如下圖 4.7 所示。

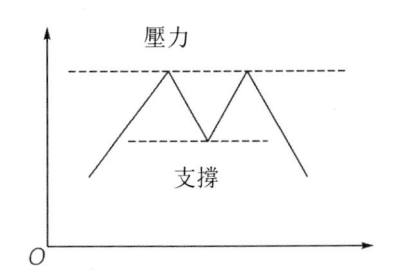

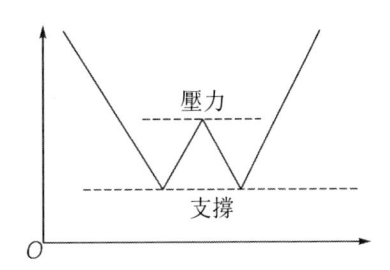

圖 4.7　支撐線和壓力線未被突破的情況

3. 支撐線和壓力線的相互轉化

支撐線和壓力線之所以能起支撐和壓力作用，很大程度是由於人們心理因素方面的原因，兩者的相互轉化也是如此，這就是支撐線和壓力線理論上的依據。

一個市場裡無外乎三種人：多頭、空頭和旁觀者。旁觀者又可分為持券（證

131

券）的和持幣（貨幣）的，所以也可以分為四種人。

假設證券價格在一個區域停留了一段時間後開始向上移動。在此區域買入證券的多頭們肯定認為自己對了，並對自己沒有多買入證券而感到後悔。在該區域賣出證券的空頭們這時也認識到自己賣錯了，他們希望證券價格再跌回他們賣出的區域時，將他們原來賣出的證券補回來。而旁觀者中的持券者的心情和多頭相似，持幣者的心情同空頭相似。

無論是這四種人中的哪一種，都有買入證券成為多頭的願望。正是由於這四種人決定要在下一個買入的時機買入，所以才使證券價格稍一回落就會受到大家的關心，他們會或早或晚地進入證券市場買入證券，這就使價格根本還未下降到原來的位置，上述四個新的買進大軍自然又會把價格推上去，使該區域成為支撐區。在該支撐區發生的交易越多，說明越多的證券投資者在這個支撐區有切身利益，這個支撐區就越重要。

我們再假設證券價格在一個支撐位置獲得支撐後，停留了一段時間開始向下移動，而不是像前面假設的那樣是向上移動。

對於上升，由於每次回落都有更多的買入，因而產生新的支撐；而對於下降，跌破了該支撐區域，情況就截然相反。在該支撐區買入的多頭都意識到自己錯了，而沒有買入的或賣出的空頭都意識到自己對了。買入證券的多頭都有拋出證券逃離目前市場的想法，而賣空的空頭則想進一步拋空，待證券價格下跌再伺機補回。一旦證券價格有些回升，尚未到達原來的支撐位，就會有一批證券拋壓出來，再次將證券價格壓低。這樣，原來的支撐線就轉化為壓力線。

以上的分析過程對於壓力線也同樣適用，只不過結論正好相反。

這些分析的附帶結果是支撐線和壓力線地位的相互轉化。如上所述，一條支撐線，如果被跌破，那麼這一支撐線將成為壓力線；同理，一條壓力線被突破，這個壓力線將成為支撐線。這說明支撐線和壓力線的地位不是一成不變的，而是可以改變的，條件是它被有效的足夠強大的證券價格變動突破，如下圖 4.8 所示。

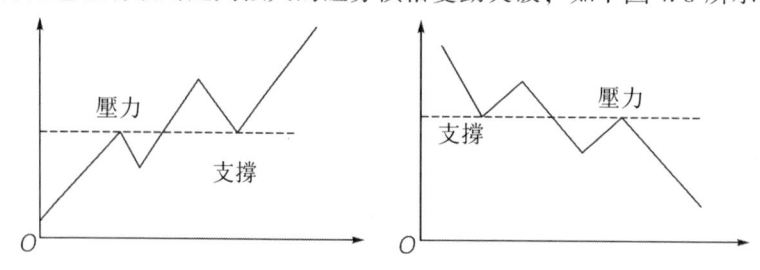

圖 4.8　支撐線和壓力線的相互轉化

4. 支撐線和壓力線的確認和修正

如前所述，每一條支撐線和壓力線的確認都是人為進行的，主要是根據證券價格變動所畫出的圖表，這裡面有很大的人為因素。

一般來說，一條支撐線或壓力線對當前影響的重要性有三個方面的考慮，一是證券價格在這個區域停留時間的長短；二是證券價格在這個區域伴隨的成交量大小；三是這個支撐區域或壓力區域發生的時間距離當前這個時期的遠近。很顯然，證券價格停留的時間越長，伴隨的成交量越大，離現在越近，則這個支撐或壓力區域對當前的影響就越大，反之就越小。

上述三個方面是確認一條支撐線或壓力線的重要識別手段。有時，由於證券價格的變動，會發現原來確認的支撐線或壓力線可能不真正具有支撐或壓力的作用，比如說，不完全符合上面所述的三個條件。這時，就有一個對支撐線和壓力線進行調整的問題，這就是支撐線和壓力線的修正。

對支撐線和壓力線的修正過程其實是對現有各個支撐線和壓力線的重要性的確認。每條支撐線和壓力線在人們心目中的地位是不同的。證券價格到了這個區域，投資者心裡清楚，它很有可能被突破，而到了另一個區域，投資者心裡也明白，它有可能不容易被突破。這為進行買入賣出提供了一些依據，不至於僅憑直覺進行買賣決策。

(三) 趨勢線和軌道線

1. 趨勢線

趨勢線是衡量價格波動方向的，由趨勢線的方向可以明確地看出證券價格的趨勢。在上升趨勢中，將兩個低點連成一條直線，就得到上升趨勢線。在下降趨勢中，將兩個高點連成一條直線，就得到下降趨勢線。如下圖4.9中的直線L。

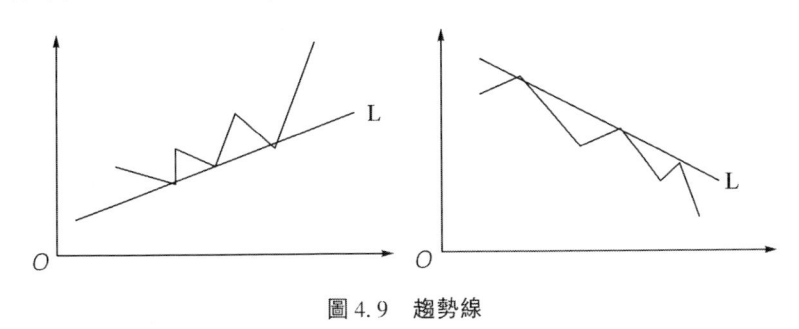

圖4.9　趨勢線

由圖中可看出上升趨勢線起支撐作用，下降趨勢線起壓力作用，也就是說，上

升趨勢線是支撐線的一種，下降趨勢線是壓力線的一種。

從圖上我們很容易畫出趨勢線，這並不意味著趨勢線已經被我們掌握了。我們畫出一條直線後，有很多問題需要我們去回答。最迫切需要解決的問題是：我們畫出的這條直線是否具有實用價值，以這條線作為我們今後預測證券市場的參考是否具有很高的準確性。解決這個問題的過程實際上就是對用各種方法畫出的趨勢線進行挑選和評判，最終保留一些確實有效的趨勢線。

要得到一條真正起作用的趨勢線，要經多方面的驗證才能最終確認，不合條件的一般應刪除。首先，必須確實有趨勢存在。也就是說，在上升趨勢中，必須確認出兩個依次上升的低點；在下降趨勢中，必須確認兩個依次下降的高點，才能確認趨勢的存在，連接兩個點的直線才有可能成為趨勢線。其次，畫出直線後，還應得到第三個點的驗證才能確認這條趨勢線是有效的。一般說來，所畫出的直線被觸及的次數越多，其作為趨勢線的有效性越被得到確認，用它進行預測越準確有效。另外，這條直線延續的時間越長，就越具有有效性。

一般來說，趨勢線有兩種作用：

（1）對價格今後的變動起約束作用，使價格總保持在這條趨勢線的上方（上升趨勢線）或下方（下降趨勢線）。實際上，就是起支撐和壓力作用。

（2）趨勢線被突破後，就說明證券價格下一步的走勢將要反轉。越重要、越有效的趨勢線被突破，其轉勢的信號越強烈。被突破的趨勢線原來所起的支撐和壓力作用，現在將相互交換角色（見下圖4.10）。

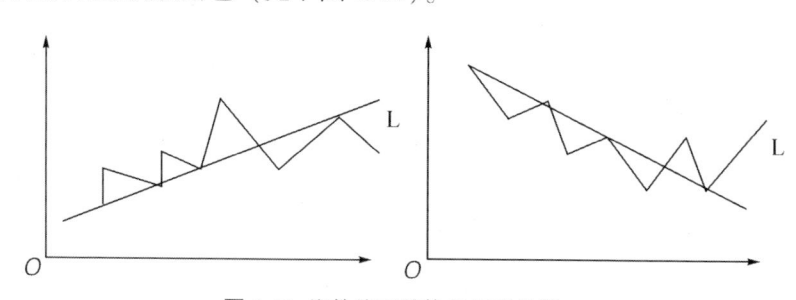

圖4.10 趨勢線突破後起相反作用

2. 軌道線（Channel Line）

軌道線又稱通道線或管道線，是基於趨勢線的一種方法。在已經得到了趨勢線後，通過第一個峰和谷可以畫出這條趨勢線的平行線，這兩條平行線就是軌道線。如下圖4.11所示。

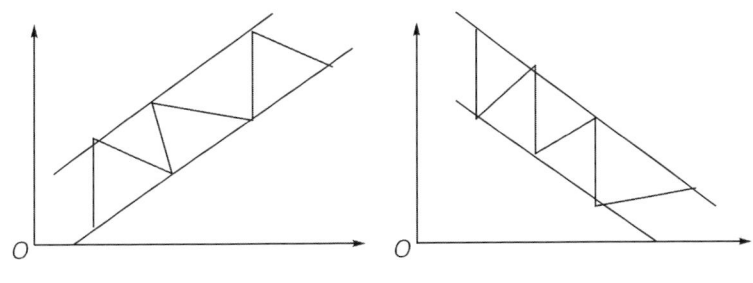

圖 4.11　軌道線

两條平行線組成一個軌道，這就是常說的上升和下降軌道。軌道的作用是限制證券價格的變動範圍，讓它不能變得太離譜。一個軌道一旦得到確認，那麼價格將在這個通道裡變動。我們可以從索芙特（000662）2005 年 4 月 22 日至 2008 年 11 月 21 日的日線圖（圖 4.12）中看到，從 2006 年 8 月 8 日至 2007 年 4 月 30 日的日線圖，在上升趨勢中以上升軌道的形式上升。

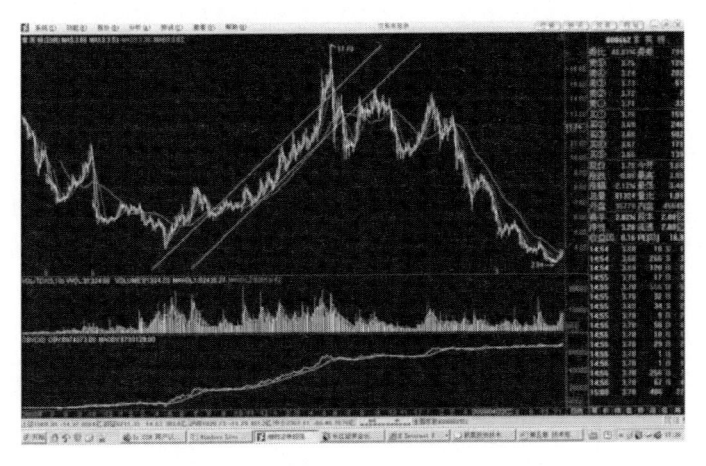

圖 4.12　索芙特（000662）的日線圖

對上面的或下面的軌道直線的突破將意味著有一個大的變化。

與突破趨勢線不同，對軌道線的突破並不一定是趨勢反向的開始，而可能是趨勢加速的開始，即原來的趨勢線的斜率將會增加，趨勢線的方向將會更加陡峭（見下圖 4.13）。

軌道線的另一個作用是提出趨勢轉向的警報。如果在一次波動中未觸及軌道線，離得很遠就開始掉頭，這往往是趨勢將要改變的信號。這說明，市場已經沒有

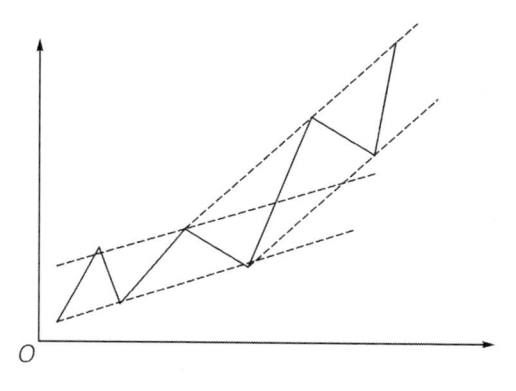

圖 4.13　趨勢的加速

力量繼續維持原有的上升或下降的規模了。

　　軌道線和趨勢線是相互合作的一對。很顯然，先有趨勢線，後有軌道線，趨勢線比軌道線重要得多。趨勢線可以獨立存在，而軌道線則不能。

（四）黃金分割線和百分比線

　　這兩種切線注重支撐線和壓力線所在的價位，而對什麼時間達到這個價位不過多關心。很顯然，斜的支撐線和壓力線隨著時間向後移動，支撐位和壓力位也要不斷地變化。向上斜的切線價位會變高，向下斜的切線價位會變低。對水平切線來說，每個支撐位或壓力位相對來說較為固定。為了彌補它們的不足，往往在畫水平切線時多畫幾條，也就是說，同時提供好幾條支撐線和壓力線，並指望被提供的這幾條中最終確有一條能起到支撐和壓力的作用。為此，在應用水平切線的時候，應注意它們同別的切線的不同。水平切線中最終只有一條被確認為支撐線或壓力線，這樣，別的被提供的切線就不是支撐線和壓力線，它們應當被自動取消，或者說在圖形上消失，只保留那條被認可的切線。這條保留下來的切線就具有一般的支撐線或壓力線所具有的全部特性和作用，對今後價格預測有一定的幫助。

1. 黃金分割線

　　黃金分割是一個古老的數學方法。對於它的各種神奇作用和魔力，數學上至今還沒有明確的解釋，只是發現它屢屢在實際中發揮著我們意想不到的作用。

（1）畫黃金分割線的步驟

　　畫黃金分割線的第一步是記住若干個特殊的數字：

　　0.191　0.382　0.618　0.809　1.191　1.382　1.618　1.809　2　2.618　4.236　6.854

這些數字中，0.382、0.618、1.382、1.618、2.618 和 4.236 最為重要，證券價格極容易在由這幾個數產生的黃金分割線處產生支撐和壓力。需要說明的是，4.236 倍差不多是中國股票市場的「極限」，90% 的股票的上升幅度都在 4.236 倍之內。從這個意義上講，與國外股票市場相比，中國股票市場波動的範圍其實是比較小的，用黃金分割線的成功率比較高。如果處在活躍程度很大的市場，使用這個方法容易出現錯誤。

第二步是找到一個點。這個點是上升行情結束、調頭向下的最高點，或者是下降行情結束、調頭向上的最低點。當然，我們知道這裡的高點和低點都是指一定的範圍，是局部的。只要我們能夠確認一個趨勢（無論是上升還是下降）已經結束或暫時結束，則這個趨勢的轉折點就可以作為進行黃金分割的點。這個點一經選定，我們就可以畫出黃金分割線了。

第三步是畫出黃金分割線的位置。在上升（下降）行情開始調頭向下（上）時，我們極為關心這次下落（上漲）將在什麼位置獲得支撐（壓力）。黃金分割提供的是如下幾個價位，它們是由這次上漲（下降）的頂點（底部）價位分別乘以上面所列特殊數字中的幾個，作為可能獲得支撐（壓力）的參考價位。算出這些價位後，可以之作為參考數據，再結合實際證券價格變動情況決定買賣的時機。

可見，黃金分割線所提供的買入和賣出位置是多樣的。在實際中究竟應該在哪個位置開始行動，是一個令使用者頭疼的問題。這就需要結合其他因素，因為單純依靠黃金分割線並不知道應該在哪一條線採取行動。此時進行主觀上的判斷在所難免，甚至還有一些運氣的成分。

（2）黃金分割線的適用條件

從適用條件來看，黃金分割線所針對的是經過了長時間上升或下降趨勢的波動現象。對於價格在某個方向波動的早期，單點黃金分割線是沒有用處的。使用單點黃金分割線的時候，一定是「漲瘋了」和「跌慘了」的時候。

黃金分割律原理的精髓就在於它提供的反壓點：0.191；0.382；0.618；0.809；1 等。必須注意，當證券價格上漲幅度超過一倍時，它的反壓點也隨之變為：1.191；1.382；1.618；1.809；2 等。其餘依此類推。

黃金分割律除了用於分析個別證券的價位變動完成點之外，也用於分析大勢走向的價位變動完成點，而且近年來使用的趨勢越來越傾向於用黃金分割律來分析大勢。因為證券市場的分析家在長期操作實踐中發現，黃金分割律用在大勢研判上時的有效性高於用在個別證券的研判上。這裡的原因主要是個別證券的價格變動原因

多為一些具體的因素,一些偶然的、特殊的因素常常能極大地影響個別證券的價格,特別是在做手介入時,個別證券的價格變動更是無規律可循,在這種情況下,要用刻板的公式完全抓住證券價格的高峰與低谷,可能性自然較小。相比之下,大勢的影響因素就較有規律可循,運用黃金分割律來研判的準確性也就較高。

總之,①黃金分割律主要用於大勢分析,確定價位變動的高低點。②0.382 與 0.618 是最重要的兩個反壓點,當上漲或下跌幅度接近或超過這兩個數值時,行情常會出現反轉。

2. 百分比線

百分比線考慮問題的出發點是人們的心理因素以及人們在心理上對整數分界點的重視。

(1) 百分比線的畫法

下面以上升過程中的回落為例說明百分比線的畫法。對於下降中的反彈,也可以進行類似的計算。

當證券價格持續向上漲到一定程度,肯定會遇到壓力,遇到壓力後,就要向下回撤,回撤的位置很重要。黃金分割提供了幾個價位,百分比線也提供了幾個價位。

以這次上漲開始的最低點和開始向下回撤的最高點兩者之間的差,分別乘以幾個特殊的百分比數,就可以得到未來支撐位可能出現的位置。

設低點是 10 元,高點是 22 元。這些百分比數一共有 10 個,它們是:

1/8   1/4   3/8   1/2   5/8
3/4   7/8   1⁄3   2/3

按上面所述方法我們將得到如下 10 個價位:

(1/8) × (22 − 10) + 10 = 11.5 (元)
(1/4) × (22 − 10) + 10 = 13 (元)
(3/8) × (22 − 10) + 10 = 14.5 (元)
(1/2) × (22 − 10) + 10 = 16 (元)
(5/8) × (22 − 10) + 10 = 17.5 (元)
(3/4) × (22 − 10) + 10 = 19 (元)
(7/8) × (22 − 10) + 10 = 20.5 (元)
1 × (22 − 10) + 10 = 22 (元)
(1⁄3) × (22 − 10) + 10 = 14 (元)
(2/3) × (22 − 10) + 10 = 18.0 (元)

這裡的百分比線中，1/2、1/3、2/3 這三條線最為重要。在很大程度上，1/2、1/3、2/3 是人們的一種心理傾向。如果沒有回落到 1/3 以下，就好像沒有回落夠似的；如果已經回落了 2/3，人們自然會認為已經回落夠了，因為傳統的定勝負的方法是三打兩勝，1/2 就是常說的二分法。

上面所列的 10 個特殊的數字都可以用百分比表示，之所以用上面的分數表示，是為了突出整數的習慣。

1/8 = 12.5%　　1/4 = 25%　　3/8 = 37.5%　　1/2 = 50%
5/8 = 62.5%　　3/4 = 75%　　7/8 = 87.5%　　1 = 100%
1/3 = 33.3%　　2/3 = 66.67%

可以看出，這 10 個數字中有些很接近，如 1/3 和 3/8、2/3 和 5/8，在應用時，以 1/3 和 2/3 為主。

對於下降行情中的向上反彈，百分比線同樣適用，其方法與上升情況完全相同。

（2）百分比線的適用條件和對象

百分比線所針對的是趨勢中途出現的反向運動，屬於技術分析中計算開始回落和開始反彈的位置的方法。回落是指在上升了一段時間後的下降過程，反彈是指在下降了一段時間後的上升過程。英文中「回落」和「反彈」是同一個單詞 Retracement。在實際中，有時也把回落叫做「回蕩」或「回撤」。

在使用百分比線之前，必須假設當前的市場波動是原來趨勢的回落（Retracement），而不是趨勢的反轉（Reversal）。如果趨勢發生了反轉，使用百分比線將使投資者在不合適的位置採取行動而帶來災難。

（3）百分比線的原理

百分比線考慮問題的出發點是多空雙方力量對比的轉化，以及人們在心理上對整數分界點的重視。

以上升為例。在價格上升的初始階段，價格的上升將促使更多的多方力量加入，價格上升了才引起重視，這是大眾投資者天生固有的對證券（特別是股票）的意識。但是當價格上升到了能夠為相當一部分人提供利潤的時候，價格的上升將吸引更多的持有者賣出，這就使得空方的力量逐漸加大，從而引起價格的回落。同樣，當價格從高處開始下降，下降到已經不能為相當一部分人提供利潤的時候，此時下降的空方力量將減弱，上升的多方力量將再次加強。百分比線所尋求的就是多空雙方力量強弱轉化所發生的位置。在實際情況中，多空雙方力量對比轉化位置是

多樣的。百分比線依賴人們心理上對整數位置的重視，設計了很多條未來可能成為多空力量轉化的位置，讓使用者根據具體情況做出選擇。

3. 兩點黃金分割

從計算的觀點看，如果將百分比數字取為特殊的 61.8%，50% 和 38.2%，而嚴格按照計算百分比線的方式進行，就得到兩點黃金分割線。這是另一種黃金分割線。在實際中，兩點黃金分割線使用得很頻繁，差不多已經取代了百分比線的地位。儘管如此，我們還是應該認識到，兩點黃金分割線僅是百分比線的一種特殊情況。

4. 使用黃金分割線和百分比線中的主觀因素

具體使用支撐與壓力線的時候，不可避免地要受到使用者主觀因素的影響。具體體現在下面三個選擇：第一，高點和低點的選擇；第二，黃金分割數字和百分比數字的選擇；第三，買賣行動中資金投入量比例的選擇。

（1）高點和低點的選擇。價格在波動過程中，肯定會出現很多的高點和低點。對單點黃金分割，低點是行情發動之初的低點，應該選擇成交密集區的低點，時間最好在 1 個月以上；高點應該等到已經下降了相當程度之後才能確定，這樣可以忽略很多的「小高點」，不要求高點在有密集成交的區域。

（2）黃金分割數字和百分比數字的選擇。這其實是在多條支撐與壓力線中進行選擇的問題，這是「世界性難題」。對此我們不可能得到很確切的答案，因為不同證券的市場表現是千姿百態的，應該結合其他方法處理這個問題。

（3）資金投入量比例的選擇。這實際上是第二個問題的延續。由於不知道應該選擇哪一條線作為買賣行動的開始，而又必須有所行動，投資者可以採取每條線都行動的方法。具體做法是在每條線都使用一定比例的資金進行買賣，可以在「比較信任」的線使用比較大的資金比例，在「把握不大」的線使用比較小的資金比例。

（五）扇形原理、速度線和甘氏線

這三種切線的共同特點是找到一點（通常是下降的低點和上升的高點），然後以此點為基礎，向後畫出很多條射線，這些射線就是未來可能成為支撐線和壓力線的直線。

1. 扇形原理（Fan Principle）

扇形線與趨勢線有很緊密的聯繫，初看起來像趨勢線的調整。扇形線豐富了趨勢線的內容，明確給出了趨勢反轉（不是局部短暫的反彈和回落）的信號。

趨勢要反轉必須突破層層阻力。要反轉向上，必須突破很多條壓在頭上的壓力

線；要反轉向下，必須突破多條橫在下面的支撐線。輕微的突破或短暫的突破都不能被認為是反轉的開始，必須消除所有的阻止反轉的力量，才能最終確認反轉的來臨。技術分析的各種方法中，有很多關於如何判斷反轉的方法，扇形原理只是從一個特殊的角度來考慮反轉的問題。實際應用時，應結合多種方法來判斷反轉是否來臨，單純用一種方法肯定是不行的。

扇形原理是依據三次突破的原則進行分析的。

在上升趨勢中，先以兩個低點畫出上升趨勢線後，如果價格向下回落，跌破了剛畫的上升趨勢線，則以新出現的低點與原來的第一個低點相連接，畫出第二條上升趨勢線。再往下，如果第二條趨勢線又被向下突破，則同前面一樣，用新的低點，與最初的低點相連接，畫出第三條上升趨勢線。依次變得越來越平緩的這三條直線形如張開的扇子，扇形線和扇形原理由此而得名。對於下降趨勢也可如法炮制，只是方向正好相反（見下圖4.14）。

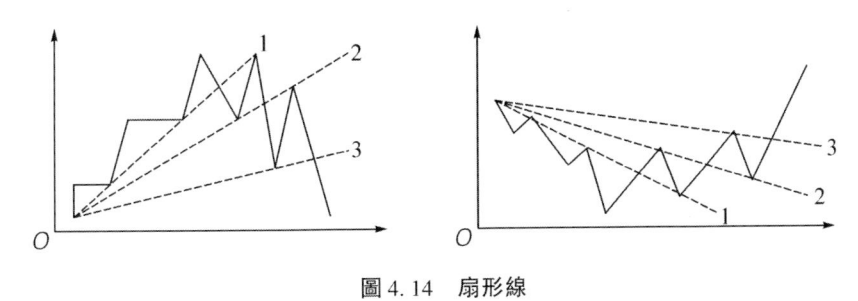

圖4.14 扇形線

圖中連續畫出的三條直線一旦被突破，它們的支撐和壓力角色就會相互交換，這一點是符合支撐線和壓力線的普遍規律的。

扇形原理可敘述如下：如上所畫的三條趨勢線一經突破，則趨勢將反轉。

在實際應用時，扇形線很不方便。一方面，畫這些趨勢線本身就比較麻煩；另一方面，畫出三條趨勢線後並不能保證趨勢反轉，因為所畫出的趨勢線是否合理還是個問題，通常要畫多條趨勢線才會出現反轉。此外，等到第三次突破後，價格往往已經下降或上升了很多，不是最好的交易價格，甚至不是次好的價格，這給投資者的使用造成了麻煩。在對扇形線方法瞭解不夠深入的情況下，我們建議不要使用扇形線。

2. 速度線（Speed Line）

同扇形原理考慮的問題一樣，速度線也用來判斷趨勢是否將要反轉。不過，速度線給出的是固定的直線，而扇形原理中的直線是隨著證券價格的變動而變動的。

另外，速度線又具有一些百分比線的思想，它是將每個上升或下降的幅度分成三等分進行處理，所以，有時我們又把速度線稱為「三分法」。

速度線的畫法分為兩個步驟：首先，找到一個上升或下降過程的最高點和最低點（這一點同百分比線相同），然後，將高點和低點的垂直距離分成三等分。

第二步是連接高點（在下降趨勢中）與 1/3 分界點和 2/3 分界點，或連接低點（在上升趨勢中）與 1/3 分界點和 2/3 分界點，得到兩條直線。這兩條直線就是速度線（見下圖 4.15）。

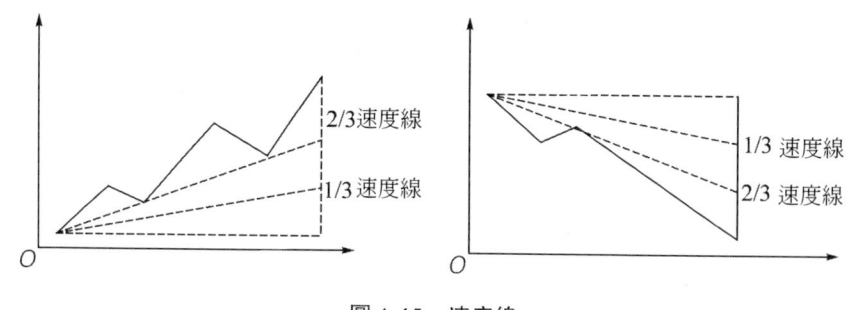

圖 4.15　速度線

與別的切線不同，速度線有可能隨時變動，一旦有了新高或新低，則速度線將隨之發生變動，尤其是新高和新低離原來的高點和低點相距很遠時，更是如此。

速度線一旦被突破，其原來的支撐線和壓力線的作用將相互變換位置，這也是符合支撐線和壓力線的一般規律的。

速度線最為重要的功能是判斷一個趨勢是被暫時突破還是長久突破（轉勢）。其基本的原理敘述如下：

（1）在上升趨勢的調整之中，如果向下折返的程度突破了位於上方的 2/3 速度線，則證券價格將試探下方的 1/3 速度線。如果 1/3 速度線被突破，則證券價格將一瀉而下，預示這一輪上升的結束，也就是轉勢。

（2）在下降趨勢的調整中，如果向上反彈的程度突破了位於下方的 2/3 速度線，則證券價格將試探上方的 1/3 速度線。如果 1/3 速度線被突破，則證券價格將一路上行，標誌著這一輪下降的結束，證券價格進入上升趨勢。

同扇形線一樣，速度線的使用也是高難度的，畫起來比較麻煩，而且經常變動。此外，還可以想像，如果等到突破了 1/3 速度線才開始行動，那麼一定不是進行交易的「好的地點和好的時機」。這是沒有辦法的事情，一方面需要結論的準確，另一方面又需要「好的地點」，實際中這樣的「好事」可以說根本沒有。如果不是

專門研究速度線的投資者，我們建議不要使用這個方法。

3. 甘氏線（Gann Line）

甘氏線分上升甘氏線和下降甘氏線兩種，是由 William D. Gann 創立的一套獨特的方法。Gann 有時被翻譯成「江恩」，他是20世紀前半葉在股票及商品買賣上的一位傳奇式交易員。在他五十幾年的交易生涯中，將幾何與數學做了精確的配合，發展出一套獨一無二的系統，並成功地用在他的股市交易上，他的經驗被後人總結為甘氏理論。甘氏線就是他將百分比原理和幾何角度原理結合起來的產物。甘氏線是從一個點出發，依一定的角度，向後畫出的多條射線，所以，有些書上把甘氏線稱為角度線。下圖4.16是一幅射線方向朝上的上升甘氏線各個角度的直線圖，這個圖形也叫江恩正方。此外，還有射線方向朝下的下降甘氏線。

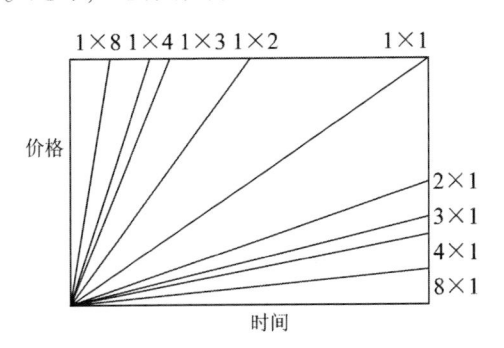

圖4.16　時間×價格線及幾何角度線（甘氏線）

圖中的每條直線都有一定的角度，這些角度的得到都與百分比線中的那些數字有關。每個角度的正切或餘切分別等於百分比數中的某個分數（或者說是百分數）。

幾何角度線除了先前的表示方法外，也可以用不同的價格單位及時間的組合來表示。下面是時間×價格趨勢線與幾何角度趨勢線的對應關係（註：1×2線表示時間每變動一個單位，價格變動2個單位，因此，它比1×1線更陡）：

1×8 = 82.5°　　　2×1 = 26.25°　　　1×4 = 75°
3×1 = 18.75°　　　1×3 = 71.25°　　　4×1 = 15°
1×2 = 63.75°　　　8×1 = 7.5°　　　　1×1 = 45°

每條射線都有支撐和壓力的功能，但這裡最重要的是45°線、63.75°線和26.25°線（有的說是1×1、1×2、2×1）。這三條直線分別對應百分比線中的50%線、62.5%線和37.5%線。其餘的角度雖然在證券價格的波動中也能起一些支撐和壓力作用，但重要性都不明顯，都很容易被突破。

畫甘氏線的方法是首先找到一個點，然後以此點為中心按照上圖所畫的各條直線直接畫到圖上即可。

被選擇的點同大多數別的選點方法一樣，一定是顯著的高點和低點，如果剛被選中的點馬上被創新的高點或低點取代，則甘氏線的選擇也隨之變更。

如果被選到的點是高點，則應畫下降甘氏線。這些線將在未來的時間內起支撐和壓力作用。

如果被選到的點是低點，則應畫上升甘氏線。這些線將在未來起壓力和支撐作用。

甘氏的幾何角度線的畫法是利用明顯的峰和谷，以一個特殊的角度沿峰或谷作切線，從而形成趨勢線。這個角度一般由價位和時間二者的關係來決定，以45°角為最重要。在漲勢中，由左方的低價向右上方畫線；而在跌勢中，則由左方的高價向右下方畫切線。至於切線的理論依據，是單位時間和單位價格間一對一的關係。換句話說，不論價格漲或跌，都會使每單位時間與單位價格的比率改變。

45°線之所以重要，是因為45°線代表著甘氏理論中的主要漲跌趨勢線。在強勁的多頭市場中，價位通常都在趨勢線之上，而在大空頭市場中，價位則多在趨勢線之下，如價格突破或跌落45°線，則表示主要趨勢即將反轉，因此，45°線似乎是時間和價格的平衡線。在漲勢中，若價格跌破45°線，則說明價格與時間的平衡關係已產生動搖，趨勢有可能要改變了。反之，若價格突破45°線，也說明下跌行情即將變為上漲行情。此外，以45°線在明顯的高價或低價處做平行線，亦可形成平行帶，用來分析基本走勢。

通常在將百分比值法和幾何角度線配合使用的人中，常會注意彼此之間對價格的驗證性及一致性。最明顯的例子就是在一段行情後，先畫出45°線，再取其回擋或反彈一半的4/8，這條4/8線便是最具代表性的壓力線或支撐線。如行情發展十分強勁，也不妨修正45°線為3/4線；反之，如走勢疲軟，則可以用37.5°線來代替。這種情況表明無論價格上升或下跌，在同一時間內，都有一個具有實質意義的角度和百分比在相互配合著。

甘氏的幾何角度線應以明顯的峰或谷來相連或做切線，因此，在圖上一般可以同時切好上漲或下跌角度線。當從高價區畫一條下跌的角度線與另一條上漲的角度線正好相交呈90°時，對這交點上的價位應給予更多的注意，假如這個交點又正好在一條水平百分比線上，那這個點就更為重要了。

此外，雖然切線都是以峰或谷為準，甘氏仍認為從0°開始畫45°線較好，因為

以 0°起畫的角度線，在分析應用上更具有實質意義。所以，以峰或谷為基準畫出的 45°線最好同時配合 0°底線起畫的角度線來研判。

需要特別強調的是，甘氏線是比較早期的技術分析工具，在使用的時候會遇到兩個問題。第一，受到技術圖表使用的刻度的影響，選擇不同的刻度將影響甘氏線的作用。只要不斷地調整刻度，就可以使甘氏線達到「準確預報」的效果。第二，甘氏線提供的不是一條或幾條線，而是一個扇形區域，在實際應用中有相當的難度。對於那些不是專門研究甘氏理論的投資者而言，最好不要使用甘氏線。

（六）應用切線理論應注意的問題

切線（支撐與壓力線）為我們提供了很多價格移動可能存在轉折的位置，這些支撐線和壓力線對行情判斷有很重要的作用。但是，在實際應用中會遇到下面的問題：

1. 支撐或壓力位是否會被突破

支撐線和壓力線有突破和不突破兩種可能性，在實際應用中會出現令人困惑的現象。以上升過程中的回落為例。當得到了某個支撐線後，在這個支撐線上我們能夠做些什麼事情呢？這就是個令人煩惱的問題，因為我們將面對是否會被突破的問題。如果支撐住了，就應該開始買入；如果向下突破，就不應該買入，甚至要「逃命」。這個問題總結起來就是支撐或壓力是否會被突破。

在實際中，如果價格真的到了我們事先計算的支撐位置，即使有下降突破的可能，有時也是可以買入的。因為可以認為下面的下降空間已經不多了，冒一點風險也是值得的。如果繼續等待而價格飛漲，將失去機會，使投資者的心態變壞。投資者心態的好壞對投資的成功有不可估量的作用。這樣做也是沒有辦法的事情，因為沒有人能很準確地找到最低點和最高點，只能去試探，在試探的過程中找到最後的高點和低點。其實，最高點和最低點不是事先確定的，需要根據當時具體的多空雙方力量的對比，實際中只能確定大概的位置。

2. 支撐或壓力位的真突破和假突破

這個問題是上一個問題的另一種說法，是在判斷是否會突破時一定要遇到的問題。雖然有一些方法可以供我們進行真假突破的判斷，但效果都不能令人滿意，因為市場是強大的，我們不可能戰勝它。有時，往往要等到價格已經離開了很遠的時候才能夠肯定突破成功或真突破，而此時對投資行為的指導意義已經不大了。

3. 得到支撐線和壓力線的多樣性

用各種方法得到的直線都提供了支撐和壓力可能出現的位置，在實際投資行為

中，我們究竟應該相信其中的哪一條呢？這其實又成了上面的第一個問題，即哪一條是不會被突破的。

當然，通過大量的實際觀察和統計，可以得到一些有關的結論。比如，每種支撐與壓力線更適用的環境；支撐與壓力線被突破的概率問題；有些位置不容易被突破，有些位置被突破的可能性大。但是這些結論的可靠性是比較差的。

在結束本節之前，需要提醒讀者的是，用本節介紹的支撐與壓力的方法得到的這些位置僅僅是可以參考的價格位置，不能把它們當成萬能的工具而完全依賴。證券市場中影響價格波動的因素很多，支撐線和壓力線僅僅是多方面因素中的一個，多方面同時考慮才能提高正確投資的概率。

趨勢線解讀[1]
雪峰

作為最古老、最經典、最簡單、最常見的技術分析工具，趨勢線幾乎為所有的投資者所熟知。其古老性表現在：股市存在多久，它就存在多久，少說也有數百年的歷史。其經典性表現在：傳承下來的各類經典的技術分析工具，總有它的一席之地。其簡單性表現在：它是最簡單的技術分析工具，簡單到只需畫一條直線。其常見性表現在：它無處不在，無人不知。

但事實是，知道趨勢線的人多，會用的人少，用得精的人更少，能夠用心靈去感知、理解、體驗、發掘、提煉、融合的更是鳳毛麟角。正所謂「人人眼中有，個個心中無」。其實，世間之事往往是偉大存在於平凡之中，高級存在於簡單之中，卓越存在於普通之中，神奇存在於尋常之中。我們熟視無睹，並不能掩蓋它的優秀；我們不屑一顧，並不能掩蓋它的光芒。是金子總是要閃光的，即使它在歷史的塵埃中被掩埋了數百年！

筆者試圖在趨勢線「古老、經典、簡單、常見」四個定義詞中增加一個詞：「神奇」。也正因為如此，筆者才將趨勢線名稱簡化成「趨線」，以區別於傳統的趨勢線。

世上至少有兩件困難而有意義的事情：其一，複雜問題簡單化；其二，簡單問題深刻化。筆者正是想以此為目標，發掘並構建出趨線的「神奇」之處。對這段文

---

[1] 來自雪峰先生的微博：http://blog.sina.com.cn/apexji.

字的通俗解讀是：

複雜問題簡單化——面對紛繁複雜、雲霧繚繞的投資市場，面對種類繁多、魚龍混雜的分析工具，以一條簡單到不能再簡單的直線，解決投資者所有的分析、交易決策問題。這是不是複雜問題簡單化？

簡單問題深刻化——在一條簡單到不能再簡單的直線之中，發掘出其內在的本質屬性和實戰價值，並以此構建出內涵深厚、形式簡單、邏輯嚴密、適於實戰的分析和交易決策體系。這是不是簡單問題深刻化？

而這正是筆者在本文中所追求的目標和努力的方向。必須指出的是，趨線是並非完美卻很優秀的投資工具。我們可以追求完美，但永遠無法得到完美。完美的投資工具，如同完美的人生一樣可望而不可即，但優秀的投資工具可以一展有力的翅膀，使我們的投資生涯有更少的挫折感和更多的成就感。趨線——這一常見、簡單、古老、經典而又神奇的投資工具能夠肩負這樣的使命。

1. 道指預判

在闡述趨線技術理論之前，筆者在此公布一個可以被驗證的事實：趨線於2008年1月8日成功地對道瓊斯指數進行了預判。

2008年6月底，筆者應邀在新浪開設個人博客，先後寫了六篇博文。後因工作繁忙，精力不濟，本著寧缺毋濫的原則，於2008年7月2日無限期中止了博客更新。筆者的新浪博客前後僅僅開設了兩個星期，便成了「雪峰絕版博客」，雖然有點遺憾與無奈，但在2008年7月2日的最後一篇博文《基金敗局探秘》中卻記錄下了這樣一段文字：

「再看看歐美股市。我認為，當道瓊斯工業指數在上個月跌破11,600點時，美國市場大空的趨勢已經確立。索羅斯所說的25年超級繁榮破滅的時刻已經到來。全球市場正面臨一輪大週期的空頭洗禮。」

相隔9個月後的2009年3月6日，當道瓊斯指數創下6,469.95點的時候，這段對道指預判的文字終於有了答案（見圖4.17）。

圖4.17

其實，精確的反轉點是 11,634.82 點，反轉確立的時間是 2008 年 6 月 26 日。正是在這一天，道指跌破 2007 年 11 月 22 日的低點，完成了其世紀空頭反轉的確立。博文預判只取了整數位。為什麼稱之為「世紀反轉點」？因為該反轉點是自 1984 年 6 月以來美國 26 年牛市的反轉，不僅時間跨度大，而且還跨了世紀。至此，美國 28 年的超級繁榮就此終結（見圖 4.18）。

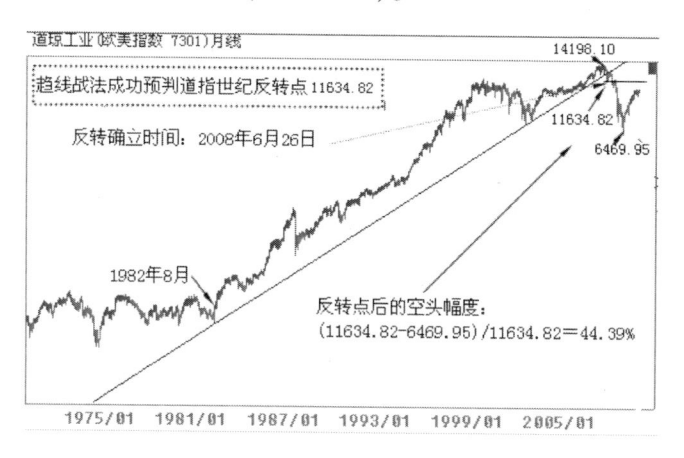

圖 4.18

道指高臺跳水的事實，有力地證明了該預判的前瞻性和有效性。而筆者對道指的成功預判用的正是趨勢跟蹤技術——趨線戰法。

必須指出，美國本輪 26 年超級牛市的終結，並不意味著美國牛市的終結，僅僅意味著美國市場已經步入大週期跨度的休整期。休整期過後，美國市場必將再造新一輪牛市，迎來新一輪的超級繁榮期。中國市場長期的趨勢結構與美國市場將在未來保持相似的同步性。這是筆者運用趨勢結構理論對美國和中國市場未來的預測，而不是預判。

2. 上指預判

此外，筆者還想在此公布一個無法被驗證的事實，就是筆者對上證指數的「成功」預判。之所以把「成功」加上雙引號，是因為該預判是現在公布的「馬後炮」。雖然筆者心裡清楚這是事前的預判，但在 2007 年 11 月 8 日之前，筆者沒有公開發表過任何有關上證指數預判的言論，無法提供像道指預判那樣的佐證。所以，筆者在此所公布的對上證指數的預判，只能當成「事後諸葛亮」，看圖說話而已。

2007 年 10 月 26 日，上證指數跌破 5,574.84 點，即意味著空頭反轉的第一信號，隨後的 2007 年 11 月 8 日，上證指數跌破 5,462.01 點，即意味著本輪超級牛市

終結，中國股市一輪慘烈的空頭拉開了序幕（見圖4.19）。

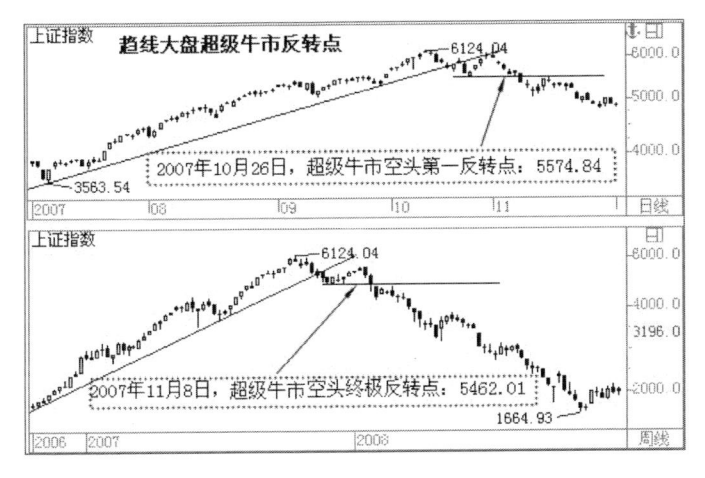

圖4.19

需要說明的是，筆者不是股評家，至今只公開發表過兩次對市場的判斷言論。一次就是在博客中對道指的預判，另一次就是發表在《趨勢結構理論》中對上證指數未來趨勢的預測。雖然「預測」與「預判」是兩個不同的概念，但筆者期望這份預言也能夠有道指預判一樣的結局。然而期望只能是期望，筆者能做到的是控制自己的信心，卻無法控制未來的答案。

最後，筆者在此提供一張上證指數「趨線戰法圖」（圖4.20），並利用趨線戰法，對上證指數的過去、現在與未來長期趨勢做如下解讀：

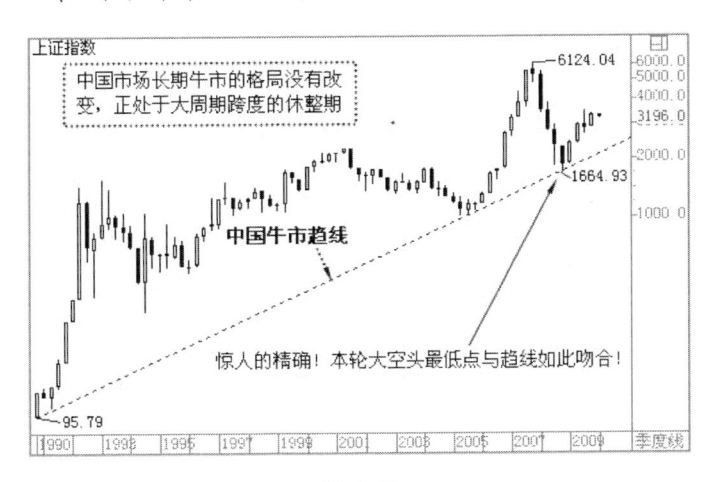

圖4.20

(1) 中國市場自 1990 年 12 月創立以來一直維持著長期多頭的格局。
(2) 本輪的牛市啟動時間為 2006 年 1 月，確立時間為 2006 年 12 月。
(3) 中國市場長期趨勢將沿著「牛市趨線」方向與節奏構造運行軌跡。
(4) 本輪空頭調整的最低點 1,664.93 與「牛市趨線」達到驚人的吻合。
(6) 未來中國市場將處於大週期的休整期，其休整方式具有不確定性。
(7) 圖表中的「牛市趨線」目前是成立的，能維持多久具有不確定性。
(5) 如果「牛市趨線」被跌破並反轉意味著 20 年中國牛市格局的終結。
(6) 即使中國 20 年牛市被終結，也並不意味著長期牛市格局已被改變。
(7) 趨線戰法將有助於即時跟蹤並預判中國市場的趨勢變化。
(8) 關注「牛市趨線」，尊重市場法則。

3. 預判解析

　　趨勢無法被精確地預測，卻可以被有效地跟蹤。趨線對道指的預判正是趨勢被有效跟蹤的結果。那麼趨線究竟是依據什麼得出道指反轉的預判呢？

　　方法很簡單，就是：道指反轉點是對 26 年多頭趨勢的反轉確立，而上證指數的反轉點則是對於本輪 14 個月超級牛市的反轉確立。從趨勢結構理論的角度看，美國市場的反轉屬於平衡內的反轉，而中國市場的反轉則屬於平衡外的反轉。雖然兩者內在的原理不同，外在的表現形式卻是共同的，都是對趨線的反轉。

　　這就是「趨勢結構理論」原理在趨勢判斷上的成功運用。趨線正是由「趨勢結構理論」派生出來的趨勢跟蹤和確立的工具。我們暫且不要深究趨線對道指預判的技術細節，因為趨線的技術秘密會隨著文字的推進而揭曉。

　　需要強調的是，預判不是預測，預測是對未發生的結果進行預想，而預判是利用已發生的結果進行確定性的判斷；預測是主觀性的，而預判則是客觀性的。比如在《趨勢結構理論》一書中，筆者有關上證指數的預言就是預測，所有的預測數據都將在未來產生，是「明天」的結果；而對道指的預判是根據「今天」跌破 11,634.82 點這一確定的事實，確立「今天」的趨勢狀態與性質的。

　　值得一提的是，索羅斯對道指的預言屬於預測，因為他對道指的反轉判斷是發生在筆者預判之前，也是以 1982 年 8 月為起算點的。雖然索羅斯的預測與作者的預判時間上相差 1 年，但索羅斯超凡的預見性不由讓筆者肅然起敬。

　　趨線沒有趨勢的預測能力，卻有極佳的趨勢跟蹤能力，並能夠利用發生的事實對趨勢的方向及性質進行有效的確定。這或許就是趨線的可愛之處吧。

4. 預判釋疑

對於圖 4.18、圖 4.19、圖 4.20 所展示的趨線預判圖，相信所有的讀者都再熟悉不過了。不就是誰都會畫的趨勢線嗎？不錯，正是趨勢線，但又不是趨勢線，這就是開篇所說的：趨線與趨勢線是「形同而神不同」。要理解這個似乎「矛盾」的答案，還得從「打狗棒」的故事說起。

香港電視劇《射雕英雄傳》中丐幫幫主洪七公有一根著名的「打狗棒」。其實，這條「打狗棒」是極普通的一根棍棒，在普通人眼中只是一根「燒火棍」，而在洪七公的手中卻成了威震武林的兵器，這是因為洪七公用這根「燒火棍」創造了獨霸武林的絕學：「打狗棒法」。這個比喻同樣適用於趨勢線與趨線。

或許有的讀者會提出這樣的疑問：如果工具本身就很優秀，結果會怎麼樣呢？也就是說，如果棍棒本身就是「打狗棒」而不是「燒火棍」，結果會怎麼樣呢？

對於手無縛雞之力的人而言，給他天下第一的寶劍，他或許拿都拿不動，即使勉強拿得動，也傷不了人。而這把寶劍一旦到了技藝高超的劍客手中，卻可以殺人於無形之中。這就是答案。

相信讀者都會提出這樣的問題：一輪趨勢可以畫出許多條趨勢線，為什麼你畫的那一條就是反轉趨勢線呢？

這就是問題的關鍵所在，這就是普通人手中的「燒火棍」與洪七公手中的「打狗棒」的不同之處，這就是「化腐朽為神奇，化平淡為精彩」的由來。

「打狗棒」的故事已經說完，到了該出發的時候了。讓我們一同走進平凡而神奇的趨線世界，期待你成為一名真正的「趨線戰士」！

第二節　其他主要技術分析理論簡介

對證券市場價格波動的認識，最籠統的劃分有兩種：一種認為證券市場中價格的移動有規律；另一種認為證券市場中價格的移動沒有規律。下面介紹幾個技術分析理論。

一、隨機漫步理論

隨機漫步理論（Random Walk）認為，證券價格的波動是隨機的，像一個大廣場上行走的人一樣，價格的下一步將走向哪裡，是沒有規律的。證券市場中，價格的走向受到多方面因素的影響，一個不起眼的小事也可能對市場產生巨大的影響。

該理論的針對目標是每個交易日之內的微小的波動。價格的波動走向受到多方面因素的影響。任何微不足道的小事都可能對市場產生巨大的影響。從價格走勢圖上比較短的時間區間看，價格上下起伏的機會差不多是均等的。有人用隨機數的方法對價格進行了模擬，其結果同市場真實的價格波動很相像。從這個意義上講，隨機漫步理論有它合理的一面。

　　在期權定價理論中，把證券價格的波動分解成「漂移」和「波動」。這裡的波動就是隨機漫步。同時，還假設隨機漫步是某個隨機過程，服從某個概率分佈。這樣假設是從建立數學模型的角度考慮的，因為，如果不這樣假設，當今的數學工具就解決不了任何問題。

　　從現實的價格的波動看，證券價格的波動肯定不完全是隨機的，在一定場合肯定是有規律可循的。例如，連續六個漲停板後的證券和僅上漲了 5% 的證券相比，出現回落的概率前者要大得多。此外，世界各國的證券市場價格指數總體都是向上的。這也說明價格的波動還是有一些規律的。在目前參與交易的投資者交易的差距比較大的情況下，假設價格波動是完全隨機的還很難有說服力。當然，「隨機」有個定義的問題。市場價格的波動是否完全是隨機的有賴於「隨機」的定義。需要指出的是，進行基本分析和技術分析的研究，都要假設價格的移動存在規律。

二、循環週期理論

　　歷史總是這樣不斷輪迴的，大多數投資者高買低賣，古今中外的證券市場莫不如此。這幾年來中國股市給股民最大的教育是要保持最大限度的耐心。什麼經濟下滑，什麼通脹，好像都是表象，證券市場自有其發展規律。循環週期（Cycle）理論認為事物的發展有一個從小到大和從大到小的過程。這種循環發展的規律在證券市場也存在。他們認為，無論什麼樣的價格活動，都不會向一個方向永遠走下去，價格在波動過程中所形成的局部的高點和低點之間，在時間上存在規律性。價格的波動過程必然產生局部的高點和低點，這些高低點的出現，是我們進行證券投資時必須考慮的，我們可以選擇低點出現的時間入市、高點出現的時間離市。

　　應該指出，循環週期理論的重點是時間因素，而且注重長線投資，對價格和成交量考慮得不夠。在實際應用中，循環週期理論的關鍵是找出那些「被假定存在」的週期的時間長度，也就是一個週期的時間跨度。大多數週期是用等時間長度的方式計算得到的。被計算的週期包括高點與高點、低點與低點、高點與低點之間的時間跨度。從價格波動的歷史圖形中，可以發現眾多的局部的高點和局部的低點，需

要統計這些點之間的時間跨度。在實際應用中，循環週期理論要涉及「時間之窗」的概念。

三、相反理論

從嚴格的意義上講，相反理論（Contrary Opinion Theory）還不能被稱為是理論，只能被稱為是一種交易方法，或交易理念。相反理論是人人似乎都明白但卻沒有得到足夠重視的理論。它的出發點是基於這樣一個原則：證券市場本身並不創造新的價值，沒有增值，甚至可以說是減值的。如果行動與大多數投資者的行動相同，那麼一定不是獲利最大的，因為，不可能多數人獲利。因此，只有與大多數參與交易的投資者採取相反的行動才可能獲得大的收益。因為市場中某些投資者的收益一定來自其他投資者的損失。如果大多數投資者都獲利，則利潤的來源就成了問題。要獲得大的利益，一定要同大多數人的行動不一致，也就是相反。

要獲得大的利益，一定要同大多數人的行動不一致。在市場內人員爆滿的時候，首先想到的應該是不買入，其次應該想到的是退出市場；在市場內人員稀少的時候，首先想到的應該是不賣出，其次應該想到的是入場。這就是相反理論在具體的交易操作上的具體體現。有個在市場廣為流傳的故事。證券營業部門前有一位賣報紙的小販，當出現了大行情的時候，每天去營業部的人很多，人人都願意買一份報紙看看，報紙的銷售量很大，靠賣報紙掙了不少錢。這個時候，小販就專心賣報紙。當行情低迷的時候，每天靠賣報紙已經不能滿足生活需要了，此時小販就進入「人煙稀少」的營業部買股票。沒過多久，股票價格漲了，同樣掙了不少錢。

這個故事就是對相反理論比較好的說明。相當一批人天天都在證券市場裡「泡」。從這個故事中，這些人應該明白他們的做法未必是正確的。在證券市場中（特別是股票市場中），並不是所花費的精力和時間越多，所得到的收益就越多。收益的高低與對時機的把握的關係最大。

相反理論認為，買賣的決策取決於大眾的行為。無論在什麼投資市場，投資者衝動的熱情在多方面的「幫助」下空前高漲，正是行情暴跌的前兆。因為當所有的人都看漲而失去風險意識的時候，就意味著牛市已經到了頂而成為最危險的時候。相反，當所有的人都唉聲嘆氣，對市場失去信心而認為天馬上就要塌下來的時候，就是熊市接近尾聲的時候。只要熬過黎明前的這一小段黑暗，曙光就將來臨。

當然，在實施「與大多數人採取不同的行動」的時候，也有時機的把握問題。並不是人數稍微一少就入市。如果市場的熊市剛開始，廣大投資者正在拋售證券，

而現在就使用相反理論貿然入場，就會招致很大的失敗。此外，對營業部裡「人蔟稀少」的判斷也有定量的問題。究竟人數少到何種程度才能被稱為是「人蔟稀少」，也需要統計和比較才能得出正確的結論。

事物的發展，絕非其表面所直接表現的那樣。不斷地打破常規是成功者應該具備的素質。要超越同輩「正常」的思維觀念，才能取得不凡的成功。從某種意義上講，相反理論告訴投資者，要具備獨樹一幟的觀念和逆風行船的勇氣，不要被眼前的現象所迷惑。

四、博傻理論

證券市場中經常發生這樣的情況：當市場價格已經漲得很高了，馬上就可能下跌，甚至已經開始下跌了，但是仍然有市場參與者大膽買入，結果證券價格確實又上升了。這個時候有人就會提出疑問：什麼人還敢買進證券？而當證券價格已經跌得很深了，馬上就可能上升，甚至已經開始上升了，或是正在上升途中，但是仍然有人膽小怕事，急忙賣出證券。這個時候有人就會提出疑問：什麼人還在賣出證券？

這兩個疑問就是博傻理論的基礎。博傻理論認為：

運用理性的思維和理性的工具去判斷證券價格的漲跌反而是不理性的。因為證券價格從5元上升到10元，升幅已經達到100%，漲幅非常的高，不應該再去追高了。但是證券市場中的非理性行為往往在一段時間裡戰勝理性行為。因為隨著證券價格的上升，證券投資人就會失去理智，像傻子一樣認為證券價格還會上漲。如果買入證券以後，證券價格確實上升了，買者必然要向其他踏空的人炫耀他是多麼英明偉大。而這些「其他踏空的投資者」此時也經不起誘惑，開始犯傻追高買入。假如這第一批「其他踏空的投資者」犯傻追高買入證券後，證券價格確實又上升了，這第一批「其他踏空的投資者」也必然要向其他沒有買入證券的人炫耀他是多麼英明偉大。如此反覆，結果犯傻的證券投資者越來越多，證券價格由於買者增多，繼續上升也就成了必然。這就是為什麼證券價格已經很高而仍有大量的投資者大膽地買入證券的博傻道理。

反過來，如果證券價格從20元跌到16元，跌幅達20%，這個時候就會有投資者開始割肉賣出證券，很可能賣出證券後，證券價格就跌到12元，這時賣者必然要向其他被套牢的投資者炫耀他多麼果斷，而這些「其他被套牢的投資者」此時也容易抵擋不住，於是意志動搖，開始犯傻殺跌賣出證券。假如這第一批「其他被套

牢的投資者」犯傻殺跌賣出證券後，證券價格確實又下跌了，這第一批「其他被套牢的投資者」也必然要向其他還未割肉的人炫耀他是多麼的果斷。如此反覆，結果犯傻殺跌的證券投資者越來越多，證券價格由於賣者增多，繼續下跌也就成了必然。這就是為什麼證券價格已經很低而仍有大量的投資者膽小地賣出證券的博傻道理。

證券市場的博傻原理造就了一批又一批的博傻者紛紛追高或紛紛殺跌。證券價格總有上升（下跌）的終結，誰更傻，誰就會被套在高位或在底部殺跌賣出一個地板價。

除了上述幾種理論之外，技術分析還有一些方法，在進行行情判斷時，有很重要的作用，它們大部分是有關某一方面的具體結論，不是對市場整體的結論。比如，在技術分析的發展歷史上，出現了很多的分析大師。後人用他們的名字對其相關的思想進行命名。包括前面介紹的甘氏理論和亞當理論。亞當理論主要是一些理念性的內容，例如無招勝有招、十大戒律[1]等。這些內容是他們對投資實踐的具體的經驗總結，相當部分內容是用血的教訓換來的，對於投資者在投資活動中減少犯錯誤的機會是有幫助的。讀者應該將其作為座右銘一樣記住，並在實際中約束自己的投資行動。

內容提要

市場價格指數可以解釋和反應市場的大部分行為。這是道氏理論對證券市場的重大貢獻。道氏理論認為價格的波動儘管表現形式不同，但是我們最終可以將它們分為三種趨勢，即主要趨勢（Primary Trend）、次要趨勢（Secondary Trend）和短暫趨勢（Near Term Trend）。

道氏理論認為，除非多頭市場和空頭市場的平均值有相同的信號，否則證券市場上所發生的多頭或空頭信號就不能確定；當兩個平均值均超過前一個次級高峰時，才開始另一個多頭市場。如果僅是一個平均值超過前次高峰的信號，就沒有所謂的多頭市場。

---

[1] 亞當理論的十大戒律：第一，不可以加死碼；第二、入市的時候應及時定好止損價；第三，止損不能隨意改動，除非肯定改動對本身有利；第四，切忌積小錯為大錯；第五，每次損失不應該超過總資金的10%；第六，不要試圖找出頂部和底部；第七，順勢而為；第八，沒有不出錯的，出錯了要認輸；第九，做得不順就暫停，不要試圖馬上撈回來；第十，知己知彼，百戰百勝。

新的主要運動或者次要運動的互證作用,以兩種現象表示出來。第一是兩種平均數經過一段長時間牛皮狀態的波動,然後同時發生突然的下降現象,從而發生互證作用。第二是兩種平均數同時表現新的最高點或同時表現新的最低點,從而發生互證作用。

道氏理論認為,成交量和證券價格具有相當的關係。簡單地說,成交量應該是沿著主要趨勢的方向擴展。假如主要的趨勢上升,成交量應該擴大;相反,證券價格下跌,成交量亦隨之下落。在下降趨勢中,證券價格止跌應該縮減成交量。然而,成交量只是一個次級運動的指標。

趨勢將一直持續到明確的反轉信號出現為止。

道氏理論的缺陷是:可操作性較差;太注重長期趨勢,對投資次數頻繁的投資者而言幫助不大;僅依賴兩種平均數來觀察市場變化,實際上影響市場變動的因素甚多,不能以少數證券代表整個市場波動的實際;對長期變化的判斷也許有極高的準確度,對大形勢的判斷有較大的作用,但對中期變動卻不能提出任何警告,對於每日每時都在發生的小波動則顯得有些無能為力;道氏理論雖然為證券市場的長期變化指明了方向,但並不能指示應購買何種證券。

順勢交易就是指在多頭市場裡在價格回擋時買入,而在空頭市場裡在價格反彈時賣出。

趨勢就是證券價格市場運動的方向。趨勢的方向有三個:上升方向;下降方向;水平方向,也就是無趨勢方向。

上升趨勢線又稱支撐線,是經過兩個以上的中期漲升趨勢完成後的回擋底部價位的直切線,它對以後的中期回擋有一定支撐作用。下降趨勢線又稱阻力線,是經過兩個以上的中期反彈趨勢的頂部價位的直切線,它對後續的下降趨勢發展具有一定的反壓作用。相應地,支撐線下部的區域稱為支撐區域;阻力線上部的區域稱為壓力區域。

一般來說,如果在某個固定的價格區域內發生大量的換手,即可稱為密集交易區。證券價格一旦向上突破阻力線,那麼整個密集交易區就形成了支撐區域;如果證券價格向下跌破支撐線,整個密集交易區就成了阻力區域。

在兩條平行的壓力線與支撐線之間所形成的範圍,可稱之為通道,通道可分為上升通道與下降通道。當價位在圖形上觸及趨勢線附近時,此時即為交易者進行交易的一個良好時機與信號。當價位向下跌破支撐線時,隨即賣出,同時反向操作空頭。同樣地,當價位向上突破壓力線時,即應結束做空的部位,同時反向做多

買進。

　　主要趨勢是證券價格波動的大方向，一般持續的時間比較長；次要趨勢是在進行主要趨勢的過程中進行的調整；短暫趨勢是在次要趨勢中進行的調整。這三種類型的趨勢最大的區別是時間的長短和波動幅度的大小。當然，趨勢線並非一定是線形的，也有非線形的情況。

　　上升趨勢線是連接一波波低價的直線，它在整個趨勢中扮演一種支撐力量的角色；下降趨勢線是連接一波波高價的直線，它在整個趨勢中扮演一種壓力的角色。標準的趨勢線必須是以三個以上的低點所畫出的上升趨勢線或以三個以上的高點所畫出的下降趨勢線。真正有效的趨勢線是價格波動一觸及該線便回跌或反彈。然而，有時趨勢線也會失靈，此時則需加以一定的修正，也就是說重新再畫一條正確的趨勢線。

　　在突破趨勢線時，如果將原有趨勢線延長，當證券價格再次觸及該趨勢線時，常會發生反轉現象；通常趨勢線斜率越大、越陡峭，其以後的抵抗力也越弱但證券價格跌破趨勢線時，並非大勢一定轉壞。因為陡峭的趨勢線常發生於多頭市場初期，回跌後，有可能會再沿著較緩和的趨勢線上升，此時應修正趨勢線。由證券價格與趨勢線的價格差幅度大小來測量其反轉後證券價格上漲或下跌的幅度 。通常在一個多頭市場裡，其最高價與趨勢線的距離和趨勢線由上升反轉為下跌的幅度大致相同。反之，在一個空頭市場裡，其最低價與趨勢線的距離也大致等於趨勢線反轉後的距離。

　　如果證券價格趨勢呈鋸齒狀上升或下跌（上下振盪），配合成交量的大幅增加，證券價格突破原來趨勢線，常顯示多頭或空頭的力量趨於耗竭，證券價格可能反轉。

　　支撐線（Support Line）又稱為抵抗線。當證券價格跌到某個價位附近時，證券價格停止下跌，甚至有可能還有回升，這是因為多方在此買入造成的。支撐線起阻止證券價格繼續下跌的作用。這個起著阻止證券價格繼續下跌作用的價格就是支撐線所在的位置。壓力線（Resistance Line）又稱為阻力線。當證券價格上漲到某價位附近時，證券價格會停止上漲，甚至回落，這是因為空方在此拋出造成的。壓力線起阻止證券價格繼續上升的作用。

　　支撐線和壓力線的作用是阻止或暫時阻止證券價格向一個方向繼續運動。我們知道證券價格的變動是有趨勢的，要維持這種趨勢，保持原來的變動方向，就必須衝破阻止其繼續向前的障礙。比如說，要維持下跌行情，就必須突破支撐線的阻力

和干擾，創造出新的低點；要維持上升行情，就必須突破上升的壓力線的阻力和干擾，創造出新的高點。由此可見，支撐線和壓力線遲早會有被突破的可能，它們不足以長久地阻止證券價格保持原來的變動方向，只不過是使它暫時停頓而已。同時，支撐線和壓力線又有徹底阻止證券價格按原方向變動的可能。當一個趨勢終結了，它就不可能創出新的低價和新的高價，這樣，支撐線和壓力線就顯得異常重要。

在上升趨勢中，如果下一次未創新高，即未突破壓力線，這個上升趨勢就已經處在很關鍵的位置了，如果再往後的證券價格又向下突破了這個上升趨勢的支撐線，這就產生了一個趨勢有變的很強烈的警告信號。同樣，在下降趨勢中，如果下一次未創新低，即未突破支撐線，這個下降趨勢就已經處於很關鍵的位置了，如果下一步證券價格向上突破了這次下降趨勢的壓力線，這就發出了這個下降趨勢將要結束的強烈信號，證券價格的下一步將是上升的趨勢。

一般來說，一條支撐線或壓力線對當前影響的重要性有三個方面的考慮：一是證券價格在這個區域停留時間的長短；二是證券價格在這個區域伴隨的成交量的大小；三是這個支撐區域或壓力區域發生的時間距離當前這個時期的遠近。很顯然，證券價格停留的時間越長，伴隨的成交量越大，離現在越近，則這個支撐或壓力區域對當前的影響就越大，反之就越小。上述三個方面是確認一條支撐線或壓力線的重要手段。有時，由於證券價格的變動，會發現原來確認的支撐線或壓力線可能不真正具有支撐或壓力的作用，比如說，不完全符合上面所述的三個條件。這時，就有一個對支撐線和壓力線進行調整的問題，這就是支撐線和壓力線的修正。

趨勢線是衡量價格波動方向的，由趨勢線的方向可以明確地看出證券價格的趨勢。在上升趨勢中，將兩個低點連成一條直線，就得到上升趨勢線。在下降趨勢中，將兩個高點連成一條直線，就得到下降趨勢線。上升趨勢線起支撐作用，下降趨勢線起壓力作用。

要得到一條真正起作用的趨勢線，要經多方面的驗證才能最終確認，不合條件的一般應刪除。首先，必須確認有趨勢存在。也就是說，在上升趨勢中，必須確認出兩個依次上升的低點；在下降趨勢中，必須確認兩個依次下降的高點，才能確認趨勢的存在，連接兩個點的直線才有可能成為趨勢線。其次，畫出直線後，還應得到第三個點的驗證才能確認這條趨勢線是有效的。一般說來，所畫出的直線被觸及的次數越多，其作為趨勢線的有效性越能得到確認，用它進行預測越準確有效。另外，這條直線延續的時間越長，就越具有有效性。

兩條平行線組成一個軌道，這就是常說的上升軌道和下降軌道。軌道的作用是限制證券價格的變動範圍，讓它不能變得太離譜。一個軌道一旦得到確認，那麼價格將在這個通道裡變動。與突破趨勢線不同，對軌道線的突破並不一定是趨勢反向的開始，而可能是趨勢加速的開始，即原來的趨勢線的斜率將會增加，趨勢線的方向將會更加陡峭。軌道線的另一個作用是發出趨勢轉向的警報。如果在一次波動中未觸及軌道線，離得很遠就開始掉頭，這往往是趨勢將要改變的信號。這說明，市場已經沒有力量繼續維持原有的上升或下降的規模了。

從適用條件來看，黃金分割線所針對的是經過了長時間上升或下降趨勢的波動現象，對於價格在某個方向波動的早期，單點黃金分割線是沒有用處的。使用單點黃金分割線的時候，一定是「漲瘋了」和「跌慘了」的時候。

黃金分割律用在大勢研判上的有效性高於用在個別證券研判上。主要是個別證券的價格變動原因多為一些具體因素，常常一些偶然的、特殊的因素就能極大地影響個別證券的價格。

百分比線考慮問題的出發點是人們的心理因素以及人們在心理上對整數分界點的重視。

在很大程度上，1/2、1/3、2/3 是人們的一種心理傾向。如果沒有回落到 1/3 以下，就好像沒有回落夠似的；如果已經回落了 2/3，人們自然會認為已經回落夠了，因為傳統的定勝負的方法是三打兩勝，1/2 就是常說的二分法。

如果將百分比數字取為特殊的 61.8%、50% 和 38.2%，而嚴格按照計算百分比線的方式進行，就得到兩點黃金分割線。

具體使用支撐與壓力線的時候，不可避免地要受到使用者主觀因素的影響。具體體現在下面三個選擇上：第一，高點和低點的選擇；第二，黃金分割數字和百分比數字的選擇；第三，買賣行動中資金投入量比例的選擇。

趨勢要反轉必須突破重重阻力。要反轉向上，必須突破多條壓在頭上的壓力線；要反轉向下，必須突破多條橫在下面的支撐線。輕微的突破或短暫的突破都不能被認為是反轉的開始，必須消除所有的阻止反轉的力量，才能最終確認反轉的來臨。

扇形原理是依據三次突破的原則。在上升趨勢中，先以兩個低點畫出上升趨勢線後，如果價格向下回落，跌破了剛畫的上升趨勢線，則以新出現的低點與原來的第一個低點相連接，畫出第二條上升趨勢線。再往下，如果第二條趨勢線又被向下突破，則同前面一樣，用新的低點與最初的低點相連接，畫出第三條上升趨勢線。

依次變得越來越平緩的這三條直線形如張開的扇子，扇形線和扇形原理由此而得名。對於下降趨勢也可如法炮製，只是方向正好相反。

甘氏線就是將百分比原理和幾何角度原理結合起來的產物。甘氏線是從一個點出發，依一定的角度，向後畫出的多條射線，所以，有些書上把甘氏線稱為角度線。甘氏線是比較早期的技術分析工具，在使用的時候會遇到兩個問題。第一，受到技術圖表使用的刻度的影響，選擇不同的刻度將影響甘氏線的作用。只要不斷地調整刻度，就可以使甘氏線達到「準確預報」的效果。第二，甘氏線提供的不是一條或幾條線，而是一個扇形區域，在實際應用中有相當的難度。不是專門研究江恩理論的投資者，最好不要使用甘氏線。

隨機漫步理論（Random Walk）認為，證券價格的波動是隨機的，像一個大廣場上行走的人一樣，價格的下一步將走向哪裡，是沒有規律的。

循環週期理論（Cycle）認為，無論什麼樣的價格活動，都不會向一個方向永遠走下去，價格在波動過程中所形成的局部的高點和低點之間，在時間上存在規律性。價格的波動過程必然產生局部的高點和低點，這些高低點的出現，在時間上有一定的規律。我們可以選擇低點出現的時間入市、高點出現的時間離市。

相反理論的出發點是基於這樣一個原則：證券市場本身並不創造新的價值，沒有增值，甚至可以說是減值的。如果行動與大多數投資者的行動相同，那麼一定不是獲利最大的，因為，不可能多數人獲利。因此，只有與大多數參與交易的投資者採取相反的行動才可能獲得大的收益。因為市場中某些投資者的收益一定來自其他投資者的損失。如果大多數投資者都獲利，則利潤的來源就成了問題。要獲得大的利益，一定同大多數人的行動不一致，甚至相反。

博傻理論認為，運用理性的思維和理性的工具去判斷證券價格的漲跌反而是不理性的。證券市場的博傻原理造就了一批又一批的博傻者紛紛追高或紛紛殺跌。證券價格總有上升（下跌）的終結，結果誰更傻，誰就會被套在高位或在底部殺跌賣出一個地板價。

關鍵術語

道氏理論　主要運動　次級運動　微小運動　切線理論　順勢交易
趨勢　上升方向　下降方向　水平方向（無趨勢方向）　上升趨勢線（支撐線）
下降趨勢線（阻力線）　通道　上升通道　下降通道　主要趨勢　次要趨勢

短暫趨勢　　修正趨勢線　　多頭　　空頭　　旁觀者　　趨勢線　　軌道線
黃金分割線　　百分比線　　兩點黃金分割　　扇形原理　　速度線　　甘氏線
隨機漫步理論　　循環週期理論　　相反理論　　博傻理論

復習思考題

1. 簡述道氏理論的形成過程。
2. 道氏理論的基本原則是什麼？
3. 主要趨勢有哪三個階段？
4. 道氏理論的缺陷是什麼？
5. 按道氏理論的分類，趨勢分為哪三個類型？
6. 判斷上升趨勢線的權威性及準確性時應注意什麼？
7. 支撐線和壓力線的作用是什麼？
8. 趨勢線有哪兩種作用？
9. 畫黃金分割線的步驟包括哪些？
10. 黃金分割線的適用條件是什麼？
11. 百分比線的畫法是什麼？
12. 百分比線的適用條件和對象是什麼？
13. 使用黃金分割線和百分比線會受到哪些主觀因素的影響？
14. 速度線的畫法包括哪些步驟？
15. 應用切線理論應注意哪些問題？
16. 簡述其他主要技術分析理論。

第五章 技術形態分析

K線理論已經告訴了我們一些有關對今後證券價格運動方向進行判斷的方法。不可否認，它有很好的指導意義。在實際的證券投資中，K線理論不僅能用於短期分析，而且還能用於長期分析。在長期分析中，我們分析由K線組成的一條條曲線，這些曲線就是證券價格在這段時間的移動軌跡，它比前面K線理論中的K線組合情況所包含的信息更多。

這些曲線的上下波動實際上仍然是多空雙方進行爭鬥的結果。不同時期多空雙方力量對比的大小就決定了曲線是向上還是向下，這裡的向上和向下所延續的時間要比K線理論中所說的向上和向下長得多。

技術形態分析正是通過研究證券價格所走過的軌跡，分析和挖掘出曲線告訴我們的一些多空雙方力量的對比結果，進而指導我們的行動。

趨勢的方向發生變化一般不是突然來到的，其變化都有一個發展的過程。形態理論通過研究證券價格曲線的各種形態，力求發現證券價格變動的方向。

第一節 證券價格變動原因和兩種形態類型

一、證券價格變動的原因和過程

證券價格的變化有其內在原因，價格的移動方向是由多空雙方力量對比決定的，證券價格波動的過程是不斷地尋找平衡和打破平衡的過程。

1. 價格的移動方向是由多空雙方力量對比決定的

價格的變化是由多空雙方力量大小決定的。一個時期，多方處於優勢，力量增強，證券價格將向上移動，這是眾所周知的。同樣，在一個時期內，如果空方處於優勢，占據上風，則證券價格將向下移動，這也是顯然的。這些事實，我們在介紹K線的時候已經進行了說明，這裡所考慮的範圍要比前面所敘述的廣泛得多。

多空雙方的一方占據優勢的情況又是多種多樣的。有的只是稍強一點，證券價格向上（下）走不了多遠就會遇到阻力。有的強得多一些，可以把證券價格向上（下）抬（壓）得多一些。有的優勢是決定性的，這種優勢完全占據主動，對方幾乎沒有什

麼力量與之抗衡，證券價格的向上（下）移動勢如破竹，沒有任何阻擋的力量。

價格移動的規律是完全按照多空雙方力量對比大小和所占優勢的大小而行動的。

如果一方的優勢大，證券價格將向這一方移動。如果這種優勢不足以摧毀另一方的抵抗，則證券價格不久還會回來。這是因為另一方只是暫時退卻，隨著這種優勢不大的影響的消失，另一方還會站出來收復失地。再者，如果這種優勢足夠大，足以摧毀另一方的抵抗，甚至於把另一方的力量轉變成本方的力量，則此時的證券價格將沿著優勢一方的方向移動很遠的距離，短時間內肯定不會回來，甚至於永遠也不會回來。這是因為此時的情況發生了質變，多空雙方原來的平衡位置發生了變化，已經向優勢一方移動了。上一種情況的多空雙方的平衡位置並未改變，所以，證券價格將會很快回到原來的位置。

取得決定性優勢的一方把證券價格推向自己方向時，並不是可以無限制地隨意移動到什麼位置。隨著證券價格向自己一方的移動，原來屬於本方的力量將逐漸跑到對方的行列中去。例如，多方取得絕對優勢（如，有一個絕好的利多消息），證券價格一路上揚，買入者蜂擁而至。隨著價格的升高，將使買入者心有顧慮；同時，原來在低位買入的獲利者也會拋出證券。這兩方面原因就會限制證券價格無休止地上揚。

2. 價格波動的過程是不斷地尋找平衡和打破平衡的過程

根據多空雙方力量對比可能發生的變化，可以知道證券價格的移動應該遵循這樣的規律：

（1）證券價格應在多空雙方力量取得均衡的位置上下來回波動。

（2）原有的平衡被打破後，證券價格將尋找新的平衡位置。

可以用下面的表示方法具體描述證券價格移動的規律：持續整理→保持平衡→打破平衡→新的平衡→再打破平衡→再尋找新的平衡→……

價格的移動就是按這一規律循環往復，不斷地進行的。證券市場中的勝利者往往是在原來的平衡快要打破之前或者是在打破的最初過程中採取正確行動而獲得收益的。原平衡已經打破，新的平衡已經找到，這時才開始行動，就已經晚了。

二、價格移動的兩種形態類型

價格的移動過程主要是保持平衡的持續整理和打破平衡的突破這兩種過程。這樣，我們把證券價格曲線的形態分成兩個大的類型：①持續整理形態（Continuation pattern)；②反轉突破形態 (Reversal Patterns)。前者保持平衡，後者打破平衡。平衡的概念是相對的、有範圍的，價格只要在一個範圍內變動，就屬於保持了平衡。這樣，這個範圍的選擇就成為判斷平衡是否被打破的關鍵了。

1. 持續整理形態

持續整理形態有時簡稱為持續形態，其最主要的特點是：形態所在的平衡被打破以後，價格的波動方向與平衡之前的價格趨勢方向相同。例如，之前是上升趨勢，在經過了一段時間的整理之後，價格的波動趨勢仍然是上升。

持續整理形態也要考慮平衡被打破的問題，不過這不是研究持續整理形態的重點。持續整理形態與反轉突破形態相比，最大的區別就是它所需要花費的時間比後者少。持續整理形態僅僅是事先就有的價格運動趨勢方向的暫時休止，時間一般不長。

2. 反轉突破形態

反轉突破形態有時簡稱為反轉形態。其最主要的特點是，形態所在的平衡被打破以後，價格的波動方向與平衡之前的價格趨勢方向相反。例如，之前是上升趨勢，在經過了一段時間的平衡整理之後，價格的波動趨勢是下降。

反轉突破形態是形態理論研究的重點內容。判斷反轉形態的時候，要注意以下幾點：

（1）證券價格原先必須確有趨勢存在，才能談得上趨勢反轉的問題。

（2）某一條重要的支撐線或壓力線被突破，是反轉形態突破的重要依據。(3) 某個形態形成的時間越長，規模越大，則反轉後帶來的市場波動也就越大。(4) 交易量是向上突破的重要參考因素。向下突破時，交易量的作用不大。

同支撐線、壓力線被突破一樣，平衡被打破也有是否被認可的問題。剛打破一點，不能算真正打破。反轉突破形態存在種種假突破的情況，這是我們要時時刻刻牢記在心裡的。假突破給我們造成的損失有時是很大的。

雖然上面將形態進行了分類，但是實際中的形態有些是不容易區分的，「這個形態究竟屬於哪一類」經常是個問題。例如，一個局部的三重頂底形態，在一個更大的範圍內有可能被認為是矩形形態的一部分；一個三角形形態有時也可以被當成反轉突破形態，儘管多數時間我們都把它當成持續整理形態。其實，一個形態究竟叫什麼名字並不重要，我們所關心的是這個形態之後價格將向何處去。

各個時期的證券投資者，在長期的實踐中對各種價格曲線的形態進行了綜合分析整理，總結出了十幾種具有代表性的形態，每個形態都會告訴人們一些有用的信息。下面對這些形態做詳細介紹。

第二節　反轉突破形態

在經濟大環境與個別公司營運發生大轉變及其他非經濟因素的影響下，證券價格逐漸改變其長期趨勢，等待適當時機便向反方向變動，這就是反轉。反轉形態指證券價格趨勢逆轉所形成的圖形，即證券價格由漲勢轉變為跌勢，或由跌勢轉變為漲勢的信號。從「似是無常卻有常」的證券價格變化可歸納和整理出一些形態，而識別這些反轉形態將有助於把握證券價格未來的走向。因此，反轉突破形態是一類我們應該花大力氣研究的重要的形態。在本節中，我們將分別介紹這些形態。

一、雙重頂和雙重底

雙重頂和雙重底（Double Tops and Double Bottoms Pattern）就是市場上眾所周知的 M 頭和 W 底，這種形態在實際中出現得非常頻繁，是利用形態進行判斷不可缺少的基本形態。

1. 雙重頂和雙重底的基本圖形

下圖 5.1 是雙重頂和雙重底的基本圖形。從圖中可以看出，雙重頂或雙重底總共出現兩個頂和底，也就是兩個相同高度的高點和低點。

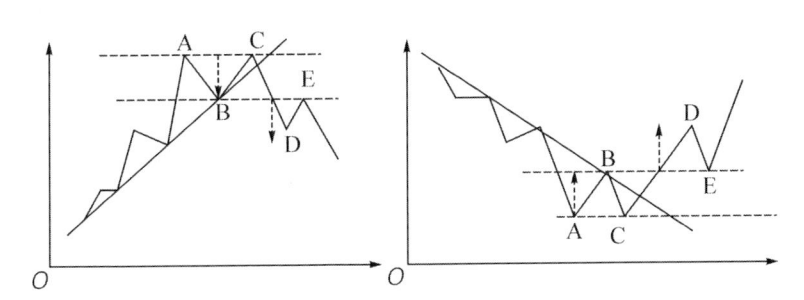

圖 5.1　雙重頂與雙重底

2. 雙重頂與雙重底的形成過程

（1）雙重頂的形成過程。當證券價格快速上升至某一水平後遇阻力回落並在峰位留下大成交量，然後成交量隨證券價格下跌而萎縮；當證券價格獲支撐再度回升時，成交量雖有所放大，卻不如先前水準，上升動力不足以使證券價格衝破前次峰位，證券價格再次遇阻回落並突破頸線，形成下跌趨勢。當證券價格向下突破頸線時，成交量不一定要放大。如上左圖，在上升趨勢過程的末期，證券價格在第一個

高點 A 形成了新高點，之後進行正常的回擋，受上升趨勢線的支撐，這次回擋將在 B 點附近停止。往後就是繼續上升，但是力量不夠，上升高度不足，在 C 點（與 A 點等高）遇到壓力，證券價格向下，這樣就形成 A 和 C 兩個頂的形狀。

（2）雙重底的形成過程。證券價格高位回落，成交量隨之萎縮，當跌破至某一水平後，部分投資人認為跌幅已深從而逢低吸納，證券價格止跌回升，但反彈幅度有限，成交量溫和上升；隨後證券價格再次滑落，成交量也隨之進一步萎縮，當證券價格回至上次低點時重獲支撐並回升，此時成交量迅速放大（這次回升時的成交量要大於前一次反彈時的成交量），強大的買氣促使證券價格衝破頸線，形成上升趨勢，如上右圖。

雙重頂底形成以後，有兩種可能的前途：第一是未突破 B 點的支撐（壓力）位置，證券價格在 A、B、C 三點形成的狹窄範圍內上下波動，演變成今後要介紹的矩形。第二是突破 B 點的支撐（壓力）位置繼續向下（上），這種情況才是真正出現了雙重頂底反轉突破形態。前一種情況只能說是出現了一個潛在的雙重頂底反轉突破形態。

3. 雙重頂與雙重底的頸線

以 B 點作平行於 A、C 連線的平行線（圖中中間一條虛線），就得到一條非常重要的直線——頸線（Neck Line）。A、C 連線是趨勢線，頸線是與這條趨勢線對應的軌道線，這條軌道線在這裡起的是支撐（壓力）作用。

前面已經說過，一個真正的雙重頂底反轉突破形態的出現，除了必要的兩個相同高度的高低點以外，還應該向下（上）突破 B 點支撐（壓力）。現在我們可以這樣講，是突破頸線而不僅僅是突破 B 點支撐（壓力）。

突破頸線就是突破軌道線，突破支撐（壓力）線，所以也有突破是否被認可的問題。前面介紹的有關支撐與壓力線被突破的確認原則在這裡都適用。主要的是百分比原則和時間原則，前者要求突破到一定的百分比數，後者要求突破後有多日成立，通常至少是兩日。雙重頂底完成後，證券價格突破頸線幅度超過 3% 以上方為有效突破。

底部特徵[①]
——抄底行動倒計時　六大歷史底部特徵出

新低復新低，何時可抄底？這恐怕是今年（2010 年）中小股民最想問的問題

---

① http://www.doc88.com/p-8899225378220.html.

之一。

充滿了不確定性的股市雖然沒有標準答案，但六大歷史底部特徵已然出現，仍值得重視。

沒有只漲不跌的股市，也沒有只跌不漲的股市。對於投資者來說，目前，難道不是該行動的時候嗎？

一、望：股民趕場報告會

9月26日，帶著司機，43歲的王某驅車近80千米從德陽趕往成都。

這，只為了聽一場股票報告會。如果說，年初他還在盼望著上證綜指能在年內上衝4,000點，延續1,664點以來的一波牛市，那麼，現在，他盼的只是一波反彈，將這兩年來的虧損全部找回來。

從4月以來，A股市場連續暴跌，跌破了3,000點，又跌破了2,500點，途中偶有反彈，但往往是投資者還來不及好好回味前一交易日A股收出中陽的喜悅，便又遭遇當頭棒喝。9月26日，兩市股指紛紛大幅跳空低開。最終，滬指跌破2,400點關口，再創調整以來的新低。

2,500點，這從來不是股市的底部，甚至還沒有破去年的最低點；但如果說這也不算熊市，但為什麼這個市場又讓人如此傷心？

二、聞：《小股民之歌》道盡心酸

「股市還要熊多久？」這恐怕是今年中小股民最想問的問題之一。在這方面，王某並不是一個人在戰鬥。

你聽，那首在「股吧」中流傳最廣的歌：「在那山的那邊海的那邊，有一群小股民，他們辛勤又努力，他們選股又割肉……噢，可憐的小股民，他們齊心合力開動腦筋躲過了一個莊，最終還是淪陷黑色星期一……」這首改編自藍精靈的《小股民之歌》道盡了很多中小股民的心聲。類似的還有一首《「菜鳥」之歌》：「這只菜鳥很迷惘，市場無眼淚汪汪，跌無可跌還在跌，跌得無臉見爹娘；這只菜鳥很荒唐，暴漲暴跌總上當，忍無可忍手發癢，癢得兩面挨耳光。」

不得不承認，股民的智慧是無窮的。比如2007年，滬指暴漲至6,124點。當時，網上傳唱的是《死了都不賣》，一句「死了都不賣，不給我翻倍不痛快，我們散戶只有這樣才不被打敗」，顯示牛市中多頭的瘋狂。但一年不到，轉眼變成《股市歡迎你》：「股市歡迎你，有現金你就了不起，有膽量你再來抄底！」這時候，大盤已跌至1,600多點。

三、問：他想抄底回本

入市5年，王某開始感到迷茫，他對即將到來的演講充滿了期待，因為主講人是郎咸平。儘管他不知道郎咸平有沒有股票帳戶，也不知道郎咸平的炒股帳戶是盈利還是虧損。

「你已經有這麼多年的炒股經驗，還需要聽經濟學家的看法嗎？」

「瞭解下宏觀趨勢總是好的，他們眼界寬，知道的東西比我們多。」他說。這位德陽的製造業老板自2006年入市，從股票投資中嘗到過甜頭，有賺有賠；從2009年起，只賠不賺，前兩年從股市中賺的錢已經悉數扔了回去。

「今年虧了幾百萬。」王某說。他上半年幾乎買什麼跌什麼，到了2,800點時，他認為底部已經到了，為了找回虧損，在2,800點全倉殺入股市。「你看，現在都跌到2,400點以下了。」他一邊翻著手機一邊說。

「你說會跌到2,000點以下嗎？」他說，要再進去抄底，要投更多的錢進去。「要錢，就是一個晚上的事情，但就是不知道機會來了沒有。」

末了，他告訴記者，最近還關注了一個新的投資產品。「如果做股指期貨，1手15萬元，100手1,500萬元，漲400點的話，就是1,200萬元。嘿，今年賠的錢就全部賺回來了。」

從他的眼裡，記者看到了似曾相識的、滿懷期望的、代表普通投資者的那種目光。

四、切：六大歷史底部特徵出現

如今，大盤在2,400點附近徘徊，不過從統計的六大市場現狀來看，歷史底部的特徵已經全部出現。

1.「永不消失」的破淨個股

「破淨」是什麼意思？就是指上市公司股價跌破淨資產值，換句話說，就是以不足1元錢的價格，買帳面資產1元錢的東西。

破淨股的出現，往往都是在投資者信心低落的時候。投資者信心低落的時候，往往也是股市底部產生的時候。

截至昨日，滬深兩市共有18只個股的股價跌破最新淨資產，其中安陽鋼鐵（600569）最新收盤價3.11元，而最新每股淨資產高達4.44元，相當於打了7折。而與前期不同的是，銀行業個股也似乎快出現破淨個股。本周交通銀行（601328）最低價4.40元，而其每股淨資產達4元，由於其中期每股收益近0.40元，這也就意味著若其股價沒什麼變化，到年底交通銀行也將被動破發。

18只破淨股與2008年低點的破淨大潮相比，顯然不值一提，因為當年11月有200多只個股破淨。但是值得注意的是，18只的數量已超過2010年滬指2,319點時的水平。

2.「駐足觀望」的場外資金

一個好的市場，投資者總是趨之若鶩；一個壞的市場，總是門可羅雀。

根據中登公司的數據，上周兩市參與交易的A股帳戶數僅為707.41萬戶，環比下降了18%。A股交易帳戶占A股帳戶總數的比例只有4.4%。

「投資者入場的意願達到了冰點。」知名證券市場主持人左安龍說，很多投資者開始後悔這個時候的投資行為，認為大盤年底幾乎沒有機會，而大盤的走勢也在不斷驗證著他們的觀點。

而伴隨著指數的逐步走低，兩市成交量日趨下降，9月最低一天僅不足900億元，A股換手率創出2008年以來的新低。這些都反應出場外資金駐足觀望，場內投資者也不願意多交易。

3.「歷史冰點」的估值水平

股市操作的技術有千百種，但核心只有一個：低買高賣。

從估值水平來看，目前A股的確不算貴，加權市盈率已經低過2,319點，直逼1,664點，接近十年來的相對低點。

統計顯示，當前全部A股平均市盈率僅為14倍左右，早已跌破了2005年的歷史底部998點14.88倍的水平，相較於2010年2,319點底部16.34倍的估值水平，跌幅也超過14%。而代表藍籌股的滬深300指數最新市盈率已跌至11倍附近，跌破1,664點時的12.25倍水平，也低過998點時12.39倍的估值水平。

然而，當前市場的低估值幾乎完全由權重股貢獻，除去它們，中小盤個股市盈率依然高企。由於最近幾年來小盤新股持續發行，因此與2008年相比，沒有多少可比性。

只能說，雖然估值並不是判斷市場底部的絕對指標，但相對低的估值將逐漸吸引新多資金入場。

4.「再現破發」的新股市場

這兩年來，新股不敗神話早已被打破，破發潮一波接一波，特別是在大盤行情不好的時候，投資者打新中簽便如「中箭」。如今破發潮再現，據統計，9月以來，滬深兩市共有13只新股上市，其中近半數已經破發。

而目前，A股市場正面臨著今年以來最大IPO中國水電（601669）的上市。該

股昨日完成了申購，接踵而至的是中國交通建設股份公司啓動 IPO。巨無霸上市之後能否保住發行價，以目前的市場環境來說，非常懸。

不過令人期待的是，去年市場見底，也正好是在年內最大 IPO 農業銀行(601288) 上市之後。

5.「全面虧損」的公募私募

在弱勢市場面前，就算是機構也抗不住。今年，基金遭遇了有史以來的全線下跌。

昨日收盤，滬指累計跌幅為14%。而可統計的363只偏股型基金全線虧損，跌幅在20%以上的基金共有70只，占所有偏股型基金的比例接近兩成，而跑輸大盤的比例更是高達近七成。這70只跌幅20%以上的基金中，信誠基金及招商基金各占4席，分別為信誠優勝、信誠中小盤、信誠精萃成長（550002）、信誠四季紅（550001）、招商大盤藍籌（217010）、招商安泰股票、招商先鋒（217005）和招商優質成長，跌幅均在 20%~30% 之間。

以相對收益為考核指標的公募基金舉步維艱，追求絕對收益的陽光私募基金也難逃厄運，最大虧損達到48.72%。截至9月底，已經有110只產品單位淨值不足0.8元，瀕臨清盤紅線。

都說散戶要跟著機構買股票，但當機構都全面虧損時，誰還能充當散戶的風險標？

6.「終於出手」的產業資本

還是那句話：低買高賣。每逢弱市，總有產業資本出手。隨著大盤成交頻現地量，上市公司大股東屢屢進場增持自家股票。截至目前，上市公司大股東9月份以來的增持金額已超過8月份近七成。

一般而言，產業資本增持體現了對上市公司未來發展的信心，認為公司當前估值水平偏低。

數據顯示，9月共有37家公司發布了增持公告。根據公告，包括公司類股東、自然人及高管在內總計淨增持了3.63億股，累計實際入場資金約23.19億元。其中長江電力（600900）大股東增持資金額度最高，中國三峽集團通過二級市場以6.32元的每股均價買入長江電力30,294,847股，耗資近2億元。

4. 雙重頂與雙重底形態的高度和測算功能

雙重頂底反轉突破形態一旦得到確認，就可以用它進行對後市的預測了。它的主要功能是測算功能，敘述如下：從突破點算起，證券價格將至少要跌（漲）到與

形態高度相等的距離。

所謂的形態高度就是從 A 或 C 到 B 的垂直距離，亦即從頂點（底點）到頸線的垂直距離。上圖中右邊箭頭所指將是證券價格至少跌（漲）到的位置。換句話說，證券價格必須在這條線之下（上）才能找到像樣的支撐（或壓力），這之前的支撐（或壓力）都不足取。

5. 反撲（Pull Back）

頸線被突破後，價格可能不是一直不回頭地移動下去（上去），價格往往會有一個返回的過程，並且在頸線處被阻止。這個現象叫「反撲」（如上圖中的 E 點）。頸線在這裡起著支撐和壓力作用，也就是說這種返回將受到頸線的阻擋。對於雙重頂底來說，最重要的是在反撲的時候「出逃（買進）」，因為只有在這個時候我們才確切地知道應該怎麼辦。圖中的 E 點將是最好和最安全的行動位置。

按照理論上的觀點，在整個雙重頂底的過程中，投資者只有在反撲的時候才真正知道應該做什麼。在這個時候，應該採取行動，俗稱「逃命」，是最後的機會。對於雙重頂，是多方「逃命」；對於雙重底，是空方「逃命」。應該提醒的是，如果在離開頸線很遠後開始反撲，可以結合支撐與壓力理論的有關方法選擇採取行動的地點。

6. 對雙重頂底形態的補充說明

（1）要求雙重頂底的兩個頂或底完全相同是很困難的，在絕大多數情況下它們不相等，允許有一些差異。第 2 峰（谷）若稍高於（低於）第 1 峰（谷），並不能認為是向上（下）突破，原有的上升（下降）趨勢恢復了。此時會遇到如何判斷兩個頂或底的差異是否處在所允許的差別範圍內的問題，這顯然涉及主觀因素的判斷。

（2）兩個頂和底可能是由多個小頂底組成的複合形狀。在形成頂底時，價格有時並不是剛一接觸到這個價位就立即調頭反向，而有可能經過多次小的波動衝擊這個頂底，不成功之後才調頭，這樣就有可能形成一個頂底複雜多樣的情況。

（3）在成交量方面，雙重頂和雙重底有細小的不同。雙重頂的兩頂的位置成交量都很大，但第 2 頂一定比第 1 頂成交量少。雙重底的第 1 個底成交量最大，觸底上升時成交量也不少，但第 2 個底的成交量顯著萎縮。除此之外，雙重底向上突破頸線時，一定要有大的成交量配合。而雙重頂向下突破頸線時，則沒有成交量配合的要求。

（4）如果兩個頂點（底點）出現的時間非常近，則只代表一個次級下跌（上），升大多屬整理形態，之後證券價格將朝原方向運動；相反，兩個頂點（底點）產生時相距甚遠，則反轉形態的可能性很大。兩個頂或兩個底之間相距的距離越遠，也就是形成雙重頂或雙重底所延續的時間越長，則將來雙重頂或雙重底反轉的

潛力越大，波動越劇烈。時間長短體現的是形態的規模。小規模的雙重頂底的兩個頂底之間應相距2周～3周，大規模的雙重頂底可能會延續數年。

（5）雙重頂底的形態高度與形態之前的上升（或下降）趨勢的波動幅度相比，不能過低也不能過高。過低容易將其當成波動過程中的小干擾而被忽略，過高則形態中的波折本身就可以被看成是一次新的上升或下降的趨勢，而與原來的趨勢不屬於同一層次。

7. 雙重頂與雙重底形態的實例

雙重頂的實例方面，如圖5.2所示。中國船舶（600150）2007年1月到2008年11月日K線就是很好的說明，其中2007年8月到2008年3月就是典型的雙重頂。

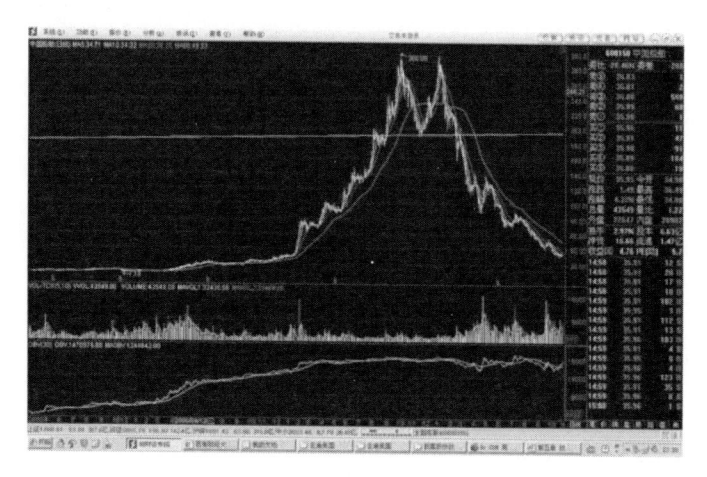

圖5.2　中國船舶2007年8月到2008年3月就是典型的雙重頂

雙重底的實例方面，如圖5.3和圖5.4所示。蘭太實業（600328）2003年4月到2008年1月周K線就是很好的說明，其中2004年6月到2007年3月就是典型的雙重底。

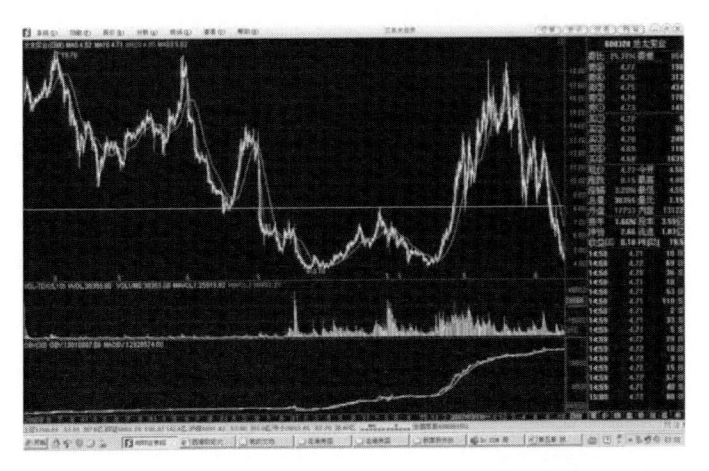

圖 5.3　蘭太實業 2004 年 6 月到 2007 年 3 月就是典型的雙重底

深赤灣（00022）2005 年 4 月至 2007 年 9 月的日線圖中，我們可以看出，2005 年 10 月至 2006 年 12 月形成了一個雙重底。

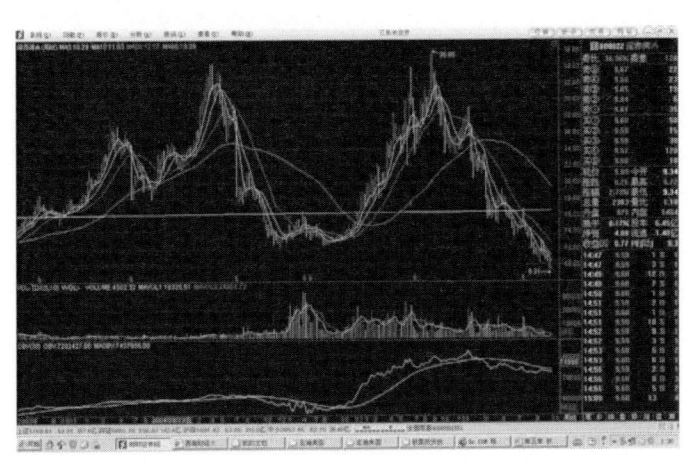

圖 5.4　深赤灣（00022）2005 年 4 月至 2007 年 9 月的日線圖

8. 操作建議

（1）證券價格有效突破頸線後，若是 M 頭，投資者宜出清自己所持有的證券；若是 W 底，則應繼續買進。

（2）證券價格無法突破右峰頂點且成交量明顯較左峰少時，說明上升乏力，投資者宜減少自己所持有的證券；在左底形成時不宜馬上搶反彈，但當證券價格自右

底回升且量價配合良好時，可酌情買進。

（3）當有效突破頸線後，縱然有小幅反彈（回落）至頸線附近，投資者也應堅持原有立場。

三重頂（底）從某種意義上可以看成是雙重頂（底）的一般形態，其市場意義、形態都和雙重頂（底）相似，只是多了一個頂峰（谷底）而已。

二、頭肩頂和頭肩底

頭肩頂和頭肩底（Head and Shoulders & Tops and Bottoms Pattern）是實際證券價格形態中出現得最多的形態，是最著名和最可靠的反轉突破形態。下圖5.5是這種形態的簡單形式。

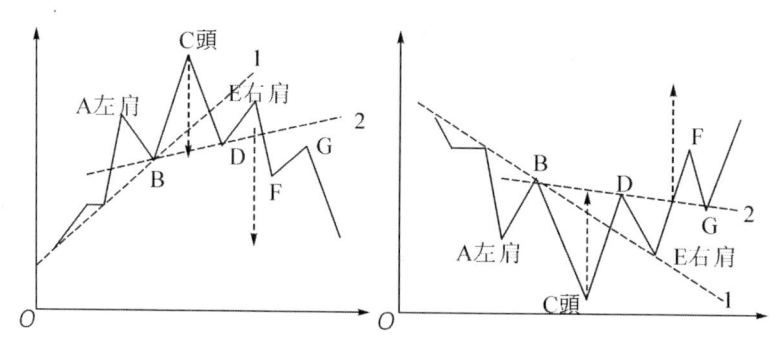

圖5.5 頭肩頂和頭肩底

1. 頭肩形的形成過程

從圖中可以看出，這種形態一共出現三個頂和底，也就是要出現三個局部的高點和局部低點。中間的高點（低點）比另外兩個都高（低），稱為頭，左右兩個相對較低（高）的兩個高點（低點）稱為肩，這就是頭肩形名稱的由來。

以下以頭肩頂為例，在上升趨勢中，不斷升高的各個局部的高點和低點保持著上升的趨勢，然後在某一個地方趨勢的上漲勢頭將放慢。上圖中A和B點還沒有放慢的跡象，但在C和D點已經有了勢頭受阻的信號，這說明這一輪上漲趨勢可能已經出了問題。最後，證券價格走到了E和F點，這時反轉向下的趨勢已勢不可擋。

頭肩頂（底）反轉向下（上）的道理與上一章介紹的支撐線和壓力線的內容有密切關係。上圖中的直線1和直線2是兩條明顯的支撐（壓力）線。在C點和D點突破直線1說明上升（下降）趨勢的勢頭已經遇到了阻力，E點和F點之間的突破則是趨勢的轉向。另外，E點的反彈（回落）高度沒有超過C點，D點的回落

（反彈）高度已經低於（高於）A 點，都是上升（回落）趨勢出了問題的信號。

頭肩頂底形態走到了 E 點並調頭向下（上），只能說是原有的上升（下降）趨勢已經轉化成了橫向延伸，還不能說已經反轉向下（上）了。只有當圖形走到了 F 點，即證券價格向下（上）突破了頸線，才能說頭肩頂底反轉形態已經形成。

（1）頭肩頂

從頭肩頂的形成過程可以看出多空雙方的拉鋸情況，具體可以劃分為以下不同的部分：

①左肩形成階段：證券價格經過一段時間上升後升幅已大，並配有相當大的成交量，前段時間買進的人皆有利可圖，有些投資者開始獲利回吐，導致證券價格出現短期的回落，成交量銳減，從成交量的圖形看，左肩是高成交區。

②頭部形成階段：證券價格經過短期的回落後，開始新一輪上升走勢，成交量亦隨之增加但小於左肩，說明買方跟進者減少，證券價格升破上次的高點後，在獲利盤抛壓下重新回到左肩的低點附近，成交量在這次回落期間亦同樣減少。

③右肩形成階段：證券價格下跌到接近上次的回落低點又再獲得支持回升，可是市場投資的情緒顯著減弱，成交量較左肩和頭部明顯減少，證券價格沒法抵達頭部的高點，只升至左肩附近便告回落，於是形成右肩部分。

④突破頸線：從右肩頂下跌穿破由左肩底和頭部底所連接的底部頸線，其突破頸線的幅度要超過市價的 3% 以上。

簡單說來，頭肩頂的形狀呈現 3 個明顯的高峰，其中位於中間的一個高峰較其他兩個高峰的高點略高。至於成交量方面，則出現梯級形的下降。

在研判頭肩頂形態時要注意以下幾點：

①頭部高點比左右肩高點高，左肩和右肩的高點大致相等。部分頭肩頂的右肩較左肩略低或略高。但如果右肩的高點較頭部還要高，形態便不能成立。

②成交量方面，大致是左肩最大，頭部次之，而右肩最少。有人認為，大約有 1/3 的頭肩頂，左肩成交量較頭部為多，1/3 的成交量大致相等，其餘的 1/3 是頭部的成交量大於左肩的成交量。

③證券價格跌破頸線後，頭肩頂形態才宣告成立。證券價格在跌破頸線後可能會出現暫時性的回升（回抽），這種情形通常會在低成交量的跌破時出現。不過回抽不應超越頸線水平，否則頭肩頂不成立，有可能是騙線。

④當頸線跌破時，不論成交量增加與否都要堅定信念。倘若成交量在跌破時激增，顯示市場的拋售力量十分龐大，證券價格會在成交量增加的情形下加速下跌。

⑤頭肩頂是一個殺傷力很強的反轉形態，其最小跌幅可以這樣確定：從頭部的最高點畫一條垂直線到頸線，然後在完成右肩突破頸線的一點開始，向下量出同樣的長度，由此量出的價格就是該證券價格將下跌的最小幅度。

⑥跌破頸線後的回抽往往是最後一次逃命機會，要趁機出清持倉。

⑦這是一個長期性趨勢的轉向形態，通常會在牛市的盡頭出現。若在低價區出現，則可能是空頭陷阱。

（2）頭肩底

頭肩底是將頭肩頂倒過來，又稱倒頭肩式，是空翻多的可靠反轉。

①左肩形成階段：證券價格下跌，成交量增加，接著是一次成交量較小的次級上升。

②頭部形成階段：證券價格又再下跌且跌破上次的最低點，成交量再次隨著下跌而增加，較左肩反彈階段時的交投為多，形成頭部；從頭部最低點回升時，成交量有可能增加。從整個頭部的成交量來說，較左肩為多。

③右肩形成階段：當證券價格回升到上次的反彈高點時，出現第三次的回落，這時的成交量很明顯少於左肩和頭部，證券價格在跌至左肩的水平便穩定下來，形成右肩。

④突破頸線：最後證券價格正式策動一次升勢，且伴隨成交大量增加，當其頸線阻力衝破時，成交量更顯著上升，整個形態便告成立。

在研判頭肩底形態時要注意以下幾點：

①頭肩頂和頭肩底的形狀差不多，主要的區別在於成交量方面。

②當頭肩底頸線突破時，就是一個可靠的買入信號。其最少升幅的量度方法是從頭部的最低點畫一條垂直線相交於頸線，然後在右肩突破頸線的一點開始，向上量出同樣的高度，所量出的價格就是該證券價格將會上升的最小幅度。

③當頸線阻力突破時必須要有成交量激增的配合，否則可能是多頭陷阱。

④一般說來，頭肩底形態較為平坦、波動幅度較小，因此，需要較長的時間來完成。

⑤在升破頸線後常會出現暫時性的回跌，但回跌不應低於頸線。

⑥在頭肩底的形態內，反抽多數會出現。

2. 頭肩形的頸線

圖中的直線 2 其實就是頭肩頂底形態中極為重要的直線——頸線。在頭肩頂底形態中，它是支撐（壓力）線，起支撐（壓力）作用。與雙重頂底不同，頭肩頂

底頸線的實用性比較差。在實際中，畫準頸線比較不容易，因為兩個「低谷（高峰）」的情況複雜，要確定兩個「低谷（高峰）」比較困難。頭肩頂底的頸線有可能是傾斜的，傾斜程度對今后的影響很大。頭肩頂底的頸線只是在理論上存在，實際中使用很不方便。

　　同大多數的突破一樣，這裡頸線的突破也有一個是否被認可的問題。百分比原則和時間原則在這裡都適用。

　　3. 頭肩形的形態高度與測算功能

　　頸線突破，反轉確認後，我們就知道證券價格下一步的大方向是下跌或上漲而不是橫盤。下跌（上漲）的深度，我們可以借助頭肩頂底形態的測算功能。

　　從突破點算起，證券價格將至少要跌（漲）到與形態高度相等的距離。

　　形態高度的測算方法是這樣的：量出從頂（底）到頸線的距離（上圖中從C點向下或向上的箭頭長度），這個長度就是頭肩形態的形態高度。上述原則是證券價格下落（上漲）的最起碼的深度（高度），是最近的目標。證券價格的實際下落（上漲）的位置要根據很多別的因素來確定。上述原則只是給出了一個範圍，只對我們有一定的指導作用。預計證券價格今後將要跌到什麼位置能止住或將要漲到什麼位置而調頭，永遠是進行證券（特別是股票）買賣的人最關心的問題，也是最不易回答的問題。

　　對頭肩底而言，除了在成交量方面與頭肩頂有所區別外，其餘可以說與頭肩頂一樣，只是方向正好相反。例如，上升改成下降，高點改成低點，支撐改成壓力。

　　值得注意的是，頭肩頂形態完成後，向下突破頸線時，成交量不一定擴大，但日後繼續下跌時，成交量會放大。頭肩底向上突破頸線，若沒有較大的成交量出現，可靠性將降低，或者會再跌回底部整理一段時間，積蓄買力量才能上升。

　　4. 對頭肩形的補充說明

　　（1）頭肩形的兩個肩的高度可以不一樣高，上圖中A點和E點可以不相等。其實絕大多數情況下兩者都是不相等的，相等只是偶然現象。同樣，肩與頭之間的兩個低點或高點也通常是不相等的。這就是說，頸線多數情況下不是水平的，而是傾斜的直線。

　　（2）頭肩形有很多的變形體複合頭肩形。這種形態的肩和頭有可能是兩個高點或低點，局部形狀很像雙重頂和雙重底。如果站在更廣闊的地位看它，把相距較近的兩個高點或低點看成是一個，就可以認為是局部的雙重頂底，是更大範圍內的頭肩形。對頭肩形適用的規律同樣適用於複合頭肩形。此外，如果頭和肩的起伏不

第五章　技術形態分析

177

大，複合頭肩形有時可能與後面的圓弧形相似。

（3）在成交量方面，頭肩頂和頭肩底有區別。從頭肩頂來看，從左肩、右肩和頭這三者相比來看，右肩的成交量一定是最少的，左肩與頭相比，成交量沒有結論，但是一般傾向於認為左肩的成交量大於頭部的成交量。另外，突破頸線後，頭肩底要求有較大的成交量，頭肩頂則沒有這個要求。

（4）頭肩形形成的過程所花費的時間越長，價格在此過程中的起伏越大，將來突破頸線後，價格反轉的潛在力量就越大，對頭肩形適用的規律越可信。這屬於形態的規模大小的問題，時間一般以 1 個月為準。大的頭肩形可能需要花幾年的時間才能完全形成。

（5）頸線被突破後，價格可能不是一直朝突破的方向走下去，而是有一定的回頭，這也叫反撲。但是，這種反撲會遭到頸線的控制。反撲到頸線是「逃命」的時機。突破頸線之後的反撲更容易發生在頭肩底形態中。由於頭肩形中的頸線不容易確定，利用反撲就沒有雙重頂底那樣方便。只有在比較特殊的情況下，對頭肩形才能使用反撲技術。

（6）頭肩形有時可能是持續整理形態，而不是反轉突破形態。如果頭肩形作為持續整理形態，形成頭肩形的時間一般比較短，主要發生在三種情況下：①下降趨勢中出現頭肩頂，並且頸線向上傾斜；②上升趨勢中出現頭肩底，並且頸線向下傾斜；③與形態之前的價格波動的幅度相比，形成頭肩形的價格的波動區域較小。

前兩種情況與後面要介紹的旗形很相似，最後一種情況需要進行主觀的判斷。

上面對頭肩頂底形態進行了介紹。對頭肩底而言，除了在成交量方面與頭肩頂有所區別外，其餘可以說與頭肩頂一樣，只是方向正好相反。例如，上升改成下降，高點改成低點，支撐改成壓力。

5. 頭肩形實例

圖 5.6 是興業銀行（601166）2007 年 2 月至 2008 年 11 月的日線圖。從中可以看到，2007 年 10 月前后，在價格從 70.50 元開始下降形成下降趨勢后，2007 年 8 月至 2008 年 1 月間形成了一個下降過程中的頭肩頂。期間 2007 年 12 月出現了一次，反撲之後價格繼續下降。

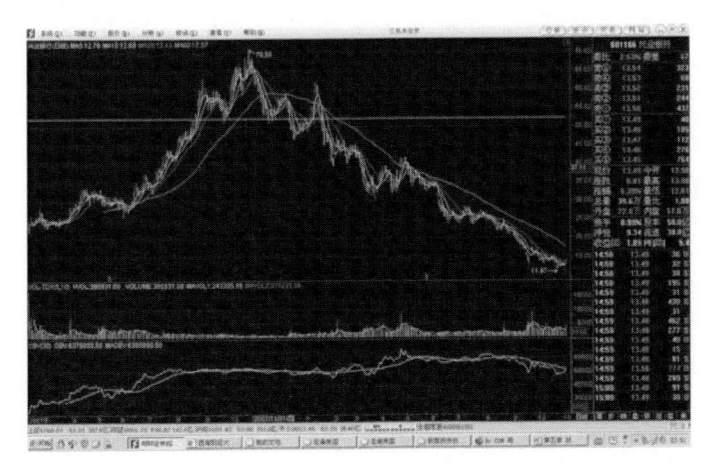

圖 5.6　興業銀行（601166）2007 年 2 月至 2008 年 11 月的日線圖

　　圖 5.7 是力合股份（000532）2007 年 1 月至 2008 年 11 月的日線圖。從中可以看到，2008 年 3 月前後，在價格從 29.28 元開始下降形成下降趨勢後，2007 年 9 月至 2008 年 6 月間形成了一個下降過程中的頭肩頂。2008 年 6 月出現了一次反撲，之後價格繼續下降。

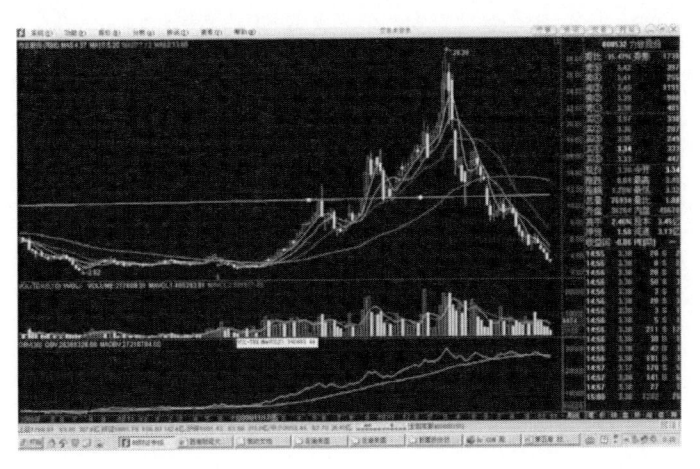

圖 5.7　力合股份（000532）2007 年 1 月至 2008 年 11 月的日線圖

　　圖 5.8 是招商銀行（600036）2006 年 8 月中至 2008 年 11 月的日線圖。從中可以看到，2007 年 8 月到 2008 年 2 月前後形成了一個頭肩頂，2008 年 2 月、3 月、4 月出現了反撲，其後價格下降得很快。

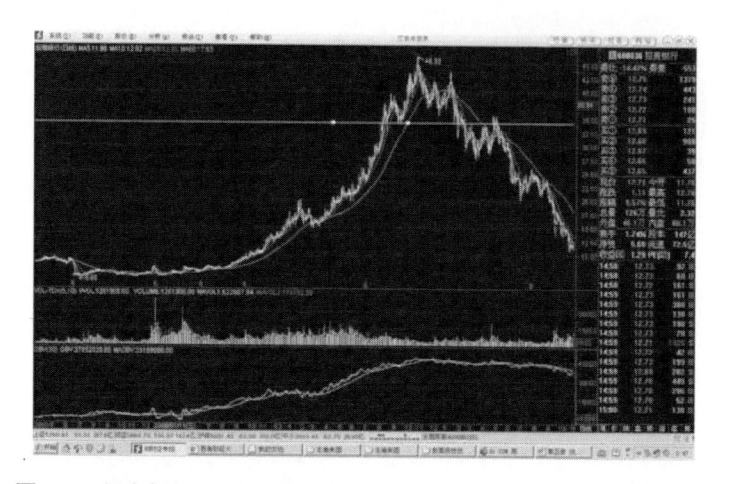

圖 5.8　招商銀行（600036）2006 年 8 月中至 2008 年 11 月的日線圖

圖 5.9 是中金嶺南（000060）2005 年 3 月中至 2008 年 11 月的日線圖。從中可以看到，2007 年 8 月到 2008 年 1 月前後形成了一個頭肩頂，2007 年 11 月、12 月和 2008 年 1 月出現過反撲，其後價格下跌很深。

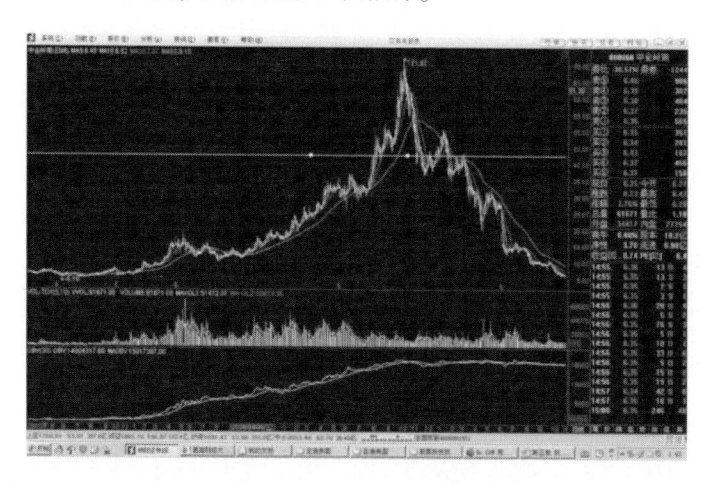

圖 5.9　中金嶺南（000060）2005 年 3 月中至 2008 年 11 月的日線圖

三、三重頂（底）形態

三重頂（底）形態（Triple Tops and Bottoms Patterns）是頭肩形態的一種小小的變體，它由三個一樣高或一樣低的頂和底組成。它與頭肩形的區別是頭的價位回

縮到與肩差不多相等的位置，有時可能甚至低於或高於肩部一點。從這個意義上講，三重頂（底）與雙重頂（底）也有相似的地方，前者比後者多「折騰」了一次。

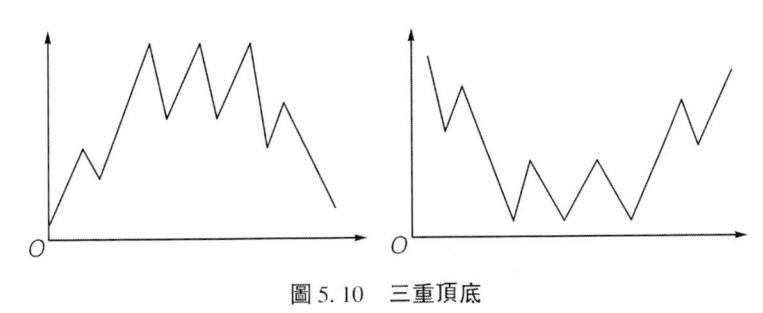

圖 5.10　三重頂底

上圖 5.10 是三重頂（底）的簡單圖形。三重頂（底）的頸線差不多是水平的，三個頂和底的高度也是差不多相等的。

1. 三重頂（底）的應用

應用和識別三重頂（底）主要是用識別頭肩形的方法，直接應用頭肩形的結論和應注意的事項。頭肩形適用的東西三重頂（底）都適用，這是因為三重頂（底）從本質上說就是頭肩形。有些文獻上甚至不把三重頂（底）單獨看成一類形態，而直接納入頭肩形態。

與一般頭肩形最大的區別是，三重頂（底）的頸線和頂部（或底部）的連線是水平的，這就使得三重頂（底）具有矩形的特徵。比起頭肩形來說，三重頂（底）更容易演變成持續形態，而不是反轉形態。另外，如果三重頂（底）的三個頂（底）的高度依次從左到右下降（上升）的，則三重頂（底）就演變成了直角三角形態。這些都是我們在應用三重頂（底）時應該注意的地方。

嚴格意義上的三重頂（底）形態在實際中較少，因為要求三個頂（底）相同或相近是比較困難的。這裡介紹一種與三重頂（底）有一定關係的技術形態，目前姑且把它叫做斜三峰或斜三谷。當三個頂或三個底是依次上升或下降的時候就會形成這樣的形態，這種形態屬於三重頂（底）的變種。在實際中更容易看到的是斜三峰，而不是斜三谷。對於斜三峰，必須要求在三個從左到右高度依次是上升的峰之前，要出現一次「瘋狂」的上升過程。這是使用斜三峰時應該注意的地方。

2. 三重頂（底）實例

圖 5.11 是山東高速（600350）2006 年 8 月至 2008 年 11 月的周線圖，在 2007 年 4 月至 2008 年 4 月前後形成了一個三重頂，在 2008 年 4 月出現了一次反撲。

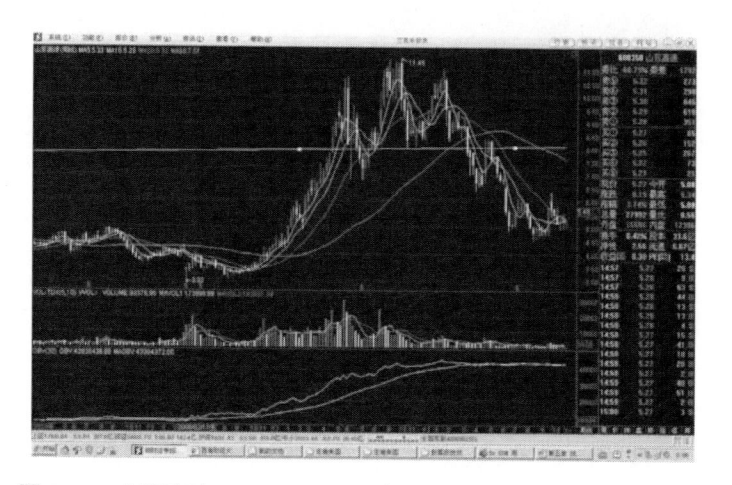

圖 5.11　山東高速（600350）2006 年 8 月至 2008 年 11 月的周線圖

　　圖　5.12 是樂凱膠片（600135）2006 年 12 月至 2008 年 8 月的日線圖。從中可,以看到 2007 年 3 月至 2008 年 3 月前後形成了三個峰，之後價格出現了大幅下降。

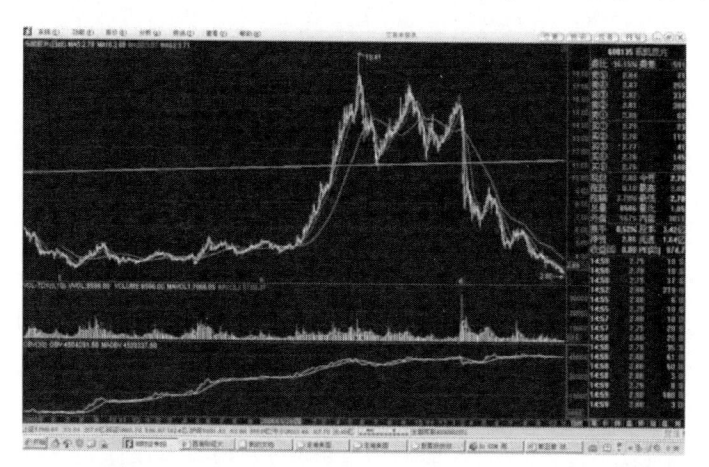

圖 5.12　樂凱膠片（600135）2006 年 12 月至 2008 年 8 月的日線圖

　　圖5.13是長城開發（000662）2006 年 12 月至 2008 年 11 月的周線圖。從中可,以看到 2007 年 4 月到 2008 年 3 月前後形成了三個峰，隨後是瀑布式的下降。

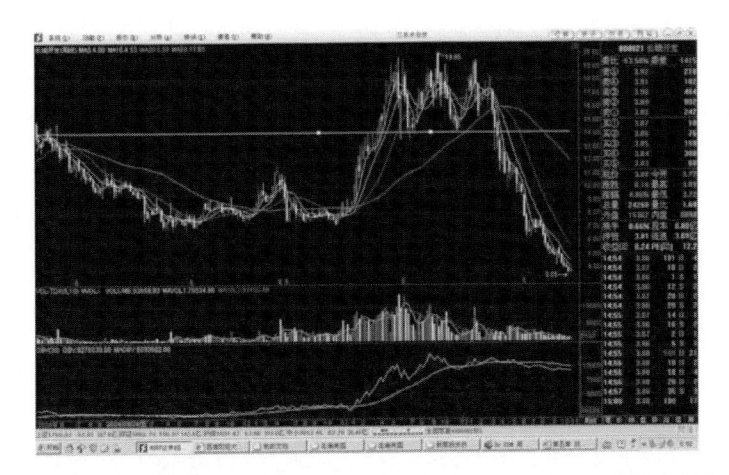

圖 5.13　長城開發（000662）2006 年 12 月至 2008 年 11 月的周線圖

四、複合頭肩形

　　複合頭肩形和頭肩形十分相似，只是頭部和肩部出現的次數不止一次而已。複合頭肩形大致可劃分為以下幾大類：

　　（1）一頭雙肩式形態：指由一個頭部和兩個基本相同的左肩或右肩構成複合頭肩形，其中出現次數更多的是一頭雙右肩，也就是證券價格在形成第一個右肩時，並不馬上跌破頸線，受頸線支持反而掉頭回升，不過回升卻止於右肩高點之下，再次形成一個右肩，然後再跌破頸線。

　　（2）一頭多肩式形態：通常是左右肩各兩個，以符合證券價格運動對稱的傾向。一般的頭肩形都有對稱的傾向，因此，當兩個左肩形成後，很有可能也會形成兩個右肩。除了成交量之外，圖形的左右半部幾乎相同。

　　（3）多頭多肩式形態：在形成頭部期間，證券價格一再回升，而且回升至上次同樣的高點水平才向下回落，形成明顯的兩個頭部，也可稱作兩頭兩肩式走勢。有一點必須留意：在第二個頭成交量往往會較第一個減少。

　　複合頭肩形的頸線很難畫出來，因為每一個肩和頭的回落部分或回升部分並不會全都落在同一條線上。因此，要採用最高最低原則：複合頭肩頂中，找肩部中最明顯的兩個低點連成頸線；複合頭肩底中，找反彈最明顯的兩個高點連成頸線。複合頭肩形突破頸線後，最小量度升跌幅與頭肩形一樣，但最終升跌幅不如頭肩形大，也就是說其殺傷力較頭肩形小，儘管它容易被高估。

複合頭肩形的例子：圖 5.14 是美克股份（600337）2006 年 3 月至 2008 年 11 ，月的日線圖。從中可以看到 2007 年 9 月前後，在價格從 30.99 元開始下降形成下降趨勢後，2007 年 5 月至 2008 年 3 月間形成了一個多頭多肩式複合頭肩頂。2007 年 12 月和 2008 年 2 月出現了兩次反撲，之後價格繼續下降。

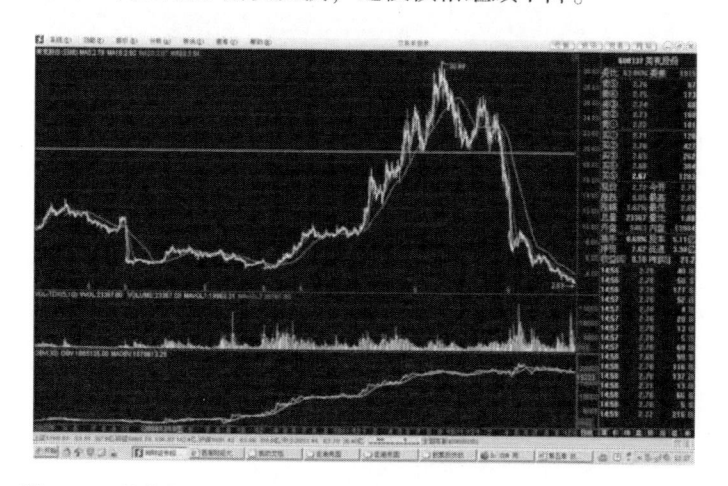

圖 5.14　美克股份（600337）2006 年 3 月至 2008 年 11 月的日線圖

五、圓弧形態

證券價格由升勢轉為跌勢或者由跌勢轉為升勢的轉換過程，有時具有迅雷不及掩耳之勢，如 1994 年 9 月末、1995 年 5 月和 2001 年 6 月深滬兩地股市急轉直下，呈崩盤式下跌。但有時也會形成緩慢的波動，逐步形成上升（圓弧底）或下跌（圓弧頂）的形態。圓弧形態對於我們捕捉買賣時機很有幫助，由於形成整個形態需有一個過程，可使我們根據形態的運行過程從容考慮買進或賣出。

將證券價格在一段時間的頂部高點用曲線連起來，每一個局部的高點都考慮到，我們有時可能得到一條類似於圓弧的弧線，蓋在證券價格之上。將每個局部的低點連在一起也能得到一條弧線，托在證券價格之下。見下圖 5.15。它與其他反轉形態在運動過程中多空雙方爭鬥激烈現象不同，它的價格變動較為和緩，一般呈弧形。

圓弧形（Rounding Top and Bottom Patterns）又稱為碟形、圓形、碗形等，這些稱呼都很形象。不過應該提醒大家的是，圖中的曲線不是數學意義上的圓，也不是拋物線，而僅僅是一條曲線。雖然人們已經習慣於使用直線，但是在遇到上圖中這

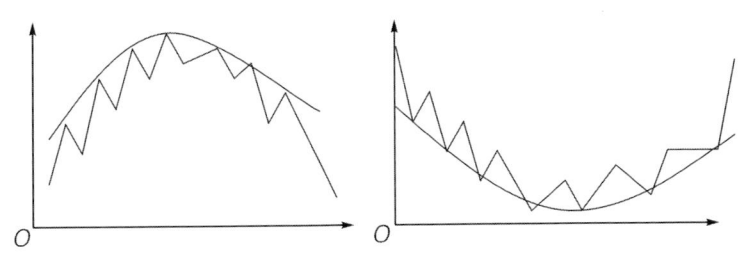

圖 5.15　圓弧頂底

樣的頂和底時，用直線顯然就不夠了，因為頂底的變化太頻繁，一條直線應付不過來。當價格在平衡位置波動的幅度比較小，而沒有形成前面幾種反轉形態所需要的幾次大的起伏，就有可能出現圓弧形。

1. 圓弧形的形成過程

圓弧形在實際中出現的機會較少，但是一旦出現則是絕好的機會，它的反轉深度和高度是不可測的，這一點同前面幾種形態有一定區別。

圓弧的形成過程與頭肩形中的複合頭肩形有相似的地方，只是圓弧形的各種頂或底沒有明顯的頭肩的感覺。這些頂部和底部的地位都差不多，沒有明顯的主次區分。這種局面的形成在很大程度上是一些機構大戶市場炒作的產物。

（1）圓弧頂的形成過程。證券價格開始時從低檔持續上揚，成交量也明顯增加，在一輪大升勢後，獲利回吐形成的賣壓日益沉重，證券價格上升速度趨緩，成交量也不再增加，市況進入膠著狀態，每日的波幅很小，先呈逐日向上小步移動，當證券價格緩緩上推到頂點後，多頭力不從心，證券價格漸漸轉為逐日向下小幅移動並開始由慢到快下落，在圖表的 K 線圖上恰好構成一條圓弧線。圓弧頂向下突破時出現量的變化即價跌量增，只要突破形成，跌勢可以確認。

分析：這時機構大戶手裡有足夠的證券（如股票等籌碼），如果一下拋出太多，證券價格下落太快，手裡的「貨」（股票等證券）可能無法全部出手，所以只能一點一點地往外拋，形成眾多的來回拉鋸，直到手中證券（籌碼）接近拋完時，才會大幅度打壓，一舉使證券價格下降到很深的位置。

（2）圓弧底的形成過程。證券價格在一輪大跌勢之後，市場賣壓逐漸減輕，成交量隨之減少，當證券價格緩慢下跌到底部，交投異常冷清，成交量極度萎縮，證券價格的升跌幅度不大，經過一段時間的窄幅盤整後，買方力量逐漸增加，推動證券價格緩緩上揚，成交量也逐漸擴大。隨著空頭回補和新多頭的加入，證券價格開始在成交量大幅擴增下快速上揚，從而形成向上圓弧狀。

圓弧底在 K 線圖上，先呈逐日盤下之勢，然後再緩慢小幅盤上，成一個圓弧線，也稱為鍋蓋底線，一旦衝破鍋的口部，上升空間可觀。

分析：這時機構大戶手裡持有足夠的資金，如果一下吃得太多，證券價格上升得太快，也不利於今後的買入，所以要一口一口地吃。直到證券價格一點一點地來往拉鋸，往上接近圓弧邊緣時，才會用少量的資金一舉往上提拉一個很高的高度。因為這時證券（如股票）大部分在機構大戶手中，別人無法打壓證券價格。

2. 圓弧形中的成交量和成交時間

在識別圓弧形時，成交量也是很重要的。無論是圓弧頂還是圓弧底，在它們的形成過程中，成交量的過程都是兩頭多，中間少。越靠近頂或底成交量越少，到達頂或底時成交量達到最少（圓弧底在達到底部時，成交量可能突然大一下，之後恢復正常）。在突破後的一段時間，都有相當大的成交量。

圓弧的形成所花的時間越長，今後反轉的力度就越強，越值得我們去相信這個圓弧形。一般來說，圓弧形成的時間應該與一個頭肩形形成的時間相當。

3. 圓弧形的突破

圓弧形被突破的判斷是極為困難的，它不像頭肩形等還有頸線可以利用。由於價格走過的形狀是曲線，所以，沒有近期的支撐線、壓力線等很有幫助作用的線供我們使用，只有長期趨勢線和原來的支撐線和壓力線可供使用。下面是幾種供參考的方法。

（1）圓弧到最後的邊緣後，往往要形成平臺，這個平臺被突破可作為判斷圓弧被突破的標志之一。

（2）圓弧的頂部（或底部）有一個向下回落（或向上反彈）的低點（或高點），這個低點（或高點）的價位被突破也可作為判斷圓弧被突破的標志之一。這實際上是前期的低點或高點的應用。

（3）圓弧形最初形成時的價位被突破也可作為圓弧被突破的標志之一。但是，這個開始時的價位一般難以確定。

（4）突破後巨大的成交量也是被突破的標志之一。圓弧一旦被突破，其上升（或下降）的空間是無法估量的，上升（或下降）的過程往往是垂直式，人們根本無法想像。突破後，價格也會有所反撲，但幅度不會像頭肩形和雙重頂底那樣大，根本回不到原來的圓弧邊緣的價位。所以，對於突破後的反撲，我們在操作上應採取與前面介紹的不同的策略。

4. 研判要點

（1）出現圓形頂之前，證券價格一般已有較大漲幅；而證券價格到達頂峰附近後，成交量明顯減少，證券價格在短期移動平均線附近小幅波動，最終緩步下跌。

（2）圓形頂（底）的最終形成要經過較長時間，特別是在頂部（底部）的橫向盤整，投資者要仔細觀察，不可貿然進出。但圓形頂（底）一經形成，應立即果斷出貨（吸納）。

（3）圓形底部形成後，證券價格有時並不會馬上上漲，而是在走出圓形底時形成一個來回窄幅拉鋸的平臺，也稱鍋柄。這個平臺可謂是「進貨平臺」，隨後會出現較強力度的上漲市況。

（4）證券價格在底部整理完成後開始上漲初期，成交量並不馬上明顯放大，因為此時許多投資者仍未確認其形狀；但當證券價格加速上升時，成交量隨即迅速激增，顯示一個巨大的升市即將來臨。

（5）圓頂或圓底屬緩慢形成的轉市信號，這種轉向造成的上升或下跌幅度，通常要根據圓形的跨度而定。跨度越大，升跌的空間也越大，反之則相對較小。

5. 圓弧形實例

圖 5.16 是中衛國脈（600640）2001 年 4 月至 2007 年 5 月的日線圖。從中可以看到，價格在經歷了從 25.55 元下降到 2.91 元的過程後，形成了一個巨大的圓弧底，之後的上升是巨大的。

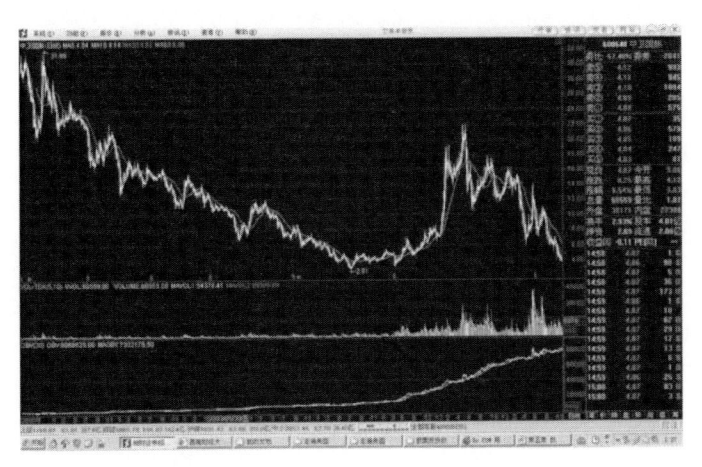

圖 5.16　中衛國脈（600640）2001 年 4 月至 2007 年 5 月的日線圖

圖 5.17 是深圳華強（000062）2001 年 2 月至 2008 年 1 月的日線圖。從中可以

看到，從2001年3月至2005年7月，價格在經歷了從17.29元下降到3.65元的過程後，形成了一個巨大的圓弧底，之後的上升是巨大的。

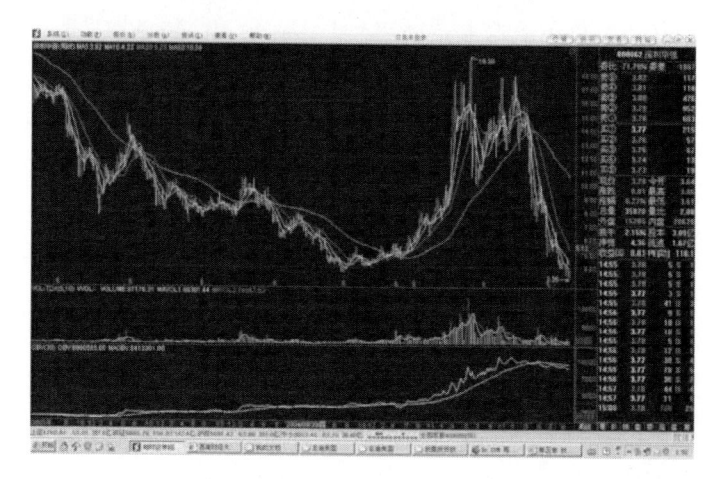

圖5.17　深圳華強（000062）2001年2月至2008年1月的日線圖

六、反轉突破形態中的操作策略

反轉形態的共同點是，只有形成了突破才能談得上形態的完成，一系列的測算功能才能用得上。但是，如果真的到了能夠確信反轉成立的時候，往往價格已經變得很高或很低了，此時行動所獲得的利益就會很小。如果不等反轉被確認就採取行動，又有可能遭遇假突破或形態失敗等不利情況，從而遭受巨大的損失。這個矛盾和難題是每個技術分析使用者永遠不可能完美地加以避免的。證券市場中有句老話：你不可能擊敗市場（You can't beat the market）。

在反轉突破形態正在形成的過程中，未經突破時有些人為了不喪失機會就採取行動。我們當然不能說這個行動肯定是錯誤的，但可以說這個行動帶有很強的冒險性，前途如何還難以預料。採取這種冒險行為的人，應該清楚自己這個行為的性質。活要活個明白，死也要死個明白。

有人曾推薦過一種折中的方法。據說這種方法可以讓人在突破之前就採取行動，而且把握比較大，只是要注意一點，採取行動時所使用的資金量不能過大。真正大量的行動還是在突破被確認以後。

在完成反轉形態的末期，如頭肩形的右肩、雙重頂底形的第二頂底，往往不是簡單地朝一個方向直線行動，而是有些局部的曲折，這樣，我們就可以得到一些短

期的壓力線或支撐線。這些短期的支撐線或壓力線的被突破，可能就是我們採取行動的開始。另外，頸線被突破前，從更早期的價格圖形中可以得到百分比線、黃金分割線等一批在支撐與壓力理論中介紹的支撐線和壓力線。這些直線被突破，也可能是採取行動的信號。得到這些早期的支撐線和壓力線與當前這些反轉形態的形成過程無關。

突破頸線後大量買進或拋出是人所共知的了 。突破頸線後的反撲 ，並到達頸線，遭到阻擋，這時的買入和賣出也是很重要的，應該引起我們的重視。

第三節　三角形和矩形

一、三角形

在通常的情況下，三角形形態屬於持續整理形態。所謂整理是指證券價格經過一段時間的快速變動後，不再前進而在一定區域內上下窄幅變動，等時機成熟後再繼續以往的走勢。證券市場多空對陣，當證券價格持續、快速上漲或下跌後，動力暫時不足，必會在某加油站——某價格區域停留休整、補充能量，再重新發動繼續行駛，此價位區域稱為整理區域。

有的時候，也可以把三角形劃分為反轉形態。具體應該屬於哪一種類型，應該根據三角形所處的位置，以及三角形自身「折騰」幅度的大小來確定。一般來說，三角形態的位置越高或越低，自身「折騰」的幅度越大，越傾向於屬於反轉形態。本書在討論的時候，主要將三角形當成持續形態來對待。根據三角形在「折騰」過程中的具體表現，可以將三角形分為三種——對稱三角形、上升三角形和下降三角形。第一種有時也稱正三角形，後兩種合稱直角三角形。以下我們分別對這三種形態進行介紹。

1. 對稱三角形

（1）對稱三角形的基本形狀

對稱三角形（Symmetrical Triangles Pattern）情況大多發生在一個大趨勢進行的途中，它表示原有的趨勢暫時處於休整階段，之後還要隨著原趨勢的方向繼續行動。由此可見，見到對稱三角形後，今後價格走向最大的可能是原有的趨勢方向。

下圖5.18是對稱三角形的一個簡化的圖形，這裡的原有趨勢是上升，所以，三角形態完成以後是突破向上。從圖中可以看出，對稱三角形有兩條聚攏的直線，上面的向下傾斜，起壓力作用；下面的向上傾斜，起支撐作用。兩直線的交點稱為頂點

（Apex）。另外，對稱三角形要求至少應有四個轉折點，圖中的 1、2、3、4、5、6 都是轉折點。四個轉折點的要求是必然的，因為每條直線的確定需要兩個點，上下兩條直線就至少要求有四個轉折點。正如趨勢線的確認要求第三點驗證一樣，對稱三角形一般應有六個轉折點，這樣，上下兩條直線的支撐與壓力作用才能得到驗證。

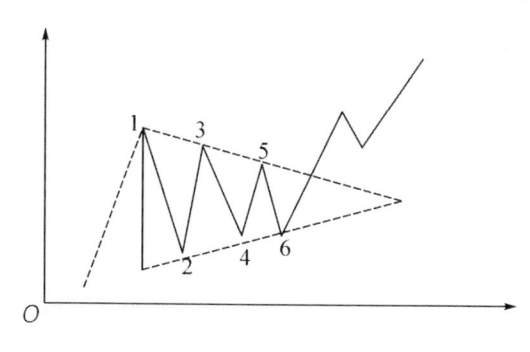

圖 5.18　對稱三角形

（2）對稱三角形的形成過程

證券價格進入整理階段後，由於短線客低吸高拋，證券價格波幅逐漸縮小，即高點越來越低，低點則越來越高，證券價格變動軌道形成一個由左自右下斜的上界線和由左自右上斜的下界線組成的對稱界線，成交量也隨之減少，短線進出的獲利空間越來越小，多空雙方力量對比漸趨平衡。這種情形漸漸地在證券價格圖形上形成一種傾斜的、收斂的價格區域。隨著證券價格逐漸接近三角形頂部，多空雙方的力量將發生變化，證券價格也將突破三角形區而結束整理。

對稱三角形只是原有趨勢運動的途中休整階段，所以持續的時間不應該太長。持續的時間太長了，保持原有趨勢的能力就會下降。一般說來，突破上下兩條直線的包圍，繼續沿原有既定的方向的時間要盡量早些，越靠近三角形的頂點，三角形的各種功能就越不明顯，對我們進行買賣操作的指導意義就越不強。根據多年的經驗，突破的位置一般應在三角形的橫向寬度的 1/2 到 3/4 的某個地點。三角形的橫向寬度指的是上圖中頂點到三角形底邊的垂線距離。

（3）對稱三角形的測算功能和三角形的突破

由對稱三角形的特殊性，我們實際上可以預測證券價格向上或向下突破的時間區域，只要得到了上下兩條直線就可以完成工作。我們可在圖上根據兩條直線找到頂點，然後，計算出三角形的橫向寬度，標出 1/2 和 3/4 的位置。這樣，這個區域就是證券價格未來可能要突破並保持原來趨勢的位置，這對於我們進行買賣是很有

指導意義的。不過這有個大前提，必須認定證券價格一定要突破這個三角形。前面已經說過了，如果證券價格不在預定的位置突破三角形，那麼這個對稱三角形態可能轉化成別的形態，證券價格一直漂下去，直到頂點以外。

突破是真是假，這個老問題現在又遇到了，不過我們可以沿用以往的對策：按各自的喜好，採用百分比原則、日數原則或收盤原則均可。

對稱三角形被突破後，也有測算功能。這裡介紹兩種測算價位的方法。以原有的趨勢為上升為例。

方法一：如下圖5.19所示。從C點向上的帶箭頭的直線的高度，是未來證券價格至少要達到的高度。箭頭直線長度與AB連線長度相等。AB連線的長度稱為對稱三角形形態的高度。

從突破點算起，證券價格至少要運動到與形態高度相等的距離。

方法二：如下圖5.19所示。過A作平行於下邊直線的平行線。圖中的斜虛線是證券價格今後至少要達到的位置。

從幾何學上可以證明，用這兩種方法得到的兩個價位在絕大多數情況下是不相等的。前者給出的是個固定的數字，後者給出的是個不斷變動的數字，達到虛線的時間越遲，價位就越高。這條虛線實際上是一條軌道線。方法一較為簡單，易於操作和使用。方法二更多的是從軌道線方面考慮。

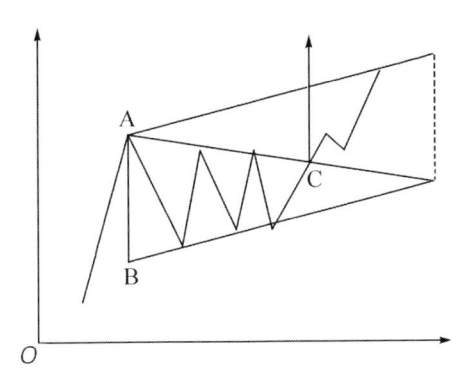

圖5.19 三角形的測算功能

（4）對稱三角形的研判

運用對稱三角形進行研判時，應注意：

①證券價格越接近上界線，向上突破的力量與希望越小，如果緊靠上界線突破而成交量又無顯著增加，則通常是假突破；同樣，證券價格越接近下界線，向下突

破的力量與希望亦越小，即使突破也可能是假突破。

②若證券價格盤至三角形頂端才向上突破，表示買氣不足，上升將較為乏力。

③若證券價格在三角形 1/2、3/4 之內的區間突破，且向上突破時有大成交量配合，則最小量度升（跌）幅為對稱三角形上下界線的量度距離。

④突破對稱三角形後，證券價格有時會出現反抽，向上突破的反抽止於上界線的延伸，向下突破的反抽應止於下界線的延伸，不然的話，則可能是假突破。

（5）對稱三角形的實例

圖 5.20 是深圳華強（000062）2007 年 11 月 21 日至 2008 年 11 月 21 日的日線圖。從中可以看到，從 2008 年 4 月 22 日至 2008 年 5 月 23 日的日線圖形成了一個大的對稱三角形。約在 3/4 的位置突破三角形，其後保持了原來的下降趨勢。

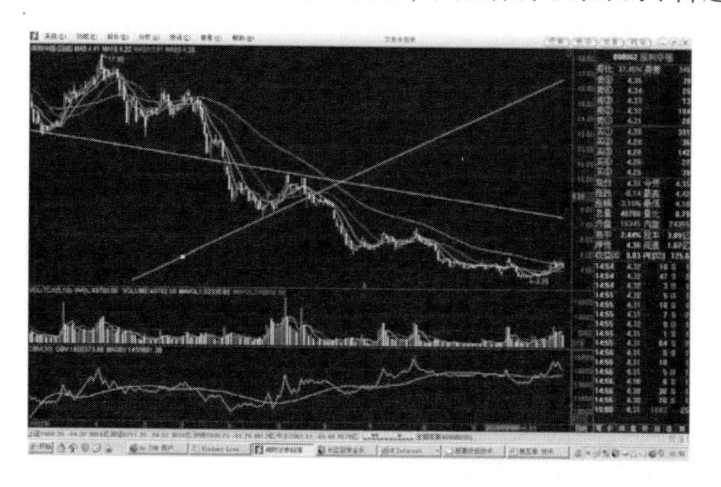

圖 5.20　深圳華強（000062）2007 年 11 月 21 日至 2008 年 11 月 21 日的日線圖

圖 5.21 是廣聚能源（000096）從 2007 年 6 月 1 日至 2008 年 11 月 21 日的日線圖。從 2008 年 4 月 22 日至 2008 年 6 月 9 日的日線圖中可以看出，在下降趨勢中形成了一個大的對稱三角形，其後保持了原來的下降趨勢。

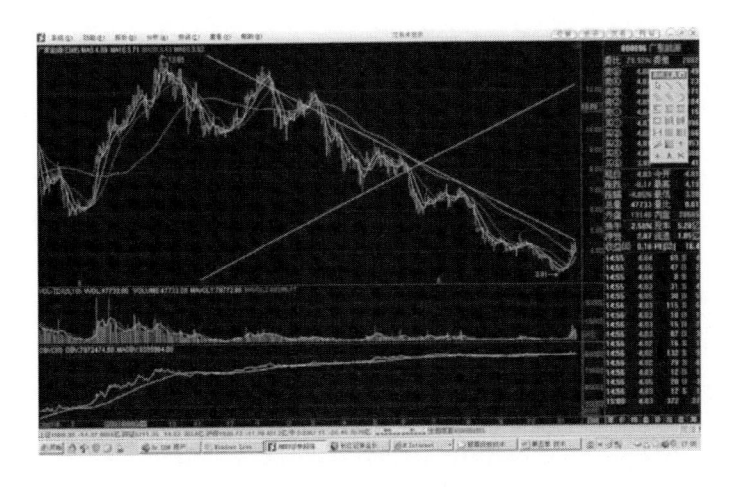

圖 5.21　廣聚能源（000096）從 2007 年 6 月 1 日至 2008 年 11 月 21 日的日線圖

圖 5.22 是麗珠集團（000513）從 2005 年 11 月 1 日至 2008 年 11 月 21 日的日線圖。從中可以看到，在 2007 年 5 月 11 日至 2007 年 7 月 18 日的日線圖中，該股在上升趨勢中形成了一個大的對稱三角形，其後保持了原來的上升趨勢。

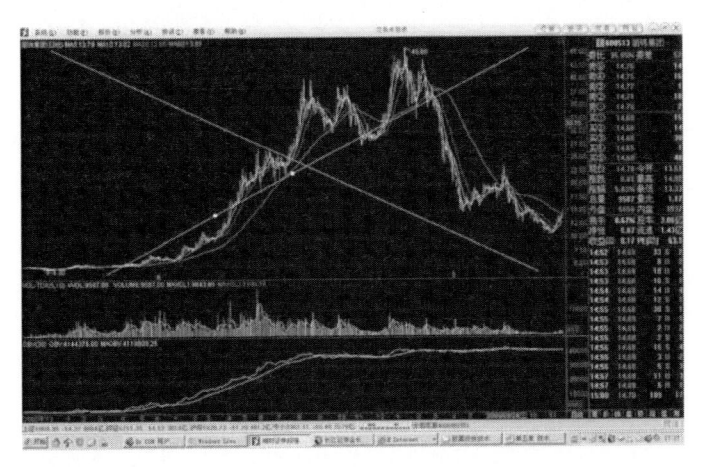

圖 5.22　麗珠集團（000513）從 2005 年 11 月 1 日至 2008 年 11 月 21 日的日線圖

圖 5.23 是武鋼股份（600005）從 2005 年 4 月 19 日至 2008 年 11 月 21 日的日線圖。從中可以看到，在 2006 年 12 月 26 日至 2007 年 4 月 3 日的日線圖中，該股在上升趨勢中形成了一個對稱三角形，其後保持了原來的上升趨勢；在 2008 年 6 月 23 日至 2008 年 8 月 1 日的日線圖中，該股在下降趨勢中形成了一個對稱三角形，

其後保持了原來的下降趨勢。

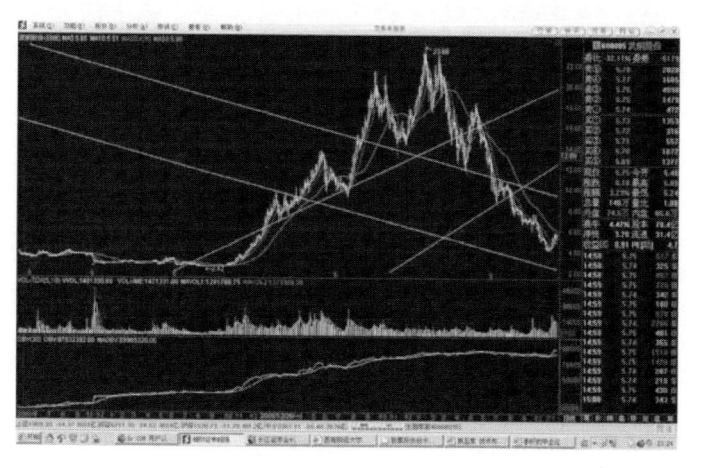

圖 5.23　武鋼股份（600005）從 2005 年 4 月 19 日至 2008 年 11 月 21 日的日線圖

2. 上升三角形

（1）上升三角形的基本形狀和形成過程

上升三角形（Ascending Triangles Pattern）是對稱三角形的變形體。對稱三角形有上下兩條直線，將上面的直線逐漸由向下傾斜變成近乎水平方向就得到上升三角形。除了上面的直線是水平的以外，上升三角形同對稱三角形在形狀上沒有什麼區別。證券價格上升至某水平時，遇強大賣壓回落，多方逢低吸納後證券價格再次回升至上次高點並再次回落，但由於下方買盤強大，證券價格未能回落至上次低點即回升，如此反覆直至突破，從而形成一個由一條近乎水平的阻力線和上傾的下界線組成的上升三角形。

在上升三角形的形成中，由於每一次的價格波動都比上一次小，其中上升或頂部的證券價格幾乎處於同一水平線，將它們的頂部相連可畫出一條近乎水平的直線，而每個短期變動的下跌停在比前一個底部要高的地方，在證券價格圖形上形成一種傾斜向上收斂的連線。這樣，圖形上就會出現一條上面幾乎水平的直線、而下面為一條向上斜的直線，連接起來的三角形我們稱之為上升三角形。

（2）上升三角形的壓力、支撐和運動方向

上升三角形上邊的直線起壓力作用，下面的直線起支撐作用。在對稱三角形中，壓力和支撐都是逐步加強的，一方是越壓越低，另一方是越撐越高，看不出誰強誰弱。在上升三角形中就不同了，壓力是水平的，始終一樣，沒有變化，而支撐

卻是越撐越高。由此可見，上升三角形比起對稱三角形來，有更強烈的上升意識，多方比空方更為積極。通常以三角形的向上突破作為這個持續過程終止的標志。

如果證券價格原有的趨勢是向上，則很顯然，遇到上升三角形後，證券價格今後突破上升水平壓力，繼續向上運動的可能性大。這是因為，一方面證券價格要保持原有的趨勢；另一方面上升三角形形態本身就有向上的願望。這兩方面的因素使證券價格保持原來的方向。

如果原有的趨勢是下降，則出現上升三角形後，前後證券價格的趨勢判斷起來有些難度。一方要繼續下降，保持原有的趨勢，另一方要上漲，兩方必然發生爭鬥。如果在下降趨勢處於末期時（下降趨勢持續了相當一段時間），出現上升三角形，還是以看漲為主。這樣，上升三角形就成了反轉形態的底部。

注意：顧名思義，上升三角形是證券價格將會上升的整理形態，價量關係和對稱三角形差不多，很多有關技術分析的理論書籍通常認為上升三角形的突破必然是向上，但在中國的股票市場中則未必這樣。很多人機械地運用，往往一見可能或剛剛出現上升三角形的形態便貿然買進，結果損失較大，因為證券價格最後向相反的方向運行了——下跌。

（3）上升三角形的形態高度與測算

上升三角形被突破後，也有測算的功能，測算的方法同對稱三角形類似。下圖5.24 是上升三角形的簡單圖形表示以及測算的方法。

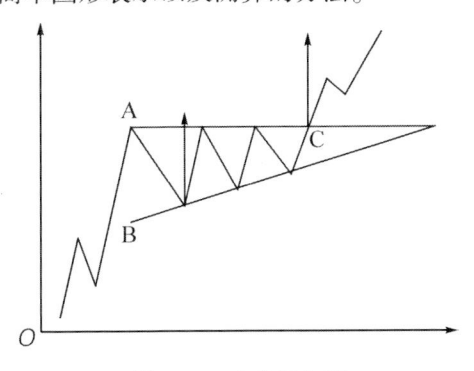

圖 5.24　上升三角形

3. 下降三角形

下降三角形（Descending Triangles Pattern）同上升三角形正好反向。證券價格在發展的進程中形成一條幾乎水平的低點連線和一條向下傾斜的高點連線。即證券價格下降至某水平時遇強大買盤，反彈至一定高點後遇拋壓回落至水平時再次反

彈，但由於拋壓強，證券價格未能升至上次高點即又回落，如此反覆直至突破，從而形成一個由一條下傾上界線和一條近乎水平支撐線組成的下降三角形。下降三角形的基本內容同上升三角形可以說完全相似，只要理解方向相反就可以了。

但是，也要注意：下降三角形單從字面理解似乎就是這樣的，但在實踐中未必如此。在這裡我們不過多地花筆墨去敘述。從下圖 5.25 可以很明白地看出下降三角形所包含的內容。

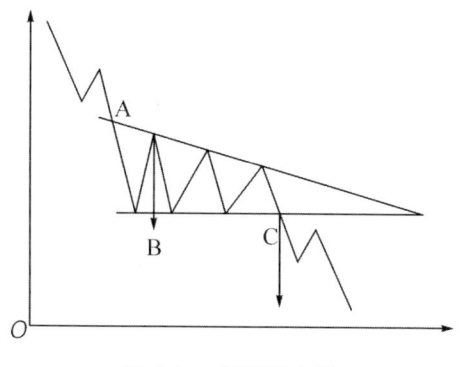

圖 5.25　下降三角形

4. 三角形補充說明

按三角形態的一般原理，有以下幾個方面的要點：

（1）三角形形態更適用於日線圖形。

（2）一般情況下，上升三角形表明證券價格會上升，下降三角形顯示證券價格會下跌，對稱三角形則趨向不明，最終的突破方向將決定大勢走向。

（3）持續時間過短的三角形可能是別的形態，例如後面要介紹的楔形等。

（4）任何種類的三角形突破只有在從起點至終點（尖端）的 1/2 至 3/4 處發生突破，方可視為有效或具有相應的突破能力，證券價格一直波動至頂端出現的突破被視為無效或缺乏力度。

（5）三角形形成的過程中，從左到右成交量逐漸減少。在上升和下降三角形的形成過程中，成交量隨之減少。在向上突破時，要求成交量配合放大；而向下突破，則不要求成交量配合放大。

（6）對稱三角形上下兩條邊的傾斜程度可能不一樣。直角三角形的水平直線可能不是水平的，允許有一點傾斜。換句話說，對稱三角形和直角三角形都不是數學幾何學中嚴格的幾何圖形。

（7）在直角三角形中，一旦水平線被突破，之後的證券價格可能有反撲的情

況。這時，這條水平線就會起阻止回頭的作用。上升三角形向上突破後的反抽不能跌破水平支撐線，下降三角形向下突破後的反抽不能突破水平阻力線，否則可能是假突破。

在實戰操作中我們會發現：三角形的突破往往取決於證券價格的升跌幅度。在上升過程中，若總體升幅不是很多，出現盤局並呈三角波動（不管是哪一種三角形）通常上升即向上突破的概率較大；反之，在下跌過程中出現三角形的盤整，繼續向下突破的可能性很大。三角形態很少在大行情的頂部或底部出現，大多為上升（下跌）趨勢中的停頓。所以從思維上先可根據升跌幅度判斷所形成的三角的突破方向，操作上可在三角形成過程中不斷調整好投資比例。這裡難度較大的是對升跌幅度的把握，可結合其他技術指標綜合判斷。當然，最終還是要以三角的突破方向作為買賣決策根據。

至於三角形突破後的波幅，按「最小潛能」原則：在向上突破的趨勢中，在證券價格圖上，從左上角形態開始的第一個上升頂點畫一條和底部平行的線——形態的測量線，且以形態開始之前的同樣角度和速率上升，這樣，大致能測出時間和幅度，並指導我們的實際操作。

三角形態在中國深滬證券市場中經常出現，實用性很強。三角形態分析方法也和其他技術分析方法一樣，不可機械呆板地加以運用，尤其是在中國證券市場上，更應結合客觀實際加以靈活運用。

5. 作為反轉形態的三角形

需要指出的是，三角形也可能成為反轉形態。如果上升或下降了很長時間，而且三角形最初的兩次波動的幅度比較大，而兩次波動的高點或低點如果相差不大，那麼，這樣的三角形就有雙重頂底形的特徵。在中國證券市場中，這樣的形狀比較常見，有人把它們稱為「大三角形」。其實，可以把這樣的形態當成雙重頂和雙重底來對待。

6. 上升三角形、下降三角形和頂底三角形實例

圖 5.26 是海馬股份（000572）從 2006 年 7 月 25 日至 2008 年 11 月 21 日的日線圖。從中可以看到，在 2007 年 2 月 1 日至 2007 年 4 月 6 日的日線圖中，在上升趨勢中形成了一個上升三角形和其他三角形形態，其後保持了原來的上升趨勢。

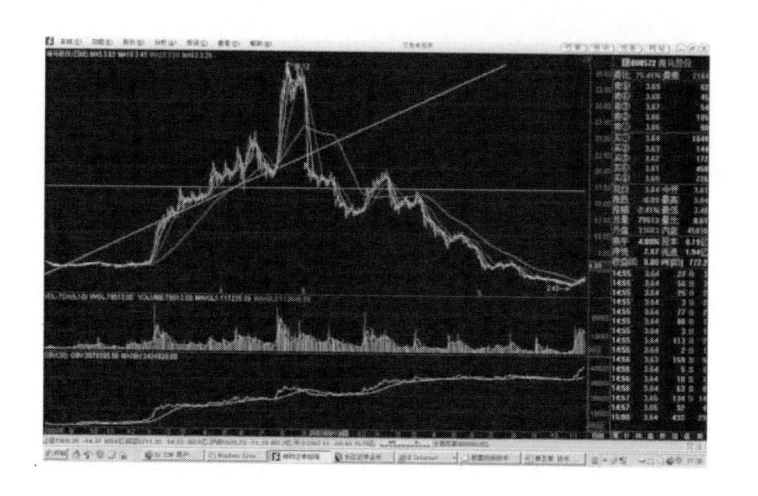

圖 5.26　海馬股份（000572）從 2006 年 7 月 25 日至 2008 年 11 月 21 日的日線圖

　　圖 5.27 是凱迪電力（000939）從 2006 年 9 月 29 日至 2008 年 11 月 21 日的日線圖。從中可以看到，從 2008 年 1 月 16 日至 2008 年 3 月 12 日的日線圖和從 2008 年 6 月 11 日至 2008 年 8 月 1 日的日線圖，在下降趨勢中形成了兩個下降三角形，其後保持了原來的下降趨勢。

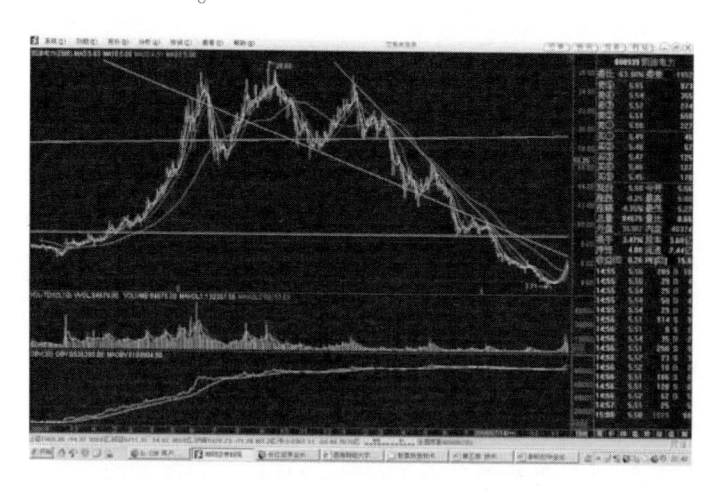

圖 5.27　凱迪電力（000939）從 2006 年 9 月 29 日至 2008 年 11 月 21 日的日線圖

　　圖 5.28 是中國重汽（000951）2006 年 8 月 1 日至 2008 年 12 月 21 日的日線圖。從中可以看到，2007 年 8 月 17 日至 2007 年 11 月 1 日，形成了一個大的對稱

三角形 。這個三角形最後成為頂部個 。考慮到價格從 11 元左右上升到 87.60 元，這價格成為頂部反轉形態也是必然的 。

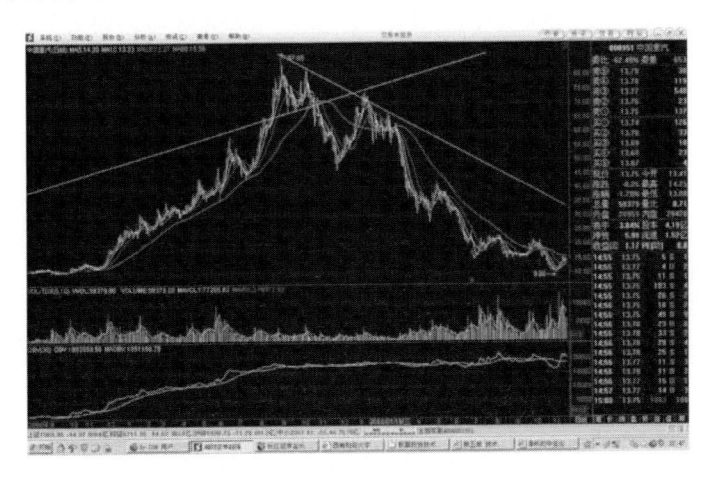

圖 5.28 中國重汽（000951）2006 年 8 月 1 日至 2008 年 12 月 21 日的日線圖

二、矩形（Rectangle Formation）

1. 矩形的基本形狀和形成過程

矩形又叫箱形，也是一種典型的持續整理形態。矩形是證券價格由一連串在兩條水平的上下界線之間變動而成的形態。這時證券價格在兩條橫著的水平直線之間上下波動，上不去，也下不來，長時間沒有突破，一直作橫向延伸的運動。下圖 5.29 是矩形的簡單圖示。

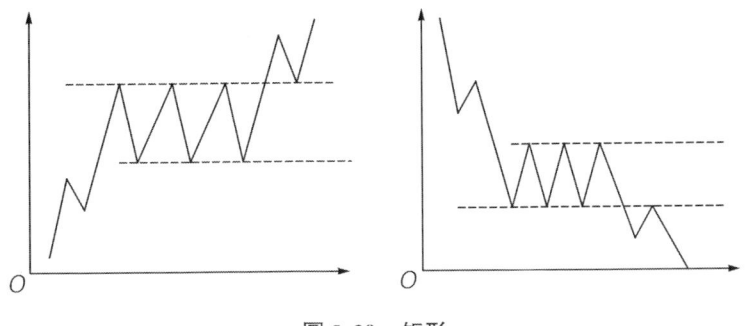

圖 5.29 矩形

矩形在形成之初，多空雙方全力投入，各不相讓，在主力機構掌控下，雙方堅

守各自陣地，空方在價格漲到某個位置時就拋出，多方在證券價格下跌到某個價位時就買入。具體來說，就是證券價格上升到某水平時遇上阻力掉頭回落，但很快地便獲得支持而回升，可是回升到上次同一高點時再一次受阻，而下挫到上次低點時則再次得到支撐。時間一長，這些短期高點和低點分別以直線連接起來，就形成兩條明顯的上下界線，可以繪出一條通道，這通道既非上傾，亦非下斜，而是平行發展，這就是矩形形態。隨著時間的推移，雙方的戰鬥熱情會逐步減弱，市場趨於平淡，多空雙方的力量也漸趨明朗，證券價格便向上或向下突破界線。

證券價格隨矩形走勢波動時，成交量漸次萎縮，這種情況反應在技術圖表上就是從左到右成交量逐漸減少。當向上突破時，成交量必須放大，而且距上界線不能太近，否則有效性就會降低；而向下突破時，成交量不一定放大，突破的位置也不宜離下界線太近。

一般來說，矩形是整理形態，市道牛皮，在升市和跌市中都可能出現，長而窄且成交量小的矩形在原始底部比較常出現。突破上下界線後有買入和賣出的信號，漲跌幅度通常等於矩形本身寬度。

另外，我們還必須注意經常發生在低價圈的箱形形態。當價格在箱形區域盤整多時，構築了相當厚實的底部，所以價格向上突破壓力線時，一般情況下會有相當大的漲幅。在這裡，一是箱形整理的時間，二是突破時的成交量配合，均具有較重要的意義。

2. 矩形的突破方向和短線交易機會

如果原來的趨勢是上升，那麼經過一段矩形整理後，一般會繼續原來的趨勢，多方會占據優勢並採取主動，使證券價格向上突破矩形的上界線。如果原來是下降趨勢，則空方會採取行動，突破矩形的下界線。

從圖中可以看出，矩形在其形成的過程中極可能演變成三重頂（底）形態，這是我們應該注意的。正是由於矩形的判斷有這麼一個容易出錯的可能性，在面對矩形和三重頂（底）進行操作時，幾乎一定要等到突破之後才能採取行動，因為這兩個形態今後的走勢方向完全相反。一個是反轉突破形態，要改變原來的趨勢；一個是持續整理形態，要維持原來的趨勢。

與別的大部分形態不同，矩形為我們提供了一些短線炒作的機會。如果在矩形形成的早期，能夠預計到證券價格將按矩形進行調整，那麼，就可以在矩形的下界線附近買入，在矩形的上界線附近拋出，來回做幾次短線的進出。如果矩形的上下界線相距較遠，那麼，這種短線的收益也是相當可觀的。

3. 矩形的測算功能

矩形被突破後，也具有測算意義，形態高度就是矩形的高度。面對突破後證券價格的反撲，矩形的上下界線同樣具有阻止反撲的作用。

4. 矩形實例

圖 5.30 是皖通高速（600012）2003 年 1 月 8 日至 2008 年 11 月 21 日的日線圖。從中可以看到，2003 年 1 月 8 日至 2005 年 1 月 16 日的日線圖中，股價從 5 元左右開始上升到 6 元後，又來回上下 7 次，形成了一個矩形。之後價格繼續上升到 8.26 元。

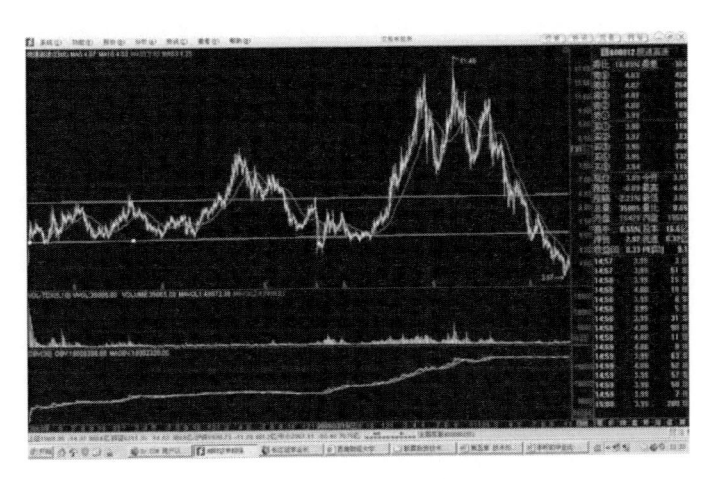

圖 5.30　皖通高速（600012）2003 年 1 月 8 日至 2008 年 11 月 21 日的日線圖

第四節　喇叭形、菱形、旗形和楔形等

一、喇叭形和菱形

這兩種形態是三角形的變形體，在實際中出現的次數不多，但是一旦出現，則對我們有較強的指導作用。

這兩種形態的共同之處是，大多出現在頂部，而且兩者都是看跌。從這個意義上說，喇叭形和菱形又可以作為頂部反轉突破的形態。更為可貴的是喇叭形和菱形在形態完成後，幾乎總是下跌，所以就沒有突破是否成立的問題，在形態形成的末期就可以行動了。

1. 喇叭形（Broadening Formation）

（1）喇叭形的基本形狀、形成過程以及操作策略

喇叭形的正確名稱應該是擴大形或增大形。因為這種形態酷似一只喇叭，故得名。這種形狀其實也可以看成是一個對稱三角形倒轉過來的結果，所以我們把它看作是三角形的一個變形體。

喇叭形是一種極不穩定的圖形，是投資者無理性投資衝動的情緒造成的。證券價格經過一段時間的上升後，出現技術性的小幅回擋，稍作整理後再度回升，並突破前一波行情高點，隨後再次回落到比前一低點更低處。此時投資者以為底部已到，買盤湧入，於是證券價格又一次攀升，但卻無法突破前兩次高點所連接而成的上界線，上衝受挫後證券價格重新回落，並突破下界線直線而下。整個形態以狹窄的波動開始，然後從上下兩方擴大，如果我們把上下的高點和低點分別連接起來，就可以畫出一個鏡中反照的三角形狀，這便是喇叭形。成交量方面，喇叭形在整個形態形成的過程中，保持著高而且不規則的成交。喇叭形分為上升形和下降形，其含義一樣。下圖5.31是喇叭形的圖形表示。

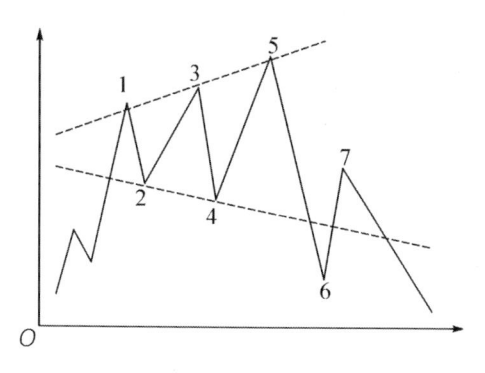

圖5.31 喇叭形

從圖中可以看出，由於證券價格波動的幅度越來越大，形成了越來越高的三個高點，以及越來越低的兩個低點。這說明當時的交易異常活躍，成交量日益放大，市場已失去控制，完全由參與交易的公眾的情緒決定。在目前這個混亂的時候進入證券市場是很危險的，進行交易也十分困難。在經過了劇烈的動盪之後，人們的熱情會漸漸平靜，遠離這個市場，證券價格將逐步地往下運行。

三個高點和兩個低點是喇叭形已經完成的標志。證券投資者應該在第三峰（圖中的5）調頭向下時就拋出手中的證券，這在大多數情況下是正確的。如果證券價格進一步跌破了第二個谷（圖中的4），則喇叭形完成得到確認，拋出證券更成為

必然。

證券價格在喇叭形之後的下調過程中，肯定會遇到反撲，而且反撲的力度會相當大，這是喇叭形的特殊性。但是，只要反撲高度不超過下跌高度的一半（圖中的7），證券價格下跌的勢頭還是應該被保留的。

(2) 研判法則

①一個標準的喇叭形應該有3個高點、2個低點。這3個高點一個比一個高，中間的2個低點則一個較一個低。②該形態沒有最低跌幅來估計其未來跌勢，但一般來說跌幅會很大。③該形態一般出現在牛市後期，但並未顯示出牛市結束的具體時間；只有當下界線被跌破時，此形態方可確立。④喇叭形通常出現在頂部，出現在底部的概率很小。

(3) 喇叭形實例

圖5.32是蓮花味精（600186）2006年4月10日至2007年7月27日的日線圖。從中可以看到，當價格從2.42元上升到9.25元後，於2007年4月20日到2007年6月1日形成了一個喇叭形。這個喇叭形屬於比較大的喇叭形。一般的喇叭形只出現3個高點，而這個喇叭形共出現了5個高點，分別是7.93、8.05、8.60、9.18和9.25。在實際交易中，一般在第4個高點即大約9.18元附近就應該比較警惕，密切關注市場的動向，時刻準備賣出。

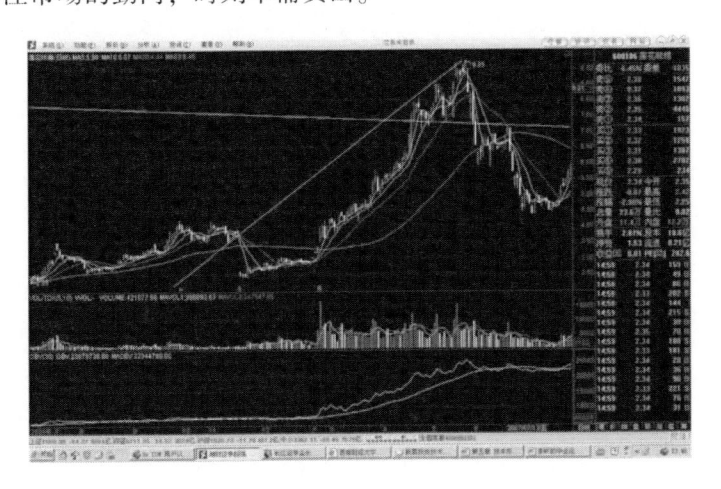

圖5.32　蓮花味精（600186）2006年4月10日至2007年7月27日的日線圖

2. 菱形（Diamond Formation）

（1）菱形的基本形狀、形成過程以及操作策略

菱形的另一個名稱叫「鑽石形」，是一種出現在頂部的看跌的形態，比起上面的喇叭形來說，更有向下的願望。它的前半部分類似於喇叭形，後半部分類似於對稱三角形。所以，菱形有對稱三角形保持原有趨勢的特性。前半部分的喇叭形之後，趨勢應該是下跌，後半部分的對稱三角形使這一下跌暫時推遲，但終究沒能擺脫下跌的命運。下圖5.33是菱形的簡單圖示。

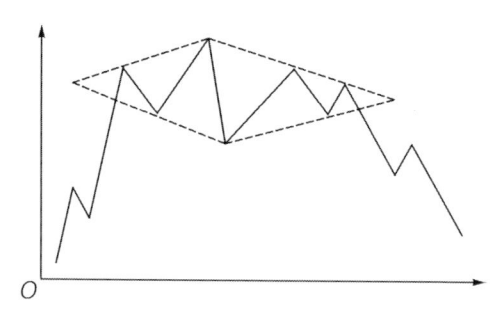

圖5.33　菱形

由上圖可知，菱形實際是喇叭形和對稱三角形的結合。左半部和喇叭形一樣，第二個上升高點較前一個高，回落低點亦較前一個為低。當第三次回升時，高點卻不能升越第二個高點水平，接著的下跌回落點卻又較上一個為高，證券價格的波動從不斷地向外擴散轉為向內收斂，右半部的變化類似於對稱三角形。最後，證券價格在第四次回升仍不能創新高點，跌破V形頸線，從而確立了菱形反轉。

菱形的形成需要極其活躍而衝動的市場氣氛，因而這類形態常出現在證券價格的頂部，而且是成交量極大的頂部，這通常意味著長期頂部的出現。

菱形很少為底部反轉，通常它在中級下跌前的頂部或大量成交的頂點出現，是個轉向形態。當菱形右下方支持跌破後，就是一個沽出信號；但如果證券價格向上突破右方阻力，而且成交量激增時，那就是一個買入信號。

菱形的形成過程的成交量是隨價格的變化而變化的。開始是越來越大，通常呈不規則狀，但右邊則趨於畏縮，同對稱三角形的成交量一樣。

由於對稱三角形的存在，菱形還具有測算證券價格下跌深度的功能。菱形的測算功能是以菱形的最寬處的高度為形態高度的。今後下跌的深度從突破點算起，至少下跌一個形態高度，這同大多數的測算方式是相同的。即「其最小跌幅的量度方法是從證券價格向下跌破菱形右下界線開始，量度出形態內最高點和最低點的垂直

距離，這距離就是未來證券價格將會下跌的最小幅度」。

識別菱形時有幾點應該注意：

①菱形有時也作為持續形態，不出現在頂部，而出現在下降趨勢的中途。這時，它還是要保持原來的趨勢方向，換句話說，這個菱形之後的走向仍是下降。

②菱形上面兩條直線的交點有可能並非正好是一個高點。左、右兩邊的直線由各自找的兩個點畫出，兩條直線在什麼位置相交就不要求了。同理，菱形下面兩條直線也有與上面兩條直線相似的可能。

③技術分析中，形態理論中的菱形不是嚴格的幾何意義上的菱形。這一點同別的形態是一樣的。

（2）菱形實例

圖 5.34 是廣州控股（600098）1999 年 10 月 20 日到 2002 年 4 月 18 日的日線圖。從中可以看到，2001 年 4 月 12 日到 2001 年 5 月 30 日形成了一個喇叭形，之後緩慢波動，在 2001 年 7 月 25 日完成菱形所需要的對稱三角形。

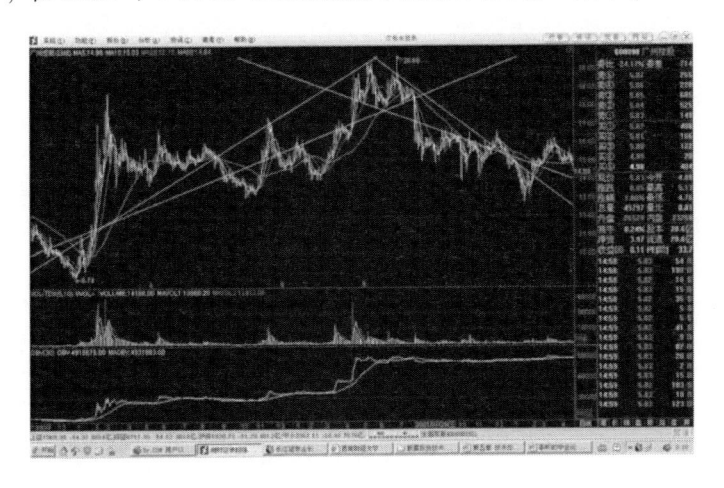

圖 5.34　廣州控股（600098）1999 年 10 月 20 日到 2002 年 4 月 18 日的日線圖

二、旗形和楔形

旗形和楔形也是最為常見的兩個持續整理形態。在證券價格的曲線圖上，這兩種形態出現的頻率最高，一段上升或下跌行情的中途，可能出現好幾次這樣的圖形。他們倆都是一個趨勢的中途休整過程，休整之後，還要保持原來的趨勢方向。這兩個形態的特殊之處在於，它們都有明確的形態方向，如向上或向下，並且形態

方向與原有的趨勢方向相反。例如，如果原有的趨勢方向是上升，則這兩種形態的形態方向就是下降。

從本質上講，旗形和楔形沒有本質區別，在實際的畫圖過程中，有時候很難區別。

1. 旗形（Flags Formation）

（1）旗形的基本形狀、形成過程

從幾何學的觀點看旗形應該叫平行四邊形，它的形狀是一個上傾或下傾的平行四邊形。如下圖5.35所示。

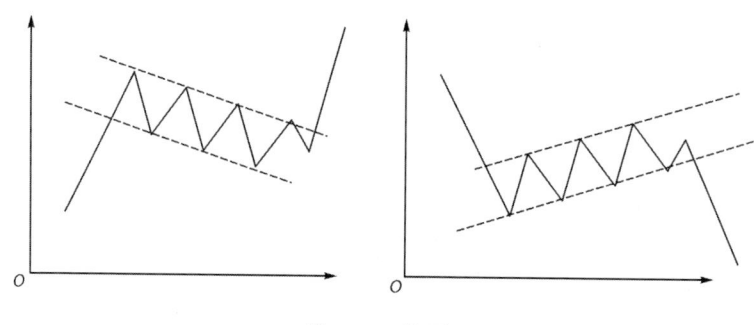

圖5.35　旗形

從形態上看，旗形走勢就像一面掛在旗杆頂上的旗幟。旗形大多發生在急速而又大幅的市場波動中，這時市場極度活躍，證券價格的運動是劇烈的，近乎直線上升或下降。這種劇烈運動的結果是產生旗形的條件。由於上升下降得過於迅速，市場必然會有所休整，旗形就是完成這一休整過程的主要形式之一。證券價格經過一連串緊密的短期波動後，形成一個稍微與原來趨勢呈相反方向傾斜的長方形，這就是旗形走勢。

旗形走勢又可分作上升旗形和下降旗形。下降旗形的形成過程是：證券價格經過陡峭的飆升後，接著形成一個緊密、狹窄和稍微向下傾斜的價格密集區域，把這密集區域的高點和低點分別連接起來，就可以畫出兩條平行而又下傾的直線，這就是下降旗形。上升旗形則剛剛相反，當證券價格出現急速或近乎垂直的下跌後，接著形成一個波動狹窄而又緊密、稍微上傾的價格密集區域，若將其高點和低點分別連接起來，就形成了一條上升通道，這就是上升旗形。

成交量在旗形形成過程中是顯著地漸次遞減的。

（2）旗形的突破與測算

旗形的上下兩條平行線起著支撐和壓力作用，這一點有些像軌道線。這兩條平

行線的某一條被突破是旗形完成的標志。

旗形也有測算功能。旗形的形態高度是平行四邊形左右兩條邊的長度。旗形被突破後，證券價格將至少要走到形態高度的距離。大多數情況是走到旗杆高度的距離。

應用旗形時，有幾點要注意：

①旗形出現之前，一般應有一個「旗杆」，也就是價格有一個近乎直線上升或直線下降的運動過程，這在行情火暴時經常能夠看到。

②旗形持續的時間不能太長。時間一長，旗形保持原來趨勢的能力將下降。經驗告訴我們，通常應該短於3周。

③旗形形成之前和被突破之後，成交量都很大。在旗形的形成過程中，成交量從左向右逐漸減少。

（3）旗形實例

圖5.36是國金證券（600109）2004年12月17日到2008年11月21日的日線圖。從中可以看到，2006年12月22日到2007年8月9日的日線圖形成了兩次旗形形態。

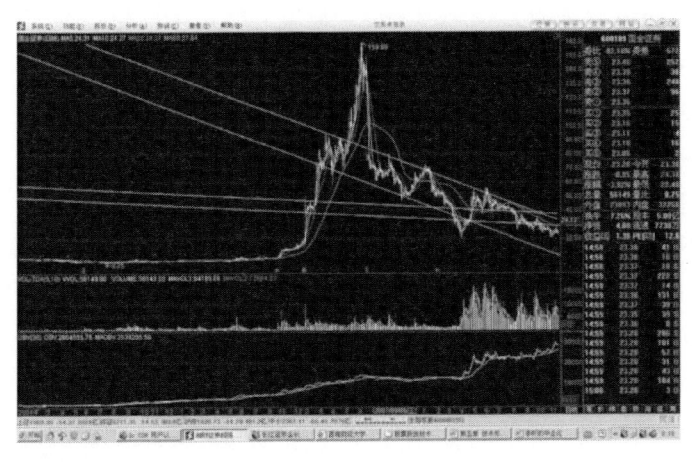

圖5.36　國金證券（600109）2004年12月17日到2008年11月21日的日線圖

2. 楔形（Wedge Formation）

（1）楔形的基本形狀

楔形和旗形是兩個極為相似的形態，楔形有時也被稱為第二旗形。如果將旗形中上傾或下傾的平行四邊形變成上傾和下傾的三角形，我們就會得到楔形。如下圖5.37所示。

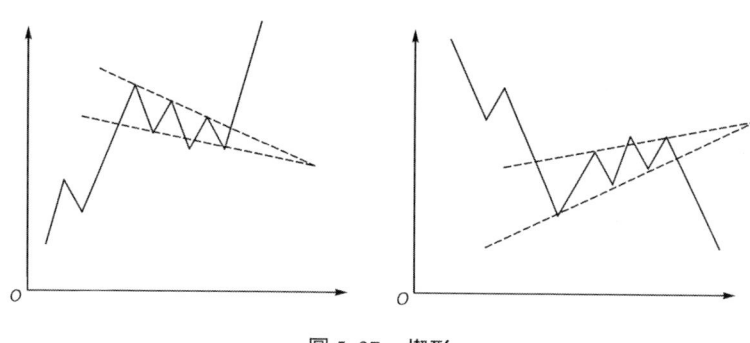

圖 5.37　楔形

楔形的證券價格在兩條收斂的直線中變動，與三角形不同處在於它的兩條界線是同時上傾或下斜的。楔形又分為上升楔形和下降楔形。上升楔形指證券價格經過一次下跌後有強烈技術性反彈，價格升至一定水平又掉頭下落，但回落點較前次為高，又上升至新高點比上次反彈點高，又回落形成一浪高一浪之勢，把短期高點相連及短期低點相連則形成兩條同時向上傾斜的直線，它往往是熊市中的反彈整理形態。下降楔形則相反，高點一個比一個低，低點亦一個比一個低，形成兩條同時下傾的斜線，它通常是牛市中的回擋整理形態。

（2）楔形與三角形和旗形的區別

從圖中可以看出楔形的上下兩條邊都是朝著同一個方向傾斜的。這與前面介紹的三角形態不同，有明顯的傾向。

同旗形和三角形一樣，楔形也有保持原有趨勢方向的功能。一個持續趨勢的途中有時會遇到這種形態。

與旗形和三角形稍微不同的地方是，楔形偶爾也可能出現在頂部或底部而作為反轉形態。這種情況一定是發生在一個趨勢經過了很長時間，快接近尾聲的時候。我們可以借助很多別的技術分析方法，從時間上來判斷趨勢是否可能接近尾聲。儘管如此，當我們看到一個楔形後，首先還是把它當成中途的持續形態。

在形成楔形的過程中，成交量是逐漸減少的，即成交量變化和三角形一樣向頂端遞減。形成之前和突破之後，成交量都很大。

與旗形的另一個區別是，楔形形成所花的時間要長一些。

注意：楔形上下兩條直線必須明顯收斂於一點，否則，其形成的可能性就將受到懷疑。同時上升楔形跌破下界線時常會出現急跌，而下降楔形突破上界線時需有大成交量配合。

（3）楔形實例

圖 5.38 是廣州控股（600098）2006 年 8 月 1 日至 2008 年 11 月 21 日的日線圖。從中可以看到，2007 年 1 月 26 日至 2007 年 4 月 9 日形成了一個上升楔形；2008 年 4 月 1 日至 2008 年 6 月 10 日形成了一個下降楔形。

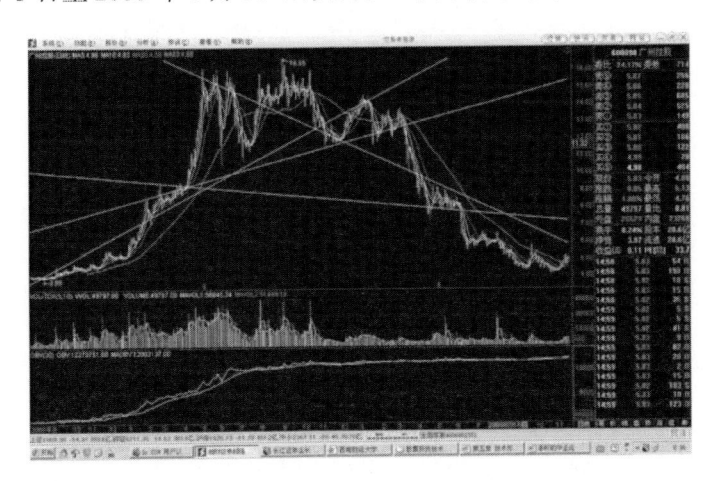

圖 5.38　廣州控股（600098）2006 年 8 月 1 日至 2008 年 11 月 21 日的日線圖

三、其他形態

1. V 形（倒 V 形）（見圖 5.39）

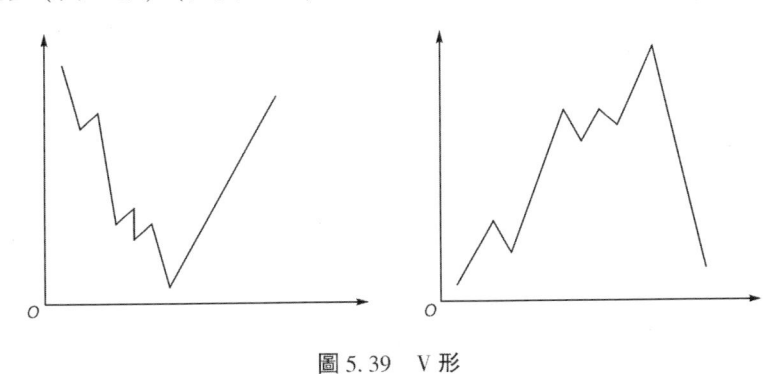

圖 5.39　V 形

（1）V 形（倒 V 形）的基本形狀和形成原因

V 形（V–shape Reversal）（倒 V 形）是一種反轉形態。它出現在劇烈的市場動盪之中，底和頂只出現一次。V 形沒有試探頂和底的過程，而是迅速地到頂或

底，又迅速地反轉，由於形態酷似英文字母V，所以叫V形（倒V形）。下圖是V形（倒V形）的基本形狀。

V形（倒V形）反轉事先沒有徵兆。在上海和深圳股票市場中，V形基本上是由於某些消息而引起的，這些消息我們是不可能提前知道的。從技術的角度看，只能根據其他技術分析方法得到V形可能會出現的信號，例如，可以用技術指標尋找到V形的低點。

(2) V形（倒V形）類型

V形（倒V形）是反轉形態中一種速度最快、力度極強、升降幅度較大的形態，投資者如果把握及時，可獲得可觀利潤。V形（倒V形）走勢轉向形態，大致可分為三種類型：

①V形，是指走勢連連下跌，跌到一個相對低的價位後，突然急速回升，在圖形上出現一個像英文字母V字的形態。

②倒置V形，是指與V形走勢相反的運動形態，當走勢一路上升，到達某一相對高位後，突然掉頭急速下跌，在圖表上形成一個倒置的V字形態。

③伸展V形，是指V形或者倒置V形走勢形成之後，橫向波動一段時間，然後再繼續其V形走勢。

V形走勢是一種比較容易捕捉的圖形，而且變動趨向十分明顯，往往是上升之後下跌或者急跌之後上升，形態一經出現，一般可以確認。

(3) 形成過程

由於市場中賣方的力量很大，令證券價格穩定而又持續地下滑，此時市場也許又傳出某種利空消息，導致恐慌性抛盤湧出，證券價格再度急速下挫。此時，證券價格已跌得很低，抛壓大為減弱，市場上已空倉或在前面抛出證券的投資者建倉和補貨意願增強，買賣雙方力量在此發生逆轉，買方迅速控制整個市場，使得證券價格出現戲劇性的回升，幾乎以下跌時同樣的速度收復所有失地，成交量亦相應擴大，在圖表上，證券價格的運行形成一個像V字般的移動軌跡，從而形成V字形。

倒V形與V形走勢剛好相反：市場看好的情緒使證券價格連續上升，持券的投資者獲利極為豐厚，隨著證券價格上升，買方力量漸漸衰竭，而獲利了結的情緒在市場逐步占據上風，這時也許還會突如其來地出現一些壞消息，這樣證券價格就會急速反轉，這種形態通常是由一些消息靈通的投資者所不能預見的因素造成的。

(4) 研判要點

①V形（倒V形）走勢發生前會出現一個明顯的跌勢（升勢），並且走勢線的

傾斜度不斷增加。這是由於多空雙方力量對比懸殊的緣故。

②V形（倒V形）在形成中，在反轉點（谷底或頂峰）停留的時間很短，一般只有兩三個交易日，該種走勢的末段一般會出現一個明顯的單日或雙日轉向形態。

③成交量在轉折點會明顯增大，有時甚至出現激增，因為在V形中，往往是在恐慌拋售日反轉。

④出現反轉後，多方（空方）幾乎是以同樣快的速度收復原有的失地。

⑤在某種情況下，由於部分投資者缺乏信心，在上升（或下跌）階段有一時期出現橫向盤整狀態，此乃延伸V形（倒V形）。延伸V形在突破徘徊底部時，成交量不一定增加。延伸式V形是證券價格上升或下跌過程中出現的一些小波動，不像簡單V形那麼直接，只是整體趨勢符合V形特徵。

⑥在搶V形回升之反彈時，如未能在底部買進，則必須仔細檢討當前證券價格的合理性及其後市走勢，不可貿然進場。

⑦一些短期的V形走勢，大多出現在一些投機性較強的證券中，這些證券價格波動較大，受市場傳聞影響，利好傳出時證券價格急速上升，利空出現時又狂瀉急跌，在圖形上反覆形成V形或倒置V形。

⑧V形的出現意味著市場的轉變。因此，價量關係對判斷V形極為重要：當大勢由跌轉升，上升時通常成交量明顯放大；下跌時成交量的配合則不一定明顯。大勢升至最高峰或跌至最低谷的一刹那，這一兩日的成交量會比平常更大，尤其是跌後轉勢時，轉向過程的前後一兩個交易日成交量往往非常之大，這實際上是最後一批拋盤湧出和剛進場買盤接貨所造成的。在倒置V形出現前一兩個交易日成交量往往暴增，證券價格也跳得比以前更快，但這實際上意味著買方力量已趨窮盡，大勢已至強弩之末，買方後繼乏力，證券價格便大幅回落。

⑨V形走勢的潛能相當驚人，雖難以從形態測算升跌幅，但轉勢形態一經形成，確認性較高，對於實戰操作把握買賣時機具有重要的參考意義。

總結：根據V形走勢把握買賣時機，首先應根據升跌幅度判斷形態，升跌幅度越大，出現V形走勢後可確認性也越強；其次則看價量關係；最後，投資者必須具備超人的勇氣和膽識。很多投資者雖然也懂得轉勢特點，但V形真的在底部出現時，由於大勢已經「熊」了很長時間，投資者的思維和心態還未扭轉過來，往往不敢果斷進場以至於錯失良機。還有的人因大勢一段時間一直向好，思維和心態偏「牛」，當倒置V形出現時，總想著大勢還會好，可能這次的V形下跌為失敗型，故不願拋券套現，最終慘遭套牢，虧損累累。所以單單學會根據圖表形態選擇買賣時機還不夠，V形走

勢的快速突變性還需投資者反應快、感覺敏銳，同時還要有果斷決策的氣魄。只有幾個方面結合起來，才能很好地利用 V 形走勢把握買賣時機。沒有消息影響，大盤急轉直上，果斷跟進盈利；當大勢衝高急速回落，出現倒置 V 形立即平倉，避免急跌帶來的風險。

（5）V 形實例

圖 5.40 是上證指數 2000 年 8 月 31 日到 2008 年 11 月 21 日的日線圖。從中可以看到，2006 年 11 月 30 日到 2008 年 11 月 21 日的日線圖形成了一個倒 V 形的反轉頂。

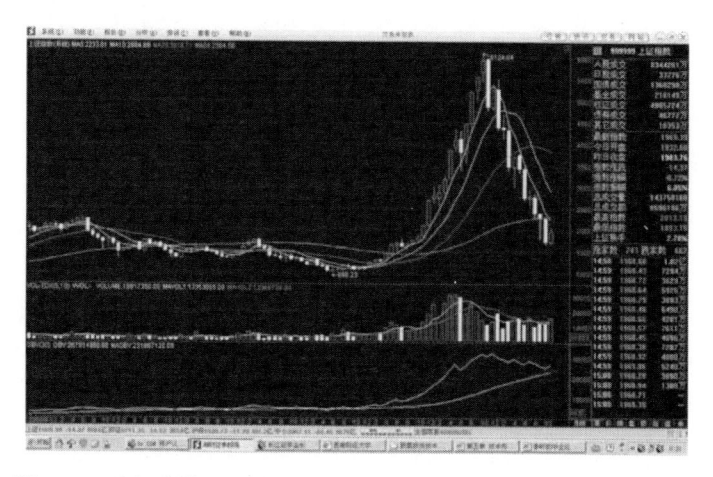

圖 5.40　上證指數 2000 年 8 月 31 日到 2008 年 11 月 21 日的日線圖

2. 單日（雙日）反轉形態

單日（雙日）反轉在成熟證券市場中出現的可能性不太大，但在一個新興的投機性較濃的證券市場中則時有出現。

（1）形成過程。當證券價格持續上升一段時間，看起來似乎已經到了上升行情末期時，在某個交易日證券價格呈現出跳空量減的飆漲，到某一高點後遭受到強大的拋售壓力，證券價格隨後急瀉直下，迅速跌回到起漲點甚至更低，並且以當日最低價（或接近最低價）收市，從而確定了頂部單日反轉；底部單日反轉則是指證券價格跳空而下至某一點後又迅速回升至起跌點甚至更高。

兩日反轉就是這兩種形態的變形。在上升（下跌）的過程中，某交易日該證券價格大幅上升（下跌），並以全日的最高（低）價收市。但第二天證券價格以昨天的收市價開盤後，全日證券價格持續下跌（上升），把昨日的升（跌）幅完全跌去

（補上），而且可能是以上日的最低（高）價收市，這走勢的表現就稱之為頂（底）部兩日反轉。

（2）研判要點：①單日反轉要求成交量猛增和證券價格的大幅波動，否則不能確認。②雙日反轉的成交量和價位，其兩天波幅同樣相當大。③一般在臨收市前15分鐘，交投突然大增，價格迅速朝相反方向移動。

3. 潛伏底

證券價格在經過長時間的緩慢盤跌之後，投資者信心嚴重受挫，但由於證券價位已極低，空頭也不再殺跌，於是多空雙方陷入長時間僵持狀態，證券價格在一個極狹窄的範圍內橫向移動，每日的高低波幅極小，成交也十分稀疏，成交量極度萎縮。經過長時間的沉寂和僵持後，證券價格和成交量同時擺脫沉寂不動的悶局，證券價格大幅上揚，成交量也隨之大增，從而走出潛伏底。這種走勢在圖表上形成一條橫線般的形狀，稱之為潛伏底。如圖5.41所示。潛伏底，乃是休眠底部，通常出現在長期的大熊市末期。而且，市場冬眠通常需要有「驚蟄」——實質性的利好消息才能打破。

通常潛伏底時間應較長，投資者必須在長期性底部出現明顯突破時方可跟進。突破的特徵是成交量激增，在突破後的上升途中，必須繼續維持高成交量。

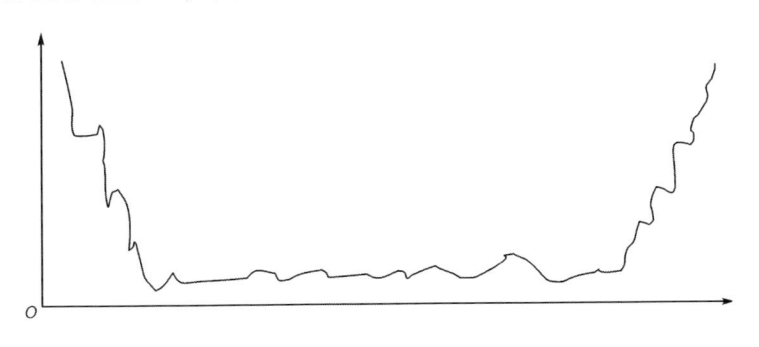

圖5.41 潛伏底

從廣濟藥業（000952）2003年9月3日至2007年3月8日的日線圖（圖5.42）中我們可以看到，該股潛伏時間長達3年半，該股突破時成交量激增，突破後的上升途中，也繼續維持高成交量，價格也從2.64元達到51.58元，上漲的幅度十分巨大。

理論上的形態還有多種，通常最常見的和為大家所公認的對於我們最實用，因此，我們這裡僅選擇了一些在中國上海、深圳證券市場中「出鏡率」較高的幾種形

213

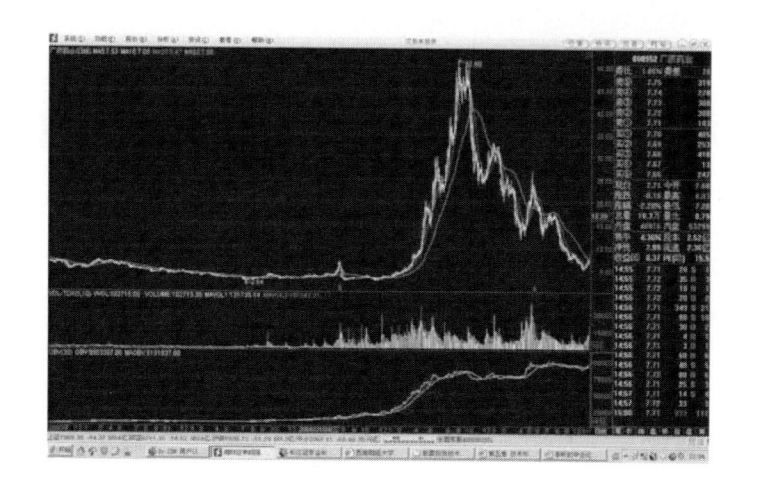

圖 5.42　廣濟藥業（000952）2003 年 9 月 3 日至 2007 年 3 月 8 日的日線圖

態，其他形態就不再介紹了。

第五節　缺口分析

在 K 線理論的一些組合形態中，要涉及缺口的概念，比如射擊之星。與缺口相關的一個概念是跳空和島形反轉。在島形的兩邊都出現了缺口，使得其與圖形的整體脫離。在實際的圖表分析中，缺口的作用是比較大的，有時可以單獨成為一章進行介紹。本書在此只作一些簡單介紹。

一、缺口的定義和回補

　　1. 缺口的定義

　　缺口的英文是 Gap，本意是表示兩個物體之間存在空隙，在這裡表示兩個交易日的價格交易區域之間存在空隙。缺口是 K 線形態中一種特殊的形態，它是指開盤價和收盤價或收盤價和開盤價之間產生向上或向下的跳空，並留有一定的空間，在這個空間內沒有任何交易。從日 K 線圖看，缺口是當一種證券某天最低成交價比前一天的最高成交價格還高，或是某天最高成交價格比前一天的最低成交價格還低，在圖形上缺口顯示出的是一個有一定空間的裂口，因此，缺口又被稱為裂口或開窗。

　　缺口的出現表明存在一段沒有交易的價格區域，也就是價格交易的「真空地

帶」。具體來說，如果某個交易日證券交易的最低價格高於前一個交易日的最高價格，就形成向上的缺口；如果某個交易日證券交易的最高價格低於前一個交易日的最低價格，就形成向下的缺口。

在高低線中，因為記錄每天交易情況的是從最高到最低的範圍，所以很容易從高低圖上看到是否有缺口存在。從K線圖上看，如果兩個連續的交易日的K線的上影線和下影線之間不重合，就會出現缺口。在市場分析的術語中，把這個現象稱為跳空。跳空分為向上跳空和向下跳空兩個方向。如下圖 5.43 所示。

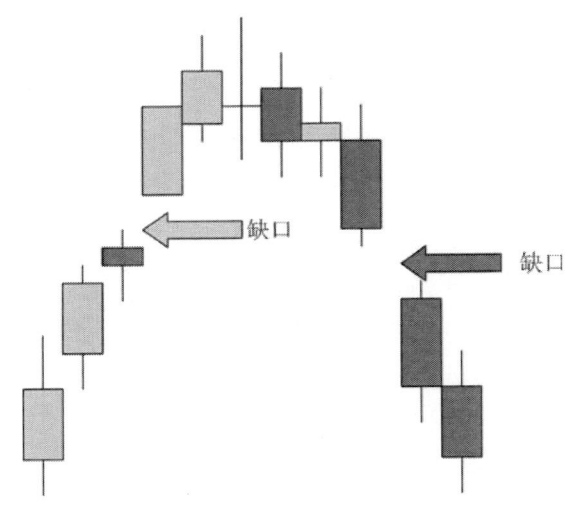

圖 5.43　缺口

缺口本來只有一個定義，就是上面所指的定義。不過在實際中，尤其是在使用了K線理論後，有人認為如果嚴格按照上面所指的缺口定義，將限制缺口的使用範圍。因此，他們把上面所指的缺口定義稱為狹義的缺口定義，自己則提出了缺口的另一個定義——廣義的缺口定義，即將狹義缺口定義中的「上影線和下影線之間不重合」用「K線實體之間不重合」代替，就得到廣義的缺口定義。只有在使用了K線理論後，才可能有廣義缺口的概念。

這些人認為：在多數情況下，K線圖形中如果出現向上跳空，則後一根K線的下影線將會非常短。如果出現向下跳空，則後一根K線的上影線將會非常短。因此，廣義和狹義的缺口定義在實際中的差別不大，在K線理論中，如果將缺口放寬成廣義的定義，將會擴大K線理論的使用範圍，而且，對實際的研判效果影響不大。在實際中如果不加說明，所說的缺口都是指狹義的定義。

很顯然，在周 K 線中缺口的數量肯定比在日 K 線中缺口少。實際中，如果使用月線，則幾乎沒有缺口，除非正好碰到價格在月末跳空。另外，每日交易過程中，亦會發生某些價位沒有成交的情形，K 線圖形中卻沒有顯現出來，我們只能解釋是一種暫時的供需不平衡。雖然它們時常比隔天的缺口更具有「多空已分出勝負」的意義，但在技術分析上它只供短線操作者參考，從而被多數人所忽略。

2. 缺口的回補

假設在某一天價格形成了缺口，如果後期的價格波動回轉，並重新經過該缺口所留下的價格區域，就稱為缺口被回補。回補有可能使得缺口完全被關閉，也可能部分被關閉。

許多技術分析者認為任何缺口都必須封閉；措辭稍微緩和的則認為假使一個缺口在三天內不封閉，則將在三星期內封閉；另有些人則認為三天內若不封閉缺口，則此缺口絕對有意義，短期內將不會「補空」。事實上，這些爭執並不重要，重要的是注意與瞭解封閉前與封閉後證券價格走勢的動向。一般而言，缺口若不被下一個次級移動封閉，那就有可能由一個中級移動封閉。時間延長看，將由一個相反移動原始上升或原始下跌移動所封閉，極可能是一年或幾年才會被封閉。

缺口被封閉後的走勢是投資人所關心的，短期內缺口即被封閉，表示多空雙方開戰，原先取得優勢的一方後繼乏力，未能繼續向前推進，而由進攻改為防守，處境自然不利。長期存在的缺口若被封閉，表示證券價格趨勢已反轉，原先主動的一方已成為被動，原先被動的一方則轉而控制大局。

探討有意義的缺口前，先介紹在圖形裡時常會發生卻沒有實際趨勢意義的缺口，它並不是由交易行為產生的，而是由法令規定將證券實際交易價格硬性地從某一交易日降低，降低的程度則由該證券比如股票所含的股息與股權多寡來決定，比如除息或除權就是如此。以股票為例，股票的除息報價是以除息前一日收盤價減去今年配發的現金股利，因此，任何股票現金股利配發越多，所形成的缺口越大，而除權報價是以除權前一日的收盤價除以所含的權值，所謂權值包括股票股利、資本公積金配股與現金認股三部分，因此缺口更大。每年業績良好、價位高與股票股利占多數的股票以及現金增資頗重的股票權值都非常大，因此，除權後的報價極可能與前一日收盤價格相差20%甚至於更多。這些缺口若被封閉，則稱為填權或填息。

有些技術操作者為彌補除權後所形成的無意義的缺口，就以開盤後的除權報價為準，將權值自行加於圖形紙上，使圖形繼續連貫下去，如此一來，證券如果填權，在圖形上則有雙重的標示，一為現行證券價格，一為現行證券價格加上權值。

從實際的價格波動圖形中可以看到，有些缺口將會在短時間內很快被回補，而有些缺口將會在很長時間之後被回補，有些甚至永遠不被回補。所以，缺口是否被回補的問題，是不容易回答的。

二、缺口的種類

依據不同的標準，我們可以把缺口分為不同的類別。從是否有分析意義的角度進行劃分，可以把缺口分為兩大類——有分析意義的缺口和無分析意義的缺口。

無分析意義的缺口是指對進行市場分析的指導作用不大的缺口。這樣的缺口包括跳空幅度小、出現頻率大的缺口，此外還有除權除息缺口。前者的跳空幅度過小，在圖表中的表現不引人注意，而除權除息缺口從根本上講就不是缺口。由除權除息所造成的缺口，指的是「圖表上的缺口」，不是這裡所定義的缺口。如果將除權除息前後的價格按照除權方案進行調整，就不會有缺口了。

有分析意義的缺口是對進行市場分析有指導意義的缺口。按照經典的缺口劃分方法，這樣的缺口一共分為四類。它們的名稱是：普通缺口或區域缺口、突破缺口、持續缺口或度量缺口和竭盡缺口。

「有分析作用」具體體現在分析價格的升降幅度、估計價格波動的支撐與壓力區域、對是否反轉進行判斷等方面。

1. 普通缺口或區域缺口（Common Gap）

這類缺口由於它容易出現在一個交易區域或價格持續形態之內而得名。持續形態的特點之一是成交量逐漸減少。投資者的交易行為容易選擇在形態的頂部或底部的位置，中間區域「無人問津」。在圖形中普通缺口經常出現在一個交易頻繁的整理或反轉區域中，然而它出現在整理形態中的機會較反轉形態大，因此，若發展中的矩形與對稱三角形出現缺口時，就能確定此形態為整理形態。普通缺口的特徵便是出現跳空現象，但並未導致證券價格脫離形態上升或下降，短期內走勢仍是盤局，缺口亦被填補。短線操作者如果預測到這一發展跡象，就可以在這個價格區域內高出低進，賺取差價。

由於普通缺口很容易在短時間內被封閉，因此，在多空爭鬥裡亦不代表任何一方取得主動，其短期技術意義近乎為零。但是對於較長期技術分析卻有很大幫助，因為一個密集形態正逐漸形成，多空雙方終究要決出勝負。例外的情況是，在持續形態接近突破的時候，價格最後一次在該持續形態的「地盤」裡波動。此時的缺口具有突破缺口的特徵，在長時間內不被回補，也沒有理由認為該缺口應該被回補。

普通缺口沒有度量的意義。它的作用在於幫助識別一個正在形成的持續形態。例如，價格上升到22元，回落到19元，又上升到22元，而且第二次到22元的時候出現了缺口，那麼投資者可以認為，一個波動範圍在19元～22元的持續整理過程正在形成。

2. 突破缺口（Breakout Gap）

證券價格運行到一定的時點後，多空雙方終於決出勝負，這時證券價格以一個大小不一的缺口跳空上升或下降遠離原來的形態，在K線圖上形成一個強有力的跳空長陽線或長陰線，這就是突破缺口。此缺口就是表示真正的突破已經形成，行情將順著證券價格趨勢進行下去。也就是說，證券價格向形態上端突破，整理區域便成為支撐區，將有一段上升行情出現；證券價格向形態下端突破，整理區域就成為阻力區，將有一段下跌行情出現。

通常導致突破缺口的K線是強有力的長陰線或長陽線，顯示一方的力量得以延伸，另一方則敗退；同時缺口亦顯示突破的有效性，突破缺口愈大，表示未來變動愈強烈。成交量的配合則扮演重要的角色，如果發生缺口前成交量大，突破後成交量未擴大或隨價位波動而相形減少，表示突破後並沒有大換手，行情變動一段後由於獲利者回吐承接力量不強，便回頭填補缺口；突破缺口發生後，成交量不但沒有減少，反而擴大，則此缺口意義深遠，近期內將不會回補。與突破形態一樣，下跌突破缺口並不一定出現較大成交量，但仍有效。

突破缺口對是否反轉有預測的功能。首先，它強調了突破的事實，當價格脫離某個持續形態並伴隨明顯的缺口的時候，預示一次真正的突破已經出現。其次，有缺口的買方（或賣方）上升（或下降）力量比沒有缺口的上升（下降）力量要大，儘管在兩種情況下都是買方（賣方）占優勢。

突破缺口是否回補？這個問題比較容易回答。在大多數情況下，突破缺口是不被回補的。例外的情況是，如果離開缺口的價格波動過程中成交量是逐步減少的，此時大約有一半的機會在未來的局部回落中使得價格回到缺口的位置。這個敘述的副產品就是，如果在遠離缺口的一邊成交量放大，而在離開缺口的時候又伴隨有比較大的成交量，那麼近期回補缺口的機會很小，價格的局部回落過程將在缺口處停止。此時，缺口起支撐或壓力的作用。

3. 度量缺口或持續缺口（Measurement Gap）

度量缺口出現的次數比前兩種缺口要少，度量缺口的產生與持續形態無關，它產生於猛烈的直線式的上升或下降之中。通常當證券價格突破形態上升或下跌後遠

離原有形態而至下一個整理或反轉形態的中途出現。

度量缺口出現的機會比較小，但是其技術預測的價值比較大。當一個劇烈的價格波動從聚集區開始的時候，為了後面更長時間的加速運動，價格的上升（下降）速度很小，就如同大江大河在源頭聚集小溪流一樣。以上升為例，當價格上升的趨勢帶來的盈利越來越大的時候，賣方將會增加，並使得價格移動的速度減慢。之後，當價格移動的速度減少到最低的時候，成交量將再次放大並形成猛烈的回轉。回轉的過程將可能形成缺口，此時的缺口就是度量缺口。當缺口發生在較高位置的時候，容易形成比較寬的缺口，這時，價格伴隨成交量的配合而加速變動。因為這種缺口發生在上升（下降）過程的中途，並且價格在中途的回落（上升）說明有一些投資者在賣出（買進）證券而「逃命」（跟進），所以，度量缺口又被稱為逃逸缺口或持續缺口。

度量缺口可以為價格的波動界線提供大致的預測位置，這也是該缺口被稱為度量缺口的原因。預測度量的含義是，價格移動在未來距離度量缺口的垂直距離將等於從此次運動的起點到度量缺口的垂直距離。旗形中旗杆的度量功能與此很相像。如果行情進行中出現兩個缺口，證券價格變動的中點就有可能在兩個缺口之間，所以就可以計算出此段證券價格波動的終點的大概價位。應該指出，在價格波動的過程中，有可能出現多個度量缺口。這是因為度量缺口是價格波動的第 2 次飛躍，而實際的價格波動可能有第 3 次、第 4 次飛躍。此時，有關度量缺口的技術預測的功能也應該在這些多個度量缺口的「中點」中尋找，用「中點」作為價格技術預測的基準。如果跳空現象連續出現，表示距變動的終點位置越來越近，股市名言「股價跳三空，氣數便已盡」即是此意。

這裡有兩種距離的概念：相對距離和絕對距離。前者是價格的百分比距離，後者是價格的絕對距離。在多數情況下，兩者的區別不大，但在實際使用中，可能以百分比距離為好。從圖表的觀點看，就是使用對數刻度。

4. 竭盡缺口（Exhausted Gap）

突破缺口標志著運動的開始，度量缺口表示運動在中途附近，竭盡缺口則表明原來運動行將結束。竭盡缺口與迅速而猛烈的大規模上升或下降有密切關係，它通常出現在長期上漲或長期下跌行情的末端，預示著多頭或空頭已進入到強弩之末階段。任何一種熱門證券的上升或下跌行情出現竭盡缺口以前，絕大部分均已先出現其他類似的缺口，然而並不是所有證券在行情結束前都會出現竭盡缺口現象。

以上升行情為例，在趨勢發展過程中，沒有像度量缺口那樣遇到逐漸增加的阻

力，而是動力不減少地加速上升，做最後的衝刺，直到某一天，碰到一堵由賣方建築成的「銅牆鐵壁」，在有大成交量的情況下，原來的上升運動在短暫的「爆炸聲」中突然結束，在類似上面所描述的運動過程中，通常在倒數的幾個交易日會出現一個比較寬的缺口。缺口發生的交易日或次日成交量若比過去交易日顯得特別龐大，而預期將來一段時間內不可能出現比這個更大的成交量或維持這個成交量，極可能就是竭盡缺口。如果缺口出現後的隔一天行情有當日反轉情形而收盤價停在缺口邊緣，就更加可以肯定是竭盡缺口。

　　同理，當證券價格向下經過較長時間的下跌，尤其是到了後期產生加速的下跌，很可能這時還會出現消息面的利空，產生恐慌性拋盤。空方一致做空，產生向下跳空缺口，但隨後該賣的大都已賣，成交量已極度萎縮，再也沒有多少賣盤賣出。這就是下跌行情結束前出現的向下跳空 K 線，此缺口亦是竭盡缺口。

　　竭盡缺口是多頭市場或空頭市場即將結束的信號，證券價格在短期內，將發生反轉行情。在多頭市場出現此類缺口，表示長期上升行情即將結束，空頭市場出現此類缺口；暗示跌勢接近尾聲，將進入整理或反轉階段。

　　判斷竭盡缺口時應注意三點：①價格趨勢是否出現是直線型的上升或下降。②關註成交量。如果上升缺口形成後的成交量異常大，而缺口之前的成交量沒有與價格的上升相配合，那麼該缺口為竭盡缺口的可能性就很大。③關注缺口的位置。如果缺口的位置已經達到由某個技術預測的方法所指出的預測位置的時候，或者是某個重要的支撐與壓力位置，也使得該缺口成為竭盡缺口的概率加大。

　　在多數情況下，竭盡缺口之後是另一個方向運動的開始，也就是趨勢的反轉。但是，竭盡缺口並不一定就是反轉的開始。竭盡缺口所表示的肯定的意義是原來運動的停止，並不是反方向運動的開始。竭盡缺口之後，有可能出現的是長時間的持續整理形態。

　　5. 缺口的研判

　　缺口現象在 K 線圖形中並不罕見，而且缺口的種類不同，後市變化就大相徑庭，因此，缺口的研判對後市的預測具有重要的作用。那麼，我們究竟應如何從各類缺口的特徵去推敲未來走勢呢？

　　（1）普通缺口與竭盡缺口都會在幾天之內被封閉，由缺口所在位置極易分辨此兩種缺口。

　　（2）普通缺口與突破缺口都發生在密集成交區附近，普通缺口在形態內發生，沒有脫離形態；而突破缺口則在證券價格變動要超越形態時發生；度量缺口沒有密

集形態伴隨，而是在證券價格急速變動也就是在行情的中途出現。

（3）突破缺口表明一種證券價格移動的開始，逃逸缺口是快速移動或近於中點的信號，竭盡缺口則表示已到終點，前面兩種缺口借著它們的位置和前一個價格形態可以辨認，而最後一種則不能立刻確認分辨出來。

（4）竭盡缺口就像度量缺口一樣都發生在快速的價格上升或下跌過程中。要想分辨這兩種缺口，最好的依據就是看缺口發生的當天或隔一天的成交量是否非常大，而預料短期內是否不容易維持或再擴大成交量。如果是這樣，就可能是竭盡缺口，而非度量缺口。

（5）度量（逃逸）缺口與突破缺口一般在一段長期間內不會封閉，從時間上區分，普通缺口較竭盡缺口更易被封閉，突破缺口則較逃逸缺口更不易被封閉。

6. 缺口的應用

應用缺口作為操作時的依據也是非常重要的一環。一般而言：

（1）證券價格以大成交量向上突破，留下缺口，這就是多頭行情的徵兆，繼續上漲時應持有證券，不論是否在下一個次級行情頂點賣出，你都需承認日後仍將有高價出現；在回跌時可以加碼買進。

急速上升過程中如果又出現一個缺口此時需判斷這是度量缺口，還是竭盡缺口，若推斷此缺口是度量缺口，則可繼續持有證券，在預估價位來臨時，開始限價拋出，減少手中額度，當反轉出現時，就賣出所有證券保持戰果；如果確定此缺口是竭盡缺口，則應立刻不限價拋出證券並可酌量使用融券以保護自己。

（2）空頭市場中，倘若讀者可用這些規則做反方向的操作，那麼可以在遇到突破缺口時賣出所有證券，而判斷是竭盡缺口時，可以限價買進，開始做多頭。值得注意的是，下跌突破缺口不需像上升突破缺口那樣需成交量增加來印證。

（3）證券價格若在某一形態內變動，突然發生反轉，朝相反方向突破，產生缺口，此時不論做多或做空，必須了結此操作，甚至做相反方向的委託；也就是原來若是空頭，此時應補回即拋空證券後，再加碼買進；原來是多頭，此時應賣出手中證券，可適量融券拋空。

（4）缺口若出現在多空間僵持不下的盤局尾聲，無疑可使投資人輕鬆而肯定地抓住未來一段時間內證券價格的波動方向；證券價格向盤檔上端突破，可以考慮買進，賺筆多頭錢；證券價格向盤檔下端突破時，可以考慮拋出證券，減少損失。

（5）缺口出現在不同的證券中也有不同的意義。缺口若出現在多空長期爭戰的證券裡，其意義又較肯定，熱門證券往往因激發強烈的買氣與賣意，使投資者從缺

口的出現觀察與判斷證券價格變動的方向。而冷門證券較少出現多空對峙，走勢往往出現一面倒，完全由機構投資者控制，因此，缺口意義雖不可忽視，但較難肯定作為判斷證券價格趨勢的指標。

7. 有關缺口的補充說明

（1）漲跌停板情況下的缺口。中國目前實行 10% 的漲跌停板制度。由於這個數字比較小，容易使得價格出現連續幾天開盤後直接達到漲跌停板的現象 。從缺口的角度看，圖中將連續出現多個缺口。因此，針對這種情況，在進行缺口判斷的時候，要將這些連續缺口的數量省略一些，也就是少數幾個。

（2）綜合指數的缺口。綜合指數的缺口顯然應該比個別證券缺口的規模小，無論缺口的寬度還是缺口出現的頻率，都是如此。例如，度量缺口要求價格的波動是劇烈的和猛烈的，而綜合指數達到這個要求的機會明顯沒有個別證券大。影響綜合指數的是全體掛牌交易的證券，而不僅僅是部分證券。從實際的市場波動中我們也可以體會到，綜合指數上升或下降 5% 的機會是很低的，而個別證券達到這個幅度幾乎是每天都會發生的事情。

三、島形反轉（Islands Reversal）

前面在 K 線理論的組合形態中，講到了缺口的概念，與缺口相關的另一個概念是島形反轉。當 K 線圖形在同一價位區發生兩個缺口，也就是在上升與下跌行情裡產生竭盡缺口或突破缺口後，證券價格繼續朝相同方向移動，經過一段時間的變動，開始朝反方向移動，在先前竭盡缺口或突破缺口價位處又跳空，反轉下跌或上升，形成突破缺口或竭盡缺口。由於兩個缺口大約在同一價位發生，而整個盤檔密集區在圖形上看起就像是孤立的小島，因此稱之為島形反轉。這種現象極少出現。

島形反轉是一緊密的交易區域。以島形頂部為例。從下圖 5.44 上看，它的左邊由一個竭盡缺口與之前的上升趨勢所隔離。同時，在它的右邊，一個突破缺口使其與前面的上升方向相反的下降趨勢所隔離。島形所持續的時間可長可短，可以是 1 個交易日，也可以是幾個星期，但是此間的成交量總是比較大的。

島形反轉自身不能構成本章所介紹的反轉形態，而只能作為反轉形態的一部分。例如，作為雙重頂中的某個頂，或頭肩頂中的頭。

只有在個別情況下，島形反轉右邊的突破缺口才有可能在幾天內被一次短暫的反彈或回落所回補，但通常是不被回補的。島形反轉將使價格完全回覆到竭盡缺口之前的小幅度運動的出發起點。

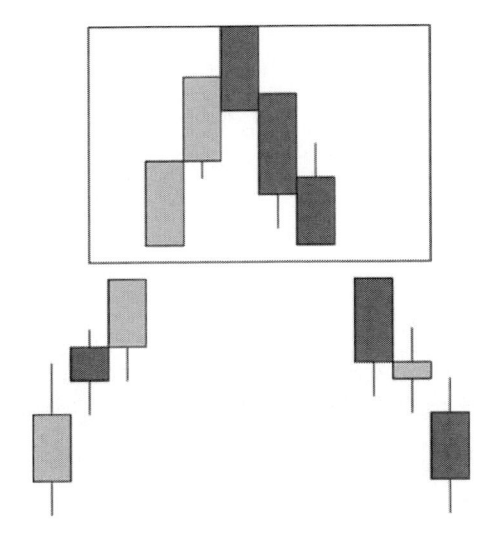

圖 5.44　島形反轉

下圖 5.45 是缺口和島形反轉的完整示意圖。

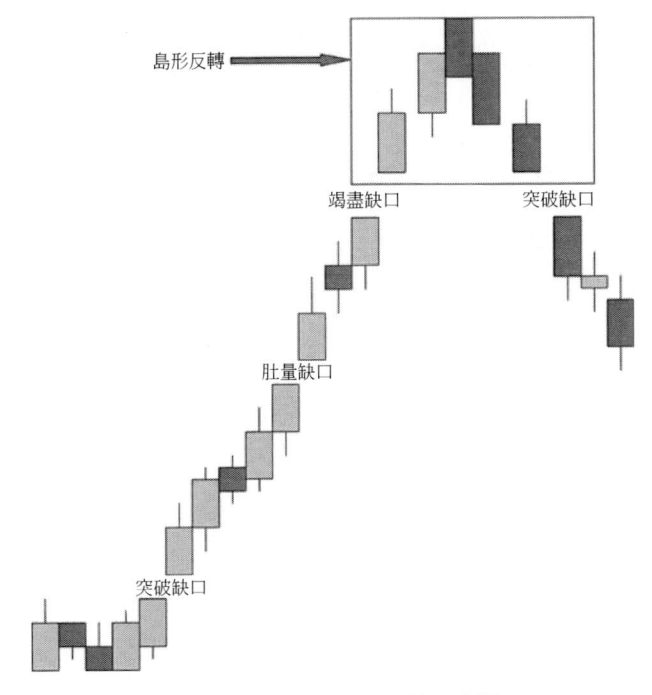

圖 5.45　缺口和島形反轉示意圖

四、缺口和島形反轉實例

圖5.46是ST興業（600603）2006年12月5日至2007年10月25日的日線圖。價格在2007年2月13日出現第一個缺口為突破缺口，2007年4月17日形成度量缺口，2007年5月23日出現最後一個缺口為竭盡缺口，2007年5月30日出現了向下的突破缺口，同時與2007年5月23日出現的缺口組合形成了一個島形反轉，從此以後該股有大幅度的下跌。

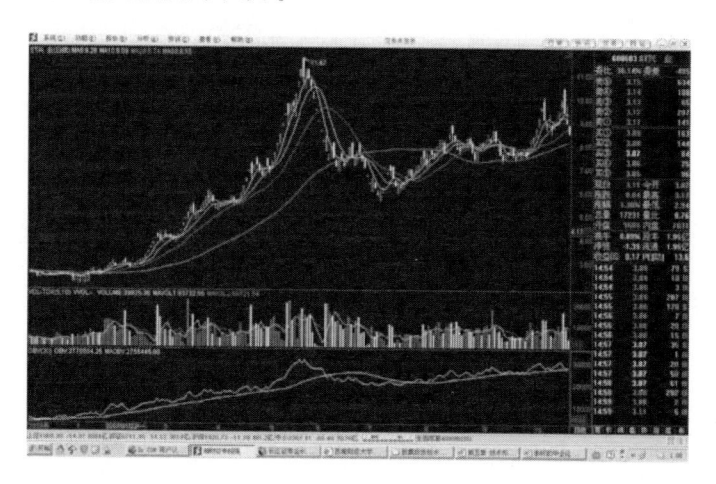

圖5.46　ST興業（600603）2006年12月5日至2007年10月25日的日線圖

第六節　進行形態分析時應注意的問題

形態分析是技術分析中比較早就得到應用的方法，相對來說比較成熟。儘管如此，在實際應用時也有正確使用的問題。具體來說，我們在進行形態分析的時候，還必須注意以下幾點：

一、形態識別的多樣性

站在不同的角度，同一個形態可以有不同的解釋。例如，頭肩頂底形態是被公認的頂部或底部的反轉形態，但是，如果從更大的範圍和更長的時間來看，它有可能僅僅是一個更大的波動過程中的中間持續形態。再比如，一個三角形或楔形。在實際的投資行為中，對這樣的形態我們究竟應該怎樣判斷呢？這個問題其實是對波

動趨勢層次的判斷問題。因此，我們在分析時應該使用盡可能寬的時間區間，因為時間區間寬的形態所包含的信息更多。

二、形態突破真假的判斷

在進行實際操作的時候，形態理論要等到形態已經完全明朗後才行動。形態的明朗必然涉及支撐與壓力線的突破問題，這個問題在支撐與壓力理論中已經提到了，這裡不再重複。

三、形態信號「慢半拍」，獲利不充分

在進行實際操作的時候，形態理論要等到形態已經完全明朗後才行動，得到的利益往往不充分，從某種意義上講，有損失機會之嫌。在中國則更是如此，因為中國證券市場趨勢的持續性比較差，時間短、幅度小。如果等到突破後才行動，有時錯誤帶來的損失是不可限量的。甚至可以說，此時利用形態分析已經失去意義。

四、形態規模的大小會影響預測結果

形態的規模是指價格波動所留下的軌跡在時間和空間上的覆蓋區域。形態規模大，表明在形態完成的過程中，價格的上下波動所覆蓋的區域大，在技術圖形上所表現出來的就是價格的起伏大，從開始到結束所經過的時間跨度長。相反，小規模的形態所覆蓋的價格區域小，時間長度也短。對形態的規模大小，可以用幾何學中「相似」的概念來解釋。規模大的形態是規模小的形態的放大。當然，對大小的判斷將會涉及主觀的因素。

從實際應用的角度講，規模大的形態和規模小的形態都對行情判斷有作用，不能用簡單的一句話說清楚兩者的區別。在實踐中，一些投資者認為，規模越大的形態所作出的結論越具有戰略的性質，規模越小的形態所作出的結論越具有戰術的性質。從形態的度量功能看，規模越大的形態的形態高度就越大，對今後預測的深度就必然大。因此，他們認為在實際中應盡量使用規模大的形態。因為形態規模越大，其結果越具有穩定性和持續性，越不容易被改變。

在結束本章之前，需要提醒讀者的是，同所有的分析方法一樣，本章介紹的對於價格形態的識別方法僅僅是進行實際投資行為的參考方法，它的結論只是某一方面的建議，我們應該辨證地看待它們的作用，不能把它們當成萬能的工具而完全依賴，因為絕對真理是不存在的，況且我們還不能忘記：證券市場是一個眾多投資者

博弈的場所。

內容提要

　　形態理論這門重要的技術分析學問通過研究證券價格所走過的軌跡，分析和挖掘出曲線告訴我們的一些多空雙方力量的對比結果，進而指導我們的行動。趨勢的方向發生變化一般不是突然來到的，變化都有一個發展的過程。形態理論通過研究證券價格曲線的各種形態，發現證券價格正在進行的運動方向。

　　價格移動的規律是完全按照多空雙方力量對比大小和所占優勢的大小而運動的。一方的優勢大，證券價格將向這一方移動。如果這種優勢不足以摧毀另一方的抵抗，則證券價格不久還會回來。這是因為另一方只是暫時退卻，隨著這種優勢不大的影響的消失，另一方還會站出來收復失地。如果這種優勢足夠大，足以摧毀另一方的抵抗，甚至於把另一方的力量轉變成本方的力量，則此時的證券價格將沿著優勢一方的方向移動很遠的距離，短時間內肯定不會回來，甚至於永遠也不會回來。這是因為此時的情況發生了質變，多空雙方原來的平衡位置發生了變化，已經向優勢一方移動了。而上一種情況的多空雙方的平衡位置並未改變，所以，證券價格將會很快回到原來的位置。

　　取得決定性優勢的一方把證券價格推向自己方向時，並不是可以無限制地隨意移動到什麼位置。隨著證券價格向自己一方的移動，原來屬於本方的力量將逐漸跑到對方的行列中去。例如，多方取得絕對優勢（如，有一個絕好的利多消息），證券價格一路上揚，買入者蜂擁而至。隨著價格的不斷升高，將使尚未買入者心存顧慮；同時，原來在低位買入的獲利者也會拋出證券。這兩方面原因就會限制證券價格無休止地上揚。

　　根據多空雙方力量對比可能發生的變化，可以知道證券價格的移動應該遵循這樣的規律：①證券價格應在多空雙方力量取得平衡的位置上下來回波動。②原有的平衡被打破後，證券價格將尋找新的平衡位置。

　　證券價格移動的規律是：持續整理→保持平衡→打破平衡→新的平衡→再打破平衡→再尋找新的平衡→……價格的移動就是按這一規律循環往復，不斷地進行的。證券市場中的勝利者往往是在原來的平衡快要打破之前或者是在打破的最初過程中採取正確行動而獲得收益的。原平衡已經打破，新的平衡已經找到，這時才開始行動，就已經晚了。

價格的移動過程主要是保持平衡的持續整理和打破平衡的突破這兩種過程。這樣，我們把證券價格曲線的形態分成兩個大的類型：①持續整理形態（Continuation Pattern）；②反轉突破形態（Reversal Pattern）。

持續整理形態有時簡稱為持續形態，其最主要的特點是，形態所在的平衡被打破以後，價格的波動方向與平衡之前的價格趨勢方向相同。反轉突破形態有時簡稱為反轉形態，其最主要的特點是，形態所在的平衡被打破以後，價格的波動方向與平衡之前的價格趨勢方向相反。

判斷反轉形態的時候，要注意以下幾點：①證券價格原先必須確有趨勢存在，才能談得上趨勢反轉的問題；②某一條重要的支撐線或壓力線的被突破，是反轉形態突破的重要依據；③某個形態形成的時間越長，規模越大，則反轉後帶來的市場波動也就越大；④交易量是向上突破的重要參考因素。向下突破時，交易量可能作用不大。

在經濟大環境與個別公司營運發生大轉變及其他非經濟因素的影響下，證券價格逐漸改變其長期趨勢，等待適當時機便向反方向變動，這就是反轉。反轉形態指證券價格趨勢逆轉所形成的圖形，即證券價格由漲勢轉變為跌勢，或由跌勢轉變為漲勢的信號。

頭肩頂和頭肩底是實際證券價格形態中出現得最多的形態，是最著名和最可靠的反轉突破形態。三重頂（底）形態是頭肩形態的一種小小的變體，它由三個一樣高或一樣低的頂和底組成。與一般頭肩形的最大區別是，三重頂（底）的頸線和頂部（或底部）連線是水平的，這就使得三重頂（底）具有矩形的特徵。比起頭肩形來說，三重頂（底）更容易演變成持續形態，而不是反轉形態。

複合頭肩形和頭肩形十分相似，只是頭部和肩部出現的次數不止一次而已，複合頭肩形大致可劃分為以下幾大類：一頭雙肩式形態；一頭多肩式形態；多頭多肩式形態。

反轉形態的共同點是，只有形成了突破才能談得上形態的完成，一系列的測算功能才能用得上。但是，如果真的到了能夠確認反轉成立的時候，價格往往已經變得很高或很低了，此時行動所獲得的利益就會很小。如果不等反轉被確認就採取行動，又有可能遭遇假突破或形態失敗等不利情況，從而遭受巨大的損失。

整理是指證券價格經過一段時間的快速變動後，即不再前進而在一定區域內上下窄幅變動，等時機成熟後再繼續以往的走勢。

矩形又叫箱形，也是一種典型的持續整理形態。矩形是證券價格由一連串在兩

條水平的上下界線之間變動而成的形態。這時證券價格在兩條橫著的水平直線之間上下波動，上不去，也下不來，長時間沒有突破，一直作橫向延伸的運動。證券價格隨矩形走勢波動時，成交量漸次萎縮，這種情況反應在技術圖表上就是從左到右成交量逐漸減少。當向上突破時，成交量必須放大，而且距上界線不能太近，否則有效性就會降低；而向下突破時，成交量不一定放大，突破的位置也不宜離下界線太近。一般來說，矩形是整理形態，市道牛皮上下，在升市和跌市中都可能出現，長而窄且成交量小的矩形在原始底部比較常見。突破上下界線後有買入和賣出的信號，漲跌幅度通常等於矩形本身的寬度。

旗形和楔形也是最為常見的兩個持續整理形態。從形態上看，旗形走勢就像一面掛在旗杆頂上的旗幟，旗形大多發生在急速而又大幅的市場波動中，這時市場極度活躍，證券價格的運動是劇烈的，近乎直線上升或下降。這種劇烈運動是產生旗形的條件。由於上升下降得過於迅速，市場必然會有所休整，旗形就是完成這一休整過程的主要形式之一。證券價格經過一連串緊密的短期波動後，形成一個稍微與原來趨勢呈相反方向傾斜的長方形，這就是旗形走勢。旗形走勢又可分為上升旗形和下降旗形。下降旗形的形成過程是：證券價格經過陡峭的飆升後，接著形成一個緊密、狹窄和稍微向下傾斜的價格密集區域，把這密集區域的高點和低點分別連接起來，就可以畫出兩條平行而又下傾的直線，這就是下降旗形。上升旗形則剛剛相反：當證券價格出現急速或近乎垂直的下跌後，接著形成一個波動狹窄而又緊密、稍微上傾的價格密集區域，若將其高點和低點分別連接起來，就形成了一條上升通道，這就是上升旗形。成交量在旗形形成過程中是顯著地漸次遞減的。

楔形和旗形是兩個極為相似的形態，楔形有時也被稱為第二旗形。如果將旗形中上傾或下傾的平行四邊形變成上傾和下傾的三角形，我們就會得到楔形。楔形又分為上升楔形和下降楔形。上升楔形指證券價格經過一次下跌後有強烈技術性反彈，價格升至一定水平又掉頭下落，但回落點較前次為高，又上升至新高點比上次反彈點高，又回落形成一浪高一浪之勢，把短期高點相連及短期低點相連則形成兩條同時向上傾斜的直線，它往往是熊市中的反彈整理形態。下降楔形則相反，高點一個比一個低，低點亦一個比一個低，形成兩條同時下傾的斜線，它通常是牛市中的回擋整理形態。

V形（倒V形）是反轉形態中一種速度最快、力度極強、升降幅度較大的形態，投資者如果把握及時，可獲得可觀利潤。V形（倒V形）走勢轉向形態，大致可分為三種類型：①V形，是指走勢連連下跌，跌到一個相對低的價位後，突然急

速回升，在圖形上出現一個像英文字母 V 字的形態；②倒置 V 形，是指與 V 形走勢相反的運動形態，當走勢一路上升，到達某一相對高位後，突然掉頭急速下跌，在圖表上形成一個倒置的 V 形；③伸展 V 形，是指 V 形或者倒置 V 形走勢形成之後，橫向波動一段時間，然後再繼續其 V 形走勢。V 形走勢是一種比較容易捕捉的圖形，而且變動趨向十分明顯，往往是上升之後下跌或者急跌之後上升。形態一經出現，一般可以確認。

證券價格在經過長時間的緩慢盤跌之後，投資者信心嚴重受挫，但由於證券價位已極低，空頭也不再殺跌，於是多空雙方陷入長時間僵持狀態，證券價格在一個極狹窄的範圍內橫向移動，每日的高低波幅極小，成交也十分稀疏，成交量極度萎縮，形成潛伏底。經過長時間的沉寂和僵持後，證券價格和成交量同時擺脫沉寂不動的悶局，證券價格大幅上揚，成交量也隨之大增，從而走出潛伏底。

缺口是 K 線形態中一種特殊的形態，它是指開盤價和收盤價或收盤價和開盤價之間產生向上或向下的跳空，並留有一定的空間，在這個空間內沒有任何交易。從日 K 線圖看，缺口是當一種證券某天最低成交價格比前一天的最高成交價格還高，或是某天最高成交價格比前一天的最低成交價格還低，在圖形上顯示出的是一個有一定空間的裂口，因此，缺口又被稱為「裂口」或「開窗」。缺口的出現表明存在一段沒有交易的價格區域，也就是價格交易的「真空地帶」。具體來說，如果某個交易日證券交易的最低價格高於前一個交易日的最高價格，就形成向上的缺口；如果某個交易日證券交易的最高價格低於前一個交易日的最低價格，就形成向下的缺口。

將狹義缺口定義中的「上影線和下影線之間不重合」用「K 線實體之間不重合」代替，就得到廣義的缺口定義。短期內缺口即被封閉，表示多空雙方開戰，原先取得優勢的一方後繼乏力，未能繼續向前推進，而由進攻改為防守，處境自然不利。長期存在的缺口若被封閉，表示證券價格趨勢已反轉，原先主動的一方已成為被動，原先被動的一方則轉而控制大局。

當 K 線圖形在同一價位區發生兩個缺口，也就是在上升與下跌行情裡產生竭盡缺口後，證券價格繼續朝相同方向移動，經過一段時間的變動，開始朝反方向移動，在先前竭盡缺口價位處又跳空，反轉下跌或上升，形成突破缺口。由於兩個缺口大約在同一價位發生，而整個盤檔密集區在圖形上看起就像是孤立的小島，因此稱之為島形反轉。

關鍵術語

持續整理形態　　反轉突破形態（反轉形態）　　反轉　　雙重頂　　雙重底
頭肩頂　　頭肩底　　三重頂（底）形態　　複合頭肩形　　一頭雙肩式形態
一頭多肩式形態　　多頭多肩式形態　　圓弧形態　　三角形形態　　矩形形態
整理　　整理區域　　對稱三角形　　上升三角形　　下降三角形
作為反轉形態的三角形　　矩形　　喇叭形　　菱形　　旗形　　楔形
上升旗形　　下降旗形　　上升楔形　　下降楔形　　V形(倒V形)
單日（雙日）反轉形態　　潛伏底　　缺口　　向上的缺口　　向下的缺口
跳空　　向上跳空　　向下跳空　　狹義缺口定義　　廣義的缺口
有分析意義的缺口　　無分析意義的缺口　　普通缺口或區域缺口
突破缺口　　持續缺口或度量缺口　　竭盡缺口　　島形反轉

復習思考題

1. 證券價格變動的原因和過程各是什麼？
2. 價格移動的兩種形態類型各是什麼？
3. 判斷反轉形態的時候要注意哪幾點？
4. 雙重頂和雙重底各是怎樣形成的？
5. 雙重頂和雙重底的操作建議是什麼？
6. 簡述頭肩形的形成過程。
7. 簡述頭肩頂的形成過程。
8. 研判頭肩頂形態時要注意哪幾點？
9. 簡述頭肩底的形成過程。
10. 研判頭肩底形態時應注意哪幾點？
11. 頭肩形的頸線在哪裡？
12. 頭肩形的形態高度與測算功能各是什麼？
13. 圓弧頂的形成過程是什麼？
14. 圓弧底的形成過程是什麼？
15. 圓弧形中的成交量和成交時間有什麼要求？

16. 如何判斷圓弧形的突破？
17. 圓弧形的研判要點是什麼？
18. 反轉突破形態中的操作策略是什麼？
19. 三角形包括哪三種形態？
20. 簡述對稱三角形的形成過程。
21. 運用對稱三角形研判時應該注意哪些方面？
22. 上升三角形的基本形狀和形成過程各是怎樣的？
23. 喇叭形的基本形狀、形成過程以及操作策略各是什麼？
24. 菱形的基本形狀、形成過程以及操作策略各是什麼？
25. 識別菱形時應該注意哪幾點？
26. 旗形的基本形狀、形成過程各是什麼？
27. 應用旗形時要注意哪幾點？
28. 楔形與三角形和旗形的區別是什麼？
29. 請簡述 V 形（倒 V 形）反轉形態的形成過程。
30. 請簡述 V 形（倒 V 形）反轉形態的研判要點。
31. 單日（雙日）反轉形態是怎樣形成的？
32. 缺口包括哪些種類？
33. 缺口的研判對後市的預測具有重要的作用，在實際操作中我們究竟應該如何從各類缺口的特徵去推敲未來的走勢呢？
34. 如何運用缺口作為操作時的依據？
35. 進行形態分析時應注意哪些問題？

第六章　波浪理論

在所有技術分析方法中，波浪理論是最為神奇的方法。用波浪理論得出的一些結論和預測，在開始時總是被認為很荒唐，但過後大都不可思議地被事實所證實。從技術的角度講，波浪理論不容易掌握，敢於說自己能很熟練地應用波浪理論的人目前還不多。但是，由於波浪理論的神奇性，使得它的流行範圍很廣，每個投資者都希望自己是掌握這把神奇鑰匙的人。本章將從最基本的內容開始，逐步介紹目前已經被認可的波浪理論，希望對有志於在波浪理論的研究和應用中有所建樹的投資者或讀者有所幫助。

第一節　波浪理論的形成及其基本思想

一、波浪理論的形成

波浪理論的全稱應該是艾略特波浪理論（Elliott Wave Theory），是以美國人 R. N. Elliott 的名字命名的一種技術分析理論。

波浪理論的形成經歷了一個較為複雜的過程，由艾略特首先發現並應用於證券市場，他的全部想法被匯集在他所寫的 *Nature's Law—The Secret of the Universe* 中。但是艾略特的這些研究成果沒有形成完整的體系，在他在世時沒有得到社會的廣泛承認。

在艾略特之後，對波浪理論的發展做出突出貢獻的有柯林斯（J. Collins）和波頓（Hamilton Bolton）。20 世紀 70 年代，柯林斯的專著 *Wave Theory* 出版後，使波浪理論正式以技術分析的面孔登上證券市場的技術分析舞臺。20 世紀 80 年代前後，普萊切特和費羅斯特對波浪理論做了更深入的研究，他們還在美國設立了波浪理論國際公司。

當然，這中間也有很多的研究人員為波浪理論的建立做出了突出貢獻。他們正是在總結了艾略特等人研究成果的基礎上，逐步完善和發展了波浪理論。可見，波浪理論的形成經歷了一個較長的時間過程。

二、波浪理論的基本思想

艾略特最初提出波浪理論是由於受到證券價格（特別是股價）上漲下跌現象的不斷重複的啟示。眾所周知，社會經濟的大環境有一個經濟週期的問題，證券價格的上漲和下跌也應該遵循這一週期發展的規律。不過證券價格波動的週期規律同經濟發展的循環週期是不一樣的，要複雜得多。

艾略特最初的波浪理論是以週期為基礎的。他把週期分成時間長短不同的各種週期，並指出在一個大週期之中可能存在小的週期，而小的週期又可以再細分成更小的週期。每個週期無論時間長與短，都是以一種模式進行。這個模式就是本章要介紹的8個過程，即每個週期都是由上升（或下降）的5個過程和下降（或上升）的3個過程組成。這8個過程完結以後，我們才能說這個週期已經結束，將進入另一個週期。新的週期仍然遵循上述的模式。以上是艾略特波浪理論的最核心內容，也是艾略特作為波浪理論的奠基人所作出的最為突出的貢獻。

三、與波浪理論相關的理論

與波浪理論密切相關的除了經濟週期以外，還有道氏理論和菲波納奇（Fibonacci）數列。

在前面有關趨勢的介紹中，我們曾經涉及一些道氏理論的內容。道氏理論的主要思想是：任何一種證券價格的移動都包括三種形式的移動——原始移動、次級移動和日常移動。這三種移動構成了所有形式的證券價格移動。原始移動決定的是大的趨勢，次級移動決定的是在大趨勢中的小趨勢，日常移動則是在小趨勢中更小的趨勢。在艾略特的波浪理論中，大部分理論是與道氏理論相吻合的。不過，艾略特不僅找到了這些移動，而且還找到了這些移動發生的時間和位置。這是波浪理論較之於道氏理論更為優越的地方。道氏理論必須等到新的趨勢確立以後才能發出行動的信號，而波浪理論可以明確地知道目前是處在上升（或下降）的盡頭，還是處在上升（或下降）的中途，可以更明確地指導操作。

艾略特波浪理論中所用到的數字都是來自菲波納奇數列。菲波納奇數列是以13世紀義大利數學家菲波納奇（Leonardo Fibonacci）的名字命名的數列。從數學上講，菲波納奇數列是一個由遞推關係確定的數列，寫成數學公式如下：

$A_{n+2} = A_{n+1} + A_n$

$n = 1, 2, 3, \cdots$

$A_1 = A_2 = 1$

從公式中可以看出,數列中某一位置的數字等於在這個位置前兩個位置上的數字相加。如果我們知道了處於較前位置上的數字,用上述公式就可以求出任何位置上的數字。菲波納奇數列排在前面的十幾個數字是:1,2,3,5,8,13,21,34,55,89,144,……

這個數列是數學上很著名的數列,它的特殊性質目前還沒有得到數學上的嚴格解釋,但是,它的使用已經相當廣泛了。在波浪理論中也用到了以上這些數字,特別是在對價格上升或下降的週期和發生轉折的時間進行預測時,菲波納奇數列具有很高的實用性。一般習慣上將這些數字稱為神奇數字,因為人們發現證券價格波動過程的天數進行到這些數列中某個數的時候,價格發生重大波動的可能性較大。例如,連續上升了3天、5天和8天等都是價格極可能出現回落的時間。當然,並不是說到了這一天必然會發生什麼大事,只是說在這一天發生變化的可能性比在別的時候要大一些。我們在觀察價格變動時,在這樣的天數中尤其要細心地進行觀察,不能大意。

用菲波納奇數列可以產生黃金分割數。黃金分割數主要是用於尋找回落或反彈的支撐或壓力線,這一點已經在支撐與壓力的章節中進行了介紹。在波浪理論中,黃金分割數的主要用途是計算一個調整浪回頭調整的高度和深度。

第二節 波浪理論的主要原理

波浪理論的主要原理涉及的內容較多,本章主要介紹波浪理論考慮的因素、波浪理論價格走勢的基本形態結構、波浪理論的層次如浪的合併和細分以及主浪和調整浪及其變化。

一、波浪理論考慮的因素

波浪理論考慮的因素主要有三個方面:①證券價格走勢所形成的形態;②證券價格走勢圖中各個高點和低點所處的相對位置;③完成某個形態所經歷的時間長短。在三個方面中,證券價格走勢形態是最重要的,它是指波浪的形狀和構造,是波浪理論賴以生存的基礎。當初艾略特或許就是從證券價格走勢的形態中得到啟發才提出了波浪理論的。各個高點和低點所處的相對位置是波浪理論中各個浪的開始和結束位置。通過計算這些位置,可以弄清楚各個波浪之間的相互關係,確定證券

價格的回落點和將來證券價格可能到達的位置。完成某個形態的時間可以讓我們預先知道某個大趨勢即將來臨。波浪理論中各個波浪之間在時間上是相互聯繫的，用時間可以驗證某個波浪形態是否已經形成。

以上三個方面可以簡單地概括為形態、比例和時間。這三個方面是波浪理論首先應考慮的，其中，以形態最為重要。有些使用波浪理論的技術分析人員只注重形態和比例，而對時間不予考慮，因為他們認為時間關係在進行證券市場（特別是股市）走勢預測時是不可靠的。

二、波浪理論價格走勢的基本形態結構

艾略特認為證券市場應該遵循一定的週期周而復始地向前發展。證券價格的上下波動也是按照某種規律進行的。通過多年的實踐，艾略特發現每一個週期（無論是上升還是下降）可以分成八個小的過程，這八個小過程一結束，一次大的行動就結束了，緊接著是另一次大的行動。以下以上升為例說明一下這八個小過程。下圖6.1是一個上升階段的八個浪的全過程。

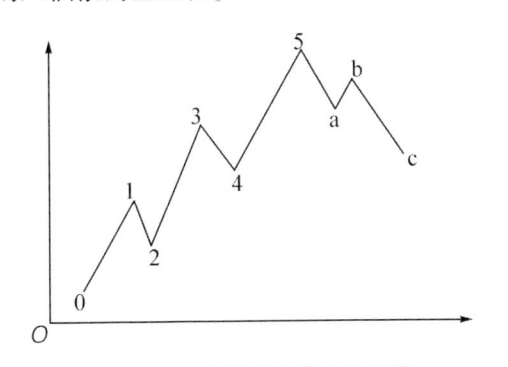

圖6.1 八浪結構的基本形態圖

上圖中0～1是第一浪，1～2是第二浪，2～3是第三浪，3～4是第四浪，4～5是第五浪。這5浪中，第一、第三和第五浪稱為上升主浪，而第二和第四浪稱為對第一和第三浪的調整浪。上述5浪完成後，緊接著會出現一個3浪的向下調整，這三浪是：從5到a的a浪、從a到b的b浪和從b到c的c浪。

考慮波浪理論必須弄清一個完整週期的規模大小，因為趨勢是有層次的，每個層次的不同取法，可能會導致我們在使用波浪理論時發生混亂。但是，我們應該記住，無論我們所研究的趨勢是何種規模，是原始主要趨勢還是日常小趨勢，8浪的基本形態結構是不會變化的。

上圖中，從 0 到 5 我們可以認為是一個大的上升趨勢，而從 5 到 c 我們可以認為是一個大的下降趨勢。如果我們認為這是 2 浪的話，那麼 c 之後一定還會有上升的過程，只不過時間可能要等很久。這裡的 2 浪只不過是一個大的 8 浪結構中的一部分。

三、波浪理論的層次：浪的合併和細分

波浪理論認為波浪是有層次的，並且可以按照一定的原則合併和細分。

1. 大浪套小浪，浪中有浪

波浪理論考慮證券價格形態的時間和空間跨度是可以隨意而不受限制的。大到可以覆蓋從有證券以來的全部時間跨度，小到可以只涉及數小時、數分鐘的證券價格走勢。

正是由於時間和空間跨度的不同，所以在數 8 浪時，必然會涉及將一個大浪分成很多小浪和將很多小浪合併成一個大浪的問題，這就是每一個浪所處的層次的問題。處於層次較低的幾個小浪可以合併成一個層次較高的大浪，而處於層次較高的一個大浪又可以細分成幾個層次較低的小浪。當然，層次的高低和大浪、小浪的地位是相對的。對其他層次高的浪來說，某個浪是小浪，而對層次比它低的浪來說，它又是大浪。

以上升牛市為例，說明一下波浪的細分和合併。下圖 6.2 是這種細分和合併的圖形表示。

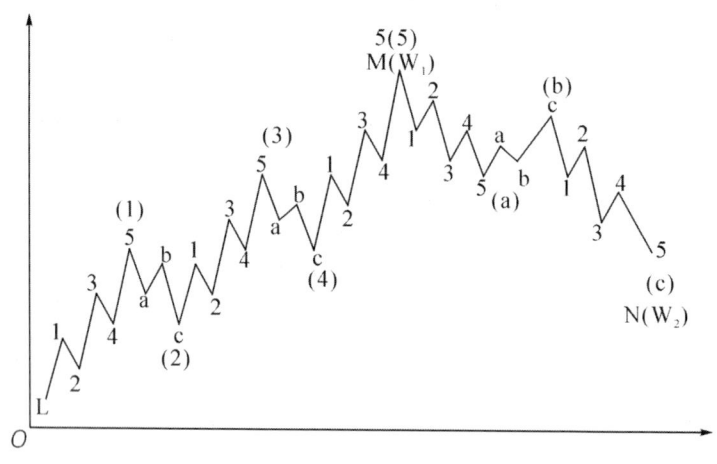

圖 6.2 波浪的合併與細分

從圖中可以看出，規模最大的是處於第一層次的兩個大浪，從起點 L 到頂點 M 是第一大浪 W_1，從頂點 M 到末點 N 是第二大浪 W_2，W_2 是第一大浪 W_1 的調整浪。第一大浪和第二大浪又可以細分成 5 浪和 3 浪，共 8 浪。

第一大浪可以分成（1）、（2）、（3）、（4）和（5）共 5 浪，而第二大浪可以分成（a）、（b）、（c）三個浪，這 8 浪是規模處於第二層次的大浪。

第二層次的大浪又可以細分成第三層次的小浪，這就是圖中的各個 1、2、3、4、5 以及 a、b、c。數一下可知這樣的小浪一共有 34 個。

2. 合併和細分的原則

將波浪細分時，會遇到這樣的問題：是將一個較大的浪分成 5 個較小的浪，還是分成 3 個較小的浪呢？這個問題要看這個較大的浪是處在上升趨勢中還是下降趨勢中；同時還要看比這個較大的浪高一層次的波浪是上升趨勢中還是下降趨勢中。以上兩個因素將決定這個較大的浪的細分是 3 浪還是 5 浪。

（1）本大浪是上升的，上一層的大浪也是上升的，則分成 5 浪；
（2）本大浪是上升的，上一層的大浪是下降的，則分成 3 浪；
（3）本大浪是下降的，上一層的大浪是上升的，則分成 3 浪；
（4）本大浪是下降的，上一層的大浪也是下降的，則分成 5 浪。

換句話說，如果這一浪的上升和下降方向與它上一層次的浪的上升和下降方向相同，則分成 5 浪；如果不相同，則分成 3 浪。例如，上圖中的（2）浪，本身是下降，而（2）的上一層浪即第一大浪則是上升，所以（2）分成 3 浪。（a）浪本身是下降，（a）的上一層浪第二大浪 W_2 也是下降，所以（a）分成 5 浪結構。按照這一原則可以將任何一個浪進行細分。同樣，不管是什麼樣的證券市場，按照這樣的原則不斷地合併下去，最終，整個過程就會被合併成 1 個浪或 2 個浪。

3. 菲波納奇數列與波浪的數目

用波浪理論進行數浪時，菲波納奇數列有不可忽視的作用。從上圖中我們可以看到，第一大浪 W_1 由 5 浪組成，同時這 5 個浪又由更小的 21 個浪組成，而第二大浪 W_2 由 3 個浪組成，同時這 3 個浪又由更小的 13 個浪組成。第一大浪 W_1 和第二大浪 W_2 為 2 個浪，由 8 個較大的浪組成，同時這 8 個較大的浪又由 34 個更小的浪組成。如果將最高層次的浪增加，例如增加第三、第四、第五等大浪，則我們還可以看到比 34 大的菲波納奇數列中的數字。

這裡的數字 1、2、3、5、8、13、21、34……都是菲波納奇數列中的數字。它們的出現不是偶然的，這是艾略特波浪理論的數學基礎。正是在這一基礎上，才有

了波浪理論往後的發展。

四、主浪和調整浪及其變化

波浪理論中的波浪是由主浪和調整浪組成的，兩種浪在波浪理論的研究中起著重要的作用。

1. 主浪的定義及特性

如果一個波浪的趨勢方向和比它高一層次的波浪的趨勢方向相同，那麼這一波浪就稱為主浪。由於與高層次的浪方向相同，主浪起了一個推動趨勢發展的作用，所以，主浪又稱為推動浪（Impulse Waves）。

主浪的地位是相對的，它可能處在一個更大的主浪之中，也可能處在一個更大的調整浪之中。主浪有一個特點，即不管是上升還是下降，對主浪的細分必然是分成5個小浪。

例如上圖波浪的合併與細分之中，(1)、(3)、(5)、(a)、(c) 浪都與它們上一層次的浪 W_1 或 W_2 的趨勢方向相同，所以它們都是主浪。因為 (2)、(4) 與 W_1 及 (b) 與 W_2 方向相反，所以不是主浪，而是調整浪。

主浪是第 (1)、(3)、(5) 浪和 (a)、(c) 浪。由於所處的位置不同，主浪的特性也會有所區別。下面以上升為例進行敘述。

(1) 第1浪。第1浪是整個上升趨勢過程的開始，所以它一般處於市場的底部位置。在底部的形成中，第1浪的上揚往往被認為是不起眼的有限反彈，一般將首先遭到空方的打壓。所以，第1浪持續的時間一般很短，上升的高度也不大。當然，如果底部形態已經完全形成，這時第1浪向上的高度可能會高一些。

(2) 第3浪。第1浪和第2浪已經完成了築底的過程，而且又由於此時的底部已經比第1浪出現時要堅實得多，而使得第3浪將是上衝的最為強烈的一浪，持續時間最長，上升高度最高。第3浪中將發生各種各樣的信號，第3浪的出現表示傳統意義上的突破已經被確認。在第3浪中，所有順勢而為的忠實執行者由於得到了向上趨勢已經形成的「通知」，都紛紛擠進當前這一牛市。成交量的迅猛放大和價格不可思議的攀升，在第3浪中是很常見的。同樣，上述成交量的放大和價格的上升也是我們判斷一個浪是否第3浪的標準之一。如果某一浪的成交量和價格沒有顯著地增加，那麼，這一浪極有可能不是第3浪。

在圖形上，第3浪所表現出來的是價格位置發生了本質性的改變，因此大多數證券的價格在經過第3浪的上升之後，就「再也回不去了」，價格將保持在比起

始價格高很多的位置。

（3）第5浪。經歷前4個浪的兩次上升和回落之後，第5浪往往要比第3浪溫和得多。第3浪出現的強勢和瘋狂，在第5浪會得到充分的控制。在第5浪完成的末期，各種技術指標差不多都會發出背離的信號，預示著頂部的形成和向下趨勢的開始。第5浪所持續的時間可能很長，也可能較短，沒有一定的規律。

（4）a浪。a浪與第1浪有類似的特性，它也容易被誤認為是暫時的回落。但是，由於前面第5浪的末期出現的技術指標背離，持券的獲利者會將手中的證券大量拋出。這就是說，a浪下落的深度可能很大，而且大的成交量可能同時出現，形成價跌量增的局面。

（5）c浪。c浪的出現是調整浪進入尾聲的開始，這個時候極易出現各種行動的信號。下跌殺傷力的強弱將體現在c浪的具體表現中。

對於主浪的介紹主要是針對第1、3、5浪，對於a浪和c浪一般沒有給予過多的注意。

2. 主浪的延伸（Extension）

主浪有時會延伸，這裡我們來分析一下主浪延伸產生9浪結構、主浪延伸中的規律和第5浪延伸的特殊性。

（1）主浪延伸產生9浪結構。3個主浪中的任何一個有時可能不是單純的向上過程，而是可以細分成5個小浪，這種現象叫主浪的延伸或延長。換句話說，第1、3、5浪中的某一個有可能以5個小浪的形式出現在整個波浪形態中。第1、3、5浪中最容易出現延伸的是第3浪，這是由第3浪的特殊性造成的。第1浪持續的時間短，不容易出現延伸現象。第5浪的延伸比第1浪多，但比第3浪少，處在兩者中間的地位。

下圖6.3是幾種延伸的圖形。左圖是牛市的延伸，右圖是熊市的延伸。第一排是第1浪延伸，第二排是第3浪延伸，第三排是第5浪延伸，第四排是無界線延伸，呈現的是9浪結構。

一個牛市上升趨勢的5浪結構會因為其中一個主浪的延伸而變成9浪結構，9浪結構中的5個主浪都占據著相差無幾的長度。9浪結構與5浪結構具有相同的意義，它不過是5浪結構的變形，這個變形是由於主浪的延伸而出現的。

（2）主浪延伸中的規律。關於延伸有一條非常重要的規律：3個主浪中只能有1個主浪產生延伸。如果某一個主浪產生了延伸，則另外2個主浪一定不會產生延伸現象，而且這2個未出現延伸的主浪在時間長短和波動幅度上應該大致相同。這

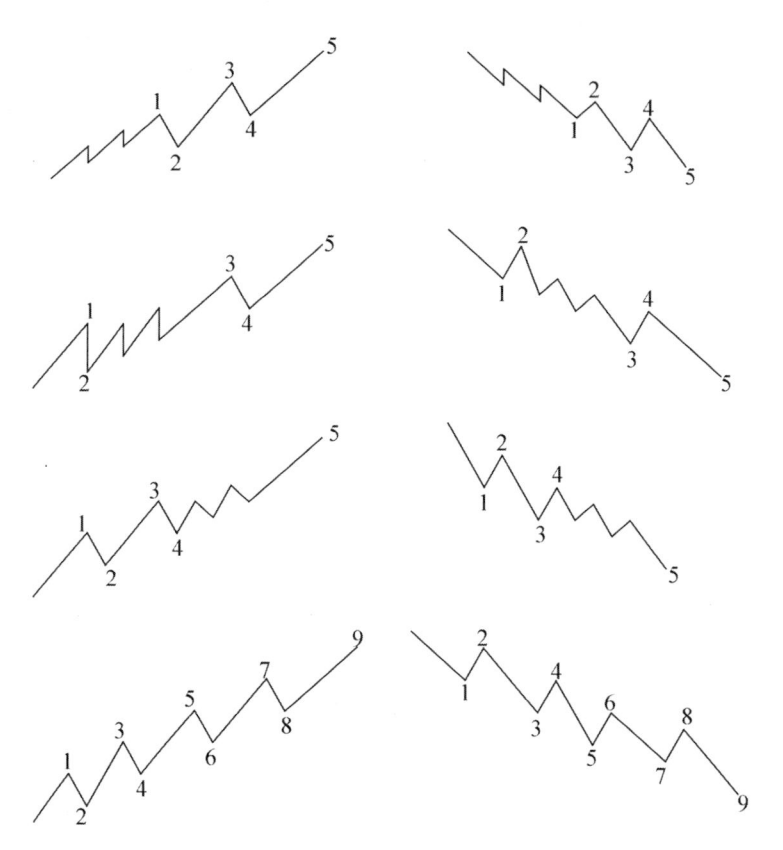

圖 6.3 主浪延伸後的 9 浪結構圖

一特性是我們對延伸進行判斷的依據之一。

如果第 1 浪或第 3 浪出現延伸，整個波浪的形態不會有大的變動。但是如果第 5 浪出現延伸，則情況會有所變化，相對來說要複雜一些。

(3) 第 5 浪延伸的特殊性。如果第 1 浪、第 3 浪出現 5 浪的延伸，在 5 浪的後面不會緊跟一個調整的 3 浪結構。如果延伸發生在第 5 浪，則後面必然會緊跟一個調整的 3 浪結構。因為上升 5 浪的全過程已經結束，緊跟一個調整 3 浪是必然的。

這個緊跟著的 3 浪結構是價格的第一次回落（Retracement），回落的位置大約是延伸浪的起點，也就是延伸 5 浪中標著 2 的那個低點。

這個緊跟著的 3 浪結構的地位在不同情況下是不同的。

如果原來的上升 5 浪（在延伸情況下是 9 浪）是比它更高一層次的第（1）浪或第（3）浪，那麼這個緊跟著的 3 浪結構就是高一層次波浪的第（2）浪或第

（4）浪。不論是哪種情況，下一步將進行第二次回落，價格從低點調頭向上，去運行第（3）浪或第（5）浪，從而恢復原來的上升趨勢。如下圖6.4所示。

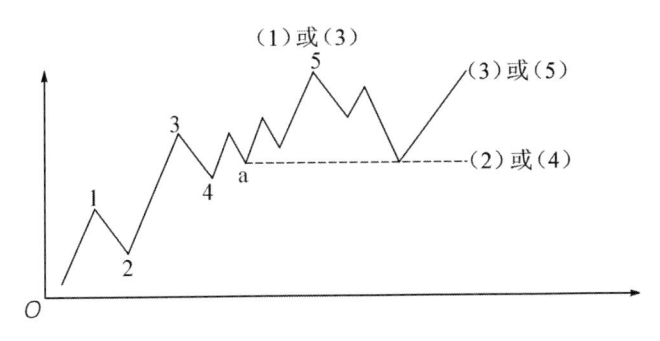

圖6.4　二次回落圖（1）

如果上升5浪是高一層次的波浪的第5浪，那麼這個3浪結構就是高一層次的(a)浪。之後將是價格的第二次回落。不過，這一次價格將運行的是(b)浪，從而預示原來上升趨勢的結束，新的下降趨勢的開始。如下圖6.5所示。

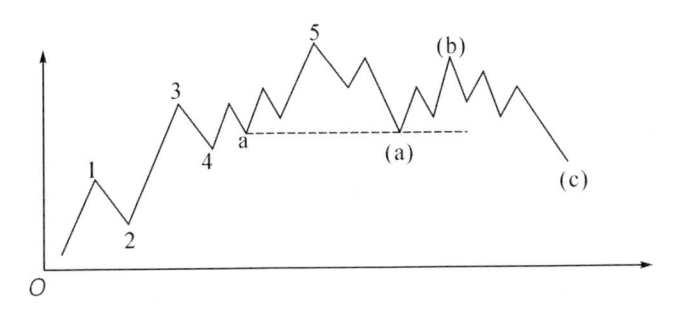

圖6.5　二次回落圖（2）

以上是第5浪出現延伸時的兩次回落現象。上兩圖是這一現象的圖形表示。第一次回落從5到（a）和從5到（2）或（4），回落深度是延伸浪的起點。第二次回落是從（a）到（b）和從（2）或（4）開始的第（3）或第（5）浪。

3. 主浪的斜三角形（Diagonal Triangle）和主浪的失敗形態（Failure Swing）

（1）主浪的斜三角形

除了可以分成5浪組合而成為延伸這種變化之外，主浪的另一種變化是變成更為複雜的斜三角形。

下圖6.6是斜三角形的圖形說明。左面一個出現在牛市中，右面一個出現在熊市中。

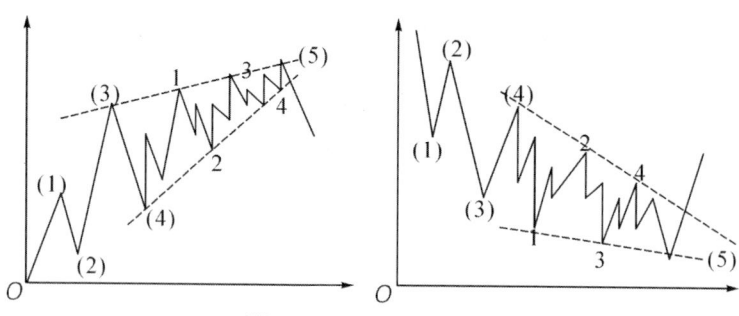

圖 6.6　主浪的斜三角形

這種斜三角形一般都發生在第 5 浪的身上。從圖中可以看出，這裡的所謂斜三角形在形態理論中被稱為上升或下降楔形。由形態理論的知識我們知道，楔形屬持續整理形態，上升楔形看跌，下降楔形看漲。所以，第 5 浪出現斜三角形時，將有一個大的回落。從波浪理論的角度看，完成了 5 浪結構後，將有一個 3 浪結構的調整浪，這也預示著一次回落的開始。在這個問題上，波浪理論與形態學達成了共識。

斜三角形的結構同樣是由 5 個浪組成。與延伸不同的是，這 5 個浪的每一個又都分成 3 個小浪。每個浪都細分成 3 浪，這與波浪理論最基本的上升 5 浪、下降 3 浪的 8 浪結論不同，應該注意這一點。

（2）主浪的失敗形態

主浪出現失敗的形態說明價格沿一個趨勢的運動已經精疲力竭，接近尾聲了。這個時候，價格圖形的主要特徵是第 5 浪沒有向上（或向下）突破第 3 浪的高點（或低點），而形成 M 頭（或 W 底），價格的反轉將是必然的事情。

下圖 6.7 是這種形態的圖形說明。由於第 5 浪並沒有完成它應該去完成的上升或下降趨勢，所以這種形態也是主浪的變化，因為 3 個主浪一般應該是后一浪比前一浪更高或更低。

上升主浪的失敗（1）　　　下降主浪的失敗（2）

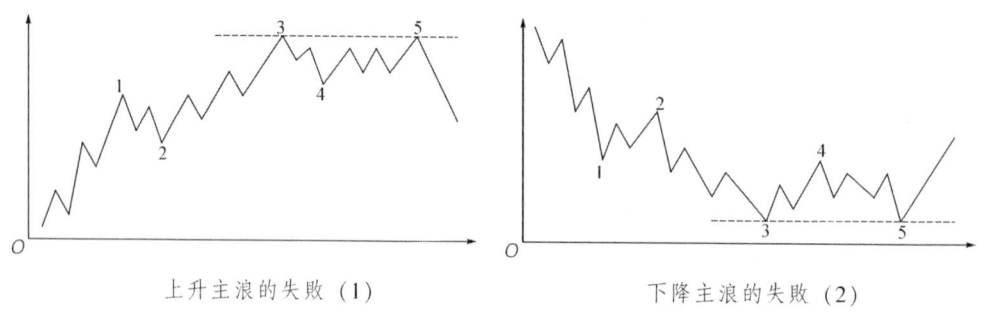

圖 6.7　主浪的失敗形態

4. 調整浪的定義及特性

所謂調整浪（Corrective Wave）就是指運行方向同它的上一層次的波浪方向不同的波浪。調整浪是主浪的補充。一個浪不是主浪就是調整浪，5 浪結構中的第 2 浪和第 4 浪、3 浪結構中的 b 浪都是調整浪。

調整浪的界線不是很清楚，識別起來有些困難，但是有一點是共同的，那就是調整浪一定以 3 浪或 3 浪變形的形式出現，而絕不會以 5 浪的形式出現。各個調整浪由於其所處的位置不同，其特性也有所不同：

（1）第 2 浪。第 2 浪是第 1 浪的回落，並完成築底的全部過程。一般情況下，第 2 浪要將第 1 浪上漲的部分「吃」回去，但是，第 2 浪不會創出新低，而會在底部形成我們熟悉的 W 底或頭肩底形態，為第 3 浪的大幅度上漲創造條件。

（2）第 4 浪。第 4 浪的形態是最為複雜多變的，在經過了第 3 浪的猛烈上升後，第 4 浪會出現各種各樣的調整形態。第 4 浪對 5 浪結構完成後出現的熊市有很強的支撐作用，也就是說，第 4 浪的最低點是未來第 5 浪之後 3 浪調整結構的重要支撐位置。

（3）b 浪。b 浪也是複雜多變的形態。在經過了 a 浪的調整後，b 浪會試圖將 a 浪的回落拉回去，但通常是失敗的。從圖形上看，b 浪更多的是橫向運動，多次上升不成功後，為後面的 c 浪下跌累積力量。

5. 調整浪的四種主要類型

調整浪是對主浪的波動行為進行調整和修正。主浪的上升或下降有可能太過於激烈，調整浪在某種程度上可以慢慢地平息這種過於火爆的過程，使投資者能夠重新聚集力量，進行適當的休整，有利於下一步新一輪上衝或下降。

平息過分激烈波動的方式有很多，在技術圖形上呈現出來的價格形態也是多種多樣的。簡單地劃分，調整浪可以分為 4 種類型：鋸齒形、平臺形、三角形、雙三型和三三型。

（1）鋸齒形（Zigzag）。鋸齒形調整浪是最簡單的調整浪，識別起來比較容易。它的 3 浪結構的走勢圖形就像一個英文字母 N 一樣曲折，或者像字母 Z 一樣曲折。如下圖 6.8 所示。

由於大浪可以細分成小浪，所以，a 浪、c 浪可以分成 5 浪，b 浪可以分成 3 浪，這樣，鋸齒形調整浪有時是以 5—3—5 的波浪序列出現的，這是 13 浪的結構。

無論是 3 浪結構的調整還是 13 浪結構，中間一浪 b 的高點（或低點）遠遠未觸及 a 浪的起點，而 c 浪的低點（或高點）卻遠遠地低於（或高於）a 浪的低點（或高點）。正因為如此，才構成曲折向下（上）的酷似字母 N 的鋸齒形。

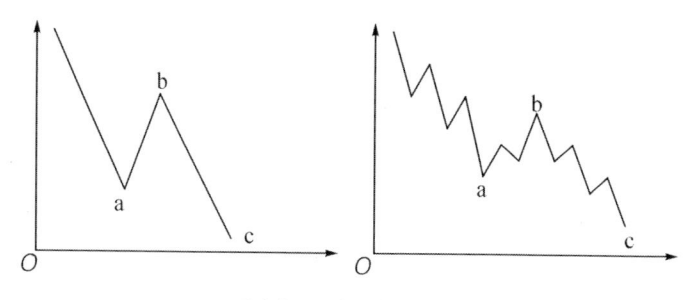

下降鋸齒形調整浪（1）

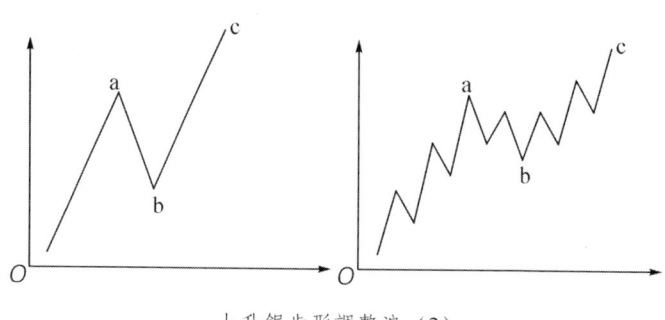

上升鋸齒形調整浪（2）

圖6.8　鋸齒形調整浪

（2）平臺形（Flat）。平臺型調整浪的價格趨勢是橫向波動，沒有明顯的向上或向下的趨勢。平臺形在形態結構上與鋸齒形很相似，區別主要在兩個方面：①平臺形的3浪結構調整可以被細分，但是細分的結果是3—3—5的波浪序列，而鋸齒形是5—3—5的波浪序列。也就是說，a浪被細分成3浪而不是5浪，在第5浪出現延伸的兩次回落時就會遇到這個形態。②a、b、c這個3浪的頂點的相對高度，不像鋸齒形規定得那麼死板，可以有各種相對位置。正是由於a、b、c這3浪頂點和底點的相對位置的不同，才導致平臺形調整浪的不同類型。

平臺形調整浪主要分為兩種形態即常規的平臺形和它的變形體。變形體有兩個，所以平臺形一共可以分為3種形態。

第一種是常規的平臺形。它的特點是a、b、c這3浪的高點和低點都相同或近似相同，這樣，從圖形上看就是不傾斜的一個平臺的形狀。如下圖6.9所示。

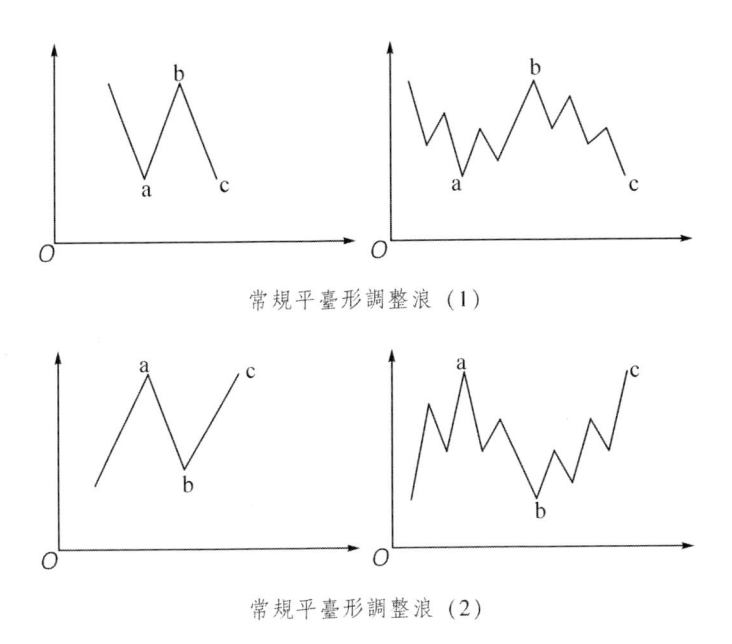

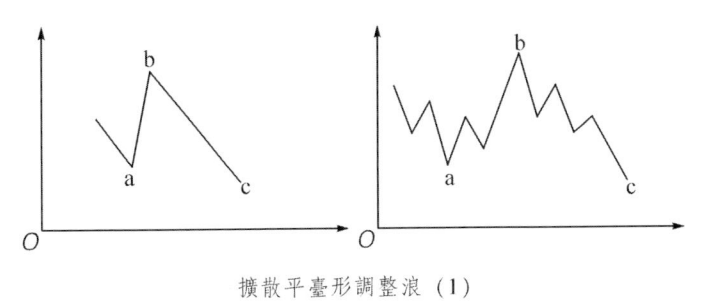

常規平臺形調整浪（1）

常規平臺形調整浪（2）

圖6.9　常規平臺形調整浪

　　這種平臺形類似形態理論中的矩形，它在很大程度上應該屬於對現有趨勢的鞏固，而不是對現有趨勢的調整。所以，出現這種平臺形之後的走勢往往是保持原來趨勢的運動方向。換句話說，牛市中的平臺是上升，熊市中的平臺是下降。

　　第二種平臺形是 a 浪的高點或低點被 b 浪和 c 浪超越，從圖形上看形成各種波動幅度變大的形狀。這種形狀也稱為擴散形平臺。如下圖6.10所示。

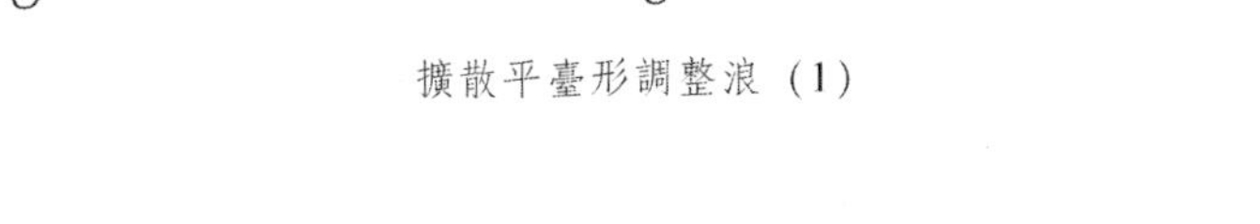

擴散平臺形調整浪（1）

245

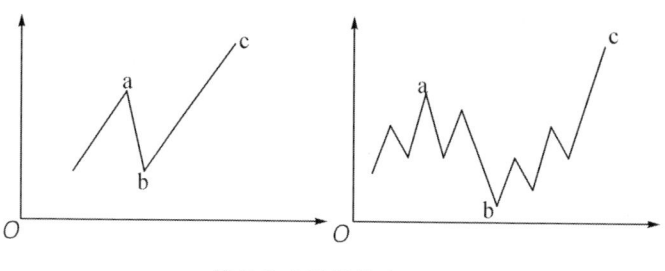

擴散平臺形調整浪（2）

圖6.10　擴散平臺形調整浪

　　第三種平臺是a浪的高點或低點被b浪達到，但是c浪未超越a浪的高點或低點。如下圖6.11所示。從圖形上看，價格的波動幅度正在變小。這種形狀也稱為收縮形平臺。從形態理論的觀點看，屬於對稱三角形形態。

　　從本質上講，不管是哪種類型的平臺形調整浪，都是對現有趨勢的鞏固和加強，只是程度上有些不同。從形狀上講，又多是形態學中的持續整理形態。所以，從這兩方面講，平臺形之後的走勢應該是保持原來的趨勢方向。

收縮平臺形調整浪（1）

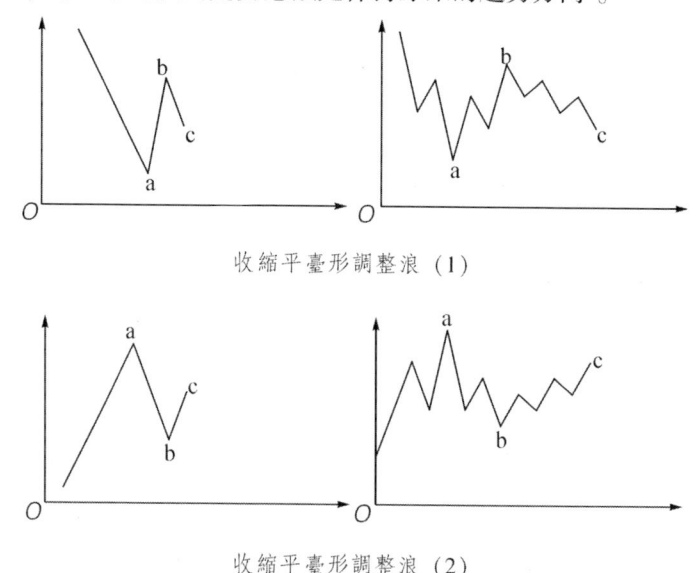

收縮平臺形調整浪（2）

圖6.11　收縮平臺形調整浪

　　（3）三角形（Triangle）。三角形多出現在5浪結構中的第4浪，有時也可出現在3浪結構中的b浪，但是以第4浪的情況居多。

三角形的形狀本身是由 5 浪組成的，這 5 個浪的每一個浪又可以細分成 3 小浪。這個形狀同主浪的第 5 浪中的斜三角形的形狀相同。兩者的區別在於，這裡的三角形中的三角形態以橫向發展為主，沒有明顯的傾斜，而斜三角形中的三角形是傾斜的，也就是楔形的樣子。如下圖 6.12 所示。

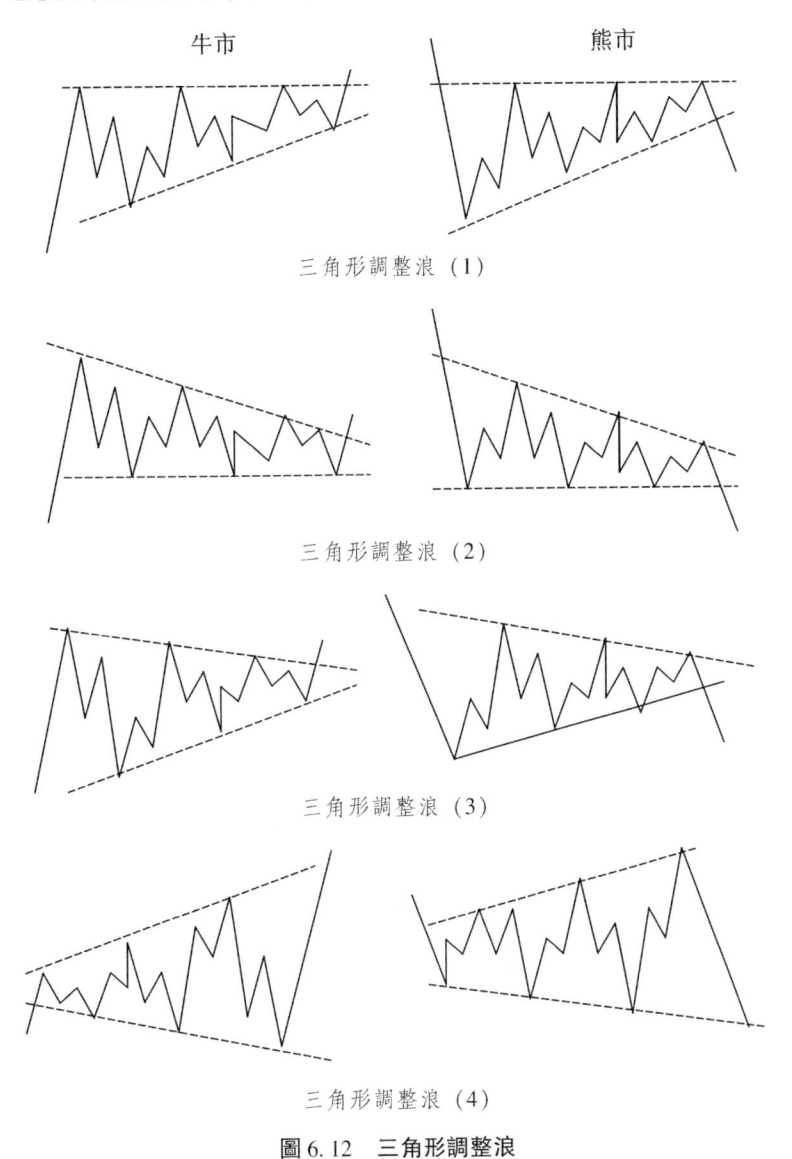

牛市　　　　　　　　熊市

三角形調整浪（1）

三角形調整浪（2）

三角形調整浪（3）

三角形調整浪（4）

圖 6.12　三角形調整浪

　　第 4 浪的三角形通常是橫向的鞏固的形態，包括上升三角形、下降三角形、對

247

稱三角形和喇叭形（擴大三角形），這些都是形態學中的內容。這些三角形對今後價格走勢的預測結果在波浪理論中也用得上，並且還頗為吻合。

以牛市為例，如果在上升趨勢中看到了三角形（第 4 浪），那麼，牛市可能看漲也可能看跌。看跌的原因是市場目前已經經過了第 3 浪的大漲，儘管還有第 5 浪的上升，但這個上升可能是有限的。此外，第 5 浪還可能是失敗的形態，第 3 浪完成後，價格就已經到頂了。

三角形完成後，最後的第 5 浪將以較快的速度完成。另外，第 5 浪的上升或下降的高度，除了可以使用比率分析中的結論之外，還可以沿用形態學中三角形形態的測量功能。

（4）雙三型和三三型。這是較為常見的調整浪的複雜形態，基本形狀如下圖 6.13 所示。

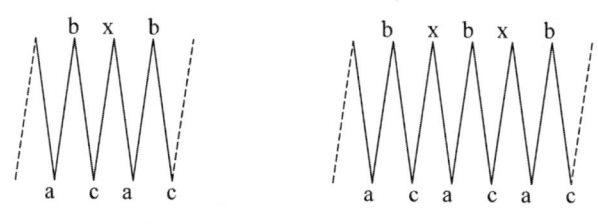

圖 6.13 雙三型和三三型調整浪

雙三型是兩組 3 浪結構合併在一起，形成 7 浪。三三型是三組 3 浪結構合併在一起，形成 11 浪。雙三型和三三型都酷似形態理論中的矩形，形態理論中關於矩形的結論都可以用到這裡。

雙三型中的浪和三三型中的浪，又可以細分成 5 浪結構和 3 浪結構。這樣一來，一個雙三型和三三型又成了複合的結構，裡面可能含有鋸齒形，也可能含有平臺形。這種情況比較複雜，有興趣的讀者可以閱讀一些有關波浪理論的專門著作。

第三節　波浪理論中的比率、時間週期分析和規則

波浪理論考慮的內容包括三個方面，即價格、比率和時間，其分析包括價格形態分析、比率分析和時間週期分析。前面重點介紹了價格形態方面的內容，本節將介紹有關波浪理論中比率分析和時間週期分析的內容。

一、比率分析

比率分析是波浪理論中一個浪與另一個浪在價格波動幅度上的比例關係。計算支撐與壓力的黃金分割法在證券市場中已經廣泛使用，誰都可以預見，在任何一個完整的上升過程的回落中，確定回落調整幅度是前面上漲幅度的某個黃金分割數字的比率。這種情況下計算雖然很簡單，但是使用起來很複雜。然而，與黃金分割關係相適應的市場基本趨勢總是存在的，它有助於對每一浪產生正確的認識。

波浪理論一些比例分析結果的實際效果可以說令人瞠目結舌，某些波浪理論的使用者對比例分析簡直著了魔。他們相信，每一浪的幅度都可以按菲波納奇數字中的某個比率與相鄰波浪的長度計算得到。

比率分析已經揭示了一個在波浪中經常出現的反應精確價格關係的數字，主要有兩類比率關係：回落或反彈（Retracement）關係和倍數（Multiple）關係。

1. 回落或反彈

與回落相關的內容在有關支撐與壓力的黃金分割線中已經有所介紹，這裡是從波浪理論的角度來看待這個問題。在計算回落幅度時要考慮浪的位置，這對於高低點的確定有一定的指導作用。

通常，一個調整的回落幅度是前面波浪的菲波納奇百分比。如下圖6.14，一般的調整經常回落至前面波浪的61.8%以下的位置，劇烈的調整要回落到前面主浪的38.2%的位置。回落以各種規模出現，下圖6.14中的這些比率僅僅是一種傾向。如果稍加留意就可以發現，這裡的做法與百分比線中的兩個點的黃金分割線的做法是基本一致的。反彈的分析大體也相同。

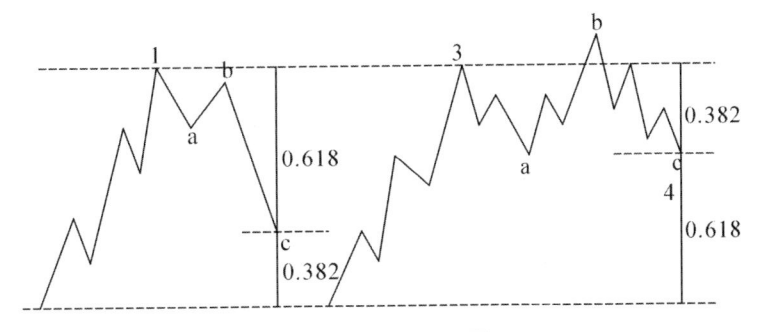

圖6.14　回落比率圖

2. 主浪長度的倍數關係

波浪理論中的主浪長度倍數關係呈現出以下的特點：

（1）第1浪與第5浪長度的倍數關係。如果第3浪是延伸浪，那麼第1浪和第5浪就趨向於等長或成0.618的倍率關係。實際上，無論是等長（1倍），還是1.618倍、2.618倍、0.618倍、0.382倍，所有3個主浪都與菲波納奇數列有關，這些主浪的長度通常呈百分比關係。當然，在低層次的波浪中，算術刻度和百分比刻度實際上能得出同樣的結果，此時每個主浪的點數揭示了同樣的倍數。

（2）第5浪長度與第1浪至第3浪長度的倍數關係。第5浪的長度與第1浪至第3浪的長度成菲波納奇比率關係。如果第5浪是延伸浪，則這一比率關係可能是1.618。當第5浪不延伸的時候，這樣的倍數關係可能是0.382或0.618。

（3）第5浪長度在整體長度中的比例。如果第5浪不延伸，則第5浪的長度是整個5浪結構波動幅度的0.382倍。如果第5浪延伸，則第5浪的長度是整個5浪結構波動幅度的0.618倍。

3. 調整浪長度之間的比率關係

波浪理論中調整浪長度之間的比率關係呈現出以下的特點：①鋸齒形調整浪。c浪的長度與a浪長度之間有三種可能的倍數關係：等長（1倍）、1.618倍和0.618倍。②平臺形調整浪。在最規則的常規平臺形中，a浪和c浪的長度當然相等。在擴散形平臺中c浪的長度通常是a浪的1.618倍，在少數情況下會出現2.618倍的情況。③三角形調整浪。在進行三角形調整時，各浪之間的關係也涉及黃金數字。如果三角形最寬處的第一次調整的高度是H，那麼，其後的相反方向的第二次調整的高度應該是0.618H。應該注意，確定三角形每次調整的起點和終點是很困難的。正是由於這個原因，三角形各調整浪之間的長度比率的實用性受到了很大的影響。④第4浪與第2浪的價格波動範圍相等，或成黃金數字的關係。

二、波浪理論的時間週期分析

這個問題實際上涉及循環週期理論。在波浪理論中，對時間因素的考慮體現在每個浪所運行的時間長短上，如完成某個浪所要經過的交易日或交易周。就目前而言，在中國還沒有比較得到共同認可的結論。初步的結論是，完成某個浪所要經過的時間，一般是菲波納奇數列中的某個數字。從對1994年以前的上證指數的具體研究中可以發現，局部低點和高點之間的時間以21周、13周居多。

三、波浪理論中不變的規則和小結

波浪理論的原始結果相當簡單，就是 8 浪結構。但是，這 8 浪的具體表現形式可以多種多樣，這就給我們應用波浪理論帶來了很多麻煩。這裡給出幾個波浪理論中鐵定不變的規則，它們對識別波浪很有幫助。這些內容都是我們應該牢記的。

1. 波浪理論中的 4 個規則

波浪理論中的 4 個規則是第 3 浪一定不是最短的浪，第 1 浪、第 4 浪不重合，交替原則和高層次第 4 浪高（低）於第 3 浪中的低層次第 4 浪。

（1）第 3 浪一定不是最短的浪。5 浪結構中的第 3 浪，其長度通常是最長的，而且肯定不是第 1、3、5 浪中最短的。數浪時容易犯的錯誤就是按順序 1、2、3……地數下去，而不考慮某部分是否合適成為第 3 浪。這個原則就為我們提供了一種方法，當發現我們認為的第 3 浪是最短的浪的時候，就應該明白自己數錯了。其實，在發現我們認為的第 3 浪不是最長的浪的時候就應該有所警覺。

（2）第 1 浪、第 4 浪不重合。5 浪結構中的第 4 浪，除非是在斜三角形內，否則，第 4 浪的底部應該比第 1 浪的頂部高，或者第 4 浪的頂應該比第 1 浪的底更低。前者是針對上升的情況，後者是針對下降的情況。同上面一樣，這一條能幫助我們識別第 4 浪，避免犯很多明顯的錯誤。

在介紹第 3 浪特性的時候，我們曾經指出，第 3 浪是價格的高低發生根本性改變的一次價格波動。也就是說，當發生了第 3 浪後，價格已經上升到了一個新的高度，遠遠離開了起始價格區域，「再也回不去了」。從這個意義上講，如果第 1 浪和第 4 浪重合了，也就是第 4 浪在下降的過程中接觸到了第 1 浪的波動區域，那麼將「有損於」第 3 浪所產生的「從根本上改變價格位置」的作用，因此，在通常的情況下，我們都應該認為第 1 浪和第 4 浪是不會發生重合現象的。

（3）交替原則（Alternative Rule）。波浪的形態幾乎是交替地輪番出現，盡量避免相同的形態連續重複出現。這個原則其實對很多別的技術分析方法也適用，尤其是形態理論。

上一次頂部或底部出現某種形態，緊接著的下一頂部或底部就可能是另一種形態。換句話說，通常我們不知道下一個是什麼形態，但是我們知道下一個不是什麼形態。具體到波浪理論上，以調整浪滿足這個原則最為明顯。例如，第 2 浪是簡單形態，那麼第 4 浪是簡單形態的可能性就不大，而應該是複雜的形態，例如三角形或雙三型或三三型。如果第 2 浪已經是複雜形態了，那麼第 4 浪多半是簡單形態。

251

對於交替原則還要記住波頓（H. Bolton）說過的一句話，以免誤用。他是這麼說的：交替原則並非必然地出現，但在大量的實例中顯示出這個規則的存在性。

（4）高層次第 4 浪高（低）於第 3 浪中的低層次第 4 浪。對出現在第 4 浪之前並與其同層次的第 3 浪來說，如果可以分成 5 浪結構，就會出現一個低層次的第 4 浪，這就是在前一段波浪中衍生出來的低一層次的第 4 浪。在大第 4 浪的回落中，其低點常常在這個較低層次的小第 4 浪的範圍內完成。換句話說，高一層次的第 4 浪低點，應該比第 3 浪中低一層次的第 4 浪的低點高。對於下降的熊市的敘述正好相反，是低於而不是高於。

這個規則實際上為我們提供瞭解決行情回落時支撐位在何處的問題。人們都想知道暫時的頂點和底點，這個原則能大致告訴我們這個答案。當然，大前提是正確地數浪。

以上 4 個規則，前兩個是比較肯定的，後兩個則是不很肯定的，也就是說，發生意外的可能性大些。

2. 波浪理論基本內容小結

以下將波浪理論的基本內容一一列舉如下，以便讀者查閱：

（1）完整的週期由 8 浪構成，即主浪 5 浪、調整浪 3 浪；
（2）任何一浪都可以分成更小的浪，更小的浪也可以合併成更大的浪；
（3）調整浪始終以 3 浪結構或其變形結構的形式出現；
（4）最簡單的調整浪是鋸齒形和平臺形；
（5）三角形多發生在第 4 浪；
（6）主浪可以延伸，也可以失敗；
（7）只能有 1 個主浪延伸，另外 2 個主浪的時間和幅度相當；
（8）菲波納奇數列在波浪理論中很重要；
（9）交替原則；
（10）第 4 浪與第 1 浪不重合；
（11）第 3 浪非最短原則；
（12）主浪的長度之間有黃金數字的倍數關係；
（13）調整浪的長度之間有黃金數字的倍數關係；
（14）波浪理論由形態、比例和時間三個支柱支撐。

第四節　波浪理論的應用及其不足

熟悉了波浪理論以後，我們就可以應用波浪理論來對證券市場進行分析，同時，我們也應該清楚波浪理論並不是完美無缺的，它同樣存在著許多不足。

一、波浪理論的實際應用

我們知道了一個大的週期的運行全過程，就可以很方便地對大勢進行預測。首先，我們要明確當前所處的位置，具體地說就是明確我們當前所在的8浪結構的層次及其相應層次的位置，按波浪理論所指明的各種浪的數目就會很方便地知道下一步該幹什麼。

要弄清我們目前所處的位置，最重要的就是要認真準確地識別3浪結構和5浪結構。這兩種結構具有不同的預測作用。一組趨勢向上（或向下）的5浪結構，通常可能是更高層次的波浪的1浪，好戲還在後頭，中途若遇調整，我們就知道這一調整肯定不會以5浪的結構而只會以3浪的結構進行。一旦調整完成3浪結構，我們絕不會再繼續等下去，而是會立即採取行動，買入或拋出。

如果我們發現了一個5浪結構，而且目前處在這個5浪結構的末尾，我們就清楚地知道，一個3浪的回頭調整浪正等著我們，我們應該立即採取行動。如果這一個5浪結構同時又是更上一層次波浪的末尾，則我們就知道一個更深的更大規模的3浪結構將會出現，這時採取行動是非常必要的。

上升5浪、下降3浪的原理也可以用到熊市中，這時結論變成下降5浪、上升3浪。不過，就股票市場而言，全世界股票市場的指數和股票價格通常情況下都是不斷上升的，從基期時的100點，逐步上升到上千點、上萬點，這樣一來，把股票市場處於牛市看成股票市場的主流，把熊市看成股票市場的調整就成為一種習慣。正是由於這個原因，在大多數的書籍中，在介紹波浪理論時，都以牛市為例。上升5浪、下降3浪成了波浪理論的最核心的內容。讀者們應注意避免出現錯誤，認為只有上升5浪、下降3浪而忘記了還有下降5浪、上升3浪也是可以出現的。

二、波浪理論的不足

以上介紹了波浪理論的主要內容，從表面上看波浪理論會給我們帶來利益，但是從波浪理論自身的構造上，我們會發現它的眾多的不足。如果使用者過分機械、

過分教條地應用波浪理論，肯定會招致失敗。這一節將波浪理論的幾個不足的方面向讀者提出來，以免在應用時出大錯。

1. 學習和掌握波浪理論的難度大

波浪理論最大的不足是應用上的困難，也就是學習和掌握的難度大。波浪理論從理論上講是8浪結構完成一個完整的過程。單純的8浪結構當然是簡單的，但是，主浪的變形和調整浪的變形會產生複雜多變的形態，波浪所處的層次又會產生大浪套小浪、浪中還有浪的多層次形態，這些都會給應用者在具體數浪時提供發生偏差的機會。波浪層次的確定和每個浪的起始點的確認是應用波浪理論的兩大難點。

2. 波浪理論的結論具有多樣性和易變性

波浪理論的第二個不足是面對同一個具體形態，不同的分析人員會產生不同的數法，而且，都有道理，誰也說不服誰。我們知道，不同的數浪法產生的結果有可能相差很大。例如，一個下跌的浪可以被當成第2浪，也可能被當成a浪。如果是第2浪，那麼，緊接而來的第3浪將是很誘人的。如果是a浪，那麼，這之後的下跌可能是很深的。

產生多樣性現象的原因主要是由兩方面因素引起的：

（1）價格曲線的形態通常很少按5浪和3浪的8浪簡單結構進行，對於不是這種規範結構的形態，不同的人有不同的處理，主觀性很強。對某些小波動有些人可能不計入浪，有些人可能又計入浪。由於有延伸浪，5浪可能成為9浪。波浪在什麼條件下可以延伸、在什麼條件下不可以延伸，沒有明確的標準，用起來隨心所欲，仁者見仁，智者見智，不好統一。

（2）波浪理論中的大浪、小浪是可以無限延伸的，長的可以好多年，短的可以只有幾天。上升可以無限地上升，下跌也可以無限地下跌，因為總是可以認為目前的情況不是最後的浪。

此外，即使數清楚了當前的浪，也還有本浪的層次等方面的問題。隨著時間的推移，剛剛得到的結論可能很快就會變化，對具體的投資活動的幫助還是不大。例如，如果發現了一個上升的5浪結構，而且第5浪已經「有形」了，似乎原來的過程將接近尾聲，但是從大的範圍看，有可能目前僅僅是上升過程中的一次小調整，更大的上升還在後面。

3. 波浪理論忽視了成交量

波浪理論只考慮了價格形態上的因素，而忽視了成交量方面的影響，這給人為

製造形狀提供了機會。正如在形態學中的假突破一樣，波浪理論中也可能造成一些形態讓人上當。當然，這個不足是很多技術分析方法都有的。

4.波浪理論更適用於事後驗證

在應用波浪理論時，我們會發現，當事情過去以後，回過頭來觀測已經走過的圖形，用波浪理論的方法是可以很完美地將其劃分出來的。但是，在形態形成的途中，對其進行波浪的劃分卻是一件很困難的事情。

波浪理論從根本上說是一種主觀的分析工具，這給我們增加了應用上的困難。因此，在我們對波浪理論的瞭解不夠深入之前，最好僅僅把它當成一種參考工具，而主要以別的技術分析方法為主。

說到這裡，讀者切不可以認為波浪理論是一種不可能掌握的技術工具。波浪理論已經存在了半個世紀而未被淘汰，說明它總是具有一些能給我們帶來利益的優點。相信讀者不懈地學習鑽研波浪理論，通過實踐和應用，最後就可以正確地數浪，從波浪理論中獲得收益。

內容提要

在所有技術分析方法中，波浪理論是最為神奇的方法。用波浪理論得出的一些結論和預測，在開始時總是被認為很荒唐，但過後大都不可思議地被事實證實了。波浪理論由艾略特首先發現並應用於證券市場，在艾略特之後，對波浪理論的發展做出突出貢獻的有柯林斯和波頓，20世紀80年代前後，普萊切特和費羅斯特對波浪理論做了更深入的研究。

艾略特最初提出波浪理論是由於受到證券價格（特別是股價）上漲下跌現象不斷重複的啟示，他以週期為基礎，把週期分成時間長短不同的各種週期，指出在一個大週期之中可能存在小的週期，而小的週期又可以再細分成更小的週期。每個週期無論時間長與短，都是以一種模式進行。這個模式就是本章所介紹的8個過程，即每個週期都是由上升（或下降）的5個過程和下降（或上升）的3個過程組成的。這8個過程完結以後，我們才能說這個週期已經結束，將進入另一個週期。新的週期仍然遵循上述的模式。

與波浪理論密切相關的除了經濟週期以外，還有道氏理論和菲波納奇（Fibonacci）數列。

道氏理論的主要思想是：任何一種證券價格的移動都包括三種形式的移動——

原始移動、次級移動和日常移動。這三種移動構成了所有形式的證券價格移動。原始移動決定的是大的趨勢，次級移動決定的是在大趨勢中的小趨勢，日常移動則是在小趨勢中更小的趨勢。艾略特的波浪理論中的大部分理論是與道氏理論相吻合的。不過，艾略特不僅找到了這些移動，而且還找到了這些移動發生的時間和位置。這是波浪理論較之於道氏理論更為優越的地方。道氏理論必須等到新的趨勢確立以後才能發出行動的信號，而波浪理論可以明確地知道目前是處在上升（或下降）的盡頭，還是處在上升（或下降）的中途，可以更明確地指導操作。

艾略特波浪理論中所用到的數字都來自菲波納奇數列。菲波納奇數列是一個由遞推關係確定的數列，寫成數學公式如下：

$A_{n+2} = A_{n+1} + A_n$

$n = 1, 2, 3, \cdots$

$A_1 = A_2 = 1$

菲波納奇數列具有很強的實用性。一般習慣上將這些數字稱為神奇數字，因為人們發現當證券價格波動過程的天數進行到這些數列中某個數的時候，價格發生重大波動的可能性較大。例如，連續上升了 3 天、5 天和 8 天等都是價格極可能出現回落的時間。當然，並不是說到了這一天必然會發生什麼大事，只是說在這一天發生變化的可能性比在別的時候要大一些。我們在觀察價格變動時，在這樣的天數中尤其要細心地進行觀察，不能大意。

用菲波納奇數列可以產生黃金分割數。黃金分割數主要是用於尋找回落或反彈的支撐或壓力線，這一點已經在支撐與壓力的章節中進行了介紹。在波浪理論中，黃金分割數的主要用途是計算一個調整浪回頭調整的高度和深度。

波浪理論考慮的因素主要是三個方面：①證券價格走勢所形成的形態；②證券價格走勢圖中各個高點和低點所處的相對位置；③完成某個形態所經歷的時間長短。在三個方面中，證券價格走勢形態是最重要的，它是指波浪的形狀和構造，是波浪理論賴以生存的基礎。當初艾略特或許就是從證券價格走勢的形態中得到啟發才提出了波浪理論的。各個高點和低點所處的相對位置是波浪理論中各個浪的開始和結束位置。通過計算這些位置，可以弄清楚各個波浪之間的相互關係，確定證券價格的回落點和將來證券價格可能到達的位置。完成某個形態的時間可以讓我們預先知道某個大趨勢即將來臨。波浪理論中各個波浪之間在時間上是相互聯繫的，用時間可以驗證某個波浪形態是否已經形成。以上三個方面可以簡單地概括為形態、比例和時間。這三個方面是波浪理論首先應考慮的，其中，以形態最為重要。有些

使用波浪理論的技術分析人員只注重形態和比例，而對時間不予考慮，因為他們認為時間關係在進行證券市場（特別是股市）走勢預測時是不可靠的。

正是由於時間和空間跨度的不同，所以在數 8 浪時，必然會涉及將一個大浪分成很多小浪和將很多小浪合併成一個大浪的問題，這就是每一個浪所處的層次的問題。處於層次較低的幾個小浪可以合併成一個層次較高的大浪，而處於層次較高的一個大浪又可以細分成幾個層次較低的小浪。當然，層次的高低和大浪、小浪的地位是相對的。對其他層次高的浪來說，某個浪是小浪，而對層次比它低的浪來說，它又是大浪。

將波浪細分時，會遇到這樣的問題：是將一個較大的浪分成 5 個較小的浪，還是分成 3 個較小的浪呢？這個問題要看這個較大的浪是處在上升趨勢中還是下降趨勢中；同時還要看比這個較大的浪高一層次的波浪是上升趨勢中還是下降趨勢中。以上兩個因素決定了這個較大的浪的細分是 3 浪還是 5 浪。

（1）本大浪是上升的，上一層的大浪也是上升的，則分成 5 浪；
（2）本大浪是上升的，上一層的大浪是下降的，則分成 3 浪；
（3）本大浪是下降的，上一層的大浪是上升的，則分成 3 浪；
（4）本大浪是下降的，上一層的大浪也是下降的，則分成 5 浪。

換句話說，如果這一浪的上升和下降方向與它上一層次的浪的上升和下降方向相同，則分成 5 浪；如果不相同，則分成 3 浪。

波浪理論中的波浪是由主浪和調整浪組成的，兩種浪在波浪理論的研究中起著重要的作用。

如果一個波浪的趨勢方向和比它高一層次的波浪的趨勢方向相同，那麼這一波浪就稱為主浪。由於與高層次的浪方向相同，主浪起了一個推動趨勢發展的作用，所以，主浪又稱為推動浪。主浪的地位是相對的，它可能處在一個更大的主浪之中，也可能處在一個更大的調整浪之中。主浪有一個特點，即不管是上升還是下降，對主浪的細分必然是分成 5 個小浪。

主浪延伸產生 9 浪結構。3 個主浪中的任何一個有時可能不是單純的向上過程，而是可以細分成 5 個小浪，這種現象叫主浪的延伸或延長。換句話說，第 1、3、5 浪中的某一個有可能以 5 個小浪的形式出現在整個波浪形態中。第 1、3、5 浪中最容易出現延伸的是第 3 浪，這是由第 3 浪的特殊性造成的。第 1 浪持續的時間短，不容易出現延伸現象。第 5 浪的延伸比第 1 浪多，但比第 3 浪少，處在兩者中間的地位。

關於延伸有一條非常重要的規律：3個主浪中只能有1個主浪產生延伸，如果某一個主浪產生了延伸，則另外2個主浪一定不會產生延伸現象，而且這2個未出現延伸的主浪在時間長短和波動幅度上應該大致相同。

如果第1浪、第3浪出現5浪的延伸，在5浪的後面不會緊跟一個調整的3浪結構。如果延伸發生在第5浪，則後面必然會緊跟一個調整的3浪結構。因為上升5浪的全過程已經結束，緊跟一個調整3浪是必然的。

主浪出現失敗的形態說明價格沿一個趨勢的運動已經精疲力竭，接近尾聲了。這個時候，價格圖形的主要特徵是第5浪沒有向上（或向下）突破第3浪的高點（或低點），而形成M頭（或W底），價格的反轉將是必然的事情。

所謂調整浪就是指運行方向同它的上一層次的波浪方向不同的波浪。調整浪是主浪的補充。一個浪不是主浪就是調整浪，5浪結構中的第2浪和第4浪、3浪結構中的b浪都是調整浪。調整浪有一點是共同的，那就是調整浪一定以3浪或3浪變形的形式出現，絕不會以5浪的形式出現。

調整浪是對主浪的波動行為進行調整和修正。主浪的上升或下降有可能太過於激烈，調整浪在某種程度上可以慢慢地平息這種過於火爆的過程，使投資者能夠重新聚集力量，進行適當的休整，有利於下一步新一輪上衝或下降。

波浪理論考慮的內容包括三個方面，即價格、比率和時間，其分析包括價格形態分析、比率分析和時間週期分析。比率分析已經揭示了一個在波浪中經常出現的反應精確價格關係的數字，主要有兩類比率關係：回落或反彈關係和倍數關係。

要弄清我們目前所處的位置，最重要的就是要認真準確地識別3浪結構和5浪結構。這兩種結構具有不同的預測作用。一組趨勢向上（或向下）的5浪結構，通常可能是更高層次的波浪的1浪，好戲還在後頭，中途若遇調整，我們就知道這一調整肯定不會以5浪的結構而只會以3浪的結構進行。一旦調整完成3浪結構，我們絕不會再繼續等下去，而是會立即採取行動，買入或拋出。如果我們發現了一個5浪結構，而且目前處在這個5浪結構的末尾，我們就清楚地知道，一個3浪的回頭調整浪正等著我們，我們應該立即採取行動。如果這一個5浪結構同時又是更上一層次波浪的末尾，則我們就知道一個更深的更大規模的3浪結構將會出現，這時採取行動是非常必要的。

波浪理論的不足是學習與掌握波浪理論的難度大；波浪理論的結論具有多樣性和易變性；波浪理論忽視了成交量；波浪理論更適合用於事後驗證。

關鍵術語

波浪理論　　道氏理論　　菲波納奇數列　　主浪　　調整浪

復習思考題

1. 波浪理論是如何形成的？
2. 波浪理論的基本思想包括哪些？
3. 與波浪理論相關的理論包括哪些？
4. 波浪理論的主要原理是什麼？
5. 波浪理論考慮的因素包括哪些？
6. 波浪理論價格走勢的基本形態結構是怎樣的？
7. 波浪合併和細分的原則是什麼？
8. 主浪的特性是什麼？
9. 主浪延伸中的規律是什麼？
10. 第5浪延伸的特殊性是什麼？
11. 主浪的斜三角形是什麼意思？
12. 主浪的失敗形態是什麼意思？
13. 調整浪的特性是什麼？
14. 調整浪的四種主要類型是什麼？
15. 波浪理論中的主浪長度倍數關係呈現出哪些特點？
16. 波浪理論中調整浪長度之間的比率關係呈現哪些特點？
17. 波浪理論中的四個規則是什麼？
18. 試論述波浪理論的應用及其不足。

第七章　主要技術指標

　　從世界範圍來看，技術指標的流行是在計算機廣泛使用之後。大約在 20 世紀70 年代後期，技術指標逐步得到流行。全世界各種各樣的技術指標有千種以上，它們都有自己的擁護者，並在實際應用中取得一定的效果。目前，中國證券二級市場上的分析系統主要有：①錢龍 4.5＋恒生熱自動；②通達信跨越 2,000 分析系統；③錢龍龍捲風分析系統；④港澳財經諮詢系統；⑤長江證券網上衝浪；⑥巨靈智多星諮詢系統，等等，其中，錢龍 4.5＋恒生熱自動就有 36 個技術指標。這裡只介紹一些目前在市場上流行的主要技術指標。

第一節　技術指標概述

　　證券市場上的投資者，都需要掌握一套適合自己的技術指標體系，這樣才能更好地在證券市場上生存。正因為如此，我們就有必要瞭解技術指標的有關知識。

一、技術指標的定義

　　「技術指標」是市場人士業已非常熟悉的名詞。要知道技術指標，我們首先要知道技術指標法。所謂技術指標法，是指按事先規定好的固定的方法對原始數據進行處理，將處理之後的結果制成圖表，並用制成的圖表對證券市場進行行情研判。經過技術指標法處理出來的數據就是技術指標。

　　那麼，技術指標法所用的原始數據和處理數據的方法又各是什麼呢？

　　原始數據指的是開盤價、最高價、最低價、收盤價、成交量和成交金額 4 價 2 量，有時還包括成交筆數、財務指標和股本結構等其他數據。通常的原始數據是指 4 價 2 量。但是，我們也應該注意，由於交易制度和金融工具不同，在其他一些市場上，原始數據所包含的內容有所變化。例如，期貨市場中有 Open Interest；在期權交易中有關於 Call 和 Put 的特定數據。因為本書的證券市場主要以中國股票市場為主，所以原始數據都是指上面的 6 個。

　　對原始數據進行處理指的是將這些數據的部分或全部進行變形，整理加工，使

之成為我們希望得到的東西。不同的處理方法產生不同的技術指標。有多少種處理原始數據的方法就會產生多少種技術指標；反過來，有多少種技術指標，也就意味著有多少種處理原始數據的方法。從數學的觀點來看，技術指標是一個6元函數：6個自變量就是6個原始數據，因變量就是技術指標值，函數就是處理自變量的方式。

產生了技術指標之後，最終都會在圖表上得到體現。處理原始數據，不僅是把一些數字變成另一些數字，而且可能是放棄一些數字或加入一些數字。

1. 產生技術指標的方法

從大的方面看，產生技術指標的方法有兩類即數學模型法和敘述法。

（1）數學模型法。數學模型法有明確的計算技術指標的數學公式，只要給出了原始數據，按照公式和簡單的說明，就可以比較方便地計算出技術指標值，一般是用計算機來完成計算的過程。這一類是技術指標中極為廣泛的一類，著名的隨機KD指標、RSJ相對強弱指標、乖離率BIAS指標、移動均線指標MA和方向指標DMI等都屬於這一類。

（2）敘述法。敘述法沒有明確的數學公式，只有處理數據的文字敘述。對原始數據只說明應該怎樣進行變形，遇到這種情況應該怎樣辦，遇到那種情況應該怎樣辦，也就是「用嘴說清楚」。這一類指標相對較少，還沒有得到公認。例如，錢龍軟件中的等量K線、壓縮圖、新價線等，就屬於這一類。本章只介紹第一類指標，第二類指標讀者可參考有關書籍。

2. 技術指標的應用法則

技術指標的應用法則主要通過以下六個方面進行：①指標的背離；②指標的交叉；③指標的極端值；④指標的形態；⑤指標的轉折；⑥指標的盲點。

（1）指標的背離（Divergence）。指標的背離是指技術指標曲線的走向與價格曲線的走向不一致。實際中的背離有兩種表現形式，第一種是頂背離（Negative Divergence），第二種是底背離（Positive Divergence）。技術指標與價格背離表明價格的波動沒有得到技術指標的支持。技術指標的波動有超前於價格波動的功能，在價格還沒有轉折之前，技術指標提前指明未來的趨勢。技術指標的背離是使用技術指標最為重要的一點。

（2）指標的交叉（Cross）。指標的交叉是指技術指標圖形中的兩條曲線發生了相交現象。實際中有兩種類型的指標交叉，第一種是同一個技術指標的不同參數的兩條曲線之間的交叉，常說的「黃金交叉」和「死亡交叉」就屬於這一類；第二

種交叉是技術指標曲線與固定的水平直線之間的交叉。水平直線通常是橫坐標軸，橫坐標軸是技術指標取值正負的分界線，技術指標與橫坐標軸的交叉表示技術指標由正變負或由負變正，技術指標的交叉表明多空雙方力量對比發生了改變，至少說明原來的力量對比受到了「挑戰」，如下圖7.1所示。

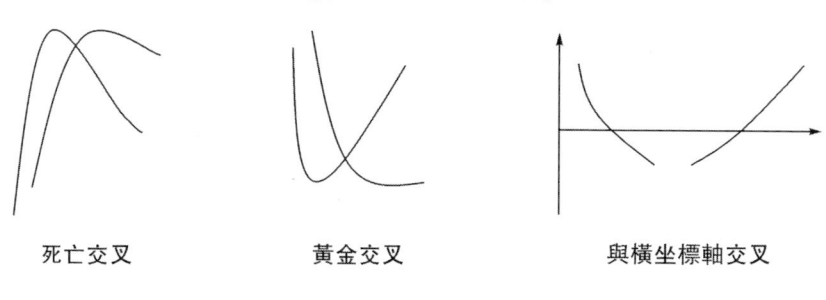

死亡交叉　　　　　黃金交叉　　　　　與橫坐標軸交叉

圖7.1　指標的交叉

（3）指標的極端值。技術指標的極端值是指技術指標的取值極其大或極其小，技術術語上將這樣的情況稱為技術指標進入「超買區和超賣區」（Overbought or Oversold）。大多數技術指標的「初衷」是用一個數字描述市場的某個方面的特徵，如果技術指標值的數字太大或太小，就說明市場的某個方面已經達到了極端的地步，應該引起注意。

當然，我們在技術指標達到某種程度就可以被認為是極端值方面，並沒有一個固定的數字。因為，對同一個技術指標，不同證券的極端值不可能一樣，同一證券在不同的時間區間也可能會有不同的極端值。對某個技術指標值是否極端值的判斷，有人認為可以這樣考慮：既然是極端值，那麼在實際中出現的機會應該不多，比如一年4次或6次，某個值只要在過去的歷史中每年都超過（或低於）這個數值，我們就可以認為這個值不是極端值。

（4）指標的形態（Formation）。技術指標的形態是指技術指標曲線出現了形態理論中所介紹的有關形態。在實際中，出現的形態主要是雙重頂底和頭肩形，個別時候還可以將技術指標曲線看成價格曲線，根據形態使用支撐與壓力線。

（5）指標的轉折。技術指標的轉折是指指標的圖形發生了調頭，這種調頭通常發生在高位或低位。有時，這種調頭表明前面過於極端的行動已經走到了盡頭，或者暫時遇到了麻煩；有時，這種調頭表明一個趨勢將要結束，而另一個趨勢將要開始。技術指標中轉折的典型代表是方向指標DMI。對此，將在後面詳細說明。

（6）指標的盲點。技術指標的盲點是指技術指標無能為力的時候，也就是說，

技術指標既不能發出買入的信號又不能發出賣出的信號。有人認為：從實踐來看，技術指標在大部分時間裡是處於「盲點」狀態的，只有在很少的時間裡，技術指標才發出「正確」的信號，這一點我們切不能忘記。因此，「每天都期待技術指標為我們提供有用的信息」是對技術指標的誤解，也是極其有害的。如果沒有認識到這一點，在使用技術指標的時候將會不斷地犯錯誤。

3. 技術指標的本質

每一個技術指標都是從一個特定的方面對證券市場進行觀察，以特定的數學公式產生的特定技術指標，總是反應證券市場特定方面的深層內涵，而這些內涵僅僅通過原始數據是很難看出來的。

另外，投資者在投資實踐中會對市場有一些想法，有些基本思想可能只停留在定性的程度，沒有進行定量分析。技術指標可以進行定量分析，這將使得具體操作時的精確度大大提高。例如我們都知道，證券價格不斷地下跌時，跌多了總有一個反彈的時候和到底的時候。那麼跌到什麼程度，我們就可以買進了呢？僅憑前面定性方面的知識是不能回答這個問題的，乖離率等技術指標所擁有的超買超賣功能在很大程度上能幫助我們解決這一問題，儘管它們不是百分之百地解決問題，但至少能在我們採取行動前從數量方面給我們以幫助。

二、技術指標法同其他技術分析方法的關係

其他技術分析方法都有一個共同點，那就是只重視價格，不重視成交量。如果單純從技術的角度看，沒有成交量的信息，別的方法都能正常運轉，照樣進行分析研究，照樣能進行行情預測，這些方法到了最後都要附帶很籠統地說一句「要有成交量的配合」。但是，對於多大的成交量屬於「配合」，多大的成交量屬於「不配合」，只有很簡短的說明，投資者在實際使用的時候感到極不方便。

技術指標由於種類繁多，所以考慮的方面就很多，人們能夠想到的，幾乎都能在技術指標中得到體現，這一點是別的技術分析方法無法比擬的。

在進行技術指標的分析和判斷時，也經常用到別的技術分析方法的基本結論。例如，在使用 RSI 等指標時，我們要用到形態學中的頭肩形、頸線和雙重頂之類的結果以及切線理論中支撐線和壓力線的分析手法。由此可以看出全面學習技術分析的各種方法是很重要的。只注重一種方法，對別的方法無知是很不好的。

三、應用技術指標應注意的問題

技術指標說到底就是一些工具，我們利用這些工具對證券市場進行預測。

首先，使用技術指標應考慮其適用範圍和環境。每種技術指標工具都有自己的適應範圍和適用的環境。有時有些工具的效果很差，而另一些工具的效果就比較好，有時情況可能會變得相反。投資者在使用技術指標時，常犯的錯誤是機械地照搬結論，而不問這些結論成立的條件和可能發生的意外。有些人盲目地絕對相信技術指標，出了錯誤以後，又走向另一個極端，認為技術分析指標一點用也沒有。這顯然是錯誤的，只能說他們不會使用指標。正如一把刀如果落在武林高手的手中，就能殺死對手；同樣還是這把刀，如果落在沒有武功的人的手裡，就可能被別人所殺。因此，我們不能說刀沒有用。刀是有用的，就看我們會不會用。從這個意義上，我們可以說技術指標是有用的，出問題的是使用技術指標的人。

其次，每種指標都有自己的盲點，不僅如此，這些技術指標在條件不成熟的時候還會失效。市場中遇到的技術指標高位鈍化就是技術指標失效的具體體現。所有這些要求我們在實際中應該不斷地總結，並找到盲點和失效所在。這對於在技術指標的使用中少犯錯誤是很有益處的。遇到了技術指標失效，要把它放置在一邊，去考慮別的技術指標。一般說來，東方不亮西方亮，黑了南方有北方，眾多的技術指標，總會有幾個能對我們進行有益的指導和幫助。儘管有時這種幫助可能不大，但總比沒有強，至少投資者心裡會有點底，操作起來有一定的信心。

最後，瞭解每一種技術指標是很有必要的。但是，眾多的技術指標我們不可能都考慮到，每個指標在預測證券市場方面也有能力大小和準確程度的差別。一些投資者通常使用的手法是以四五個技術指標為主，別的指標為輔，依此構建自己的指標體系。選擇技術指標體系因人而異，各有各的習慣，不好事先規定，但是，我們可以從實戰出發，對自己所選擇的幾個指標不斷進行調整，調整的內容包括對技術指標的調整和對技術指標參數的調整。

不斷地對使用技術指標的效果進行檢討是使用技術指標時不可缺少的步驟。

第二節　移動平均線（MA）和平滑異同移動平均線（MACD）

移動平均線和平滑異同移動平均線都是對原始的收盤價進行平滑之後的產物，它們產生的過程類似，反應的是證券價格的同一方面的內容，因此，這兩個指標在操作手法上有很多相通的內容。

一、移動平均線（Moving Average）

1. MA 的計算方法和參數

移動平均線方法是趨勢方法之一，它是利用移動平均線來追蹤、分析證券價格趨勢的一種方法，是對 K 線圖法和道・瓊斯理論的必要補充。它既能用於中長期趨勢分析，又可用來判斷買賣時機。移動平均線（MA）計算方法就是求連續若干天的收盤價的算術平均。連續交易日的數目就是 MA 的參數。例如，參數為 10 的移動平均線就是連續 10 個交易日的收盤價的算術平均價格，記為 MA（10）。同理，我們有 5 日線、15 日線等概念。

其計算過程是：先計算時間數列（參數為 n）的最初 n 項的平均數，然後前面刪除一項，後面加上一項，計算出第二個 n 項平均數，再用同樣的方法計算出後面的平均數。如果從 3 月 5 日開始，製作 5 日移動平均線，那麼 3 月 5 日的證券價格平均值應為 3 月 1 日至 3 月 5 日的證券價格收盤價的平均值（這裡的 5 日應為 5 個交易日）。以此類推，隨計算日的推移，不斷標出同等時間區間的平均值，描繪出曲線來，這就是證券價格移動平均線。

所謂證券價格移動平均線法，就是運用移動的證券價格平均值使證券價格變動狀況呈曲線化的方法。從實質上講，移動平均線法就是在時間序列分析中略去原有數列中一些偶然性的或週期性的波動，依次取一定項數計算所得的一系列平均數，形成一個變動起伏較小的新數列曲線，以顯示證券價格平均值的短期和中長期發展趨勢。

移動平均線法的基本特徵就是利用平均數方法來消除證券價格的不規則偶然變動，以觀察整個市場的動態變化。移動平均線最突出的作用在於，通過某一時期平均收盤證券價格的移動走勢，避免人為的短線臨時做價，從而可以較為準確地反應證券價格的變動趨勢。一般情況下，當移動平均線正在上升，而證券價格跌到平均線以下時，這是證券價格趨勢將要下跌的信號；反之，則為證券價格上升的前奏。移動平均線一般用 5 天、10 天和 30 天的移動平均值組成，但不同投資策略的投資者可將此參數改為適合自己使用的數值再配以不同時間的 K 線，以便為自己提供更準確的買賣時機。

計算移動平均線（MA）並不是只能選擇交易日，也可以自己選擇時間區間（Period）如周、月、60 分鐘、30 分鐘等作為單位。

2. 移動平均線的應用

移動平均線可以單獨應用也可以組合應用。

(1) 移動平均線的單獨應用。通常證券價格在移動平均線之上，則意味著市場的買力（需求）較大；反之，證券價格在移動平均線之下，則意味著供過於求，賣壓顯然較重。

以時間的長短而言，移動平均線可分為短期、中期、長期的移動平均線。一般來說，短期的移動平均線指週期在 10 以下的移動平均線；中期的是指週期在 10～20 日間的移動平均線；長期的則是指週期在 20 日以上的移動平均線。

在歐美市場，投資者或投資機構非常看重 200 日的長期移動平均線，並以此為年線，作為長期投資的依據。行情若在此長期移動平均線下，屬空頭市場；反之，行情若在此長期移動平均線之上，則為多頭市場。綜合長、中、短期的移動平均線，也可以研判市場的多空傾向：

在一個持續上漲的多頭市場（牛市）中，可以明顯看出長期、中期、短期移動平均線的排列組合是：市場行情（收盤價）在最上面；第二條線為短期移動平均線；緊接著第三條線為中期移動平均線；長期移動平均線由於必須平均過去較低的價位，明顯的是最低的一條線。

反之，在空頭市場（熊市）中，移動平均線的排列由上而下依序為長期、中期、短期移動平均線，最下面則為市場行情（收盤價）。

由於短期移動平均線比長期移動平均線更容易反應證券價格的漲跌速度，所以一般又把短期移動平均線稱之為「快速移動平均線」，而長期移動平均線則稱為「慢速移動平均線」。

(2) 移動平均線的組合應用。單個移動平均線由於採樣數據較為單一，有時會頻繁發出錯誤信號。為減少失誤，增強信號的準確性，人們在實踐基礎上推出了三種移動平均線組合應用。大家常用的錢龍分析軟件就提供了此項功能，我們將短期、中期、長期這三種移動平均線組合起來，再配以不同時間的 K 線，這對於把握買賣的有利時機和判斷趨勢走向更具意義。

在移動平均線的組合中，當短期線急遽地超越中長期線向上方移動時，可視為買進信號；當 K 線位於最上方並同短中期線並列，且各條移動平均線都呈上升趨勢時，表明行情仍處於上升趨勢，可繼續持倉；當上漲行情持續一段時間後，短期線從停滯狀態的高點出現下降趨勢時，表明證券價格開始走軟，這是賣出證券的時候了；當短期線從高位依次向下突破中長期線時，這是最後的清倉時機了；當長、

中、短期平均線及 K 線按順序自上而下並列，且各條線都呈下降狀態時，這表明市場為典型的弱勢行情；當弱勢行情持續相當一段時期後，短期線從谷底轉為上升趨向時，這是抄底的極好時機。

在組合線中，如果證券價格持續下降至谷底後轉為上升移動時，此時順序分別為短、中、長期線，它們的排列也依次改變。首先是短期線突破中期線，再越過長期線居於最上方，此後，中期線突破至長期線之上，突破點為黃金交叉點，簡稱「金叉」，此點可以確認行情將進入上漲時期。這就是所謂的多頭排列，是典型的上漲行情。反之，證券價格上升到高價區上下徘徊，接著轉向下跌，隨著時間的推移，短、中、長期線也逐步下行，逐步向下突破交叉，中長期線相交的點則為死亡交叉點，簡稱「死叉」，這意味上漲行情的終結。移動平均線此時為空頭排列。

在移動平均線的組合應用中，投資者應根據自己的實際操作策略設定相應的參數，一定要活學活用，不要不論做短、中、長線，都用 5 日、10 日、30 日平均線組合。投資者可自己探索適合自己操作策略的平均線組合。

3. 移動平均線的特點

移動平均線具有以下幾個特點：

（1）移動平均線可以追蹤趨勢。MA 能夠表示證券價格的趨勢方向，並追隨這個趨勢。如果從證券價格的圖表中能夠找出上升或下降趨勢線，那麼，MA 的曲線將保持與趨勢線方向一致。MA 能消除中間證券價格在這個過程中出現的小起伏。原始數據的證券價格圖表不具備這個保持追蹤趨勢的特性。

（2）移動平均線提供的價格信息具有滯後性。在價格原有趨勢發生反轉時，MA 的行動往往過於遲緩，調頭速度落後於大趨勢。這是 MA 的一個極大的弱點。等 MA 發出反轉信號時，證券價格調頭的深度可能已經很大了。

（3）移動平均線具有穩定性。從 MA 的計算方法就可知道，要比較大地改變 MA 的數值，無論是向上還是向下，都比較困難，必須是當天的證券價格有很大的變動。因為 MA 的變動不是一天的變動，而是幾天的變動，一天的大變動被幾天一分攤，變動就會變小而顯不出來。這種穩定性有優點，也有缺點，在應用時我們應多加注意，掌握好分寸。

（4）移動平均線具有助漲助跌性。當價格突破了 MA 曲線時，無論是向上突破還是向下突破，價格都有繼續向突破方面再走一程的願望，這就是 MA 的助漲助跌性，證券價格在實際中繼續再走一程的程度到底有多遠，這要結合其他技術指標進行分析。

（5）移動平均線具有支撐線和壓力線的特性。從 MA 的上述四個特性可知，MA 在價格走勢中起著支撐線和壓力線的作用。MA 的突破，實際上是支撐線和壓力線的被突破，從這個意義上就很容易理解市場上經常說的「站在××日均線之上」是什麼意思，這裡其實是把××日的 MA 當成了支撐線；相應的「均線系統呈空頭排列」指的是 MA 正在起壓力線的作用以及方向向下。

MA 的參數的作用就是加強 MA 上述幾方面的特性。參數選擇得越大，上述的特性就越大。比如，突破 5 日線和突破 10 日線的助漲助跌的力度完全不同，突破 10 日線比 5 日線的力度大，改過來較難一些。

從上面的講述我們可以知道，使用 MA 通常是對不同的參數同時使用，而不是僅用一個。在實際投資中，儘管各個投資者在參數的選擇上有差別，但都包括長期、中期和短期三類 MA。當然，長、中、短是相對的，自己可以根據實際情況來確定。

4. 葛蘭維爾法則

MA 的使用法則，按經典的說法是葛蘭維爾（Granville）法則，它包括三種買入信號和三種賣出信號，具體如下：

（1）移動平均線從下降開始走平，證券價格從下向上穿平均線；證券價格連續上升遠離平均線，突然下跌，但在移動平均線附近再度上升；證券價格跌破移動平均線，並連續暴跌，遠離移動平均線。以上三種情況均為買入信號。

（2）移動平均線從上升開始走平，證券價格從上向下穿移動平均線；證券價格連續下降遠離移動平均線，突然上升，但在移動平均線附近再度下降；證券價格上穿移動平均線，並連續暴漲，遠離移動平均線。以上三種情況均為賣出信號。

需要說明的是，每天的證券價格實際上是 1 日的 MA。證券價格相對於移動平均線實際上是短期 MA 相對於長期 MA。從這個意義上說，如果只面對兩個不同參數的 MA，則我們可以將相對短期的 MA 當成證券價格，將較長期的 MA 當成 MA，這樣，上述法則中證券價格相對於 MA 的所有敘述，都可以換成短期相對於長期的 MA。換句話說，5 日線與 10 日線的關係，可以看成是證券價格與 10 日線的關係。

有人據此總結出葛蘭維爾移動平均線八大法則，如下圖 7.2 所示。

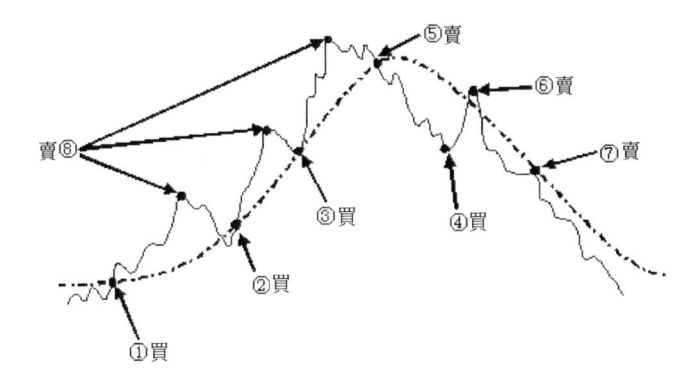

圖 7.2　葛蘭維爾移動平均線八大法則

5. MA 的盲點

MA 的盲點主要體現在：

（1）信號頻繁，不好把握。在盤整階段或趨勢形成後的中途休整階段或局部反彈和回擋階段，MA 極易發出錯誤的信號，因為這時不同週期（參數）的 MA 的取值比較接近，容易出現交叉等信號。在這些階段 MA 勢必會發出很多信號，產生信號頻繁的現象。信號多了就容易出現錯誤，這是使用 MA 最應該注意的。

（2）支撐與壓力結論的不確定。MA 只是作為支撐線和壓力線，站在某線之上，當然有利於上漲，但並不是說就一定會漲，因為支撐線也有被突破的時候。

二、平滑異同移動平均線（Moving Average Convergence and Divergence）

平滑異同移動平均線 MACD 是在指數平滑的基礎上進一步計算而得到的，它可以用來進行行情研判。

1. MACD 的計算公式

MACD 由正負差（DIF）、異同平均數（MACD）和柱狀線（BAR）三部分組成，正負差是 MACD 的核心，MACD 在 DIF 的基礎上產生，BAR 又是在 DIF 和 MACD 基礎上產生的。

（1）DIF 的計算方法和參數。DIF 是快速平滑移動平均線與慢速平滑移動平均線的差，正負差的名稱由此而來。快速和慢速的區別是進行指數平滑時採用的參數的大小不同，快速是短期的，慢速是長期的。以現在流行的參數 12 和 26 為例，對 DIF 的計算過程進行介紹。

快速平滑移動平均線（EMA）是 12 日的，則計算公式為

今日 EMA（12）＝［2÷（12＋1）］×今日收盤價＋［11÷（12＋1）］×昨日 EMA（12）

慢速平滑移動平均線（EMA）是 26 日的，計算公式為：

今日 EMA（26）＝［2÷（26＋1）］×今日收盤價＋［25÷（26＋1）］×昨日 EMA（26）

以上兩個公式是指數平滑的公式，平滑因子分別為 2/13 和 2/27。如果選別的係數，也可以照此法辦理。

DIF = EMA（12）－ EMA（26）

單獨一個 DIF 也能進行行情預測，但為了使信號更可靠，我們引入了另一個指標 MACD。

（2）MACD 的計算公式和參數。MACD 的計算是計算 DIF 的移動平均，也就是連續若干個交易日的 DIF 的移動平均。對 DIF 作移動平均就如同對收盤價作移動平均一樣，其計算方法同 MA 一樣。引進 MACD 的目的是為了消除 DIF 的一些偶然現象，使信號更加可靠。

由於要計算移動平均，就要涉及參數，這是 MACD 的另一個參數。計算一共需要 3 個參數。前兩個用於計算 DIF，後一個用於計算 MACD。計算公式為：

MACD（12，26，10）＝（$DIF_{t+1} + DIF_{t+2} + \cdots + DIF_{t+10}$）÷10

（3）BAR 的計算公式。BAR 的計算公式為：

BAR = 2 ×（DIF－MACD）

從公式中可以看出，BAR 是 DIF 與 MACD 的差。在分析軟件中，將畫成柱狀線，分為綠色和紅色兩種。BAR 的大小反應了 DIF 與自己的移動平均 MACD 之間的差，有點類似於證券價格與自己的 MA 之間的差。在後面技術指標的介紹中可以看到，這樣的差被稱為擺動（Oscillate）。

2. MACD 的應用法則

利用 MACD 進行行情預測，主要是從三個方面進行。

（1）從 DIF 和 MACD 的取值和這兩者之間的相對取值（交叉）對行情進行預測。其應用法則如下：

①DIF 和 MACD 由負值變為正值，與橫坐標軸產生交叉，則市場屬於多頭市場。在較低的位置 DIF 向上突破 MACD 是買入信號，屬於黃金交叉的範疇；在橫軸附近，DIF 向下跌破 MACD 只能認為是回落，當作獲利了結。

②DIF 和 MACD 由正值變為負值，與橫坐標軸產生交叉，則市場屬於空頭市

場。在較高的位置 DIF 向下突破 MACD 是賣出信號，屬於死亡交叉的範疇；在橫軸附近，DIF 向上突破 MACD 只能認為是反彈，當作獲利了結。

③當 DIF 的取值達到很大的時候，應該考慮賣出；當 DIF 的取值達到很小的時候，應該考慮買進。當然，「很大」和「很小」必須涉及定量的問題，需要有主觀的判斷。在實際中，這一條不常用，原因是定量的問題不好解決。

我們知道，DIF 是正值，說明短期的平滑移動平均線比長期的高，這類似於 5 日線在 10 日線之上，所以是多頭市場。DIF 與 MACD 的關係就如同證券價格與 MA 的關係一樣，DIF 上穿或下穿 MACD 都是一個 DIF 將要上升還是下降的信號。而 DIF 的上升或下降，進一步又是價格將要上升或下降的信號。上述的操作原則正是從這方面考慮的。

（2）利用 DIF 和 MACD 與價格曲線的背離。這屬於技術指標的背離的範疇，DIF 和 MACD 與價格形成背離是比較強烈的採取行動的信號，是賣出還是買入要根據 DIF 的上升和下降情況而定，如果 DIF 或 MACD 與價格曲線在比較低的位置形成底背離，是買入的信號；如果 DIF 或 MACD 與價格曲線在比較高的位置形成頂背離，是賣出的信號。

（3）BAR 的使用。BAR 的通常使用方法是：當橫軸下面的綠線縮短的時候買入，當橫軸上面的紅線縮短的時候賣出，這樣操作的好處是比較快，容易在價格比較好的時候行動。

3. MACD 的優缺點

與 MA 相比，MACD 的優點是除掉了 MA 產生的頻繁出現的買入賣出信號，使發出信號的要求和限制增加，避免假信號的出現，用起來比 MA 更有把握，因此，證券市場上的許多投資者都在使用它。

但是，同 MA 一樣，MACD 在證券市場沒有明顯趨勢而進入盤整時，失誤的時候極多。另外，對未來證券價格的上升和下降的深度，MACD 不能發出有幫助的建議。

第三節　威廉指標和 KDJ 指標

威廉指標和 KDJ 指標是證券市場中最為重要的指標之一，它們最早起源於期貨市場，並受到廣泛注意。在被引入股票市場後，也給廣大股票投資者帶來了巨大的收益。目前，這兩個指標已經成為中國證券市場中廣泛使用的指標之一。

一、威廉指標

威廉指標（WMS%或R%）是由Larry Williams 1973年首創的，最初用於期貨市場。WMS%表示市場處於超買還是超賣狀態。

1. WMS%的計算公式和物理意義

$$\text{WMS\%}(n) = [(C - H_n) \div (H_n - L_n)] \times 100\%$$

式中，C為當天的收盤價；H_n和L_n為最近幾日內（包括當日）出現的最高價和最低價。

由公式可知，WMS%有一個參數，那就是選擇的日數n。WMS%指標表示的含義是當天的收盤價在過去的一段日子的全部價格範圍內所處的相對位置。如果WMS%的值比較大，說明當天的價格處在相對較高的位置，要提防回落；如果WMS%的值較小，則說明當天的價格處在相對較低的位置，要提防反彈；WMS%取值居中，在50%左右，則當天的價格上下的可能性都有。

可以這樣來理解WMS%指標。一個移動的小球，在上有天花板、下有地板的空間裡上下波動。當小球向上撞上天花板就會調頭向下，向下撞到地板就會反彈向上。小球上下移動的外力本來是零，這樣，小球將規則地上下移動，並一直繼續下去。但是，由於多空雙方力量的不斷變化，小球所受的外力不是零。多方力量大時，小球向上移動；空方力量大時，小球向下移動。但是，撞上天花板和地板後的調頭始終是正確的，只不過不像沒有外力時那麼有規則，不是一撞就回頭，可能要撞好幾次才回頭，這是因為有外力的原因。

2. WMS%的參數選擇和應用法則

上面所說的天花板和地板的位置隨著時間的推移，是在不斷變化的，這就是參數選擇的問題。在WMS%出現的初期，投資者認為市場出現一次週期循環大約是4周，那麼取週期的前半部分或後半部分，就一定能包含這次循環的最高值或最低點。這樣，WMS%選的參數只是2周，則這2周之內的H_n或L_n至少有一個成為天花板或地板。這對我們應用WMS%進行行情研判很有幫助。

基於上述理由，WMS%的選擇參數應該是循環週期的一半。中國證券市場的循環週期目前還沒有明確的結論，我們在應用WMS%時，需要多選擇幾個參數試試。

WMS%的操作法則是從兩方面考慮：一是從WMS%取值的絕對數值；二是從WMS%曲線的形狀。

（1）從WMS%的絕對取值方面考慮。公式中WMS%的取值介於0～100%之

間，以 50% 為中軸將其分為上下兩個區域。

①WMS% 高於 80%，即處於超買狀態，行情即將見頂，應當考慮賣出。

②WMS% 低於 20%，即處於超賣狀態，行情即將見底，應當考慮買入。

這裡的 80% 和 20% 只是一個經驗數字，不是絕對的，實際中 WMS% 大於 90% 或低於 10% 的現象經常出現。不同的情況產生不同的買進線和拋出線，投資者要根據具體情況，在實際投資中不斷地摸索。有一點應該說明，在中國證券市場上，買進線普遍比 20% 低，賣出線普遍比 80% 高。另外，WMS% 的波動比較頻繁，這也是一些投資者不喜歡這個指標的原因。

（2）從 WMS% 的曲線撞頂底的次數和形態考慮。撞頂和撞底次數的原則是使用 WMS% 最為可靠的原則，因為 WMS% 的波動過於頻繁，需要耐心地多等幾次撞頂和撞底。

①在 WMS% 進入高位後，一般要回頭，如果這時證券價格還繼續上升，這就產生了頂背離，是出貨的信號。

②在 WMS% 進入低位后，一般要反彈，如果這時證券價格還繼續下降，這就產生了底背離，是買進的信號。

③WMS% 連續幾次撞頂（底），局部形成雙重或多重頂（底）、頭肩頂或頭肩底，此時則是買入（或賣出）的時候。

④有人認為：「WMS% 撞頂和撞底次數的原則是至少 2 次，至多 4 次。也就是說，如果投資者發現 WMS% 已經是第 4 次撞頂或撞底，那麼就不應該猶豫了，應採取行動。這裡將會遇到數次數的問題，這帶有一定的主觀性，因為並不是 WMS% 必須等於 100% 或 0 才算是撞頂或撞底，有時可以差一點。」[①]

從 WMS% 的形狀上還有一些內容可以介紹，留在下面的 KD 指標中進行。

二、KDJ 指標

KDJ 指標的中文名稱是隨機指數（Stochastic），是由 George Lane 首創的，最早也是用於期貨市場。

1. KDJ 指標的計算公式和理論依據

產生 KD 以前，將先產生未成熟隨機值 RSV（Row Stochastic Value），其計算公式為：

---

① 李向科. 證券投資技術分析 [M]. 北京：中國人民大學出版社，2000.

$$\text{RSV}(n) = [(C - L_n) \div (H_n - L_n)] \times 100\%$$

式中，C 為當天的收盤價；H_n 和 L_n 為最近 n 日內（包括當天）出現的最高價和最低價。從公式中可以看出，RSV 實際上就是 WMS%，可能是這兩者產生的途徑不同，各自取了不同的名字。

對 RSV（WMS%）進行指數平滑，就得到 K 指標：

今日 K 值 = （1 – α）× 昨日 K 值 + α × 今日 RSV

式中，α 為平滑因子，是可以人為選擇的數字，不過這個參數目前已經約定俗成，固定為 1/3 了。

對 K 值進行指數平滑，就得到 D 值：

今日 D 值 = （1 – β）× 昨日 D 值 + β × 今日 K 值

式中，β 為平滑因子，是可以人為選擇的數字，不過這個參數目前也已經約定俗成，固定為 1/3。

需要說明的是，計算 KD 需要使用初值，即第一個 K 和第一個 D。按照約定，第一個 K 和第一個 D 都等於 0.5 或 50%。從數學的觀點看，K 值是 WMS% 的指數平滑，D 值是 K 值的指數平滑，同時，D 值又是 WMS% 的二次指數平滑。

KD 是在 WMS% 的基礎上發展起來的，所以 KD 就具有 WMS% 的一些特性和原理。在上漲趨勢中，收盤價一般是接近天花板；相反，在下降趨勢中，收盤價接近地板。在反應證券市場價格變化時，WMS% 最快，K 其次，D 最慢。在使用 KD 指標時，我們往往稱 K 指標為快指標，D 指標為慢指標。K 指標反應敏捷，但容易出錯；D 指標反應稍慢，但穩定可靠。

在介紹 KD 時，往往還附帶一個 J 指標，其計算公式為：

J = 3D – 2K

其實，J = D + 2（D – K），可見 J 是 D 加上一個修正值。J 的實質是反應 D 和 D 與 K 的差值。在實際中，J 的使用相對較少，並且其使用非常簡單，就是高拋低吸，因此，這裡不作重點介紹。

2. KD 指標應用法則

KD 指標是兩條曲線，在應用時主要從四個方面進行考慮：KD 取值的絕對數字；KD 曲線的形態；KD 指標的交叉；KD 指標的背離。

（1）KD 的取值。KD 的取值範圍都是 0～100%，將其劃分為幾個區域：超買區、超賣區、徘徊區。按流行的劃分法，80% 以上為超買區，20% 以下為超賣區，其餘為徘徊區。

根據這種劃分，KD 超過 80% 就應該考慮賣出了，低於 20% 就應該考慮買入了。這種操作是很簡單的，同時又是很容易出錯的，完全按這種方法進行操作很容易招致損失。大多數對 KD 指標瞭解不深入的人，以為 KD 指標的操作就限於此，故而對 KD 指標的作用產生誤解。應該說明的是，上述對 0～100% 的劃分只是一個應用 KD 指標的初步過程，僅僅是信號，真正要做出買賣的決定，還必須從另外兩個方面考慮。

（2）KD 指標曲線的形態。當 KD 指標在較高或較低的位置形成了頭肩形和多重頂底時，是採取行動的信號。注意，這些形態一定要在較高位置或較低位置出現，位置越高或越低，結論越可靠、越正確。操作時可按形態學方面的原則進行。

在 KD 的曲線上也可以畫趨勢線，以明確 KD 的趨勢。在 KD 的曲線圖中仍然可以引進支撐和壓力的概念。某一條支撐線和壓力線的被突破，也是採取行動的信號。

（3）KD 指標的交叉。K 與 D 的關係就如同證券價格與 MA 的關係一樣，也有死亡交叉和黃金交叉的問題，即 K 從下向上與 D 交叉為黃金交叉，應該買入；K 從上向下與 D 交叉為死亡交叉，應該賣出。不過這裡的交叉的應用是很複雜的，還附帶很多其他條件。下面以 K 從下向上與 D 交叉為例對這個交叉問題進行介紹。

K 從下向上與 D 交叉是黃金交叉，為買入信號，這是正確的。但是出現了黃金交叉是否就應該買入，還要看別的條件：第一個條件是黃金交叉的位置應該比較低，是在超賣區的位置，越低越好。第二個條件是 K 與 D 相交的次數。有時在低位，K 與 D 要來回交叉好幾次。交叉的次數以 2 次為最少，越多越好。第三個條件是交叉點相對於 KD 線低點的位置，這就是常說的「右側相交」原則。K 是在 D 已經抬頭向上時才同 D 相交，比 D 還在下降時與之相交要可靠得多。換句話說，右側相交比左側相交好。

滿足了上述條件，買入就放心一些。少滿足一條，買入的風險就多一些。但是，如果要求每個條件都滿足，儘管比較安全，但也會損失和錯過很多機會。

對於 K 從上向下穿破 D 的死叉，也有類似的結果，讀者不妨自己試試，這裡就不重複了。

（4）KD 指標的背離。簡單地說，背離就是 KD 曲線的趨勢與證券價格的走勢不一致。當 KD 處在高位或低位時，如果出現與證券價格走向的背離，則是採取行動的信號。

當 KD 處在高位，並形成兩個依次向下的峰，而此時證券價格還在上漲，並出現兩個上升的峰，就構成頂背離，是賣出的信號；與之相反，KD 處在低位，並形

成一底比一底高的兩個谷，而證券價格還繼續下跌，就構成底背離，是買入的信號。

（5）對應用 KD 指標的補充。除了上述 KD 的操作方法之外，還有兩條予以補充。

第一，當 K＞D 時，不賣出；當 K＜D 時，不買入，除了出現一天之內上下波動幅度極大這種罕見的情況外，這樣做幾乎都是正確的；

第二，當 KD 值達到了極高或極低，比如說，K＞93% 或 D＞88% 時，可以不考慮別的因素而採取行動，這其實屬於技術指標極端值的範疇。在這裡再次強調，每個證券的這個極高和極低是不相同的，需要自己從中總結。

3. 使用 KD 指標應該注意的問題

KD 指標考慮的不僅是收盤價，而且有近期的最高價和最低價，這避免了僅考慮收盤價而忽視真正波動幅度的弱點。使用了平滑技術後，又可以使結論更加可靠。

KD 的不足之一在於，出現一些情況時，KD 無能為力。最大的盲區是當 KD 從低點經過一段時間後，第一次到達高位，或從高位下到低位時，容易出現誤判。這是向每位使用 KD 指標的投資者們提出的最大的忠告。

當 KD 從頂部或從底部中途不經過曲折達到低位或高位時，KD 指標將形成第一個峰或第一個谷，這個時候極易出現誤判。

若真的遇到了這種情況，建議不要理會 KD 指標，而採用別的方法。

KD 指標的另一個不足是在頂部或底部的鈍化。由於計算公式的限制，在頂部或底部 KD 指標對價格的反應極為遲鈍，價格上漲或下降了很多，而 KD 指標可能才動一點點，這就不會給我們提供買入賣出的合理價位。這個弱點是沒有辦法的事情，我們應充分認識到 KD 指標的這一不足，避免發生錯誤。

在行情火爆的時候，KD 指標指出的頂背離有時需要等待更長的時間，出現第二次頂背離的時候才能採取行動，要等到 KD 指標形成依次從上向下 3 個峰的時候才真正行動。技術指標對於完成戰術決策任務幫助很大，KD 指標在這方面的優勢也是明顯的。

當然，和其他技術分析方法類似，在價格進入整理階段時，KD 指標一般會顯得無所作為。

最後應該說明的是，上述所有關於 KD 指標的應用法則都是針對日線的，對於不同週期的 KD 指標，在使用上要作相應的調整，具體的數字和進入高低位的次數

都要作修正和改變，變動之後才能用。

第四節　相對強弱指標（RSI）

相對強弱指標 RSI（Relative Strength Index）的發明者是 J. Welles Wilder，JR。RSI 以一個特定時期內的證券價格變動情況來推測價格未來的變動方向，並根據證券價格漲跌幅度顯示市場的強弱。

一、RSI 的計算

這裡先介紹 RSI 的參數，然後再講 RSI 的計算。

（1）RSI 的參數。RSI 的參數是選擇的交易日的天數，即考慮的時期的長度，一般有 5 日、9 日、14 日等幾種。這裡的 5 日與 MA 中的 5 日線是截然不同的兩個東西。下面以 14 日為例具體介紹 RSI（14）的計算方法，其餘參數的計算方法與此相同。

（2）RSI 的計算過程。先找到包括當天在內的連續 14 天的收盤價，用每一天的收盤價減去上一天的收盤價，我們會得到 14 個數字。這 14 個數字中有正（比上一天高）有負（比上一天低）。

A = 14 個數字中正數之和

B = 14 個數字中負數之和 ×（-1）

A 和 B 都是正數。這樣，我們就可以算出 RSI（14）：

RSI（14）= [A/（A + B）] ×100%

從數學上看，A 表示 14 天中證券價格向上波動的大小；B 表示向下波動的大小；（A + B）表示證券價格總的波動大小。RSI 實際上是表示向上波動的幅度占總的波動的百分比，如果占的比例大就是強市，否則就是弱市。

目前，大量的書籍中是這樣介紹 RSI 的：

RSI = 100 - 100/（1 + RS）

RS = A/B

式中，RS 為相對強度。通過很簡單的數字推導就可知道，這個式子就是上面介紹的式子。很顯然，RSI 的計算只涉及收盤價，並且可以選擇不同的參數。RSI 的取值介於 0～100% 之間。

二、RSI 的應用

RSI 的應用應該考慮以下五個方面：

1. 不同參數的兩條或多條 RSI 曲線的聯合使用

同 MA 一樣，天數越多的 RSI 考慮的時間範圍越大，結論越可靠，但反應速度慢，這是無法避免的。參數小的 RSI 我們稱之為短期 RSI，參數大的我們稱之為長期 RSI。這樣，兩條不同參數的 RSI 曲線的聯合使用法則可以完全照搬 MA 中的兩條 MA 線的使用法則。即：

（1）短期 RSI＞長期 RSI，則屬多頭市場；

（2）短期 RSI＜長期 RSI，則屬空頭市場。

當然，這兩條只是參考，不能完全照此操作。

2. 根據 RSI 取值的大小判斷行情

將 0～100% 分成四個區域，根據 RSI 的取值落入的區域進行操作。劃分區域的方法如下表 7.1 所示：

表 7.1　　　　　　　　　　強弱區域的劃分

100%～81%	極強	賣出
80%～51%	強	買入
50%～21%	弱	賣出
20%～0	極弱	買入

極強與強的分界線和極弱與弱的分界線是不明確的，換言之，這兩個區域之間不能畫一條黑白分明的分界線，這條分界線實際上是一個區域。我們在別的大量的技術分析書籍中看到的 30%、70% 或者 15%、85%，這些數字實際上都是對這條分界線的大致的描述。應該說明的是這個分界線位置的確定與以下兩個因素有關：

（1）與 RSI 的參數有關。不同的參數，其區域的劃分就不同。一般而言，參數越大，分界線離中心線 50% 就越近，離 100% 和 0 就越遠。

（2）與選擇的證券本身有關。不同的證券，由於其活躍程度不同，RSI 所能達到的高度也不同。一般而言，越活躍的證券，分界線的位置離 50% 就應該越遠；越不活躍的證券，分界線離 50% 就越近。

隨著 RSI 取值的從上到下，應該採取的行動是這樣一個順序：賣出→買入→賣出→買入。市場是強市，我們要買入，但是太強了、強得過分了就應該拋出。「物

極必反」、「量變引起質變」都是對這個問題的最好的說明。

3. 從 RSI 的曲線形態上判斷行情

同 KD 指標一樣，RSI 在較高或較低的位置形成頭肩形和多重頂底，是採取行動的信號。要記住，這些形態一定要出現在較高位置和較低位置，離 50% 越遠越好，越遠結論越可信，出錯的可能性就越小。形態學中有關這類形狀的操作原則，這裡都適用。

與形態學緊密聯繫的趨勢線在這裡也有用武之地。RSI 在一波一波的上升和下降中，也會給我們提供畫趨勢線的機會。這些起著支撐線和壓力線作用的切線一旦被突破，就是我們採取行動的信號。

4. 從 RSI 與證券價格的背離方面判斷行情

與 KD 指標一樣，RSI 也有利用背離進行操作的。RSI 處於高位，並形成一峰比一峰低的兩個峰，而此時，證券價格對應的卻是一峰比一峰高，這叫頂背離。證券價格此時的這一漲是最後的衰竭動作（如果出現跳空就是竭盡缺口），這是比較強烈的賣出信號。與這種情況相反的是底背離；RSI 在低位形成兩個依次上升的谷底，而證券價格還在下降，這是最後一跌或者說是接近最後一跌，是可以開始建倉的信號。

5. 極高的 RSI 值和極低的 RSI 值

當 RSI 處在極高和極低位時，可以不考慮別的因素而單方面採取行動。比如說上證指數的 RSI 如果達到了 93% 以上，則必須出貨；RSI 如果低於 5% 則一定要買進。當然，這裡的 93% 和 5% 是可以變化的，它與 RSI 的參數有關，與選擇的證券有關。

第五節　乖離率（BIAS）和心理線（PSY）

一、乖離率

乖離率（BIAS）是描述證券價格與證券價格的移動平均線相距的遠近程度的技術指標。BIAS 指的是相對距離。

1. BIAS 的計算公式及參數

n 日的乖離率 =〔（當日收盤價 − n 日移動平均價）／ n 日移動平均價〕×100%

用字母和符號表示：

BIAS (n) =〔(C − MAn) ／ MAn〕×100%

公式中，C 為當日收盤價；MAn 為參數為 n 的移動平均價，n 也是 BIAS 的參數。公式中的分子為價格（收盤價）與移動平均價的絕對距離，可正可負，除以分母後，表示的就是收盤價與移動平均價的相對距離。當移動平均價為 1 元時相差 0.1 元，與移動平均價為 10 元時相差 0.1 元是很不相同的，所以在一定場合要用相對距離，不應僅考慮絕對距離。

BIAS 的公式中含有參數的項只有一個，即 MA。這樣，MA 的參數就是 BIAS 的參數，即乖離率的參數就是移動平均價的參數，也就是天數。參數大小的選擇首先影響 MA，其次影響 BIAS。一般說來，參數選得越大，則允許證券價格遠離 MA 的程度就越大。換句話說，證券價格遠離 MA 到了一定程度，我們就可以認為該回頭了，而這個遠離的程度是隨著參數的變大而變大的。例如，參數為 5 時，我們可能認為 BIAS 到了 4%，證券價格就該回頭了；而參數為 10 時，我們則必須等到 BIAS 超過 4%，比方說到了 7% 才認為證券價格該回頭。

2. BIAS 的應用法則

BIAS 的原理是離得太遠了就該回頭，因為證券價格天生就有向心的趨向，這主要是由人們的心理因素造成的。另外，經濟學中價格與需求的關係也是產生這種向心作用的原因。證券價格低需求就大，需求一大，供不應求，證券價格就會上升；反之，證券價格高需求就小，供過於求，證券價格就會下降；最後達到平衡，平衡位置就是中心。

BIAS 的應用法則主要從三個方面考慮：

（1）從 BIAS 的取值大小方面考慮。這個方面是產生 BIAS 的最初的想法。找到一個正數或負數，只要 BIAS 一超過這個正數，我們就應該感到危險而考慮拋出；只要 BIAS 低於這個負數，我們就感到機會可能來了而考慮買入。這樣看來，問題的關鍵就成了如何找到這個正數或負數，它是採取行動與保持沉默的分界線。

應該說明的是這條分界線與三個因素有關：第一，BIAS 選擇的參數的大小，選擇的參數越大，確定採取行動的分界線就越大；第二，選擇的具體是哪只證券，越活躍的證券，選擇的分界線也將越大；第三，不同的時期，分界線的高低也可能不同。

這裡，給出這些分界線選擇的參考數值。切記這些分界線僅僅是參考，投資者應該根據具體情況對它們進行適當的調整。下面僅舉一例：

BIAS（5）>3.5%，BIAS（10）>5%，BIAS（20）>8% 以及 BIAS（60）>10% 是賣出時機；BIAS（5）< −3%，BIAS（10）< −4.5%，BIAS（20）<

−7％和 BIAS（60）＜−10％是買入時機。

從上面的數字中可看出，正數和負數的選擇是不對稱的，一般說來，正數的絕對值要比負數的絕對值大一些。例如，3.5＞3，5＞4.5 等。對 BIAS 來說，這種正數的絕對值偏大是進行分界線選擇的一般規律。

如果遇到由於突發的利多或利空消息而產生暴漲暴跌的情況，以上的那些參考數字肯定不管用，應該考慮別的應急措施。經有關人員總結，暴漲暴跌時，對相關數字應該做如下調整：

①對於綜合指數，BIAS（10）＞30％為拋出時機；BIAS（10）＜−15％為買入時機。

②對於個股，BIAS（10）＞35％為拋出時機；BIAS（10）＜−20％為買入時機。

（2）從 BIAS 的曲線形狀方面考慮。形態學和切線理論在 BIAS 上也能得到應用。不過要注意，形態和切線在這裡沒有通常意義下的那麼標準，很多形態和切線的確認需要豐富的想像力。

①BIAS 形成從上到下的兩個或多個下降的峰，而此時證券價格還在繼續上升，則這是拋出的信號；

②BIAS 形成從下到上的兩個或多個上升的谷，而此時證券價格還在繼續下跌，則這是買入的信號。

以上兩條為指標背離原則和趨勢的內容。

（3）從兩條 BIAS 線結合方面考慮。當短期 BIAS 在高位下穿長期 BIAS 時，是賣出信號；在低位，短期 BIAS 上穿長期 BIAS 時是買入信號。短期和長期在這裡是針對參數而言的，參數大的為長期 BIAS，參數小的為短期參數。

3. 應用 BIAS 應注意的問題

（1）上面提供的具體數字僅僅是參考，投資者不要因為有數值而受到誤導，正確的做法是在實踐中自己尋找分界線的位置。

（2）在 BIAS 迅速地達到第一峰或第一谷時，是最容易出現操作錯誤的時候，而這時往往會出現一些突發事件。對此，投資者應當特別小心。

（3）BIAS 的應用應該同 MA 的使用結合起來，這樣效果可能更好。當然，同更多的技術指標結合起來也會極大地降低 BIAS 的錯誤。具體的結合法如下：

①BIAS 從下向上穿過 0 線，或 BIAS 從上向下穿過 0 線可能也是採取行動的信號。上穿為買入信號，下穿為賣出信號。因為此時，證券價格也在同方向上穿過

了 MA。

②BIAS 是正值，證券價格在 MA 之上，如果證券價格回落到 MA 之下但隨即又反彈到了 MA 之上，同 BIAS 也是呈現相同的走勢，則這是買進信號。對於下降的賣出信號也可類似處理。

③BIAS 是正值，並在高位向 0 回落，如果接近 0 時，反彈向上，則這是買入信號。對 BIAS 是負值時可照此辦理。

二、心理線（PSY）

PSY（Psychological Line）主要是從證券投資者的買賣趨向的心理方面，對多空雙方的力量對比進行探索。

1. 心理線的計算公式及參數

PSY 的計算公式異常簡單。其計算公式為：

$$PSY(n) = (A/n) \times 100\%$$

式中，n 為時間區間的長度，也就是天數；n 是 PSY 的參數；A 為在這 n 天之中證券價格上漲的天數。

例如，n = 10，10 天之中有 3 天上漲，7 天下跌，則 A = 3，PSY（10）= 30。這裡的上漲和下跌的判斷是以收盤價為標準的，如果今天的收盤價比上一天的收盤價高，則今天就定為上漲天；比上一天的低，則今天就定為下降天，這樣，數起 A 來是很方便的。

從 PSY 的表達式中可以看出，PSY 是指近一段時間內，上漲的天數所占的比例。我們簡單地認為上漲是多方的力量，下跌是空方的力量，則 PSY 以 50 為中心，50 以上是多方市場，50 以下是空方市場。多空雙方力量的對比就這樣被簡單地描述出來了。

對 PSY 的參數的選擇是人為的，沒有硬性規定。為了便於計算，也由於習慣，一般選擇參數為 10。參數選得越大，PSY 的取值範圍越集中，越平穩；參數選得越小，PSY 的取值範圍上下的波動就越大。這是在選擇 PSY 的參數的時候應該注意的。

2. PSY 的應用法則

（1）在盤整局面，PSY 的取值應該在以 50 為中心的附近，上下限一般定為 25 和 75。PSY 取值在 25～75 說明多空雙方基本處於平衡狀況。如果 PSY 的取值超出了這個平衡狀態，就是超買或超賣，我們就應該注意了，準備採取行動。

（2）PSY 的取值如果高得過頭了或低得過頭了，都是行動的信號。一般說來，如果 PSY＜10 或 PSY＞90 這兩種極端低和極端高的局面出現，就可以參考別的因素而考慮採取買入或賣出行動。

（3）當 PSY 的取值第一次進入採取行動的區域時，往往容易出錯，要等到第二次出現行動信號時才保險。這一條本來是對全部技術分析方法都應該適用的，但對 PSY 來說尤為重要。幾乎每次行動都要求 PSY 進入高位或低位兩次才能真正稱得上是安全的。第一次低於 25 或高於 75 就採取買入或賣出行動，一般都會出錯。

（4）PSY 的曲線如果在低位或高位出現大的 W 底或 M 頭，也是買入或賣出的行動信號。別的形態對 PSY 也適用。

（5）PSY 線一般最好同證券價格曲線相配合使用，這樣更能從證券價格的變動中瞭解超買或超賣的情形，PSY 同證券價格的背離現象也是成立的。

第六節　人氣指標（AR）、買賣意願指標（BR）和中間意願指標（CR）

證券市場的每一個交易日都進行著多空雙方的較量，因此對投資者而言，如何正確地描述多空雙方在每個交易日的力量對比，已經成為正確分析當前形勢，合理地預測未來證券價格變動方向的一個比較重要的課題。然而，要正確、合理、全面地反應每一天的多空力量對比或者是某一段時期內多空雙方力量的對比，是一件非常困難的事情，分析人員所能做的僅僅是盡量地描述多空雙方力量的對比，要一點不差地做到正確描述是不現實的。

這裡將要介紹的這三個技術指標——AR、BR 和 CR 是描述多空雙方力量對比的方法之一。它們從不同的方面對多空雙方的力量進行了描述，效果各有千秋，應用時應當結合使用。

一、AR、BR 和 CR 的基本構造原理

每天股市一開盤，就要進行交易，就有買進和賣出，多空雙方的爭奪就開始了。一天之中，多空雙方的優勢不是永恆的，而是不斷交替變換的，各個時期多空雙方都可能占優勢。如果某一天多方的力量強，那麼，證券價格就將被抬至較高的價位；如果空方的力量強，那麼，證券價格就將被壓到較低的價位。AR、BR 和 CR 的出發點正是從這個角度進行考慮的。

正如每一個事物都有一個開始一樣,多空雙方的爭鬥也是從某一個基點水平(或者是均衡價位)開始的。證券價格在這個基點水平的上方,說明多方處於優勢,反應的是多方的力量;反之,證券價格若處於這個基點水平的下方,則說明空方處於優勢,反應的是空方的力量大小。

如此看來,正確而恰當地找到這個基點水平是非常重要的。基點水平反應的是多空雙方處在均衡狀態的水平,隨後的進一步爭奪打破了這一均衡,使證券價格向上或向下偏離這一基點水平。偏離得越遠,說明力量越大;偏離得越近,說明力量越小。

AR、BR和CR這三個技術指標從各自不同的角度選擇了基點水平,也就是多空雙方處於均衡的價位水平。它們各自都有自己的道理,不能說哪個好,哪個不好。應該記住,AR、BR和CR最初構造的原理是相同的,都是用距離基點水平或均衡價位的遠近描述多空的實力,遠的就強,近的就弱。所不同的是基點水平或者說是均衡價位的選擇不同罷了。這種選擇的不同不會導致很嚴重的偏離和誤斷,AR、BR和CR的結合使用是可以相互彌補各自的不足和推動別的指標的判斷的。

二、AR指標

AR指標又被稱為人氣指標或買賣氣勢指標,是反應市場當前情況下多空雙方爭鬥結果的指標之一。市場人氣旺則多方占優,買入活躍,證券價格上漲;反之,人氣低落,交易稀少,人心思逃,則證券價格就會下降。

1. AR指標的形成

(1) AR選擇的市場均衡價格(或者說是多空雙方都可以接受的暫時定位)是每一個交易日的開盤價。選擇開盤價作為均衡價位是有一定道理的,儘管這種選擇法有不合理的成分。經過一夜的思考和分析之後,每一個證券投資人都在心目中選擇了一個自己認可的價位,並於第二天的開盤之前以這樣的價位進行買賣。更由於目前中國證券交易所實行的是集合競價產生開盤價,這使得以開盤價作為當日多空雙方正式開始進行戰鬥的均衡起點更具有實際意義。以往那種傳統的以第一筆成交價作為開盤價的做法,使開盤價在很大程度上失去了意義。高開高走、高開低走、低開高走、低開低走和平開高走、平開低走,都反應了這一天多空雙方力量的對比。一般情況下,開盤後證券價格的走勢結果是多種多樣的,上述幾種僅僅是很簡單的模式,真正的價格走勢的種類比這幾種要多得多,絕不會這麼簡單地一直上升或一直下降,中間往往要經過很多波折。

AR 指標選擇了以開盤價作為多空雙方事先業已接受的均衡價位，簡化了多空雙方在爭鬥中的演變過程，以最高價到開盤價的距離描述多方向上的力量，以開盤價到最低價的距離描述空方向下的力量。這樣，多空雙方在當日的強弱程度就簡單地被描述出來了。

（2）AR 指標的計算公式和參數。多空雙方每天的強弱可用數學公式表示如下：

多方強度 BS = High − Open

空方強度 SS = Open − Low

式中，High 為當日的最高價；Low 為當日的最低價；Open 為當日的開盤價。僅僅使用一天的多空雙方的強度可能具有偶然性和片面性，我們在對當前多空力量對比進行研究時，應該考慮得廣泛些，包括的天數應該多一些，以避免片面地被某一天的偶然因素所誤導。選擇多少天的多空強度進行比較是人為選擇的問題，選擇的天數就是 AR 指標的參數。

例如，參數為 26 的 AR 指標，其計算公式為：

AR（26） = （P_1/P_2）×100%

式中，$P_1 = \sum$（High − Open），為 26 天的多方強度的總和；$P_2 = \sum$（Open − Low），為 26 天的空方強度的總和。

從式中可看出，AR 表示這 26 天以來多空雙方總的強度的比值。AR 越大表示多方的強度越大，AR 越小表示空方的強度大，多空雙方誰強誰弱的分界線是 100，100 以上是多方占優，100 以下是空方占優，正好是 100 說明多空雙方力量相等，誰也不占優勢。AR 指標的這種表示法與 RSI 中的相對強弱度具有異曲同工之妙。

由此可見，人氣指標 AR 是利用開盤價與最高價和最低價的相互關係，建立了一段時間內多空雙方進行爭鬥的簡單的數學模型，並利用這個數學模型對證券價格進行預測。雖然 AR 指標從結構上講並沒有完全反應證券價格的實際變化過程（或者說是多空雙方的爭鬥過程），但是 AR 指標計算簡單、意義直觀，具有很好的實用性，是分析證券價格走向的有力的技術指標之一。

2. AR 指標的應用法則

對 AR 的應用應該注意從如下幾個方面考慮：

（1）AR 的取值可以反應大勢所處的狀態。如前所述，AR 指標是以 100 為分界線區分多空雙方強度的，當 AR 指標的取值在 100 附近徘徊時，就說明大勢處於多空基本平衡的局面，雙方都不占大的優勢，任何一方都沒有足夠的力量將對方擊垮。

一般來說，當AR取值在80~120時，為盤整狀態，也就是沒有明顯趨勢的狀態。通常從形態學的角度看，目前的股市處在持續整理的形態，下一步是密切注意證券價格向哪個方向突破的問題，這時形態學的內容就可以發揮作用了。上面所說的80~120只是一個經驗數字，投資者在應用AR指標時，應該根據不同的參數選擇和不同的證券對這個數字進行修正。對前人總結的一些數字進行修正，是應用技術指標時的一項極為重要的任務。

從數學的角度看，80~100和100~120的距離在目前的情況下是不一樣的。正確的兩邊等距離的數字應該是：83.33~120或80~125。

這其中的理由涉及數學上對稱的內容，這裡就不多談了，只是提醒一下，目前的兩邊等距同以往所說的等距有不同的地方，投資者在應用時（尤其是對原有數字進行自己的修正時）應該注意到這一點的不同。

在多頭市場裡，AR的取值肯定幾乎都在100以上，並且隨著多方強度的不斷增加，AR的取值會不斷地上升。同別的指標一樣，物極必反，當AR不斷地上升到一定的程度後，就應該考慮獲利了結的問題了。

有人根據經驗，認為當AR的取值大於150時，就應該有「可能要回頭」的意識了。當然，150這個數不是萬能的，各人應該根據選擇的參數和所買入的證券對150進行修正。150僅僅是起拋磚引玉的作用，不要把它當成神仙。

在空頭市場裡，AR的取值在大多數情況下肯定是在100以下，隨著空方力量的增加，AR的取值會不斷下降。AR過低，人氣低迷，人氣需要充實。但低過頭後，就應該考慮買入了，這是符合一般規律的。有人根據經驗，認為當AR取值小於60時，就應該要想到介入市場的問題了。同樣，60這個數也是需要根據具體情況調整的，不能一概而論。

從AR取值大小反過來也能看出當前證券市場所處的大環境，是多占優還是空占優，人氣如何也可以從AR的取值上看出。AR取值的上升和下降反應的是人氣的旺盛與低迷。

（2）從AR與證券價格的背離方面看趨勢。同大多數技術指標一樣，AR指標也有領先證券價格達到峰頂和谷底的功能，這就為我們應用背離原則提供了方便。一般來說，AR到達峰頂並回頭時，如果證券價格還在上漲，這就是進行獲利了結的信號，如果這時AR的取值已經到了該考慮拋出的時候則更是如此。同理，AR達到低谷並回頭向上時，而證券價格還在繼續下跌，就是介入市場的時機。

（3）AR指標與BR指標的結合使用。這個內容將在介紹BR指標時論述。

3. 應用 AR 指標應該注意的事項

對 AR 指標來說，最應該注意的是下面所提到的幾乎對每個技術指標都適用的準則：

當技術指標「迅猛」地第 1 次達到技術指標應該採取行動區域的時候，如果立即採取行動，所冒的風險是很大的，技術指標在這個時候極易出現錯誤。只有等到技術指標第 2 次或第 3 次進入採取行動區域的時候，才能增大投資成功的機會。

這個準則的延伸作用就是應用形態理論對其進行研判，這樣，形態學和切線理論就能在 AR 指標的應用中發揮作用了。

三、BR 指標

BR 指標又稱為買賣意願指標，同 AR 指標一樣也是反應當前情況下多空雙方相互較量結果的指標之一。其基本的構造思想同 AR 指標是相同的。

1. BR 指標與 AR 指標的區別

BR 指標與 AR 指標極為相似，區別在於它們所選擇的市場多空雙方的均衡點不同。AR 指標選擇當日的開盤價為均衡價位，而 BR 指標選擇的是前一天的收盤價。AR 指標僅僅描述當天多空雙方爭奪的結果，根本不考慮以前的爭奪歷史和爭奪結果，這樣有時未免會失真。

選擇前收盤作為均衡點，不僅極大地反應了當天多空雙方的爭奪結果，更為重要的是，還能反應前一個交易日收盤後，多空雙方由於隔了一個夜晚所產生的力量積蓄，從而引起的向上或向下的跳空的缺口。從這個意義上，BR 指標比 AR 指標更能全面地反應證券市場中的暴漲暴跌，AR 指標則損失了開盤後跳空的信息。BR 指標可以單獨使用，也可以同 AR 指標結合使用。

前收盤和今開盤是一頭一尾，如果沒有特殊情況，一般說來這兩者應該相差不多。如果一段時間內均未出現大的向上和向下開盤的跳空缺口，AR 指標和 BR 指標應該是相差不多的。

每個交易日結束後，多空雙方的爭奪並未結束。在這段時間裡，由於各種消息會使人們買賣的意願產生大的波動，這對多空雙方原有的力量將產生巨大的影響。以前收盤價作為均衡點正確地包含了這方面的信息，這也就是 BR 指標比 AR 指標優越的地方。

2. BR 指標的計算公式和參數。

如前所述，在 BR 指標中，多空雙方的力量是用如下的方式表現的：

多方強度 BS = High – YC

空方強度 SS = YC – Low

式中，High 和 Low 為今日的最高價和最低價；YC 為昨日的收盤價（Y 是 Yesterday 的意思；C 是 Close 的意思）。

同 AR 指標一樣，為了避免偶然性和片面性，我們選擇的多空雙方力量不是一天的對比，而是多天的力量對比。選擇的天數就是 BR 指標的參數。

例如，以 26 為參數，BR 指標的計算公式為：

BR（26）=（P_1/P_2）×100%

式中，$P_1 = \Sigma$（High – YC），為 26 天的多方強度的總和；$P_2 = \Sigma$（YC – Low），為 26 天的空方強度的總和。

從公式中可以看出，BR 指標反應了多空雙方 26 日以來總的強度的比值。BR 指標越大，則多方力量越強；BR 指標越小，則空方力量越大。雙方的分界線是 100，100 以上是多方優勢，100 以下是空方優勢。這一點同 AR 指標是完全相同的。

BR 指標的計算比 AR 稍微麻煩一點，因為每次使用的 YC 是上一天的收盤價，不是同一天的，在使用數據方面不像 AR 指標那樣方便。BR 指標的意義直觀，反應敏捷，比 AR 指標有一定的優越性，也是我們分析證券價格走向的有力的技術指標之一。

3. BR 指標的應用法則

對 BR 指標的應用主要是從以下幾個方面進行考慮：

（1）從 BR 的取值上看市場所處狀態。由 BR 的定義和公式就可看出，BR 取值在 100 附近則多空雙方力量相當；BR 取值越大，多方所占優勢越大；BR 取值越小，空方所占優勢越大。

具體的數字：當 BR 在 70～150 之間時，可認為股市處在整理階段，多空雙方的力量至多是稍占優勢，誰都沒有足以擊垮對方的力量；70～150 是經驗上的界線，根據具體的情況要進行調整。主要因素是參數選擇的不同和證券選擇的不同，這兩種因素是決定 BR 界線的主要因素。另外，當 BR 指標處在盤整時，從形態學的角度看，證券價格的走勢也呈現出持續整理的形態。應該根據形態學的知識對此時的情況加以判斷。

同 AR 指標一樣，以 100 為中心的兩邊對稱與我們熟悉的等距離是有所區別的，例如，70～143，150～66.6。以上兩對參數才是對稱的。對界線進行修正時，應注意這一點。

在多頭市場裡，BR 的取值一定很高，並且隨著多頭強度的增加，BR 的取值還會上升，當然強過了頭就會向反向發展。一般說來，BR＞300 時，應注意證券價格的回頭向下。當然 300 這個數字也是經驗之談，我們應根據具體情況對其進行修正。

與此情況相反，在空頭市場裡，BR 的取值一定很低，並且隨著空方力量的增加，BR 還會進一步下降。當 BR 的取值低到一定程度，我們就可以考慮買入的問題了。一般說來，BR＜40 時，應注意證券價格的向上反彈。同樣，40 這個數字也是需要根據不同情況進行不斷地變動的，不能一概而論。

（2）從 BR 指標與證券價格的背離方面看趨勢。BR 指標有領先證券價格達到峰頂和谷底的功能，這就是背離原則的應用基礎。

BR 達到峰頂並回頭時，如果證券價格還在上漲，這就形成了背離，是比較強的獲利了結信號。BR 達到谷底並回頭向上，這也是背離，是比較強的買入信號，應該考慮介入證券市場了。另外，BR 形成兩個依次下降的峰，而證券價格卻形成兩個依次上升的峰，這也是背離，也應考慮獲利了結。同理，BR 形成兩個依次上升的谷底，而證券價格是兩個依次下降的谷底，這又是背離，是介入證券市場的信號。

（3）AR 指標和 BR 指標的結合使用。一般而言，BR 指標的取值比 AR 大一些，上下波動的範圍要大一些。從圖形上看，BR 指標總在 AR 指標的上方或總在 AR 指標的下方。換句話說，BR 指標說大，比 AR 取值大；說小，也比 AR 指標的取值小。

AR 指標可以單獨使用，而 BR 指標一般應同 AR 結合使用，這是因為，BR 指標有時上下波動得實在太大，不好掌握，而 AR 指標不存在這個問題。

如果 AR、BR 都急遽上升，則說明證券價格離頂峰已經不遠了，持股者應考慮獲利了結。

如果 AR 被 BR 從上往下穿破，並且處在低位，則是逢低價買進的信號。

如果 BR 急遽上升，而 AR 指標未配合上升，而是盤整或小回，都是逢高出貨的信號。

4. 應用 BR 指標應注意的問題

BR 指標同 AR 指標在取值上的最大區別在於 BR 指標在極特殊的情況下可能產生負值，而 AR 指標永遠不會產生負值。這個現象是由於 BR 指標的公式所產生的，即：

High – YC，YC – Low

這兩項都可能產生負值。如果今天的最高價比昨天的收盤價還低，或者昨天的收盤價比今天的最低價還低，就會產生負值。這種負值有可能導致最終的 BR 指標取負值。

產生負值從根本上並不能對我們應用 BR 指標產生影響，但是負值在使用時確實有不方便的感覺。對負值的態度我們主要有兩個：

（1）將取負值的 BR 指標一律認為是取零值，也就是將負值用零代替。

（2）改變 BR 的計算公式，使其不產生負值。下面介紹兩種方法以供讀者參考。

方法一：每一日多空雙方的強度，High – YC 和 YC – Low，都以非負計數，若出現負值，則以零計。比如，High – YC < 0，則以 0 代替原來的 High – YC。這樣 BR 的公式中就絕不會出現負值了。

方法二：這種方法是在方法一的基礎上進一步改進形成的。我們在以 0 代替取負值的多空強度的同時，另一方的程度也要相應地進行改變（方法一是只改一方，另一方不動）。

例如，設 YC – Low < 0，則說明今天產生了向上跳空缺口。計算公式為：

空方強度 SS = 0

多方強度 BS = High – YC + β ×（Low – YC）

式中，β 為計算系數，是由人為確定的，β 的大小反應對缺口的看重程度，一般 β 以小於 3 為宜。

同理，High – YC < 0 時，說明今天產生了向下跳空缺口。計算公式為：

空方強度 = YC – Low + β（YC – High）

多方強度 = 0

儘管這裡提供了多種方法，但還是以最為簡單的方法一來處理 BR 取負值的情況為宜。同大數技術指標一樣，當證券價格第一次進入到 BR 指標的採取行動的區域時，應該特別小心，這時所下的結論出現問題是經常發生的，要做到萬無一失或少失誤，必須等到第二次進入行動區域才能下結論。

四、CR 指標

CR 指標又叫中間意願指標，是同 AR 指標和 BR 指標極為類似的指標。可以這麼說，AR 指標、BR 指標和 CR 指標是「三胞胎」，三者極為相似：計算公式相似、

構造原理相同、應用法則也相似，區別只是在取值的大小上有些不同，應用時掌握的界線不同。

1. CR 指標的均衡價格

CR 指標找到的多空雙方的均衡點是昨日的中間價，既不是像 AR 指標中的今日開盤價，也不是 BR 指標中所用的昨日收盤價。AR 指標和 BR 指標選擇的多空雙方均衡點當然各有自己的道理，但是它們的不足也是顯而易見的。以 BR 指標選擇的昨日收盤價為例。有時僅以收盤價描述上一日的多空均衡點是會引起錯誤的。有時全天的走勢都比較穩定，證券價格在一個固定的範圍內波動，但由於外部因素或偶然發生的事件，可能使證券價格在接近收市的很短的時間之內形成大幅度上升或大幅度下降的走勢，這樣，以收盤價作為均衡點就有些歪曲當日的證券價格走勢的實際情況。

為避免 AR 指標和 BR 指標的不足，在選擇多空雙方均衡點時，CR 指標選用了中間價。其實，為了同樣的目的，我們可以採用中間價以外的別的價格，比如說平均價。應該說明，大多數情況下，收盤價和中間價相差不大，產生出來的 CR 指標也和 BR 指標很接近。

2. CR 指標的計算公式

在 CR 指標的計算公式中，每日多空雙方的力量是用下面方式描述的：

多方強度 $BS = High - YM$

空方強度 $SS = YM - Low$

式中，High 和 Low 為今日的最高價和最低價；YM 為昨日（上一個交易日）的中間價。中間價又叫中價，它也是一個技術指標（按本書的定義），它是由開盤價、最高價、最低價和收盤價這四個價格通過加權平均得到的。加權平均中每個價格的權重可以人為選定。目前流行的中間價計算方法有以下四種：

（1） $M = (2 \times Close + High + Low)/4$

（2） $M = (Close + High + Low + Open)/4$

（3） $M = (Close + High + Low)/3$

（4） $M = (High + Low)/2$

從四種中間價的計算方法中可以看出，它們對四種基本價格的重視程度是不一樣的。很明顯地可以看出，對開盤價的重視肯定強於另外三個基本價格。

中間價產生的原因主要就是為了避免以收盤價作為對全日的交易情況的描述可能產生的偏差。

3. CR 指標的參數

在計算 CR 時，為了避免由於某一天的意外情況產生的偶然性和片面性，我們所考慮的不僅僅是一天，而是很多天的多方和空方力量的對比，選擇的天數就是 CR 指標的參數，參數是可以人為選擇的。

例如，以 26 為參數，CR 指標的計算公式為：

CR（26） = （P_1/P_2） ×100%

式中，$P_1 = \sum$（High − YM）、$P_2 = \sum$（YM − Low）分別為 26 天以來多空雙方力量的總和；而 CR 正是這兩種力量總和的比值。

CR 指標越大，多方力量越強；CR 指標越小，空方力量越強。反過來看，如果是多頭市場，證券價格會一路上升，那麼 P_1 會不斷增加，相應地，P_2 會減少或者增加得慢，結果就是 CR 的值會增加。與此類似，如果是空頭市場，證券價格下挫，P_2 會不斷增加，P_1 會減少或增加得慢，導致 CR 不斷地減小。

4. AR、BR 和 CR 之間的關係

與 AR 指標和 BR 指標相比較，可以看出 CR 指標更接近 BR 指標。兩者都是以上一個交易日的均衡點作為新的一天的多空雙方爭奪的起點。兩者的區別只是在均衡點選擇上有些不同。從數字上和圖形上很容易看出，CR 的圖形更接近 BR，與 AR 可能相差很遠。

5. CR 指標的應用法則

CR 指標的構造原理和方法與 AR 指標和 BR 指標是相同的，CR 指標的上升和下降，反應的也是多空雙方力量的消長。反過來，多空雙方力量對比的變化，也會在 CR 指標取值的大小上得到反應。

總的來說，CR 指標的應用法則同 AR 指標和 BR 指標是相似的，有關 AR 指標和 BR 指標的應用法則的敘述都適用於 CR 指標，只要略作一些修改就可以了。

（1）從 CR 指標的取值方面考慮。這裡 CR 指標的取值方面與 BR 指標有些不同。當 CR 指標的取值低於 90 時，買入一般較為安全。不過，90 這個數字也是個參考，CR 指標越低，買入越安全。當 CR 指標取值比較大時，應考慮賣出，這個時候應該參考 AR 指標和 BR 指標的表現。

（2）從 CR 指標的形態方面及背離方面考慮。這兩個方面其實是相通和相似的。同別的指標一樣，只要形成指標與證券價格在底部和頂部的背離，都是採取行動的信號。

6. 應用 CR 指標時應注意的問題

主要應注意兩個方面：①CR 指標比 BR 指標更容易出現負值；②當 CR 指標第 1 次發出行動信號時，往往錯誤比較大，應當注意。

對第一個問題，由於 BR 指標也遇到過同樣的問題，我們可以採用相同的對待方法。最簡單的方法就是，將取負值的 CR 指標一律當成 0。

對第二個問題，這是個幾乎所有的技術指標都會碰到的問題。只有等到第二次指標發出行動信號的時候，才能極大地降低風險。

五、AR、BR 和 CR 指標的缺陷

在結束這一節之前，有必要指出 AR、BR 和 CR 指標在設計上、理論解釋上與 K 線理論的矛盾。

從 K 線的介紹中，我們已經知道，上影線越長，越不利於上升；下影線越長，越不利於下降。而在這三個指標中，上下影線越長，都是利於同方向的，因為在該指標理論設計中認為下影線越長，說明空方力量越強；上影線越長，說明多方力量越強。這種設計的基本出發點同 K 線理論中的結果產生了矛盾，這是在應用 AR、BR 和 CR 指標時應該注意的。好在並不是所有的 K 線理論都是有利於下降的，如倒轉錘頭線和上吊線。

第七節　OBV 和 TAPI

一、OBV

OBV 的英文全稱是 On Balance Volume，中文名稱直譯是「平衡交易量」。有些人把每一天的成交量當成海的潮汐一樣，形象地稱之為能量潮。OBV 是由 Granville 於 20 世紀 60 年代發明並逐漸廣泛流行的。我們可以利用 OBV 驗證當前證券價格走勢的可靠性，並可以由 OBV 得到趨勢可能反轉的信號，對於準確預測未來是很有用的。比起單獨使用成交量來，OBV 比成交量看得更清楚。

1. OBV 的計算公式

OBV 的計算公式很簡單，分為兩個步驟：首先我們假設已經知道了上一個交易日的 OBV 值，然後計算今日的 OBV 值，計算的依據就是今日的成交量以及今日的收盤價與上一個交易日的收盤價之間的大小比較計算出今日的 OBV。用數學公式表示如下：

OBV（n）＝OBV（n－1）＋sgn×V（n）

今日 OBV＝昨日 OBV＋sgn×今日的成交量

式中，V 為成交量 Volume，sgn 是符號 Sign 的縮寫。sgn 可能是 ＋1，也可能是 －1，這由下式決定：

sgn＝＋1，如果今收盤價大於或等於昨收盤價；sgn＝－1，如果今收盤價小於昨收盤價

成交量指的是成交的證券的手數，而不是成交金額。有些書上沒有明確指明這兩個概念，在這裡我們做出了明確的區別。

2. OBV 的構造原理

OBV 的構造基本原理是根據潮漲潮落的原理。事物的發展總是曲折的，不會一帆風順，正如海浪在向前推進時，中途還有潮落的現象。每次向前的浪潮如果總比向後的浪潮大，則整個趨勢還是向前的。

我們可以把股市比喻成一個潮水的漲落過程。如果多方力量大，則向上的潮水就大，中途回落的潮水就小。衡量潮水大小的標準是成交量，成交量大，則潮水的力量就大；成交量小，潮水的力量就小。

每一天的成交量可以理解成潮水，但這股潮水是向上還是向下，是保持原來的大方向，還是中途回落，這個問題就由當天的收盤價與昨天的收盤價的大小比較來決定。

（1）如果今收盤價≥昨收盤價，則這一潮水屬於多方的潮水；

（2）如果今收盤價＜昨收盤價，則這一潮水屬於空方的潮水。

潮漲潮落反應多空雙方力量對比的變化和最終大潮將向何處去，這就是 OBV 的基本原理，也是 OBV 又叫能量潮的原因。OBV 曲線在實際的波動中會出現眾多的 N 字形，逐漸向上的 N 字形說明了上升的力量，逐漸向下的 N 字形說明了下降的力量。

3. OBV 的應用法則和注意事項

OBV 指標被許多投資者所利用，我們在應用 OBV 指標的時候要特別注意其應用法則和注意事項。

（1）單純從 OBV 的大小，我們不能得出任何結論，所以，OBV 不能單獨使用，必須與證券價格曲線結合使用才能發揮作用。

（2）OBV 只注重曲線的相對走勢。計算有一個選擇最初值的問題，也就是說第一個 OBV 值是怎麼求的問題。這個問題不重要，因為，我們關心的只是最近日

子的 OBV 曲線的相對走勢，而 OBV 的取值的絕對數字對我們是沒有用處的。這一點也是廣大技術分析者應該注意的地方。

（3）OBV 曲線的上升和下降對我們進一步確認當前證券價格的趨勢有著很重要的作用。

①證券價格上升（或下降），而 OBV 也相應地上升（或下降），則我們可以更確認當前的上升（或下降）趨勢。

②證券價格上升（或下降），但 OBV 並未相應地上升（或下降），則我們對目前的上升（或下降）趨勢的認可程度就要大打折扣。這就是背離現象，OBV 已經提前告訴我們趨勢的後勁不足，有反轉的可能。

③對別的技術指標適用的形態學和切線理論的內容也同樣適用於 OBV 曲線。W 底和 M 頭等著名的形態學結果也適用於 OBV。

④在證券價格進入盤整區後，OBV 曲線會率先顯露出脫離盤整的信號，向上或向下突破。

OBV 指標的應用原則[①]（怎麼判斷量價配合關係）

一般而言，投資者對價格變化的重視程度要遠高於成交量。基礎的技術分析理論認為，量價的分析必須結合起來才能取得較好的效果。實際上，對大盤或個別證券趨勢的判斷也不可能脫離對成交量的分析。市場的經驗也表明，成交量通常比價格先行變動。因此，在對證券市場趨勢進行研判時，有必要掌握 OBV 指標的應用原則，以彌補證券價格分析上的不足之處。

OBV 線亦稱 OBV 能量潮，是將成交量值予以數量化並制成趨勢線，配合證券價格趨勢，從價格的變動及成交量的增減關係來推測市場氣氛。一般而言，市場中投資者對證券價格未來趨勢的觀點分歧會通過成交量的變化反應出來，具體表現為分歧越大，交易量越大。OBV 的理論基礎是市場價格的變動必須有成交量配合，價格上升時成交量必須增加，但並不一定要求成交量的變化與證券價格的變化成正比。價格升降而成交量不相應升降，則市場價格的變動難以繼續。由此可以看出，OBV 的出發點是成交量為證券價格變動的先行指標，短期證券價格的波動與其業績並不完全相關，而是受人氣的影響，因此從成交量的變化可以預測證券價格的短期

[①] http://beijing.baixing.com/lipinfuwu/a528778073.html.

波動方向。

　　OBV 把證券價格上升時的成交量視為人氣積聚，做相應的加法處理，而把證券價格下跌時的成交量視為人氣離散並做減法運算。OBV 指標的應用原則重點在對 OBV 線形態的變化上。在操作上，一般是把 OBV 線與證券價格線進行對照，一旦出現背離走勢，就認為是一個出入市場的信號。當證券價格頻頻上升，創下新高點時，OBV 線卻不能創出新高，意味著上升的能量不足；換言之，後市的力道已經用得差不多了，這是一個賣出信號。反之，倘若證券價格下跌不止，創下一個新低點時，OBV 線卻不願下跌或下跌甚少，並未創下新低，說明證券價格已經跌得差不多了，後市反彈有望。當證券價格上漲而 OBV 線同步緩慢上升時，表示證券市場繼續看好，仍可持有證券。如果 OBV 線短時間內暴升，則表示能量即將耗盡，證券價格可能會反轉。另外，在應用時還可以觀察 OBV 的「之」字形波動。當 OBV 累計 5 次出現局部高點（或低點）時可視為短期反轉信號；當局部高點（或低點）累積到 9 個時，須注意行情的中期反轉。

　　由於 OBV 的走勢可以局部顯示出市場內部主要資金的移動方向，顯示當期不尋常的超額成交量是徘徊於低價位還是在高價位上產生，因此，可使投資者領先一步掌握大盤或個股突破盤局後的發展方向。不過應當注意的是，OBV 線一般作為證券市場短期波動的重要判斷方法，運用 OBV 線一定要配合證券價格趨勢予以研判分析。

二、TAPI

　　TAPI 是 Trading Amount Per Weight Stock Price Index 的縮寫，中文名稱是：每一加權證券價格指數的成交金額。從它的名稱中可以看出，TAPI 是描述每一個交易日的指數和成交金額的關係的技術指標。

　　1. TAPI 的計算公式和構造基本原理

　　從 TAPI 的敘述中就可以明確地知道 TAPI 的計算公式：

　　TAPI = A/PI

　　式中，A 為每日的成交金額；PI 為當天的證券價格指數，有些是綜合指數，有些是成分指數。

　　TAPI 是沒有參數的技術指標，這在技術指標中是不多的，只要將成交金額與指數相除就夠了。

　　至於 TAPI 的構造的基本原理，可以用一個簡單的情況加以說明。如果我們假

設證券市場只有一只證券上市交易，那麼，證券價格指數也是根據這一只證券進行計算的。由證券價格指數的計算方法，我們知道，當天的證券價格指數是當天的市場總值與基期市場總值的比值。由於只有一只證券，所以證券價格指數其實就是這只證券當天的價格與基期價格之比。TAPI 的意思實際上是：

$(A/C) \times (C_0/100)$

式中，A 為當日成交金額；C 為當日收盤價；C_0 為基期價格，C_0 是個不變的常數，只有 A 和 C 在變動（隨時間的不同）。

成交額/價格的含義是成交數量，由此可知，TAPI 有點接近成交量的意思，只不過多乘上一個常數 $C_0/100$。

從以上對 TAPI 在簡單情況下的含義的理解，可以推斷出它在一般情況下的含義。總的來說，TAPI 可以理解為是成交量乘上一個固定的常數，所以，在對 TAPI 的應用上有很多地方類似於成交量。

2. TAPI 的應用法則和注意事項

TAPI 的應用法則和注意事項包括：

（1）在多頭市場中，TAPI 將同證券價格一樣不斷地創出新高。但到 TAPI 與證券價格不同步的時候，就是多頭市場進入尾聲的信號。這也可以理解為背離現象。

（2）在空頭市場中，TAPI 將同證券價格一樣不斷地創新低。如果某一次證券價格創新低，而 TAPI 並未創新低，反而有所上升，這就是空頭市場將要結束的前兆。

（3）TAPI 的上升和下降與成交量和成交金額始終是同步的，三者可以彼此參考。

（4）從 TAPI 的絕對取值上，我們不能得到任何有關多空雙方力量對比的信息，只有從 TAPI 的相對取值上才能得到。TAPI 的高低是相對的，無一定的高和低的界線，必須根據實際情況進行觀察。

（5）從以上四點可以看出，TAPI 是不能單獨使用的技術指標，必須同證券價格的圖形如 K 線圖結合使用才能發揮作用。這一點對成交量和成交金額也是適用的。

第八節 ADL、ADR 和 OBOS

大多數技術指標都是既可以應用到個股，又可以應用到綜合指數。這一節介紹的這三個指標只能用於大盤，而不能應用於各個單獨的證券，這是由它們的計算公

式的特殊性決定的。

一般說來，一個證券市場中上市交易的證券有很多，每一天交易之後，這些證券的上升和下降情況各不相同。為了反應總體的升降趨勢，產生了綜合指數，如道·瓊斯 30 種工業平均指數（DJIA）、標準普爾（S&P500）指數、上證綜合指數，等等。每種綜合指數都是用一定計算方法計算出來的，力圖公正、全面地反應整個市場的上升和下降的情況。

但是，不管怎麼努力，不管用什麼計算方法，都不可能面面俱到。綜合指數總有不盡如人意的時候，反應證券市場的實際情況時也會有偏差。

這一節介紹的三個技術指標，從某個角度講能夠彌補綜合指數的不足，提前向我們發出相關信號。

一、ADL

ADL（Advance Decline Line），中文名稱為「騰落指數」，其實就是上升下降曲線的意思。ADL 是分析趨勢的，它利用簡單的加減法計算每天證券上漲家數和下降家數的累積結果，與綜合指數相互對比，對大勢的未來進行預測。

1. ADL 的計算公式

ADL 的計算公式分為三個步驟：①先假設我們已經知道了上一個交易日的 ADL 的取值；②計算當天的上漲公司家數和下降公司家數；③計算當天的 ADL 值。

如果當天所有證券中上漲的共有 NA 家，下降的共有 ND 家，不漲不跌的為 M 家——這裡的漲跌的判斷標準是以當天收盤價與上一日收盤價相比較。這樣，當天 ADL 的值為：

當天 ADL = 昨日 ADL + NA − ND

即：

$ADL_n = ADL_{n-1} + NA - ND$

具有一點數學知識的讀者很容易由上式推出：

$ADL = \sum NA - \sum ND$

式中，$\sum NA$ 為從開始交易的第一天算起，每一個交易日的上漲家數的總和；$\sum ND$ 則為下降家數的總和，兩者之差就是 ADL。

2. ADL 的應用法則和注意事項

ADL 的應用法則和注意事項包括五個方面：

（1）ADL 的應用重在相對走勢，並不看重取值的大小。計算 ADL 並不需要從

交易的第一天算起，從中途的任何一天都可以開始計算 ADL，只要隨便設定一個初值就可以了。因為，ADL 的應用重在 ADL 曲線的相對走勢，並不看重 ADL 具體取值的大小，這一點與 OBV 是一樣的。

（2）ADL 只能對綜合指數未來的走勢提供參考意見，不能對選擇證券提出有益的幫助。

（3）ADL 不能單獨使用，總要同綜合價格指數曲線聯合使用才能顯出作用。其作用主要體現在以下幾個方面：

①ADL 與價格指數同步上升（下降），創新高（低），則可以驗證大勢為上升（下降）趨勢，短期內反轉的可能性不大。

②ADL 連續上漲（下跌）了很長時間（一般是 3 天），而價格指數卻向相反方向下跌（上升）了很長時間，這是買進（賣出）信號，至少有反彈（回擋）存在。這屬於技術指標背離的範疇。

③在價格指數進入高位（低位）時，ADL 卻沒有同步的上升（下降）行動，而是開始走平或下降（上升），這是趨勢進入尾聲的信號，也是屬於背離的範疇。

④ADL 保持上升（下降）趨勢，價格指數卻在中途發生轉折，但很快又恢復原有的趨勢，並創新高（低）。這是買進（賣出）信號，是後市多方（空方）力量強盛的標志。

（4）形態學和切線理論的內容也可以用於 ADL 曲線。如 ADL 曲線在相對高（低）的位置形成反轉形態，比如雙頂（底）、頭肩形等，這是指數反轉的前兆。

（5）有人根據經驗認為，ADL 對多頭市場的應用比對空頭市場的應用效果好，關於這一點讀者在使用 ADL 時應該注意，並加以驗證。

二、ADR

ADR（Advance Decline Ratio），中文名稱為「漲跌比」，其實就是上升下降比。由於與 ADL 有一定的聯繫，ADR 又稱為「迴歸式騰落指數」。ADR 是由證券的上漲家數和下降家數的比值推斷證券市場多空雙方力量的對比，進而判斷出證券市場的實際情況。

1. ADR 的計算公式和參數

ADR 的基本思想是觀察證券上漲家數之和與下降家數之和的比率，借以看出證券市場目前所處的大環境。ADR 的計算公式為：

ADR（n） = PA/PD

式中，PA = ∑NA，PD = ∑ND；PA 為最近 n 日內上漲證券家數之和；PD 為最近 n 日內下降證券家數之和；n 為選擇的天數，是 ADR 的參數。

選擇幾天（n）的證券上漲和下降家數的總和，而不是一天的上漲和下降家數，目的是為了避免某一天的特殊表現而誤導我們的判斷。參數 n 究竟選多大，沒有一定之規，完全是主觀的。不過參數選擇得是否合適是很重要的。選得過大或過小都會影響 ADR 的作用。目前，比較流行的是選擇參數為 10，即以 10 日作為 ADR 的選擇日數。ADR 還可以選擇別的參數，如 5、25 等。ADR 曲線是以 1 為中心來回波動的，波動幅度的大小以 ADR 的取值為準。影響 ADR 取值的因素很多，主要是公式中分子和分母的取值。參數選擇得越小，ADR 上下波動的幅度就越大，曲線的起伏就越劇烈；參數選得越大，ADR 上下波動的幅度就越小，曲線上下起伏越平穩，這一點同大多數技術指標是一致的。

2. ADR 的應用法則和注意事項

在應用 ADR 的時候應該注意：

（1）從 ADR 的取值看大勢。ADR 的取值範圍是 0 以上。從理論上講，ADR 的取值可以取得很大，但實際情況中 ADR > 3 都很困難。一般來說，根據 ADR 的取值可以把大勢分成幾個區域。

①ADR 的常態。當 ADR 取值在 0.5 ~ 1.5 之間時，ADR 處在常態的狀況，此時，多空雙方誰也不占大的優勢，這個區域是 ADR 取值較多的區間。

在極端特殊的情況下，主要是在外在消息引起證券市場暴漲暴跌的情況下，ADR 的常態狀況的上下限可以擴大一些，上限可以達 1.9，下限可以到 0.4。

②ADR 的極端值。ADR 的取值超過了常態狀況的上下限，就是非常態的狀況或極端值。通常，ADR 進入非常態狀況就是採取行動的信號，因為這表示上漲或下跌的勢頭過於強了，有些不合理，指數將要回頭。ADR 在常態狀況說明多空雙方對現狀的認可，這個時候買進或賣出證券都沒有太大的把握。

（2）從 ADR 與綜合指數的配合看市場。配合主要是從以下兩方面進行的：

①ADR 上升（下降）而綜合指數同步上升（或下降），則綜合指數將繼續上升（下降），短期反轉的可能性不大。

②ADR 上升（下降）而綜合指數向反方向移動，則短期內會有反彈（回落）。這是背離現象。

（3）從 ADR 曲線的形態上看大勢。ADR 從低向高超過 0.5，並在 0.5 上下來回移動幾次，就是空頭進入末期的信號。ADR 從高向低下降到 0.75 之下，是短期

反彈的信號，可以一搏。

在多頭市場開始時，在上升的第一段和第二段，可能 ADR 的取值會極快地增加，應用時應注意常態狀況的上下限調整。

ADR 先下降到常態狀況的下限，但不久就上升並接近常態狀況的上限，則說明多頭市場已具有足夠的力量將綜合指數向上拉上一個臺階。

（4） ADR 的常態狀況的上下限的取值是可以變化的，與選擇的參數有關。不同的參數，上下限也不同。一般來說，參數越大，上下限離 1 越近；參數越小，上下限離 1 越遠。ADR 是以 1 作為多空雙方力量均衡的分界線的。

（5） 由於 ADR 是用多空雙方力量相除來表示力量對比，所以 ADR = 1 是雙方力量相等、處於均衡狀態的表示。應該說明的是離 1 的遠近不能用慣用的方式衡量，例如 0.5 離 1 的距離並不等於 1.5 離 1 的距離，這一點在 AR 指標中也有類似的問題。應該是如下的對應關係：

0.5～2.00、0.66～1.50、0.33～3.00、0.40～2.50、0.53～1.90、0.75～1.33

以上幾對數字離 1 的距離是相等的。在對 ADR 中某些數字進行調整時，應注意等距的問題。

（6） ADR 不能分析個股，分析個股需用別的技術指標。

三、OBOS

OBOS（Over Bought Over Sold）的中文名稱直譯為「超買超賣指標」。它也是運用上漲和下跌的證券家數的差距對大勢進行分析的技術指標，與 ADR 相比含義更直觀、計算更簡便。

1. OBOS 的計算公式和參數

OBOS 同 ADR 一樣，是用一段時間內上漲和下跌的證券數量總和之間的差距來反應當前證券市場中多空雙方力量的對比和強弱。ADR 選擇的是兩者相除，而 OBOS 選擇的方法是兩者相減。OBOS 的計算公式為：

OBOS（n） = PA － PD

式中，PA = $\sum$NA，PD = $\sum$ND，其含義與 ADR 的公式中的含義是相同的，都表示 n 日內每日上漲的證券數量的總和與 n 日內每日下跌的證券數量的總和。天數 n 為 OBOS 的參數，一般選 n = 10 作為參數。

選擇相除還是相減是從兩個方面描述多空雙方力量的差距，只是方法不同，本質並未改變。從直觀上看，OBOS 的多空平衡位置應該是 0，也就是 $\sum$NA = $\sum$ND

的時候。OBOS 大於 0 或小於 0 就是多方或空方占優勢，而 ADR 是以 1 為平衡位置的。

2. OBOS 的應用法則和注意事項

（1）當市場處於盤整時期時，OBOS 的取值應該在 0 的上下來回擺動。當市場處在多頭市場時，OBOS 應該是正數，並且距離 0 較遠。同樣，市場處在空頭市場時，OBOS 應該是負數，並且距離 0 較遠。一般而言，距離 0 越遠，則力量越大，勢頭越強勁。具體到 OBOS 大於多少或小於多少才算是多方或空方占絕對優勢了，這個問題是不好回答的，這一點是 OBOS 不如 ADR 的地方。因為，上市證券的總的家數、參數的選擇，都直接影響這個問題的答案。

對於參數選擇可以知道，參數選擇得越大，OBOS 越平穩。但是上市交易證券的總數是個不能確定的因素。由此可見，OBOS 絕對數字的大小對我們研判的作用不大，重點應該是 OBOS 的相對數字。

（2）同技術指標的一般規則一樣，強過頭了或弱過頭了就會走向反面，所以，當 OBOS 過分地大或過分地小時，都是採取行動的信號。這裡又出現了（1）中的問題，就是具體的界線不好確定，也就是 OBOS 在大於多少就要賣出、小於多少就要買入。具體的數字應該從實踐中總結，而且會不斷地變動。

（3）當 OBOS 的走勢與證券價格指數背離時，也是採取行動的信號，大勢可能反轉。這是背離的又一應用。

（4）形態理論和切線理論中的結論也可用於 OBOS 曲線。最為著名的就是，如果 OBOS 在高位（低位）形成 M 頭（W 底）則就是賣出（買入）的信號。連接高點或低點的切線也能幫助我們看清 OBOS 的趨勢，進一步驗證是否與證券價格指數的走勢發生背離。

（5）當 OBOS 曲線第一次進入信號區域時，應該特別注意是否出現錯誤，這是使用所有技術分析方法都要注意的問題。

（6）OBOS 比 ADR 的計算簡單，意義直觀易懂，所以使用 OBOS 的時候較多，使用 ADR 的時候就少些。我們建議，以 OBOS 為主，以 ADR 為輔，放棄 ADR 也是不對的。

（7）OBOS 只是針對大勢的技術指標，對於個別證券的選擇沒有任何指導意義。這一節介紹的三個技術指標都屬於這種情況。

技術分析經驗[1]

通過市場實踐總結出來的技術分析經驗十分寶貴，不斷總結經驗十分必要。這裡跟大家分享一些技術分析經驗，僅供參考。

一、剖析主流資金真實目的，發現最佳獲利機會方面的股市原理

（1）慣性原理：處於漲勢或者跌勢的時候，其趨勢一般將延續一段時間。

（2）波浪原理：跌有多深則漲也將會有多高；量足則價升。

（3）靜極思動：價滯而量縮往往預示著大行情的來臨。

（4）物極必反：行情發展到極端狀態時將朝著它的反向運行。

（5）一致性：當長期和短期的趨勢都一致時，其趨勢的威力最大。

（6）轉折交叉：當短期和長期趨勢發生矛盾時，可能會變盤。

（7）成本原理：當買入的成本小於市場成本時風險較小。

二、有關主力行為動向的經驗

（1）主力收集：指標在中低位，價量配合好，盤中常有大手筆買單，有間歇性放量行為。

（2）主力入場：該股處於盤整或者下跌過程中，突然放出巨量上揚，外盤明顯大於內盤，換手積極，主力入場明顯。

（3）主力派發：經常高開低走，上衝乏力，均線時常跌破，價量配合差。

（4）主力撤莊：股價暴跌，價量配合極差，內盤遠遠大於外盤，若成交量放出，屬主力撤莊行為。

（5）主力拉升：主力吸足籌碼之後，開始震倉洗籌，最明顯的特徵是升跌均無量，並且成交量呈逐波縮小之勢，當形態發展到均線收斂、多頭排列的時候，主力往往會拉升。

三、有關底部形態分析

股票價格的大幅上揚是從底部開始的。底部有一個築底過程，築底的目的是調整均線或者清洗籌碼。只有當市場上對該股的拋盤達到了極微的程度，或者因為消息導致市場人士對股市絕望而逃命，而又有新生力量介入的時候，底部才有可能形成。因此從圖表上看，一種形態為窄幅縮量盤整，另一種形態則是巨量破位下跌。

---

[1] http://www.docin.com/p-24664131.html.

底部形成後方可產生強大的上升行情。

　　實戰中有人總結出七種底部形態：第一種是「平臺底」，第二種是「海底月」，第三種是「陽夾陰」，第四種是「均線星」，第五種是「探底線」，第六種是「三紅兵」，第七種是「長尾線」。股票的底部一般至少需三天才能形成。根據形態劃分，任何形態都需和均線系統以及成交量配合，均線處於收斂或者短期均線在中長期均線下方可謂底部，而成交量沒有一個遞減縮小的過程或者沒有一個放量急遽下跌的過程就談不上底部。表面上看，底部向上突破的那天往往是由消息引起的，但其實是通過之前的時間和形態構造出來的。下面就分頭來論述底部的七大形態。

　　(1) 平臺底：股價在5日均線附近連續橫盤三天，迫使5日線和10日均線形成金叉或者5日線上翹、10日均線下移速率變慢。具體的要求是三天中第一天收小陰線，第二天收小陽或小陰，第三天收小陽，整體看三根K線是平移的。

　　(2) 海底月：它的具體要求是第一天收中陰線或者大陰線，第二天、第三天收上升形態的小陽或十字星，並且三天中有成交量放大的跡象。大陰線好比是一只大船沉入海底，但在底部受到強大的支撐，並有超過其下跌的能量促使它上升。因此假如說均線系統是往上的，中線指標也看好，沒有理由認為該大陰線是行情的終止，反而應該考慮這是主力刻意打壓造成的。因此出現這種情況時，可以認為是新一輪行情的啟動。

　　(3) 陽夾陰：即二根陽線中間夾一根陰線，意思是說第一天股票上揚受到抑制，第二天被迫調整，但第三天新生力量又重新介入，因此這種上升就比較可靠,後市向好的機會多。

　　(4) 均線星：在底部均線系統剛修復往上的時候，往往會在底部均線附近收一個陰十字星或者陽十字星，這是多空力量平衡的一種表示，但它發生在底部，第二天極容易出現反彈或者往上突破。這是一種不引人注目的形態。

　　(5) 三紅兵：在底部均線附近或者下方連續出現三根低開高收的小陽線，並且量有逐步放大的跡象，預示著有小規模的資金在逢低吸納，後市將看好。

　　(6) 探底線：當天開盤低開在均線的下方，而收盤在均線的上方，這是主力為了進一步做行情而刻意做出來的，按照慣性原理後市理應看漲。

　　(7) 長尾線：當天開盤之後，股市出現放量下跌，但最後莫名其妙地被多頭主力拉升，留下了一條長長的下影線。這是做反彈資金介入的信號，只要第二天重拾上升路，上升空間就很明顯。底部是由形態構造的，但成交量起了一個關鍵性的作用，無論是縮量也好，放量也好，都必須要有規律。比如說逐波縮量、溫和放量，

都是一種向好的量變過程。但假如放量不規則或者說上去的時候成交量很大但價格沒有漲多少，無論任何形態都有成為下跌換擋的可能。比如 1997 年基金的瘋跌。

四、投資分析的幾點經驗和看法

一是升的時候放量好還是縮量好。當然是放量好。但並不是說放量就可以買進，買入和放量是兩回事情。放量要看性質，若是高位對倒，則是出貨信號，而量小或者量極微反倒是一種風險相對較小的量變形態。原因如下：第一，量小可排除對倒；第二，量小可證明拋盤輕；第三，量小便於主力控盤，漲起來比較瘋。所以看到連續縮量而股價堅挺的股票可適量跟入做個中線。

二是上升或者下跌目標值的預測。股市中大部分人都聯想比較豐富，對事態的發展比較偏向於極端，分辨不出是反彈還是啟動，是回檔還是跌勢，他們只知道每年都有翻倍的股票，但從未想過能翻倍的股票到底有多少。其實只要以一顆平常心對待，嚴格按股票的買賣法則去進行，那就一定能進退自如。

三是均線指標金叉死叉的研判。這種分析一定要結合長期均線進行，若日線死叉而周線金叉要服從於周線，證明短期有回檔，而回檔是介入的良機，因為周 K 線預示即使本周不漲，下周也有機會漲上來。

四是對指標的運用。MACD 是一個中線指標，其對後市的判斷能力相對較強，其中 DIF 與 DEA 的金叉有效程度相當高；RSI 為短線指標，一般在 50 附近金叉為短線買入時機。

五是反對做短線。做短線其實是風險相當大的行為，大部分操作者只看 15 分鐘或者 60 分鐘 K 線就貿然行事，根本不把周線分析當成一回事，每天忙忙碌碌，結果手續費都不一定賺得夠。

六是對題材的認識。股票漲無非一是績優，二是盤小，三是收購，四是超跌，而實質性的主要是對其價值的重新認識。每股收益能反應該股的成長性，而每股淨資產則說明該股值多少，所以一個股市熊到極點，跌破淨資產時，無論如何是不會長久的。當然，每股收益較小的股票也是很難有所作為的。

五、有關買賣法則的經驗

（1）價格窄幅橫向整理，而成交量呈逐波遞減或者溫和放大、均線形成黃金交叉或者一致向上，或者均線收斂、多頭排列，且周 K 線也出現類似的圖形，可買入。

（2）均線空頭排列且成交量分佈不規則，量大而漲幅小，上影線長，高位劇烈震盪，價格屢創新低，均可作為賣出的依據。

(3) 打壓、整理時逢低吸納，往上突破時要注意回擋，必漲形態可適當跟風，頭部形成當堅決派發。打壓指連續下跌趨勢變緩，且成交量遞減萎縮；或者放量下跌但下檔接盤出奇的大。整理指股價盤整，而成交量萎縮變小。底部指盤輕、價窄、量縮，均線走平，大眾獲利籌碼少。必漲指放巨量上攻之後出現再度放量調整，但調整幅度明顯變小同時均線系統強烈向上，屬上升換擋態。

(4) 漲前特徵：①當日收市價與昨日最高價比小於2%而大於-2%；②除實體上移或收十字K線上，當天為三日內新低；③均線距離小於2%或窄幅整理。

(5) 選股原則：①震盪小（3%）；②平底、圓底、均線上升（探底）十字星；③均線向好（金叉或收斂靠攏）；④盤子輕；⑤實體從均線處上升；⑥周K線呈突破或者調整到位之勢。

(6) 下跌之前：①均線系統助跌，且有進一步加速下移之勢；②成交量分佈極不規則；③上影線明顯偏長，陽線實體總體偏短；④高低點每天下移，並有加速之勢。

(7) 上漲之前：①成交量極度萎縮；天量出現在現價下面；②股價堅挺，窄幅盤整；③中線指標由弱轉強，短線指標強勢調整；④均線走平，短期在上；有些股出現長下影K線。

(8) 股市分析次序：①看大盤：5分鐘、1分鐘成交明細量價是否配合？短線指標30分鐘、60分鐘K線有否上升空間？震盪否？②尋個股：啟動時形態好，價量配合理想，有板塊效應，離阻力區較遠，均線穩步上升。③找題材：看個股異常波動同近期何種消息有關，可加大操作可信度。

(9) 30日均線原理（一般情況）：如果股價有效跌破30日均線，其下跌第一目標為從高位下來的區域a到現價b的差距，到位後若得不到成交量的支撐，其第二下跌目標為前次下跌的2倍……依次類推；反之，漲的時候突破30日均線，其上漲目標預測也類似。

(10) 向好跡象種種：窄幅有望變成寬幅，縮量有望變成放量，探底有望引發上行，均線趨勢有望變好，多頭排列則漲勢強烈，上影線短拋盤輕，下影線長支撐大，量比變大有資金介入。

內容提要

證券市場上的投資者，都需要掌握一套適合自己的技術指標體系，這樣才能更

好地生存於證券市場上。

技術指標法是指按事先規定好的固定的方法對原始數據進行處理，將處理之後的結果制成圖表，並用制成的圖表對證券市場進行行情研判。經過技術指標法處理出來的數據就是技術指標。

原始數據指的是開盤價、最高價、最低價、收盤價、成交量和成交金額這4價2量，有時還包括成交筆數、財務指標和股本結構等其他數據。

對原始數據進行處理指的是將這些數據的部分或全部進行變形，整理加工，使之成為我們希望得到的東西。不同的處理方法產生不同的技術指標。從數學的觀點來看，技術指標是一個6元函數；6個自變量就是6個原始數據，因變量就是技術指標值，函數就是處理自變量的方式。產生了技術指標之後，最終都會在圖表上得到體現。處理原始數據，不僅是把一些數字變成另一些數字，而且可能是放棄一些數字或加入一些數字。

從大的方面看，產生技術指標的方法有兩類即數學模型法和敘述法。數學模型法有明確的計算技術指標的數學公式，只要給出了原始數據，按照公式和簡單的說明，就可以比較方便地計算出技術指標值，一般是用計算機來完成計算的過程。敘述法沒有明確的數學公式，只有處理數據的文字敘述。例如，錢龍軟件中的等量K線、壓縮圖、新價線等，就屬於這一類。

技術分析的應用法則主要通過以下六個方面進行：①指標的背離；②指標的交叉；③指標的極端值；④指標的形態；⑤指標的轉折；⑥指標的盲點。指標的背離是指技術指標曲線的走向與價格曲線的走向不一致；指標的交叉是指技術指標圖形中的兩條曲線發生了相交現象；技術指標的極端值是指技術指標的取值極其大或極其小，技術術語上將這樣的情況稱為技術指標進入「超買區和超賣區」；技術指標的形態是指技術指標曲線出現了形態理論中所介紹的有關形態；技術指標的轉折是指指標的圖形發生了調頭，這種調頭通常發生在高位或低位；技術指標的盲點是指技術指標無能為力的時候，也就是說，技術指標既不能發出買入的信號又不能發出賣出的信號。有人認為：從實踐來看，技術指標在大部分時間裡是處於「盲點」狀態的，只有在很少的時間裡，技術指標才發出「正確」的信號。

每一個技術指標都是從一個特定的方面對證券市場進行觀察，以特定的數學公式產生的特定技術指標，總是反應證券市場特定方面的深層內涵，而這些內涵僅僅通過原始數據是很難看出來的。另外，投資者在投資實踐中會對市場有一些想法，有些基本思想可能只停留在定性的程度，沒有進行定量分析。技術指標可以進行定

量分析，這將使得具體操作時的精確度大大提高。

技術指標由於種類繁多，所以考慮的方面就很多，人們能夠想到的，幾乎都能在技術指標中得到體現，這一點是別的技術分析方法無法比擬的。

在進行技術指標的分析和判斷時，也經常用到別的技術分析方法的基本結論。

應用技術指標時應注意：使用技術指標應考慮其適用範圍和環境；每種指標都有自己的盲點，不僅如此，這些技術指標在條件不成熟的時候還會失效。市場中遇到的技術指標高位鈍化就是技術指標失效的具體體現。所有這些要求我們在實際中應該不斷地總結，並找到盲點和失效所在。這對在技術指標的使用中少犯錯誤是很有益處的。遇到了技術指標失效，要把它放置在一邊，去考慮別的技術指標；瞭解每一種技術指標是很有必要的，每個指標在預測證券市場方面也有能力大小和準確程度的差別。一些投資者通常使用的手法是以四五個技術指標為主，別的指標為輔，依此構建自己的指標體系。選擇技術指標體系因人而異，我們可以從實戰出發，對自己所選擇的幾個指標不斷進行調整，調整的內容包括對技術指標的調整和對技術指標參數的調整。

所謂證券價格移動平均線法，就是運用移動的證券價格平均值使證券價格變動狀況呈曲線化的方法。從實質上講，移動平均線法就是在時間序列分析中略去原有數列中一些偶然性的或週期性的波動，依次取一定項數計算所得的一系列平均數，形成一個變動起伏較小的新數列曲線，以顯示證券價格平均值的短期和中長期發展趨勢。

移動平均線法的基本特徵就是利用平均數方法來消除證券價格的不規則偶然變動，以觀察整個市場的動態變化。移動平均線最突出的作用在於，通過某一時期平均收盤證券價格的移動走勢，避免人為的短線臨時做價，從而可以較為準確地反應證券價格的變動趨勢。一般情況下，當移動平均線正在上升，而證券價格跌到平均線以下時，這是證券價格趨勢將要下跌的信號；反之，則為證券價格上升的前奏。

通常證券價格在移動平均線之上，則意味著市場的買力（需求）較大；反之，證券價格在移動平均線之下，則意味著供過於求，賣壓顯然較重。

在移動平均線的組合中，當短期線急遽地超越中長期線向上方移動時，可視為買進信號；當K線位於最上方並同短、中期線並列，且各條移動平均線都呈上升趨勢時，表明行情仍處於上升趨勢，可繼續持倉；當上漲行情持續一段時間後，短期線從停滯狀態的高點出現下降趨勢時，表明證券價格開始走軟，這是賣出證券的時候了；當短期線從高位依次向下突破中長期線時，這是最後的清倉時機了；當長、

中、短期平均線及 K 線按順序自上而下並列，且各條線都呈下降狀態時，這表明市場為典型的弱勢行情；當弱勢行情持續相當一段時期後，短期線從谷底轉為上升趨向時，這是抄底的極好時機。

在組合線中，如果證券價格持續下降至谷底後轉為上升移動時，此時順序分別為短、中、長期線，它們的排列也依次改變。首先是短期線突破中期線，再越過長期線居於最上方，此後，中期線突破至長期線之上，突破點為黃金交叉點，簡稱「金叉」，此點可以確認行情將進入上漲時期。這就是所謂的多頭排列，是典型的上漲行情。反之，證券價格上升到高價區上下徘徊，接著轉向下跌，隨著時間的推移，短中長期線也逐步下行，逐步向下突破交叉，中長期線相交的點則為死亡交叉點，簡稱「死叉」，這意味上漲行情的終結。移動平均線此時為空頭排列。

移動平均線具有可以追蹤趨勢；提供的價格信息具有滯後性；具有穩定性；具有助漲助跌性；具有支撐線和壓力線的特性等特點。MA 的參數的作用就是加強 MA 上述幾方面的特性。參數選擇得越大，上述的特性就越大。

MA 的使用法則，按經典的說法是葛蘭維爾（Granville）法則，它包括三種買入信號和三種賣出信號，具體如下：

（1）移動平均線從下降開始走平，證券價格從下向上穿平均線；證券價格連續上升遠離平均線，突然下跌，但在移動平均線附近再度上升；證券價格跌破移動平均線，並連續暴跌，遠離移動平均線。以上三種情況均為買入信號。

（2）移動平均線從上升開始走平，證券價格從上向下穿移動平均線；證券價格連續下降遠離移動平均線，突然上升，但在移動平均線附近再度下降；證券價格上穿移動平均線，並連續暴漲，遠離移動平均線。以上三種情況均為賣出信號。

MA 的盲點主要體現在：

（1）信號頻繁，不好把握。在盤整階段或趨勢形成後的中途休整階段或局部反彈和回擋階段，MA 極易發出錯誤的信號，因為這時不同週期（參數）的 MA 的取值比較接近，容易出現交叉等信號。在這些階段 MA 勢必會發出很多信號，產生信號頻繁的現象。信號多了就容易出現錯誤，這是使用 MA 最應該注意的。

（2）支撐與壓力結論的不確定。MA 只是作為支撐線和壓力線，站在某線之上，當然有利於上漲，但並不是說就一定會漲，因為支撐線也有被突破的時候。

平滑異同移動平均線 MACD 是在指數平滑的基礎上進一步計算而得到的，它可以用來進行行情研判。

關鍵術語

技術指標法　　指標的背離　　指標的交叉　　指標的極端值　　指標的形態
指標的轉折　　指標的盲點　　移動平均線　　平滑異同移動平均線
葛蘭維爾法則　　威廉指標　　KDJ 指標　　相對強弱指標　　乖離率
心理線　　人氣指標　　買賣意願指標　　和中間意願指標　　OBV
TAPI　　ADL　　ADR　　OBOS

復習思考題

1. 技術指標的產生方法有哪些？
2. 技術指標的應用法則是什麼？
3. 技術指標的本質是什麼？
4. 技術指標法同其他技術分析方法的關係是什麼？
5. 應用技術指標時應注意哪些問題？
6. MA 是如何計算出來的？
7. 如何運用移動平均線？
8. 移動平均線具有哪些特點？
9. 什麼是葛蘭維爾法則？
10. MA 的盲點主要體現在哪裡？
11. 利用 MACD 進行行情預測，主要應從哪些方面進行？
12. KD 指標的應用法則是什麼？
13. 使用 KD 指標應該注意哪些問題？
14. RSI 的應用中應該考慮哪些方面？
15. BIAS 的應用法則是什麼？
16. 應用 BIAS 應注意哪些問題？
17. PSY 的應用法則是什麼？
18. AR 指標的應用法則是什麼？
19. BR 指標的應用法則是什麼？
20. 應用 BR 指標應注意哪些問題？

21. CR 指標的應用法則是什麼？
22. 應用 CR 應注意哪些問題？
23. OBV 的構造原理是什麼？
24. OBV 的應用法則和注意事項各是什麼？
25. TAPI 的應用法則和注意事項各是什麼？
26. ADL 的應用法則和注意事項各是什麼？
27. OBOS 的應用法則和注意事項各是什麼？

附錄　常用技術指標說明

1. 振動升降指標（ASI）

（1）指標說明

ASI（Accumulation Swing Index），中文名稱：振動升降指標。

ASI指標由Welles Wilder創立。ASI企圖以開盤價、最高價、最低價、收盤價構築成一條幻想線，以便取代目前的走勢，形成最能表現當前市況的真實市場線（Real Market）。Wilder認為當天的交易價格並不能代表當時真實的市況，真實的市況必須取決於當天的價格和前一天及次一天價格間的關係。他經過無數次的測試之後，決定了ASI計算公式中的因子，最能代表市場的方向性。由於ASI相對比當時的市場價格更具真實性，因此，對於證券價格是否真實的創新高或新低點，提供了相當精確的驗證，又因ASI精密的運算數值，更為投資者提供了判斷證券價格是否真實突破壓力或支撐的依據。

ASI和OBV同樣維持N字形的波動，並且也以突破或跌破N字形高、低點為觀察ASI的主要方法。ASI不僅提供辨認證券價格真實與否的功能，另外也具備了「停損」的作用，及時地給投資人多一層的保護。

（2）運用原則

ASI走勢幾乎和證券價格是同步發展的，當證券價格由下往上欲穿過前一波的高點套牢區時，於接近高點處，尚未確定能否順利穿越之際，如果ASI領先於證券價格，提早一步通過相對證券價格的前一波ASI高點，則次一日之後，可以確定證券價格必然能順利突破高點套牢區。投資者可以把握ASI的領先作用，提前買入證券，輕鬆地坐上上漲的轎子。

當證券價格由下往欲穿越前一波低點的密集支撐區時，於接近低點處，尚未確定是否將因失去信心而跌破支撐之際，如果ASI領先於證券價格，提早一步跌破相對證券價格的前一波ASI低點，則次一日之後，可以確定證券價格將隨後跌破低點支撐區。投資者可以早一步賣出證券，減少不必要的損失。

向上爬升的ASI，一旦向下跌破其前一次顯著的N形轉折點，一律可視為停損賣出的信號。

證券價格走勢一波比一波高，而 ASI 卻未相對創新高，形成「牛背離」時，應賣出。

證券價格走勢一波比一波低，而 ASI 卻未相對創新低，形成「熊背離」時，應買進。

2. ROC 超買超賣

（1）指標說明

ROC（Rate of Change），中文名稱：變動率指標，是由 Gerald Apple 和 Fred Hitschler 兩人，在 *Stock Market Trading Systems* 一書中所共同發表的。ROC 指標可以同時監視常態性和極端性兩種行情，等於綜合了 RSI、W%R、KDJ、CCI 四種指標的特性。

ROC 也必須設定天線和地線，但是卻擁有三條天線和三條地線（有時候圖形上只需畫出各一條的天地線即可）。和其他的超買超賣指標不同，天地線的位置既不是 80 和 20，也不是 +100 和 -100，ROC 指標的天地線位置是不確定的。

什麼是不確定的位置呢？

ROC 不是介於 0～100 之間波動的，它以 0 為中軸線，可以上升至正無限大，也可以下跌至負無限小。但是基本上 ROC 指標線的上下幅度，都會保持有限度波動，不會無限制地擴張。ROC 指標主要的內涵，在於證券價格和 12 天前價格的距離。為什麼呢？我們假設 12 天前的價格是一根柱子，而現在的價格是一頭牛，兩者之間綁著一條長短不等的繩子，在這條繩子的範圍之內（常態範圍），牛可以正常地走動吃草，但是每一根柱子上都綁著一頭牛，每一條繩子的長度都不同。因此，每一頭牛（單只證券的價格）可以自由走動的距離也不同。同樣的，現在的價格和 12 天前的價格之間，也存在著差距的限制，而每一只證券和它 12 天前的差距限值也不相同，這就是 ROC 指標第一條的超買超賣線距離，隨著證券的不同而有所不同的原理。

牛安靜地吃草，就是所謂的「處於常態範圍」之內，可是，牛（證券價格）也可能會發狂，掙脫繩索拔足狂奔，這會演變成「極端行情」。那麼，我們就以 0 軸到第一條超買或超賣線的距離，往上和往下拉一倍、兩倍的距離，再畫出第二條、第三條超買超賣線，則圖形上就會出現上下各三條的天地線。

（2）運用原則

ROC 波動於「常態範圍」內，而上升至第一條超買線時，應賣出證券。

ROC 波動於「常態範圍」內，而下降至第一條超賣線時，應買進證券。

ROC 向上突破第一條超買線後，指標繼續朝第二條超買線漲升的可能性很大，（屬於中期多頭市場），指標碰觸第二條超買線時，漲勢多半將結束。

ROC 向下跌破第一條超賣線後，指標繼續朝第二條超賣線下跌的可能性很大，（屬於中期空頭行情），指標碰觸第二條超賣線時，跌勢多半將停止。

ROC 向上穿越第三條超買線時，屬於瘋狂性多頭行情，漲漲漲！漲不停，回擋之後還要漲，應盡量不輕易賣出證券。

ROC 向下穿越第三條超賣線時，屬於崩潰性空頭行情，跌跌跌！跌不休，反彈之後還要跌，應盡量不輕易買進證券。

3. 威廉變異離散量（WVAD）

（1）指標說明

WVAD（William's Variable Accumulation Distribution），中文名稱：威廉變異離散量。該指標由 Larry Williams 創立，是一種將成交量加權的量價指標。其主要的理論精髓，在於重視一天中開盤到收盤之間的價位，而將此區域之上的價位視為壓力，區域之下價位視為支撐，求取此區域占當天總波動的百分比，以便測量當天的成交量中，有多少屬於此區域，成為實際有意義的交易量。

如果區域之上的壓力較大，將促使 WVAD 變成負值，代表賣方的實力強大，此時應該賣出證券。如果區域之下的支撐較大，將促使 WVAD 變成正值，代表買方的實力雄厚，此時應該買進證券。

WVAD 正負之間，強弱一線之隔，非常符合我們推廣的東方哲學技術理論。由於模擬測試所選用的週期相當長，測試結果也以長週期成績較佳。因此，筆者建議長期投資者選擇使用，如同 EMV 使用法則一樣，應該在一定的投資期限內，不斷地根據 WVAD 信號進行交易買賣，以求得統計盈虧概率的成果。

（2）運用原則

當 WVAD 由負值變成正值的一剎那，視為長期的買入點。

當 WVAD 由正值變成負值的一剎那，視為長期的獲利點。

注意！依照 WVAD 信號買入證券時，可以不必等待 WVAD 賣出信號，而在買入股票之後交給 SAR（即下面講到的停損指標）管理。

4. 梅斯線（MASS）

（1）指標說明

梅斯線（Mass Index），是 Donald Dorsey 累積證券價格波幅寬度之後所設計的震盪曲線。本指標最主要的作用，在於尋找飆漲證券或者極度弱勢證券的重要趨勢

反轉點。

MASS 指標是所有區間震盪指標中風險系數最小的一個。由於證券價格高低點之間的價差波帶忽而寬忽而窄,並且不斷地重複循環,所以利用這種重複循環的波帶,可以準確地預測證券價格的趨勢反轉點。一般市場上的技術指標,通常沒辦法具備這方面的功能。

觀察 MASS 指標的曲線圖時,必須特別注意其曲線凸出的部分。當證券價格的高低波幅差距擴大,或者證券價格的動量指標急速噴出時,都會造成曲線形成凸出的部分。

為了將證券價格的波幅差距固定成一個範圍模式,MASS 指標將每日的價差波幅以指數平均的方式加以平滑,以便觀察它波帶寬窄的程度。一般而言,當 MASS 高於 25 時,代表價差波幅擴大。當 MASS 低於 25 時,代表價差波幅狹窄。但是,所謂「凸出的部分」,經常是價差波幅瞬間大幅擴張所造成的。由於衝擊的力量過於猛烈,造成 MASS 曲線向上穿越 27,暗示證券價格波帶的寬度已擴增至一定極限,近期內反轉的可能性增加。

為了讓 MASS 指標的反轉信號具有實際參考價值,觀察 MASS 曲線的「凸出的部分」信號時,必須同時觀察 K 線圖走勢,並且在 K 線圖表上,搭配一條 9 天的移動平均線。根據移動平均線移動的方向,決定進場買入或者退場賣出。

(2) 運用原則

MASS 曲線向上穿越 27,隨後又掉頭跌落 26.5。如果當時證券價格的 9 天移動平均線正處於上升狀態,代表多頭行情即將反轉下跌。

MASS 曲線向上穿越 27,隨後又掉頭跌落 26.5。如果當時證券價格的 9 天移動平均線正處於下跌狀態,代表空頭行情即將反轉上漲。

MASS 曲線低於 25 的證券,一般不具有投資機會。

5. 動量指標(MTM)

(1) 指標說明

動量指數,是一種專門研究證券價格波動的技術分析指標,它以分析證券價格波動的速度為目的,研究證券價格在波動過程中各種加速、減速、慣性作用以及證券價格由靜到動或由動轉靜的現象。

動量指數的理論基礎是價格和供需量的關係。證券價格的漲幅隨著時間必須日漸縮小,變化的速度力量慢慢減緩,行情則可反轉;反之,下跌亦然。動量指數就是這樣通過計算證券價格波動的速度,得出證券價格進入強勢的高峰和轉入弱勢的

低谷等不同信號，由此而成為投資者較喜愛的一種測市工具。

證券價格在波動中的動量變化可通過每日之動量點連成曲線即動量線反應出來。在動量指數圖中，水平線代表時間，垂直線代表動量範圍。動量以 0 為中心線，即靜速地帶，中心線上部是證券價格上升地帶，下部是證券價格下跌地帶，動量線根據證券價格波動情況圍繞中心線週期性地往返運動，從而反應證券價格波動的速度。

有時光用動量值來分析研究，顯得過於簡單。在實際中再配合一條動量值的移動平均線使用，形成快慢速移動平均線的交叉現象，用以對比，修正動量指數，效果更好。

（2）運用原則

一般情況下，MTM 由上向下跌破中心線時為賣出時機；相反，MTM 由下向上突破中心線時為買進時機。

在選設 10 日移動平均線情況下，當 MTM 在中心線以上，由上向下跌穿平均線為賣出信號；反之，當 MTM 在中心線以下，由下向上突破平均線為買入信號。

證券價格在上漲行情中創出新高點，而 MTM 未能配合上升，出現背離現象，意味著上漲動力減弱，此時應關注行情，慎防證券價格反轉下跌。

證券價格在下跌行情中走出新低點，而 MTM 未能配合下降，出現背離現象，該情況意味著下跌動力減弱，此時應注意逢低承接。

若證券價格與 MTM 在低位同步上升，顯示短期將有反彈行情；若證券價格與 MTM 在高位同步下降，則顯示短期可能出現證券價格回落。

6. 平均線差（DMA）

（1）指標說明

該指標利用兩條不同期間的平均線，計算差值之後，再除以基期天數而得。

（2）運用原則

DMA 線向上交叉 AMA 線，可考慮買入。

DMA 線向下交叉 AMA 線，可考慮賣出。

DMA 指標也可觀察與證券價格的背離。

7. 動向指數（DMI）

（1）指標說明

動向指數又叫移動方向指數或趨向指數，是屬於趨勢判斷的技術性指標，其基本原理是通過分析證券價格在上升及下跌過程中供需關係的均衡點，即供需關係受

價格變動之影響而發生由均衡到失衡的循環過程，從而提供趨勢判斷的依據。

動向的指數有三條線：上升指數線、下降指數線和平均動向指數線。三條線均可設定天數，一般為 14 天。

（2）運用原則

動向指數在應用時，主要是分析上升指標＋DI，下降指標－DI 和平均動向指數 ADX 三條曲線的關係，其中＋DI 和－DI 兩條曲線的走勢關係是判斷出入市的信號，ADX 則是對行情趨勢的判斷信號。

上升指標＋DI 和下降指標－DI 的應用法則：

①走勢在有創新高的價格時，＋DI 上升，－DI 下降。因此，當圖形上＋DI14 從下向上遞增突破－DI14 時，顯示市場內部有新的多頭買家進場，願意以較高的價格買進，因此為買進信號。

②相反，當－DI14 從下向上遞增突破＋DI14 時，顯示市場內部有新的空頭賣家出貨，願意以較低價格沽售，因此為賣出信號。

③當走勢維持某種趨勢時，＋DI14 和－DI14 的交叉突破信號相當準確，但走勢出現牛皮盤整時，＋DI14 和－DI14 發出的買賣信號應視為無效。

平均動向指標 ADX 的應用法則：

①趨勢判斷。當行情走勢朝向單一方向發展時，無論是漲勢還是跌勢，ADX 值都會不斷遞增。因此，當 ADX 值高於上日時，可以斷定當前市場行情仍在維持原有趨勢，即證券價格會繼續上漲，或繼續下跌。特別是當＋DI14 與 ADX 同向上升，或－DI 與 ADX 同向上升時，表示當前趨勢十分強勁。

②牛皮市判斷。當走勢呈牛皮狀態，證券價格新高及新低頻繁出現，＋DI 和－DI 愈走愈近，反覆交叉，ADX 將會出現遞減。當 ADX 值降低至 20 以下，且出現橫向移動時，可以斷定市場為牛皮市。此時趨勢無一定動向，投資者應持幣觀望，不可根據±DI14 發出的信號入市。

③轉勢判斷。當 ADX 值從上漲高點轉跌時，顯示原有趨勢即將反轉，如當前處於漲勢，表示跌勢臨近；如當前處於跌勢，則表示漲勢臨近。此時±DI 有逐漸靠攏或交叉之表現。ADX 在高點反轉的數值無一定標準，一般以高度在 50 以上轉跌較為有效。觀察時，ADX 調頭向下，即為大勢到頂或到底之信號。當走勢維持某種趨勢時，＋DI14 和－DI14 的交叉突破信號相當準確。但走勢出現牛皮盤整時，＋DI14 和－DI14 發出的買賣信號應視為無效。

（3）評價

不需要主觀判斷，只需要在有效市場信號下採取行動。而且上升指標與下降指標的交錯信號容易理解。

在動向指數中增添 ADXR 指標，能夠擴充動向指數的功能。ADXR 是 ADX 的評估數值，其計算方法是將當日的 ADX 值與 14 日前的 ADX 值相加後除以 2 得出。ADXR 的波動一般較 ADX 平緩，當 ±DI 相交，發出買賣信號後，ADXR 又與 ADX 相交，則是最後的出入市機會，隨後而來的行情較急，因此應立即採取行動。

ADXR 還是市場的評估指標，當 ADXR 處於高位時，顯示行情波動較大；當 ADXR 處於低位時，則表明行情較為平靜。

8. 寶塔線指標（TWR）

（1）指標說明

寶塔線是以白黑（虛體、實體）的實體棒線來劃分證券價格的漲跌及研判其漲跌趨勢的一種線路，也是將多空之間拼殺的過程與力量的轉變表現在圖中，並且顯示適當的買進時機與賣出時機。

它的特徵與點狀圖類似，亦即並非記載每天或每週的證券價格變動過程，而乃系當證券價格連續創新高價（或連續創新低價），抑或反轉上升或下跌時，再予以記錄和繪製。

（2）運用原則

寶塔線翻白之後，證券價格後市總要延伸一段上升行情。

寶塔線翻黑之後，證券價格後市總要延伸一段下降行情。

盤局時寶塔線的小翻白、小翻黑，可依設定損失點或利潤點之大小而決定是否進出。

盤局或高檔時寶塔線長黑而下，應獲利了結，將手中證券賣出；反之，翻白而上，則是買入證券時機。

寶塔線分析若能再與 K 線、移動平均線等共同運用，效果更佳。

寶塔線翻黑下跌一段後，突然翻白，須防範為假突破之現象，不可馬上搶進，須觀察 3 天。最好配合 K 線與成交量觀察再作決定。

9. 成交量變異率（VR）

（1）指標說明

VR（Volumlity Volume Ratio），中文名稱：成交量變異率。其主要的作用在於以成交量的角度測量證券價格的熱度，不同於 AR、BR、CR 的價格角度，但是同

樣基於「反市場操作」的原理為出發點。和 VR 指標同性質的指標還有 PVT、PVI、NVI、A/D VOLUME 等，本文中僅列舉 VR 一項。

對於以「反市場操作」的原理使用 VR 指標，看起來似乎很簡單，實則內部蘊藏玄機，「反市場操作」的背後還有「反反市場操作」，如同「反間諜」的背後還有「反反間諜」，這個市場「螳螂捕蟬，黃雀在後」，爾虞我詐，投資人無不需時時謹慎提防。

當你認為盲目的群眾絕對是錯誤的時候，群眾卻可能是對的。所以，什麼時候該脫離群眾？什麼時候該附和群眾？這是 VR 指標最大的課題。如果你追求真理，那麼證券市場有一個真理，也是唯一的市場真理——「沒有道理的道理」。

（2）運用原則

VR 在 350 以上，代表證券市場片面資金大多數已投入市場，市場上已無多餘資金可供抬高證券價格，終將造成證券價格因缺乏後續資金支持而反轉下跌。

何謂片面資金？這是指一般常態行情時，經常性流連證券市場以尋求短期利潤的資金。由於並非大多頭瘋狂行情，各路人馬壓箱底的銀兩並未全部拿出來。所以，此種經常性資金，一旦將證券價格推升一定幅度，即面臨資金短缺的窘境。

VR＜40 左右，證券價格會獲得消極性資金的支撐而反彈。

何謂消極性資金？包括只敢低檔承接不追高的保守資金，由於資金庫存已久，累積了相當的實力，在某一個共同認可的合理保守價位，形成一股紮實的資金區。同時，因為前波段證券價格下滑認賠殺出的殘餘資金，在慘遭教訓驚悸之餘，也投入了保守派資金的行列，這股力量缺乏主動攻擊的動機，但是敢於固守城池，兩者合成消極性資金。

10. 停損指標（SAR）

（1）指標說明

拋物線轉向也稱停損點轉向，是利用拋物線方式，隨時調整停損點位置以觀察買賣點。由於停損點（又稱轉向點 SAR）以弧形的方式移動，故稱之為拋物線轉向指標。

（2）運用原則

買賣的進出時機是價位穿過 SAR 時，也就是向下跌破 SAR 便賣出，向上越過 SAR 就買進。

11. 慢速 KD 指標

（1）指標說明

Slowed KD 是在 KD 的基礎上，對 D 再進行一次平滑，這次選擇的平滑工具是

移動平均，而不是指數平滑。Slowed KD 中的 K 就是 KD 中的 D，Slowed KD 中的 D 是 KD 中的 D 值移動平均。我們知道，經過平滑的比未經過平滑的慢，所以 Slowed KD 同 KD 的本質沒有什麼不同。

（2）運用原則

從 K 的取值方面看，KD 的取值範圍都是 0～100%，將其劃分為幾個區域，如超買區、超賣區、徘徊區。按現行的劃分法，80% 以上為超買區，20% 以下為超賣區，其餘為徘徊區。根據這種劃分，KD 超過 80% 就應該考慮賣出了，低於 20% 就應該考慮買入了。這種操作是很簡單的，同時又很容易出錯，完全按這種方法進行操作很容易招致損失。大多數對 KD 指標瞭解不夠深入的人，以為 KD 指標的操作就限於此，故而對 KD 指標的作用產生誤解。應該說的是上述對於 0～100% 的劃分只是一個應用 KD 的初步過程，僅僅是初步信號。真正做出買賣的決定還必須從另外幾個方面考慮。

從 KD 指標曲線的形態方面看，當 KD 指標在較高或較低的位置形成了頭肩形和多重頂底時，是採取行動的信號。注意，這些形態一定要在較高位置或較低位置出現，位置越高或越低，結論越可靠、越正確。操作時可按形態學方面的原則進行。對於 KD 的曲線我們也可以畫趨勢線，以明確 KD 的趨勢。在 KD 的曲線圖中仍然可以引進支撐和壓力的概念。某一條支撐線和壓力線的被突破，也是採取行動的信號。

從 KD 指標的交叉方面看，K 與 D 的關係就如同證券價格與 MA 的關係一樣，也有死亡交叉和黃金交叉的問題，不過這裡的交叉的應用是很複雜的，還附帶有很多的條件。下面以 K 從下向上與 D 交叉為例對這個交叉問題進行介紹。K 上穿 D 是金叉，為買入信號，這是正確的。但是出現了金叉是否就應該買入，還要看別的條件。第一個條件是金叉的位置應該比較低，是在超賣區的位置，越低越好。第二個條件是與 D 相交的次數。有時在低位，K 與 D 要來回交叉好幾次。交叉的次數以二次為最少，越多越好。第三個條件是交叉點相對於 KD 線的低點的位置，這就是常說的「右側相交」原則。K 是在 D 已經抬頭向上時才同 D 相交比 D 還在下降時與之相交要可靠得多。換句話說，右側相交比左側相交好。滿足了上述條件，買入就放心一些。少滿足一條，買入的風險就多些。但是，如果要求每個條件都滿足，儘管比較安全，但也會損失和錯過很多機會。對於 K 從上向下突破 D 的死叉，也有類似的結果。

從 KD 指標的背離方面看，簡單地說，背離就是走勢的不一致。在 KD 處在高

位或低位時，如果出現與證券價格走向的背離，則是採取行動的信號。KD 處在高位，並形成兩個依次向下的峰，而此時證券價格還在一個勁地上漲，這叫頂背離，是賣出的信號。與之相反，KD 處在低位，並形成一底比一底高，而證券價格還在繼續下跌，這構成底背離，是買入的信號。除了上述 KD 的操作法之外，還有幾條補充。第一，K > D 時，不賣；K < D 時，不買。第二，當 KD 值達到了極高或極低，比如說 92% 或 5% 時，可以不考慮別的因素而單方面採取行動。應該說明的是，各個股票的這個極高和極低是不相同的，需要自己從中尋找。

12. 三重指數平滑移動平均（TRIX）

（1）指標說明

TRIX（Triple Exponentially Smoothed Moving Average），中文名稱：三重指數平滑移動平均。長線操作時採用本指標的信號，可以過濾掉一些短期波動的干擾，避免交易次數過於頻繁，造成部分無利潤的買賣及手續費的損失。本指標是一項超長週期的指標，長時間按照本指標信號交易，獲利百分比大於損失百分比，利潤相當可觀。

（2）運用原則

打算進行長期操盤或投資時，趨向類指標中以 TRIX 最適合。

TRIX 由下向上交叉 TMA 時，買進。

TRIX 由上向下交叉 TMA 時，賣出。

13. 簡易波動指標（EMV）

（1）指標說明

EMV（Ease of Movement Value），中文名稱：簡易波動指標，由《Cycle in the Stock Market》一書作者 Richard W. Arms Jr. 根據等量圖（Equivolume Charting）原理製作而成。如果較少的成交量便能推動證券價格上漲，則 EMV 數值會升高；相反，證券價格下跌時也僅伴隨較少的成交量，則 EMV 數值將降低。倘若價格不漲不跌，或者價格的上漲和下跌都伴隨著較大的成交量時，則 EMV 的數值會趨近於零。

這個公式原理的運用：證券價格在下跌的過程當中，由於買氣不斷萎靡退縮，致使成交量逐漸減少，EMV 數值也因而尾隨下降，直到證券價格下跌至某一個合理支撐區，撿便宜貨的買單促使成交量再度活躍，EMV 數值於是做出相應的反應向上攀升。當 EMV 數值由負值向上趨近於零時，表示部分信心堅定的資金成功地扭轉了證券價格的跌勢，行情不但反轉上揚，並且形成另一次的買進信號。

行情的買進信號發生在 EMV 數值由負值轉為正值的一剎那，然而證券價格隨後的上漲，成交量並不會很大，一般僅呈緩慢的遞增，這種適量穩定的成交量，促使 EMV 數值繼續向上攀升。由於頭部通常是成交量最集中的區域，因此，市場人氣聚集越來越多，直到出現大交易量時，EMV 數值會提前反應而下降，行情已可確定正式反轉，形成新的賣出信號。

EMV 運用這種成交量和人氣的盛衰，構成一個完整的證券價格系統循環。本指標引導投資者借此掌握證券價格流暢的節奏感，一貫遵守 EMV 的買進賣出信號，避免在人氣匯集且成交熱絡的時候買進股票，並且在成交量已逐漸展現無力感而狂熱的群眾尚未察覺能量即將用盡時賣出股票並退出市場。

（2）運用原則

當 EMV 由下往上穿越 0 軸時，買進。

當 EMV 由上往下穿越 0 軸時，賣出。

注意！讀者將在指標圖形中發現，EMV 指標曲線大部分集中在 0 軸下方，這個特徵是 EMV 指標的主要特色。因此，圖形上可以看出 EMV 位於 0 軸之上的機會並不多，通常就好像雨後春筍一般倏地冒出　。由於證券價格下跌一般成交量較少，EMV 自然位於 0 軸下方，當成交量放大時，EMV 又趨近於零，這可以說明 EMV 的理論精髓中，無法接受證券價格在漲升的過程不斷出現高成交量消耗力氣，反而認同徐緩成交的上漲，能夠保存一定的元氣，促使漲勢走得更遠更長。從另外一個角度說，EMV 指標已經為投資人過濾了行情，凡是過度急躁冒進的行情都不被 EMV 看好，EMV 重視移動長久且能產生足夠利潤的行情。

14. 指數平均數（EXPMA）

（1）指標說明

EXPMA（Exponential Moving Average），中文名稱：指數平均數。

本指標原屬於均線型指標，但是 EXPMA 是以交叉為主要的信號，因此，本說明將其歸入趨向型指標。

因為移動平均線計算時，必須採用前 N 天的價格綜合平均，平均線的走向受制於前 N 天的價格高低，而不是以現在的價格高低決定平均線的走向，因此，其交叉信號經常落後行情數日時間。例如證券價格已經反轉下跌，但是，移動平均線因為平滑的關係，採用前 N 天的價格，為計算因子的結果，造成均線仍然持續上升，無法迅速反應證券價格的下跌，等待均線相對反應的時候，證券價格早已下跌了一段幅度。

為瞭解決移動平均線落後的問題，技術分析人士另外尋求 EXPMA 等類均線指

標，用以取代移動平均線，EXPMA正是在這種環境下被廣泛採用的。EXPMA可以隨證券價格快速移動，立即調整方向，有效地解決了信號落後的問題。

（2）運用原則

當第一條0.15的EXPMA由下往上穿越第二條0.04的EXPMA時，將對證券價格造成推升力道。

當第一條0.15的EXPMA由上往下穿越第二條0.04的EXPMA時，將對證券價格造成迫降的力道。

證券價格由下往上碰觸EXPMA時，很容易遭遇大壓力回擋。

證券價格由上往下碰觸EXPMA時，很容易遭遇大支撐反彈。

15. 順勢指標（CCI）

（1）指標說明

CCI（Commodity Channel Index），中文名稱：順勢指標。

本指標由Donald Lambert創立，專門測量證券價格是否已超出常態分佈範圍，屬於超買超賣類指標中較特殊的一種，波動於正無限大和負無限小之間。但是，又不需要以0為中軸線，這一點也和波動於正無限大和負無限小的指標不同。然而每一種的超買超賣指標都有「天線」和「地線」。除了以50為中軸的指標，天線和地線分別為80和20以外，其他超買超賣指標的天線和地線位置，都必須視不同的市場、不同的證券而有所不同。獨獨CCI指標的天線和地線分別為+100和-100。這一點不僅是原作者相當獨到的見解，在意義上也和其他超買超賣指標的天線與地線有很大的區別。讀者必須相當瞭解他的理論原理，才可能把CCI和下面要介紹的BOLLINGER BANDS、上面講的ROC指標做一個全面完整的運用。

什麼是超買超賣指標？顧名思義，「超買」就是已經超出買方的能力，買進證券的人數超過了一定比例。那麼，根據「反群眾心理」，這時候應該反向賣出證券。「超賣」則代表賣方賣證券賣過了頭，賣證券的人數超過了一定比例時，反而應該買進證券。這是在一般常態行情下，最被重視的反市場、反群眾理論。但是，如果行情是超乎尋常的強勢，則超買越賣指標會突然間失去方向，行情不停地持續前進，群眾似乎失去了控制。對於證券價格的這種脫序行為，CCI指標提供了不同角度的看法。

按照波浪理論的原理，證券價格以8浪的方式前進。而發展到第5浪階段時，無論處於上漲浪或下跌浪，都是行情波動最凶最猛的時候，投資者毫無理性地瘋狂，證券價格在很短的時間內，加速度完成最大幅度的波動。

有些投資者想在最安全的範圍內買賣證券。但是對於部分冒險性較強的投資者而言，他們寧可選擇在高風險的環境下，介入獲利速度快、利潤大的市場。這種市場經常是「一翻兩瞪眼」，入市要快，出市也要快。

如果說以 0～100 為範圍的超買超賣指標，專門是為常態行情設計的。那麼，CCI 指標就是專門對付極端行情的。也就是說，在一般常態行情下，CCI 指標不會發生作用。當 CCI 掃描到證券價格異常波動時，「戰鬥機立刻升空作戰」，而且力求速戰速決，勝負瞬間見分曉，輸了就必須立刻加速逃逸。

注意！CCI 的「天線」是 +100，「地線」是 -100，這個範圍也有可能因為證券差別而稍有變動，這需要投資者明察秋毫並加以增減。但是，大體上不會差異太大。

(2) 運用原則

CCI 從 +100～-100 的常態區，由下往上突破 +100 天線時，為搶進時機。

CCI 從 +100 天線之上，由上往下跌破天線時，為加速逃逸時機。

CCI 從 +100～-100 的常態區，由上往下跌破 -100 地線時，為打「落水狗」的放空賣出時機。

CCI 從 -100 下方，由下往上突破 -100 地線時，打「落水狗」的空頭，應盡快鳴金收兵回補買進股票。

16. 佳慶指標（CHAIKIN）

(1) 指標說明

佳慶指標 CHAIKIN（Chaikin Oscillator），是由 Marc Chaikin 發明的一種新成交量指標。他汲取 Joseph Granville 和 Larry Williams 兩位教授的理論精華，將 A/D VOLUME 指標加以改良，衍生出佳慶指標。Marc Chaikin 本人對佳慶指標的設計原理，做了以下的簡要敘述：

本指標是為了將市場的內在動能，真實地表現在分析圖表上。現有的技術指標，不管應用在大盤或者個股上，都必須將成交量列入考慮的範圍。在價格的波動趨勢中，成交量分析有助於掌握證券價格本質上的強弱度。成交量與證券價格的背離現象，經常是確認反轉信號的唯一線索。Joseph Granville 和 Larry Williams 兩位教授，直到 20 世紀 60 年代後期，才開始注意成交量與證券價格的關係。他們發現，必須在成交量總額中，篩選出較具意義的部分成交量，才能創造出更具代表性的指標。多年來，大部分的技術分析師，將上漲證券的成交量全部視為正值，將下跌證券的成交量全部視為負值。但是，這種論調存在著很大的缺點，必須加以改良，才

足以反應證券價格的真實本質。

以 OBV 累積能量線為例子。如果當日證券價格上漲，則當日所有的成交量總額一律視為多頭動能；如果當日證券價格下跌，則當日所有成交量總額一律視為空頭動能。這種論點太過於簡化，而且不符合實際的現狀。一段完整的趨勢行情，會形成很多次重要的短、中期頭部和底部。然而，OBV 指標主要針對極端的行情起作用。也就是說，只有在成交量極度萎縮或極度擴張的狀況下，OBV 指標才能發揮作用。

Larry Williams 將 OBV 加以改良，用來分析當日的成交量屬於多方還是空方力道。OBV 以當日的收盤價和前一日的收盤價相比較。然而，Williams 卻以當日收盤價和當日開盤價相比較，並且設計了一條累積能量線。如果收盤價高於開盤價，則開盤價距收盤價之間的上漲幅度，以正值百分比表示，並乘以當日成交量。如果收盤價低於開盤價，則開盤價距收盤價之間的下跌幅度，以負值百分比表示，再乘以當日成交量。經過這樣的改良之後，其偵測量價背離的功能，顯然更具有參考價值。

在使用本指標之前，必須注意下列三大要點：

以中間價為標準，如果收盤價高於當日中間價，則當日成交量視為正值。收盤價越接近當日最高價，其多頭力道越強。如果收盤價低於當日中間價，則當日成交量視為負值。收盤價越接近當日最低價，其空頭力道越強。

一波健全的上升趨勢，必須包含強勁的多頭力道。多頭力道就像火箭升空，需要消耗的燃料一般很大。如果多頭力道虛弱，則視為燃料不足，沒有推升證券價格的條件。相反，下降趨勢經常伴隨著較低的成交量。但是，波段下降趨勢即將成熟前，經常會出現恐慌性拋壓。這些賣盤，有部分來自於機構的大額結帳拋售。這一點，相當值得注意！證券價格不斷地創新低點，成交量也相對呈現緩步的縮減。在這量縮低迷的期間，注意突然暴出的大量，這個現象發生時，經常是底部完成的信號。

我們必須承認，沒有任何一個指標是絕對完美的，建議搭配其他指標，以盡可能避免失誤。有些人將 21 天的 Envelope 指標、超買超賣指標、佳慶指標組成一個指標群，運用在短期、中期的交易上，據說效果相當良好。

（2）運用原則

佳慶指標與證券價格產生背離時，可視為反轉信號（特別是其他搭配運用的指標群，正處於超買或超賣水平時）。

佳慶指標本身具有顯示超買超賣的作用，但是，其超買和超賣的界線位置，隨

著證券不同而不同，必須自行認定。建議至少須觀察一年以上的走勢圖，從中搜尋其經常性的超買和超賣界線，才能界定出一個標準。

佳慶指標由負值向上穿越 0 軸時，為買進信號（注意！證券價格必須位於 90 天移動平均線之上，才可視為有效）。

佳慶指標由正值向下穿越 0 軸時，為賣出信號（注意！證券價格必須位於 90 天移動平均線之下，才可視為有效）。

17. 情緒指標（BRAR）

（1）指標說明

BRAR 起源於日本，圖表外觀看似西方技術指標，實則蘊含著東方的陰陽哲學。「陽極則衰，陰極則盛」，是我們中國太極陰陽循環的道理。證券市場上投資者的情緒，更是將「陽極則衰，陰極則盛」的道理發揮得淋灕盡致，BRAR 就是從這層道理上衍生出來的。讀者如果無法從這個角度看待 BRAR，則很難參透 BRAR 指標的內涵。

BR 是一種「情緒指標」，套用西方的分析觀點，就是以「反市場心理」的立場為基礎，當眾人一窩蜂地買證券的時候，市場上充斥著大大小小的好消息，報章雜誌紛紛報導經濟增長率大幅上揚，剎那間，似乎前途一片光明，而此時，你應該果斷地離開市場。相反，當證券市場上投資者已經對行情失望，市場一片看壞的聲浪時，你應該毅然決然地進場購買證券。無論如何，這一條路是孤獨的，你必須忍受寂寞，克服困難，走和別人相反的道路。

AR 是一種「潛在動能」。由於開盤價乃是證券市場上的投資者經過冷靜思考後共同默契形成的一個合理價格，因此，從開盤價向上推升至當日最高價之間，每超越一個價位都會損耗一分能量。當 AR 值升高至一定限度時，代表能量已經消耗殆盡，缺乏推升力道的證券價格，很快就會面臨反轉的危機。相反，證券價格從開盤之後並未向上衝高，自然就減少了能量的損耗，相對的也就囤積保存了許多累積能量，這一股無形的潛能，隨時都有可能在適當的時機爆發出來。

我們一方面觀察 BR 的情緒溫度，一方面追蹤 AR 能量的消長，以這個角度對待 BRAR 的變化，用心體會證券價格的脈動，這是使用 BRAR 的最高境界。

（2）運用原則

BR 是以 100 為中心的，當 BR 位於 100 時，說明證券市場上投資者的情緒處於一種極度均衡的狀態。當證券價格開始波動時，BR 會上升至 200、300、400，也會下降至 80、60、40。

BR 在超過 300 時，很容易引發獲利回吐的賣壓。

BR 由 80→60→40 下降至低水平位置，並且持續一段較長時間時，證券價格正在醞釀底部的可能性相當大。

BR 先在 100 附近的均衡狀態徘徊，而後開始上升，則由此均衡狀態區內的低點起算，BR 上漲一倍時為獲利賣出的好機會。

BR 由高檔下降一半，此時選擇證券價格回擋買進，成功率可以高達 95%。

AR 由 60→80→120→150 上升至 180 以上時，必須時刻注意證券價格反轉下跌的機會相當大。

AR 由 100→80→60→40 逐步下降時，代表能量已經累積至一定成熟程度。

18. 點數圖（OX）

（1）指標說明

OX 圖是一種最簡單的圖示方法，但它又是最難理解的一種方法。這一方法的主要特點是，它缺乏時間尺度，並忽視價格的微小變化，只是通過預先確定的點數將證券價格的變動方向記錄在圖表上，以此觀察市場的情況和新的運動方向。必須注意的是，在制圖中並不記錄時間和數量。因此，變動很小的價格可能會仍然保留在非常狹小的價格範圍之內，這對制圖來說，工作量就很小了。對不同的證券來說，由圖來描述的縱向價格波幅是大不相同的，橫軸表示的時期對每一證券來說也是不同的，有的證券可能在一天之內發生了數次的價格波動，有的證券則可能穩定不動。因此，它只表示了普通證券價格在時間上的變動方向。

技術分析者可用 OX 圖來尋找證券價格主要變動方向的趨勢和軌跡。如果不考慮時間因素，就能夠確定供求的力量，並且能通過 OX 圖來判斷支持證券價格的力量何在，威脅證券價格的證券供給之源出自何處。這兩種力量通常被解釋為阻止及支持水平。

在畫 OX 圖時，如何設定每一方格的代表值十分重要，它直接支配著整張 OX 圖在將來是否能發揮其測市功能。因此要適當地設定每格代表值及多少格升跌才開始轉行。格值增大即代表波幅較小的環節不予理會。因為在一個成熟的市場，價格頻繁反覆上落是市場的規律，要剔除它對市場價格動向的干擾，可將格值提高。

OX 圖有兩大功能：

表現多空強弱的情況與變化，很容易指出其突破點。許多在 K 線圖上表現不很明顯的，均可在 OX 圖上明顯表現出來。

可以觀察中長期大勢與個別證券價格變動方向。

①在OX圖中出現買賣信號時，有時可暫緩進場，待其回擋到45度角切線時，或回至其支撐與阻力時，再進場交易；

②當走勢在持續上漲或持續下跌時，不要去找尋其高低價區，而以回擋第四格再出場為宜，如果回擋後再度破其新高點或新低點，再行進場；

③最漂亮的圖形是三線齊頂後第四次突破，是標準升勢；

④任何圖形由於大眾交易人士的預期心理，所以市場會有過度反應的現象出現，故在決定停止損失與決定進出場時機時，應以長期趨勢和價位區域作為參考標準。

OX圖可令你在證券市場中保持冷靜，而不被突變的市況所困擾；同時OX圖由於忽略了成交量與時間因素，因此大打折扣。由此可見通過OX圖可從眾多證券價格波動形態中尋求最佳的形態組合，以預測後市的轉向。

（2）繪製方法

OX圖不是通過坐標來表現價格的變化，而是通過小方格來表現價格的變化，其主要內容如下：

X＝價格上升，O＝價格下降。方格中的數字表示月份，圖左邊的數字表示單位價格。

當每次證券價格上升時，用「×」來表示，價格每上升一個單位，使用一個小方格來表示。比如在第一列，單只證券的價格從7元上升到8元，就在8～9之間的小方格裡打上一個「×」。又如一次上升多個單位。比如說，在第三列價格從5元上升到7元時，便可一次打兩個「×」。假如價格在一個單位內變動，就用不著打任何記號，比如價格從7.3元漲到7.5元時，由於沒有達到一個新的單位價，就用不著打「×」。同樣，如果價格在一個單位價格內下降，也用不著打下降的記號。

每次證券價格的下降，用「○」來表示，價格每下降一個單位，便在相應的小方格中填上一個「○」，下降多少個單位必須填上多少個「○」。

當證券價格運動結束一個方向，開始朝相反的方向變化時，則另起一列，在第一列中，價格上升到8～9元之間時，開始下降，於是在第二列用「○」表示下降一個單位價格。比如從8元降到5元，則圖中第二列所表示的意義是：當價格上漲到8元時，開始下降，並一直降到5元以下。

小方格裡的阿拉伯數字表示月份，即價格變化到了哪一個月，第二列的「3」字，一方面表示價格下降到5～6之間，另一方面又表示價格變化到這一點時，進入了3月份。同樣，第10列的「4」表示價格變化進入了4月份。從小方格中的

「3」，到小方格中的「4」，我們可以看到 3 月份的證券價格漲落情況。

19. 3 減 6 日乖離率和 6 減 12 日乖離率（B3612）

3 減 6 日乖離率和 6 減 12 日乖離率，就是用 n1 日均線減 n2 日均線，其中 n1、n2 值可調，要求 n2 > n1。

20. 成本均線（CBJX）

成本均線，反應了證券的移動平均成本。移動平均成本和一般的證券價格均線的不同在於引進了成交量的概念。

21. 布林線（Bollinger Bands）

（1）指標說明

該指標由 John Bollinger 設計，利用統計學原理標準差求其信賴區間。本指標相較於 Envelopes，更能隨機調整其變異性，上下限之範圍不被固定，隨證券價格之變動而變動。

（2）運用原則

布林線利用波帶可以顯示其安全的高低價位。

當變易性變小，而波帶變窄時，激烈的價格波動有可能隨時產生。

高低點穿越波帶邊線時，立刻又回到波帶內，會有回擋產生。

波帶開始移動後，以此方式進入另一波帶，這對於找出目標值有相當的幫助。

22. 相對強度指標（RS）

（1）指標說明

相對強度指標用於描述個別證券和大盤之間的背離情況，其中移動平均線的意義是在 n 個週期中個別證券和大盤的平均背離情況。一般來說，它將個別證券和相同市場中的指數進行比較。

23. 震盪量指標（OSC）

（1）指標說明

震盪量是動量指標的另一表現形式，一般用百分比值來加以計算。其內涵是以當日收盤價除以 n 日前收盤價，再乘以 100。

（2）運用原則

運用原則與 MTM 公式一樣。

24. 平均成本線（PJCB）

平均成本線，反應了個別證券或者大盤的綜合成本。成本線有三條，分別是本日市場平均成本 CB 和移動平均成本 $CBMA_1$、$CBMA_2$。

25. 平均盈虧指標（PJYK）

平均盈虧指標，描述在一定週期前買入證券的投資者現在的盈虧比率，其實是成本均線的乖離率。

26. 包絡線（Envelopes）指標

包絡線（Envelopes）指標是基於一條移動平均線上下移動的一個百分比而形成的線，以把價格變動包含在移動平均線與包絡線之間而判斷以後的市場趨勢的一個指標。如附圖 1 所示：

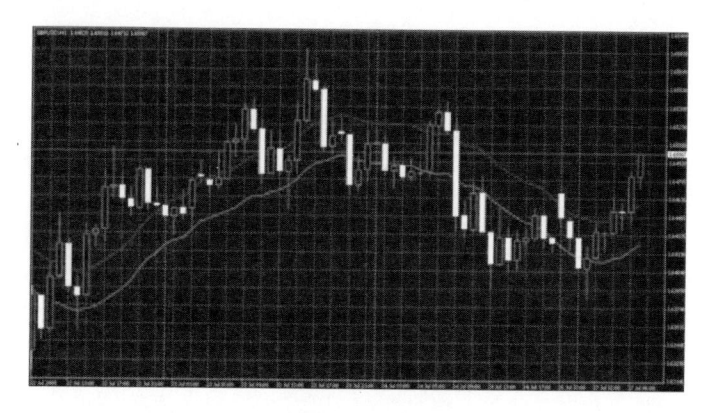

附圖 1　包絡線

包絡線指標的具體分析分為兩種情況：

（1）當價格在上線附近徘徊一段時間後，突破上線上升時，此時應該是一個上升趨勢，可以做「買單」；當價格在下線附近徘徊一段時間後，突破下線下降時，此時應該是一個下降趨勢，可以做「賣單」。

（2）當價格接觸到下線後又往上穿過移動平均線時就做「買單」；當價格接觸到上線後又往下穿過移動平均線時就做「賣單」。

包絡線的具體計算方式如下：

上線 = SMA（Close，N）/（1 + K/100）

下線 = SMA（Close，N）/（1 − K/100）

註：SMA 為簡單移動平均值，是一個可變參數，可以以 EMA、WMA 等作為參數。它們的計算方式請參考移動平均線指標（Moving Average）MA 的計算方式。如附圖 2 所示：

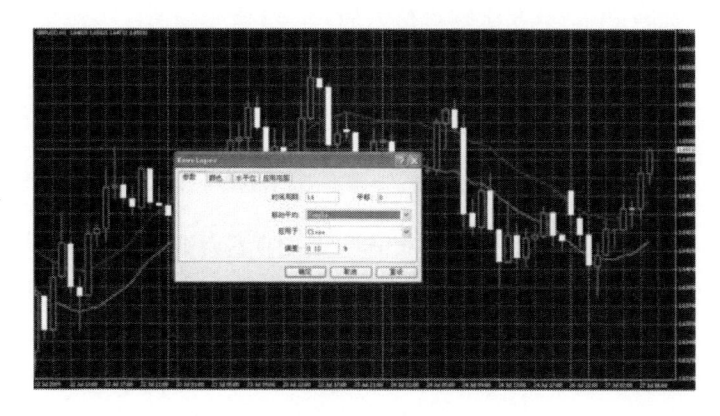

附圖2　SMA

　　N 為時段週期，系統默認為14，也是一個可變參數，如上圖所示，其中 K 也為一個可變的參數，是一個偏差值，它的變化數值是決定上線和下線之間幅度大小的重要參數值，如上圖所示的 K 值就是 0.10%。

　　Close（收盤價）也是一個可變參數，我們可以在指標屬性中選擇。如附圖3所示：

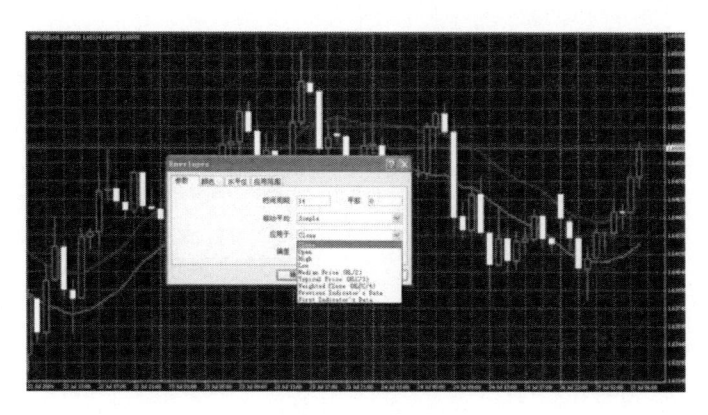

附圖3　收盤價

27. 推薦分析軟件：分析家 2006

　　分析家 2006 是目前較好用的分析軟件，它不需要單獨再安裝數據接收接口。安裝後，一點「接收」就可以向證券公司的股票軟件一樣自動補充從股票上市至今的行情數據（只是這個行情沒有下載到硬盤上），而且還可以自動補充各 5 分鐘的數據。軟件功能博大精深，操作簡單易學，使用輕盈流暢，是最佳的看盤工具，更

是專業的分析研究工具。分析家軟件最大的好處就是畫趨勢線不會偏移，放大 K 線也很方便，這是好多軟件都達不到的。

分析家軟件的主要特點：

（1）採用全盤行情技術，支持盤中即時選股和技術指標、畫線等預警，股票切換時行情無絲毫延誤，支持全市場監控預警。

（2）強大的統計和分析功能，其模式匹配和預測系統把技術分析的理論和方法發展到了較好的水平，快速補充分筆數據，再現歷史交易明細；智能同步數據，保證歷史數據完整，選股快速。

（3）萬國測評專業資訊全面、專業、及時，「即時解盤」採用自動傳送技術，盤中發生的任何重大消息可以近乎無時間差地發送給用戶，V6.0 新增機構評級。

（4）標準財務數據和專業財務數據及相對應的函數算法支持構建金融模型。

（5）包含循環迭代運算和交易系統函數的公式編輯器支持構建交易系統。

（6）大智慧即時解盤，盤中行情即時快遞；大智慧信息地雷；大智慧路演中心和分析師、基金經理、上市公司交流互動……

（7）軟件乾淨整潔，在設計軟件時特別注重了摒棄偽科學成分。

28. 可以瀏覽的證券網站（見附表 1）

附表 1　　　　　　　　可以瀏覽的證券網站

☐ 1. 金融界	☐ 2. 證券之星	☐ 3. 東方財富網	☐ 4. 中金在線	☐ 5. 新浪財經
☐ 6. 搜狐財經	☐ 7. 雅虎財經	☐ 8. 貓撲網	☐ 9. 天涯社區	☐ 10. 博客網
☐ 11. 新浪博客	☐ 12. 騰訊網	☐ 13. MSN 中文網	☐ 14. 其他	

29. 網路連結

http：//stockdata. stock. hexun. com/

http：//www. jrj. com. cn/

http：//finance. sina. com. cn/

http：//yjbg. stock. cnfol. com/

http：//www. aapta. com/（美國職業技術分析師協會網站）

參考文獻

[1] 吳曉東. 證券投資技術分析 [M].3 版. 成都：西南財經大學出版社，2010.

[2] 史蒂夫·尼森. 日本蠟燭圖技術 [M]. 丁聖元，譯. 北京：地震出版社，1985.

[3] 約翰·墨菲. 期貨市場技術分析 [M]. 丁聖元，譯. 北京：地震出版社，2007.

[4] 陳共，周升業，吳曉求. 證券投資分析 [M]. 北京：中國人民大學出版社，1997.

[5] 中國證監會證券從業人員資格考試委員會辦公室. 證券投資分析 [M]. 上海：上海財經大學出版社，1999.

[6] 李揚，王國剛. 資本市場導論 [M]. 北京：經濟管理出版社，1998.

[7] 詹亮宇. 證券操作實務 [M]. 上海：立信會計出版社，2000.

[8] 夏德仁，艾洪德，王振山. 金融市場與證券投資 [M]. 大連：東北財經大學出版社，1997.

[9] 張齡松，羅峻. 股票操作學 [M]. 北京：中國大百科全書出版社，1997.

[10] 陶崇恩. 短線法寶 [M]. 北京：中國大百科全書出版社，1994.

[11] 範從來，夏江. 證券投資 [M]. 南京：南京大學出版社，1995.

[12] 姜緯. 金融衍生市場投資理論與實務 [M]. 上海：復旦大學出版社，1996.

[13] 陳之大，等. 證券投資技術分析 [M]. 成都：西南財經大學出版社，1996.

[14] 侯本惠，郭小洲. K 線圖投資技巧詳解 [M]. 杭州：浙江大學出版社，1996.

[15] 吳曉求. 證券投資學 [M]. 北京：北京理工大學出版社，1993.

[16] 黎航. 中國股市操練大全 [M]. 上海：上海三聯書店，2008.

[17] BONTON E GUP. The Basics of Investing [M]. Third Edition. New York: John Wiley & Sons, Ins., 1986.

[18] JAMES P O'SHAUGHNESSY. What Works on Wall Street [M]. New York: Mc Graw – Hill, Inc., 1998.

[19] BURTON G MALKIEL. A Random Walk Down Wall Street [M]. New York: W. W. Norton & Company, 1995.

[20] WILLIAM DELBERT GANN. 45 Years in Wall Street [M]. New York: Lambert – Gann Publishing Co. Inc., 1962.

[21] FRANK J FABOZZI, T. DESSA FABOZZI. Bond Markets, Analysis and Strategies [M]. New York: Prentice Hall Inc., 1989.

[22] CHARLES B CARLSON. Free Lunch on Wall Street—Perks, Freebies and Giveaways for Investors [M]. New York: McGraw – Hill Inc., 1993.

[23] ROBERT D EDWARDS, JOHN MAGEE, W. H. BASSETTI. Technical Analysis of Stock Trends [M]. 8th Edition. AMACOM, 2001, Copyright 2001 CRC Press LLC.

[24] BENJAMIN GRAHAM. The Intelligent Investor [M]. Revised Edition. Copyright notice exactly as in Proprietor's. Simplified Chinese Copyright 2010 By Post & Telecom Press, Published by arrangement with HarperCollins Publishers.

[25] BENJAMIN GRAHAM, DAVID L DODD. Security Analysis [M]. The Classic 1951 Edition. Copyright 1934, 1940, 1951 by The McGraw – Hill Companies.

國家圖書館出版品預行編目(CIP)資料

證券投資技術分析 / 吳曉東 編著. -- 第四版.
-- 臺北市：崧燁文化，2018.08

　　面 ；　　公分

ISBN 978-957-681-393-1(平裝)

1.證券投資 2.投資技術 3.投資分析

563.53　　　　　　107011667

書　名：證券投資技術分析
作　者：吳曉東 編著
發行人：黃振庭
出版者：崧燁文化事業有限公司
發行者：崧燁文化事業有限公司
E-mail：sonbookservice@gmail.com
粉絲頁　　　　　網　址：
地　址：台北市中正區重慶南路一段六十一號八樓815室
8F.-815, No.61, Sec. 1, Chongqing S. Rd., Zhongzheng Dist., Taipei City 100, Taiwan (R.O.C.)
電　話：(02)2370-3310　傳　真：(02) 2370-3210
總經銷：紅螞蟻圖書有限公司
地　址：台北市內湖區舊宗路二段 121 巷 19 號
電　話：02-2795-3656　傳真：02-2795-4100　網址：
印　刷：京峯彩色印刷有限公司（京峰數位）

　　本書版權為西南財經大學出版社所有授權崧博出版事業股份有限公司獨家發行電子書繁體字版。若有其他相關權利需授權請與西南財經大學出版社聯繫，經本公司授權後方得行使相關權利。

定價：550 元
發行日期：2018 年 8 月第四版
◎ 本書以POD印製發行